Thomas Sören Hoffmann
Philosophie in Italien

Thomas Sören Hoffmann

PHILOSOPHIE IN ITALIEN

Eine Einführung in 20 Porträts

marixverlag

Es ist nicht gestattet, Abbildungen und Texte dieses Buches zu scannen, in PCs oder auf CDs zu speichern oder mit Computern zu verändern oder einzeln oder zusammen mit anderen Bildvorlagen zu manipulieren, es sei denn mit schriftlicher Genehmigung des Verlages.

Alle Rechte vorbehalten

Copyright © by Marix Verlag GmbH, Wiesbaden 2007
Covergestaltung: Thomas Jarzina, Köln
Bildnachweis: akg-images GmbH, Berlin
Satz und Bearbeitung: C&H Typo-Grafik, Miesbach
Gesamtherstellung: GGP media GmbH, Pößneck
Printed in Germany

ISBN: 978-3-86539-127-8

www.marixverlag.de

Inhalt

Vorwort 9

Einleitung und Begriffsbestimmungen 13

Denken in Italien: Singuläre Kontinuität und vitale
Rezeptionskultur............................ 15
Italiens eigenste Denkepoche: Die Renaissance 21
Hinweise zur Literatur 32

Erste Abteilung: Neoplatoniker in Italien....... 35

  1 Nikolaus von Kues (1401–1464) 39
  2 Georgios Gemistos Plethon
    (ca. 1355/60–1452)........................ 51
  3 Basileios Bessarion (1403–1472) 79
  4 Marsilio Ficino (1433–1499) 87
  5 Giovanni Pico della Mirandola (1463–1494) 107

Zweite Abteilung: Paduaner Aristoteliker....... 135

  6 Pietro Pomponazzi (1462–1525) 143
  7 Girolamo Fracastoro (1476/78–1553) 163
  8 Jacopo Zabarella (1533–1589)................ 185

Dritte Abteilung: Humanisten und neues
                  politisches Denken 199

  9 Francesco Petrarca (1304–1374) 205
 10 Lorenzo Valla (1406/07–1457)................ 217
 11 Niccolò Machiavelli (1469–1527) 233
 12 Sperone Speroni (1500–1588) 247

Inhalt

VIERTE ABTEILUNG: NEUE ANNÄHERUNGEN AN DIE
                     NATUR 261

  13 Girolamo Cardano (1501–1576). 265
  14 Bernardino Telesio (1509–1588). 275
  15 Francesco Patrizi (1529–1597) 293
  16 Giordano Bruno (1548–1600) 305
  17 Galileo Galilei (1564–1642). 323
  18 Tommaso Campanella (1568–1639). 339

FÜNFTE ABTEILUNG: VON DER GESCHICHTE ZUM SEIN . 349

  19 Giambattista Vico (1668–1744) 351
  20 Emanuele Severino (*1929) 369

ÜBERSETZUNG UND NACHWEISE DER DEN KAPITELN
  VORANGESTELLTEN MOTTOS. 381

PERSONENREGISTER 387

Vorwort

Auf der philosophischen Landkarte Europas liegt Italien für viele noch immer alles andere als im Zentrum der abendländischen Welt. Selbst die bekannte deutsche Reiselust, die das Land der Zitronenblüte seit langem zu ihren Favoriten zählt, ist nur in Ausnahmefällen zu Exkursionen auch in die Denklandschaften der Apennin-Halbinsel gelangt. Deutsche Denker, so im 20. Jahrhundert noch Martin Heidegger, haben sich vielmehr immer wieder mit der denkgeschichtlichen Konstruktion geschmeichelt, daß der philosophische Genius auf seinem Weg von den griechischen, reinen Anfängen hin zu seiner reifen Gestaltung nördlich der Alpen einer Zwischenstation in den Quartieren des „römischen Geistes" nicht bedurft hätte. Auch ein Nietzsche, der wie wenige groß von Italien, zumal der italienischen Renaissance, zu sprechen wußte, hat die wichtigsten italienischen Denker, sieht man einmal von Machiavelli und einer nicht gerade tiefen Bruno-Bekanntschaft ab, nicht zur Kenntnis genommen. An dieser Stelle kann und soll nicht untersucht werden, was die Hauptursachen dieser weitgehenden Ausblendung italienischen Denkens gewesen und auch noch immer sind. Die Tatsache jedenfalls, daß man im deutschen Sprachraum heute nicht nur ein Studium der Philosophie, sondern auch eine Promotion zum Doktor derselben glücklich vollenden kann, ohne je auch nur ein einziges Buch eines einzigen italienischen Philosophen in der Hand gehalten, geschweige gelesen zu haben, hat in keinem Fall nur mit Sprachbarrieren zu tun.

Das vorliegende Buch will um so nachdrücklicher zu einer denkerischen Reise durch eine alles andere als nur zweitrangige philosophische Landschaft einladen. Es will den Leser dabei zumindest auf exemplarische Denkstandpunkte führen, von denen aus sich in jedem Fall mehr als alltägliche Aussichten öffnen. Der Schwerpunkt liegt, wie es kaum anders sein kann, bei den Autoren der Renaissance, die, selbst eine der schönsten Früchte Italiens, zugleich eines der wichtigsten Dokumente dafür ist, daß der griechische und der hesperische Geist einander eben nicht unter Umgehung der Mitte des Mittelmeerraumes nähergekommen sind. Im Cinquecento, so hat Vico einmal gesagt, ist in Italien das alte Griechenland in seiner ganzen Herrlichkeit auferstanden. Damit ist freilich nicht gesagt, daß sich die Philosophiegeschichte Italiens auf den entsprechenden Zeitraum einschränken ließe. Im Gegenteil: Hat man sich einmal vor Augen gestellt, daß es in Europa nur ein einziges Land gibt, in dem die Philosophie seit über 2500 Jahren *kontinuierlich* zu Hause war – nämlich Italien –, wird man auch die Denker der Renaissance nicht ohne diese einzigartige Kontinuität würdigen wollen. Daher sollen zumindest Schlaglichter auch auf andere Epochen fallen – ohne Anspruch auf Vollständigkeit, die der Verfasser selbst sehr schmerzlich vermißt, aber mit Anspruch auf exemplarische Geltung des je Gezeigten.

Den Leser erwartet in dieser „Einführung", wie im Untertitel ausdrücklich angezeigt, eine *Galerie* von Denkern, die zum einen als Individuen kenntlich zu machen, zum anderen aber auch als Gesprächspartner zu würdigen sind, deren Stimme noch immer Gewicht hat. Das letztere ist, spätestens beim etwas näheren Zusehen, weitaus häufiger der Fall, als man auf den ersten Blick meinen sollte. Daß „Porträts" zugleich die umfassende Auseinandersetzung wie auch manche Würdigung im Detail nicht ersetzen können, ist dem Verfasser genauso bewußt wie die Tatsache, daß er im Sinne der jeweils angestrebten Porträtdeutlichkeit immer auch das ein oder andere hat ausblenden oder doch abschatten müssen – von der bleibenden Unabgeschlossenheit der eigenen Studien zu schweigen. Zur Abhilfe dagegen wird der Leser auf die Sekundärliteratur verwiesen; nur sei er nicht minder ermuntert, soweit möglich die Primärtexte selbst in die Hand zu nehmen und sie sich trotz aller Sperrigkeit, die sie im einzelnen zeigen mögen, möglichst eigenständig zu erschließen.

An dieser Stelle bleibt mir, allen, die an der Drucklegung dieses Buches mitgewirkt haben, meinen herzlichen Dank auszusprechen, allen voran meiner Frau, durch deren Rat und Tat auf dem Weg zum Imprimatur das Manuskript mehr als nur merklich gewann. Ein besonderer Dank gebührt darüber hinaus Frau Miriam Zöller, der Verlegerin, bei der das Projekt von allem Anfang an in besten Händen war und ohne deren tatkräftigen Einsatz nicht zuletzt für das äußere Erscheinungsbild allen, auch dem Leser, dieses Buch die Freude nicht machen könnte, die es jetzt, wie ich hoffe, bereiten kann.

Bochum, im Dezember 2006

Thomas Sören Hoffmann

Einleitung
und
Begriffsbestimmungen

Nam si nihil, ut nosti, tam necessarium est in vita quam litterae,
inter litteras nihil prius philosophia.

ERMOLAO BARBARO
an Nicoletto Vernia, 6. November 1483

DENKEN IN ITALIEN:
SINGULÄRE KONTINUITÄT UND VITALE
REZEPTIONSKULTUR

Wer es unternimmt, sich über das philosophische Profil des Kulturraums Italien Rechenschaft zu geben, wird recht bald gewahr, daß er mit seiner Frage schon einen nicht alltäglichen Boden betreten hat. Es drängt sich das Bild eines alten, knorrigen Ölbaums auf, von dem wir staunend erfahren, daß er seit mehr als 2000 Jahren nicht nur Wind und Wetter und allen Anschlägen auf sein Leben getrotzt, sondern auch sein unverwechselbares Laub und seine edle Frucht getragen hat. Dieser Baum erhob sich bereits in freier Größe, als im Norden Europas noch kein klarer Gedanke gedacht wurde, er entfaltete sich zu ganzer Pracht, als der Osten, das Land der Griechen als der Mutterboden der Philosophie nicht ausgenommen, unter den islamischen Schwertern schon zusammengebrochen war.

Einleitung und Begriffsbestimmungen

Erinnern wir uns: Auf „italischem" Boden haben, noch zu Zeiten der ersten Morgenröte europäischen Philosophierens, Parmenides (ca. 540–480 v. Chr.) und Empedokles (ca. 495–435 v. Chr.), Pythagoras (6. Jahrhundert v. Chr.) und Gorgias (ca. 485–375 v. Chr.) gelebt und gewirkt, an deren Hand wir Ursprungsorte der Ontologie, der Naturphilosophie wie auch der Sophistik und Sprachkunst betreten. Sizilien, von Walter Kranz einmal das „Amerika der alten Welt" genannt, konnte einen Platon (428/7–348/7 v. Chr.) mehrfach zu politischen Experimenten verlocken, und noch Plotin (204/205–270 n. Chr.), Platons ergebener Adept in der Abendstunde der alten Welt, hat nicht irgendwo im Imperium Romanum, sondern auf unserer Halbinsel gewirkt und dabei für seine utopische Stadt, „Platonopolis" mit Namen, die Campania ins Auge gefaßt. Wir erinnern uns ferner, daß die philosophische Stabübergabe zwischen Antike und Mittelalter wesentlich in Italien vonstatten ging, wofür in unserem Rahmen nur an den späten, gelehrten Römer Boethius (ca. 480–524), den Philosophen, Theologen und Aristotelesübersetzer zu Theoderichs Zeiten, erinnert sei, wie wir zugleich daran denken, daß die geistigen Besitztümer der Antike und ihre methodische Pflege einem Kalabresen, Cassiodor (ca. 485–580), und seinem Kloster Vivarium zuerst gesicherte Zuflucht verdankten. Erinnern wir uns dann zudem, daß der „Fürst der Scholastik" und „doctor angelicus", daß Thomas von Aquin aus einem süditalienischen Grafengeschlecht stammte, dessen Grablege noch heute in San Domenico in Neapel leicht in Augenschein zu nehmen ist, daß auch andere der Großen des nur vermeintlich „dunklen" Mittelalters – wir nennen Bonaventura (Giovanni di Fidanza, ca. 1221–1274), den „doctor seraphicus" und „Fürsten der Mystiker", wie auch den „doctor fundatissimus", Ägidius Romanus (ca. 1243–1316) – Italiener gewesen sind, so wird man zumindest alle, die an eine gleichsam „vorherbestimmte" philosophische Unfruchtbarkeit Italiens zu glauben geneigt sind, leicht eines besseren belehren können: denn auch die zuletzt Genannten sind keineswegs nur konfessionell festgelegte Theologen, sondern durchaus respektabelste Denker aus uralter Schule. Wenn wir dann ebenso noch daran denken, daß in dem erwähnten Dominikanerkonvent von Neapel drei Jahrhunderte nach dem Aquinaten Giordano Bruno (1548–1600) oder auch Tommaso Campanella (1568–1639) gelebt und gestritten haben, so fällt damit ein Schlaglicht auf die Rolle Italiens jetzt beim Abschied vom Mittelalter, ein Abschied, der hier in den besten Köpfen wohl schon vollbracht war, als er in anderen Regionen des Abendlands kaum erst in Sicht zu kommen begann.

Italien hat in der Tat, wie das Gesagte unmittelbar nahelegt, den großen Rhythmus des europäischen Denkens wie kein anderes Land umfassend in sich dargestellt und durchlebt. Parmenides – Plotin – Thomas – Bruno: schon diese Auswahl von Namen zeigt auf Knotenpunkte europäischer Denkgeschichte, die eine mehr als lokale Bedeutung haben. Ergänzt wird dies dadurch, daß es erneut zwei italienische Namen sind, die neben einem Francis Bacon (1561–1626), René Descartes (1596–1650) oder Gottfried Wilhelm Leibniz (1646–1716) in der ersten Reihe der neuzeitlichen Denker und Wissenschaft erscheinen – zwei Namen, von denen wie von Bruno und Campanella auch in diesem Buch die Rede sein wird, Galileo Galilei (1564–1642) nämlich und Giambattista Vico (1668–1744). Galilei hat, wie man weiß, als erster der quantifizierenden Naturwissenschaft ein solides methodisches Fundament gegeben; einhundert Jahre danach hat Vico das gleiche für die wesentlich nicht quantitativ verfahrenden Geisteswissenschaften getan. Aber auch die folgenden Jahrhunderte bis hin zur Gegenwart halten dann noch immer Köpfe bereit, mit denen sich die denkende Auseinandersetzung unmittelbar lohnt – genannt sei an dieser Stelle dafür nur etwa Pasquale Galuppi (1770–1846) aus dem kalabresischen Tropea für die Epoche der „Bewußtseinsphilosophie", sei Antonio Rosmini-Serbati (1797–1855), der neue Wege suchende Ontologe des 19. Jahrhunderts, sei der nicht nur als Ausdrucksästhetiker wichtige Benedetto Croce (1866–1952) aus Neapel, sei aus jüngster Zeit

Einleitung und Begriffsbestimmungen

Emanuele Severino (geb. 1929), der oberitalienische „Neoparmenideer" und sicher unkonventionellste echte Metaphysiker unserer eigenen Tage – von anderen, zu Recht oder Unrecht durchaus auch populären Autoren zu schweigen.

Wenn man nach der Besonderheit und zugleich einem sich *mutatis mutandis* durchhaltenden Zug italienischen Denkens fragt, bietet sich zur Beantwortung bei aller Vorsicht, die man hier walten lassen muß, die Beobachtung an, daß das Denken auf italisch-italienischem Boden immer wieder, und dies gerade in seinen herausragendsten Vertretern, auf besondere Weise den Charakter einer entschiedenen *Rezeptionskultur* gezeigt hat. Gehen wir sehr weit zurück, finden wir einen entsprechenden Zug bereits bei Empedokles, der die in Ionien entwickelte naturphilosophische Tradition voraussetzt und sie zu einer auf gewisse Weise auch raffinierten Synthese führt, wobei er sie noch einmal mit dem orphisch-pythagoreischen Vorstellungskreis (und insoweit dann auch mit der Ethik) verbindet. Daß der Agrigentiner insofern nicht ein Anfänger und „Originalgenie" ist, muß auf der einen Seite nichts gegen sein philosophisches Niveau besagen, wie es ihn auf der anderen auch mit Plotin und Thomas, mit Ficino und Bruno verbindet, die alle nicht „Erste" im Denken zu sein beanspruchen. Empedokles hat die eigene „Zweitheit" sogar philosophisch reflektiert: er weiß sich aus einem reinen, göttlichen Ursprung verstoßen und in eine Welt versetzt, deren Natur die ewige Komposition und erneute Dekomposition der Elemente ist; die nur als Übergänge erscheinenden Gestalten sind Bildern vergleichbar, die ein Maler an die Wand wirft, sie sind jedenfalls nicht substantieller Natur. In der „Zweitheit" denken dann auch, wie gesagt, andere: Lukrez (ca. 97–55 v. Chr.) etwa, der Verkünder des griechischen Atomismus zu Zeiten der ausgehenden römischen Republik, Cicero (106–43 v. Chr.), der bekennende Schüler der Griechen und zugleich gestandene Römer, wie dann überhaupt die lateinische Stoa, die sich anschickt, imperiale Weltanschauung zu werden. Im „Modus der Zweitheit" hat sich sodann von vornherein das Denken der Renaissance verstanden, auch wenn hier der Optimismus einer möglichen Wiederkehr des Einen Wahren nicht ausgeschlossen, sondern innere Triebkraft war. Ein Beispiel aus späterer Zeit ist dann etwa auch die italienische Rezeption des Deutschen Idealismus, insbesondere diejenige Hegels, der in der zweiten Hälfte des 19. Jahrhunderts kaum irgendwo in Europa so gründlich studiert, anverwandelt und auch zu politischen Ehren gebracht worden ist wie etwa in Neapel – die Namen von Bertrando (1817–1883) und Silvio Spaventa (1822–1893) oder auch von Augusto Vera (1813–1885) mögen hier für viele andere italienische Hegelianer stehen.

Wir schließen an diese Feststellung die Vermutung an, daß eine Denkkultur im „Modus der Zweiheit" von vornherein besondere hermeneutische Kompetenzen aufweisen wird und zu erwarten ist, daß sie über ein breites interpretatorisches Können wie auch die Liebe zur Sprache oder zum Wort, die „Philologie", verfügt. Ist es ein Zufall, daß der italienische Humanismus weit früher als sagen wir Wilhelm von Humboldt darum wußte, daß uns nur in bestimmter Sprache auch eine bestimmte Welt aufgeht? Daß die erste kritische Revision des lateinischen Neuen Testaments eben nicht der deutschen Reformation entstammt, sondern einem Lorenzo Valla (1406/7–1456) zu verdanken ist? Daß ein Pomponazzi (1462–1525) darauf besteht, die „historisch korrekte" Aristotelesdeutung von der Frage nach der Korrektheit der aristotelischen Aussagen zu trennen? Daß ein Vico am Anfang der historischen Hermeneutik und einer Neubewertung der Philologie in ihrem Verhältnis zur Philosophie steht – daß er gerade den Unmittelbarkeitsgestus der Cartesianer zurückweist und gegen sie das Hören und Lesen einfordert? Oder am Ende: daß die Schatten des Nihilismus im philosophisch durchaus relevanten Oeuvre Leopardis (1798–1837) auch die Schatten einer immensen Bibliothek sind, die der Menschengeist inzwischen ins Lebensfeindliche ausgebaut hat – der junge Nietzsche sah die Dinge nicht anders? Die Beispiele ließen sich leicht vermehren; wir versuchen jedoch zunächst, uns über das wohl wichtigste Unternehmen einer ernstlich gewollten (und gekonnten) „Zweitheit" – das italienische Unternehmen der „Renaissance" – für unsere Zwecke kurz zu verständigen.

Italiens eigenste Denkepoche: Die Renaissance

Die Philosophiegeschichte hat sich daran gewöhnt, für die Gliederung ihres Stoffs auf ein auch unabhängig von ihr geläufiges Schema zurückzugreifen: auf den Dreierrhythmus Altertum – Mittelalter – Neuzeit. Diese Grobgliederung des philosophiehistorischen Materials ist jedoch so ganz selbstverständlich und vor allem so voraussetzungslos, wie sie sich gibt, nicht. Woher stammt dieses Schema?

Für die Profangeschichte verweist man bei allen Anregungen gerade auch aus dem Selbstverständnis der italienischen Renaissance in der Regel auf den Hallenser Humanisten Christoph Cellarius (1638–1707) als Erfinder des Dreischritts, eines Schemas, das eine sonst rein *chronologisch* verfahrende Historiographie abgelöst hat: hatte man doch vor Cellarius überwiegend ein Verfahren gepflegt, das den Stoff schlicht „kalendarisch", nach Jahrhunderten ordnete – daß eine entsprechende Methode heute erneut auf dem Vormarsch ist, mag dabei nur etwa ein Blick auf die aktuelle Philosophiegeschichtsschreibung belegen[1]. Gegenüber dieser, wie man sagen kann, eher nur zählenden „Säkularmethode" ist die Gliederung nach dem Dreischritt Altertum – Mittelalter – Neuzeit durchaus qualifizierend, wertend und gewichtend gemeint. Das betrifft insbesondere das Mittelalter, die „me-

---

[1] Man denke hier etwa an die Bandeinteilungen im neuen „Ueberweg" zur neuzeitlichen Philosophie.

dia aetas", das schon durch seinen Namen sozusagen zu einer Übergangsperiode zwischen zwei anderen Perioden herabgesetzt wird. Es ist klar, daß kein mittelalterlicher Mensch, auch kein „Philosoph des Mittelalters", sich als *eben solchen* verstanden hätte: und zwar schon deshalb nicht, weil sich unser mittelalterlicher Denker natürlich nicht selbst mit den Augen eines Philosophen der Neuzeit von außen betrachtet hat, aber vor allem auch deshalb nicht, weil er sich wohl viel weniger im Gegensatz zur Philosophie des Altertums gesehen hätte, als wir es ihm unterstellen, wenn wir sagen, daß er eben ein „mittelalterlicher" und kein „antiker" Philosoph sei.

Tatsächlich meldet sich in der Epochalisierung nach dem Dreischritt des Cellarius zunächst einmal gar nicht das Selbstbewußtsein der so betrachteten Zeiten als vielmehr das Selbstbewußtsein der so *betrachtenden* Zeit – sprich das Selbstbewußtsein der „Neuzeit". Die Neuzeit hat sich, sofern man dies denn so summarisch sagen kann, viel mehr als das Mittelalter in Gestalt einer Selbstdistanzierung von früheren Zeiten konstituiert, oder anders: die Neuzeit gewinnt ihr Selbstbewußtsein aus einer bewußt vollzogenen perspektivischen Verschiebung gegenüber den *tempi passati*, wobei es ihr dann auch zufällt, diese vergangenen Zeiten nach den Gesetzen der eigenen Perspektive zu bewerten. Durchgesetzt hat sich ein entsprechendes Modell zum einen im Anschluß an humanistische Ideale, denen zufolge das Mittelalter, ganz grob gesprochen, eine Epoche der Barbarei, der Ignoranz oder der Entfremdung gewesen sei, zum anderen auch im Anschluß an das Selbstbewußtsein des Protestantismus, daß mit der Reformation das authentische Christentum wiederhergestellt worden sei und man jetzt sozusagen wieder in Unmittelbarkeit zum Evangelium und zur Urkirche lebe, während das dazwischen zur Herrschaft gelangte „papistische" System als Degeneration, als Abfall von einem normativen Ideal und Anfang zu verstehen sei. In einem markanten Sinne ist „Neuzeit" so immer das, was die Zeit im Mittelalter nicht ohne weiteres sein konnte: nämlich Heilszeit, wenigstens aber der Anfang und Aufgang einer solchen, und das Neue an ihr ist zugleich, daß dieses Heil jetzt eben *in der Zeit*, im Jetzt und nicht erst für das Morgen oder die Ewigkeit erwartet werden darf.

Diesen gängigen Dreischritt vor Augen, hat man für die Epoche, mit der wir uns unter dem Titel „Renaissance" beschäftigen, dann jedoch immer noch mindestens zwei Möglichkeiten der genaueren Einordnung. Man kann nämlich die ungefähr 150 Jahre, die zwischen Marsilio Ficino (1433–1499) und Giordano Bruno (1548–1600) liegen, entweder noch als Abgesang des zu Ende gehenden Mittelalters oder auch schon als das Morgenrot, die „Aurora" der neuen Zeit verstehen: für beides gibt es jeweils durchaus gute Gründe, wobei für die zweite Sicht gerade auch auf Autoren der Zeit, sogar von Petrarca an bis Bruno, zurückgegriffen werden kann. Man kann sich darüber hinaus, drittens, so aus der Affäre ziehen, daß man die vier bis fünf Generationen von Denkern, von denen dabei die Rede ist, insgesamt als „Epochenschwelle" nimmt, und das stolze Haus der Neuen, in dessen Türrahmen nicht weniger stolz und unerschütterlich Heroen der Wissenschaft wie Galilei, Bacon oder Descartes stehen, wäre so mit einer reichlich breiten Schwelle, über die kein mittelalterlicher Scholar und Scholastiker so leicht zu springen vermag, bewehrt. Wie sollen wir uns entscheiden?

Rein vom Namen her scheint das Stichwort „Renaissance", das nichts anderes als „Wiedergeburt" heißt, dafür zu sprechen, daß wir die so benannte Epoche der Neuzeit selbst zuschlagen sollten. Ist es aber zwingend, diesen Namen überhaupt zu verwenden oder, wenn man ihn verwendet, ihm inhaltlich sogleich allzu große Aussagekraft beizumessen? Hingewiesen sei dazu an dieser Stelle nur darauf, daß in der Vergangenheit mancher Historiograph ganz ohne diesen Namen arbeiten konnte. Das gilt – wir greifen nur dieses eine Beispiel heraus – für Wilhelm Gottlieb Tennemann (1761–1819), den „großen Tennemann", wie Hegel einmal gesagt hat, einen Marburger Philosophiegeschichtler, der in seinem *Grundriß der Geschich-*

te der Philosophie ohne den Namen Renaissance auskommt und der die damit bezeichneten Jahre den „Zweiten Zeitraum der Geschichte der Philosophie des Mittelalters" betitelt hat. Tennemann gibt als primäres Merkmal dieses „zweiten Zeitraums" die „Bekämpfung der Scholastik durch Erneuerung und Combination früherer Systeme" an[2]. Das würde bedeuten, daß die Renaissancephilosophie am Ende doch wesentlich *rückwärtsgewandt* und noch immer von der Kontinuität zu ihrem Vorbild her zu verstehen wäre: nämlich einerseits ihrer kämpferischen Abgrenzung gegen das Gewesene nach, andererseits auch insoweit, als die Alternativen sich aus einer Wiederbelebung schon einmal dagewesenen Philosophierens in „neuen Combinationen" ergeben. Tennemann läßt die eigentlich neuzeitliche Philosophie dann mit Bacon, Campanella und Hobbes beginnen, d.h. nicht vor dem 17. Jahrhundert, wobei er es als Auszeichnung der Neuzeit versteht, daß sie sich zentral und in systematischer Absicht dem *menschlichen Geist* und seiner *Erkenntniskapazität* zugewandt habe. Die Philosophie der Neuzeit ist dieser Sicht zufolge wesentlich Philosophie des Geistes, Erkenntnislehre und, mit dieser zusammenhängend, Methodologie. Wir fragen jetzt nicht, wie tragfähig ein solcher Vorschlag ist, sondern wir fragen nur, ob es in der Sache einen vergleichbaren Gesichtspunkt gibt, unter dem man die 150 Jahre von Ficino bis Bruno zwanglos zusammenfassen könnte: das ist offenbar nicht der Fall. Geratener scheint es daher, uns darauf einzustellen, unter dem Titel „Philosophie der Renaissance" auch in der Beschränkung auf Italien sehr heterogene philosophische Ansätze anzutreffen – wir werden in diesem Buch von den Hauptrichtungen sprechen, in die sich der Gedanke entwickelte und die nicht eben ganz leicht auf einen einzigen Nenner zu bringen sind. Man wird aber um so mehr sagen können, daß diese Epoche des Übergangs, ob sie nun zur Neuzeit zu rechnen ist oder nicht,

---

[2] Zitat nach der Ausgabe des *Grundrisses* in der vierten, von Amadeus Wendt besorgten Auflage, Leipzig 1825, 267.

DIE RENAISSANCE

in jedem Fall eine äußerst bewegte und vielgestalte Epoche eines nach Neuorientierung fragenden Denkens gewesen ist. Die leitende These mag für uns dann die folgende sein: daß zur Zeit der Renaissance das „logische Kontinuum", in dem das Mittelalter lebte, brüchig zu werden, ja sich ganz aufzulösen begann, was eine Neuorganisation des Denkens (unter Prämissen, die wesentlich nicht mehr die des aristotelischen Substanzbegriffs waren) erforderlich machte. Wir werden bei allen uns beschäftigenden Philosophen der italienischen Renaissance sei es die entsprechende „destruktive" Seite, sei es den Vorschlag, zu neuen Ufern zu gelangen, antreffen.

Der Name „Renaissance" ist in der Tat in relevantem Umfang erst ab Mitte des 19. Jahrhunderts in historiographischen Gebrauch gekommen, und zwar mit besonderem Nachdruck durch Jacob Burckhardts (1818–1897) Werk *Die Kultur der Renaissance in Italien* (1860)[3] – ein Buch, das übrigens in kulturgeschichtlicher Absicht geschrieben wurde, das am Beispiel der Renaissancekultur die Bewegung der Selbsterneuerung einer Kultur darstellt und das von da aus auch eine *normative* Betrachtung der Renaissance als Gesamtphänomen einzuleiten vermochte. Diese normative, und zwar außerordentlich positiv wertende Betrachtung, begegnet uns etwa alsbald bei Burckhardts jüngerem Basler Kollegen Friedrich Nietzsche wieder, der selbst der Anlaß für eine Fin-de-siècle-Bewegung wird, die man den „Renaissancismus" genannt hat: nach Nietzsche etwa ist „die Zeit der Renaissance die letzte *große* Zeit" gewesen, „und wir, wir Modernen mit unsrer ängstlichen Selbst-Fürsorge und Nächstenliebe, mit unsern Tugenden der Arbeit, der Anspruchslosigkeit, der Rechtlichkeit, der Wissenschaftlichkeit – sammelnd, ökonomisch, machinal" – bilden dagegen nur eine „schwache Zeit"[4]. Wenn wir vorhin

---

[3] Jacob Burckhardt, *Die Kultur der Renaissance in Italien. Ein Versuch*, Herrsching 1981 (auch: *Gesammelte Werke Bd. 3*, Darmstadt 1962).
[4] Fr. Nietzsche, *Götzen-Dämmerung, Streifzüge eines Unzeitgemäßen*, Nr. 37.

gesagt haben, daß in einem bestimmten Sinne das Selbstbewußtsein der Neuzeit diese immer auch als *Heilszeit* vorstellt, so registrieren wir bei Nietzsche einen entschiedenen Zweifel an dieser Meinung über die eigene Zeit, und interessanterweise ist es jetzt die Epoche der Renaissance, die zum entschiedenen Gegenbild der Gegenwart gerät. Die Renaissance ist für Nietzsche freilich gerade nicht in philosophischer Hinsicht, sondern als Kultur- und Lebensform, insbesondere auch als Kunstepoche maßgebend. Das entspricht durchaus einer recht weit verbreiteten Sicht der Dinge. Die meisten Zeitgenossen dürften auch heute, wenn das Stichwort „Renaissance" fällt, zuerst an die ganz beispiellose Kunstbewegung von Brunelleschi, Alberti, Donatello und Piero della Francesca bis zu Bramante, Leonardo, Raffael und Tizian denken – und eben nicht an Plethon, Bessarion, Achillini, Zabarella, Telesio oder Patrizi, von denen wir hören werden –, und selbst dann, wenn ihnen die Namen Ficino und Pico geläufig sind, heißt dies doch nicht, daß deren Werke außerhalb der Spezialistenzirkel heute noch sehr viele Leser fänden. Die kollektive Erinnerung der Renaissance ist, wie man sagen kann, wesentlich eine *ästhetische*, keine *begriffliche*, und in gewisser Hinsicht entspricht dies sogar gerade dem denkerischen Impuls, den wir hier antreffen: denn man darf sagen, daß dieser Impuls in vielerlei Hinsicht ein Impuls auf ein *ästhetisches Denken* hin ist, auf ein Denken in Bildern und Symbolen, ein Denken auch mit eigenen Unmittelbarkeitsqualitäten, das eben deshalb zum Beispiel die literarisch-gelehrte Tradition unterbricht und auf neue Weise vor allem auch Natur zu sehen sich bemüht.

Es ist in diesem Zusammenhang bemerkenswert, daß noch der (substantivische) Ausdruck „Renaissance" selbst von einem Künstler und Kunsttheoretiker stammt, nämlich von Giorgio Vasari (1511–1574), den man vor allem als Baumeister der Florentiner Uffizien wie auch als Verfasser einer wichtigen Künstlerbiographie, den *Vite de' più eccellenti pittori, scultori e architetti* (1550 ff.), kennt. Schon Philipp Melanchthon

(1497–1560), Luthers Wittenberger rechte Hand, hatte gelegentlich unterstrichen, daß es das Verdienst der Florentiner gewesen sei, damit begonnen zu haben, „die wahrhaft ehrenwerten Künste wiederzubeleben" (*honestae artes reviviscere coepere*)[5]. Vasari verwendet dann zur Charakterisierung der in Italien wiedergewonnenen, an der Antike orientierten und mit der vorherigen Barbarei ein Ende machenden Kunst den Ausdruck „rinascita", „Wiedergeburt" – französisch „Renaissance", eine Wendung, die in dieser Bedeutung spätestens bei Pierre Bayle belegt ist[6]. Die neue oder neuerstandene Kunst, von der Vasari spricht, ist oder war doch lange eines der am intensivsten bearbeiteten Themen der Kunstwissenschaft. Wir lassen uns von ihr leihweise einen Leitfaden geben und vergegenwärtigen uns in Kürze nur die allerwichtigsten, an der Kunstentwicklung der Epoche ablesbaren Aspekte, Aspekte, die wir *mutatis mutandis* auch in den philosophischen Ansätzen der Epoche wiederfinden.

(1) Da ist zum einen die seit Burckhardt immer besonders herausgestrichene Entdeckung und Betonung des *Individuums*, eine Entdeckung und Neubewertung, die in der Philosophie vor allem bei Nikolaus von Kues (1401–1464) ihr Pendant hat. In der Kunst geht es in Sachen „Individualisierung" nicht nur darum, daß die gotische Konventionalität (z.B. der obligate Körperknick) durch eine von der Konvention befreite, dafür aber gerade die unverwechselbaren Persönlichkeits-

---

[5] Ph. Melanchthon, *Oratio in laudem novae scholae* (1526), in: *Declamationes*, ed. Karl Hartfelder, Berlin 1891, 52.

[6] Vgl. P. Bayle, *Dictionnaire historique et critique*, Rotterdam 1720, Artikel ‚Budé', Bd. I, 691. – Auch der Humanist Matteo Palmieri (1406–1475) hatte in seiner Abhandlung *Della vita civili* bereits davon gesprochen, daß es zu seiner Zeit zu einem „rinascere l'arti perdute" gekommen sei, was nach A. Buck „der erste Beleg für die Bezeichnung ‚Renaissance', wie wir sie heute gebrauchen", ist (A. Buck, „Zu Begriff und Problem der Renaissance", in: ders. (ed.), *Zu Begriff und Problem der Renaissance*, Darmstadt 1969, 1–36, dort 7). Über „Renaissance" als „Vegetationsmetapher" bei Pierre Belon vgl. Buck a.a.O. 9.

merkmale herausstellende Porträt- und Bildkunst abgelöst wird. Auch der Künstler als Individuum gewinnt einen ganz neuen Rang, er ist nicht mehr der mittelalterliche Handwerker, sondern genialer einzelner, ein einzelner, der, wie etwa Michelangelo, sein Künstlersein auch als ihm verhängnishaft auferlegtes, quälendes Schicksal versteht – jeder, der in der Sixtina einmal vor dem „Jüngsten Gericht" mit der Haut des Malers stand, jeder, der die Sonette des Meisters gelesen hat, weiß, wovon hier die Rede ist. Bei Michelangelo stehen dabei durchaus platonisch-neuplatonische Bezüge im Hintergrund: das Schöne, der Kunstinhalt ist alles andere als eine Harmlosigkeit, ist als Idee eine sinnlich-übersinnliche Macht, die das Individuum über sich selbst hinauszuheben vermag, aber es durch ihren Anspruch auch zerstören kann. Wir werden später bei Giordano Bruno eine ganz ähnliche Spannung zwischen der Schätzung des Individuums und der Notwendigkeit seines Scheiterns angesichts des Unendlichen finden.

(2) Da ist zum anderen die Hinwendung zur *Natur* als ganz neu gesehenem Gegenstand und Thema der Kunst wie des Denkens. In der Kunst bedeutet dies etwa, daß die Künstler gegen das Formelhafte und die gelehrten Symbolismen der Überlieferung aufbegehren. Das Kunstwerk steht nicht mehr so sehr als Chiffre und Hinweisung auf etwas anderes, ist nicht mehr nur Vertreter für einen allegorisch vergegenwärtigten, meist religiös-theologischen Inhalt. Es gewinnt jetzt vielmehr Eigenpräsenz, oder es repräsentiert, sofern es denn etwas repräsentiert, sich selbst oder die Kunstidee, an der es partizipiert. Gleichzeitig taucht in der Kunst jetzt die Landschaft, die Natur auf, und zwar durchaus nicht nur als Staffage, sondern ebenfalls mit ästhetischem Eigenwert. Wenn an Stelle des gotischen Goldgrundes Hügel und Haine zu sehen sind, so wird hier sozusagen als Horizont des Geschehens im Vordergrund das Buch der Natur aufgeschlagen, ein Buch, dem man zutraut, durch sich selbst zu sprechen. Die Renaissance hat gewußt, daß Natur den Menschen *anspricht*, und man kann sagen, daß in dieser Voraussetzung ein Problem

liegt, das philosophisch nicht gerade leicht zu bewältigen ist. Von Descartes und dem neuzeitlichen Mechanizismus her gedacht ist ein Sprechen der Natur geradezu untersagt. Kant hat das Problem des Naturschönen, mit seiner Thematisierung desselben bereits über Descartes hinausgehend, dadurch gelöst, daß er als sein Geheimnis eine Tätigkeit der reflektierenden Urteilskraft annahm. Das bedeutet, daß hier in Wahrheit, wenn auch in sehr speziellen Zeichen, ein Selbstgespräch des Menschen mit sich stattfindet. Schelling und Hegel haben dagegen zu zeigen versucht, daß das Ansprechende der Natur aus ihrer Ontologie, aus dem Begriff dessen, was sie ist, heraus zu erklären ist: Natur ist nur in wenn auch noch so entfernten Korrespondenzen zu uns, als unser „inverses Selbst" zu verstehen. Die Naturphilosophie der Renaissance ist, unter anderem im Anschluß an alte medizinische Mikro-Makrokosmos-Spekulationen, ebenfalls solchen Korrespondenzen auf der Spur – und wird darüber auch zu Naturbildern gelangen, welche die Logik des bis dato geübten Naturdenkens hinter sich lassen.

(3) Da ist, drittens, die Rückwendung zur *Antike*. Man hat oft darauf hingewiesen, daß die Antike niemals einfach verloren war, sondern das ganze Mittelalter hindurch präsent geblieben ist[7]. Neu ist jetzt, daß man aus dieser unmittelbaren Gegenwart der Alten heraustritt und sie in eine gelehrte Gegenwart transformiert. Neu ist das Programm der Humanisten, das sich genau dieses vorgesetzt hat: das Antikische bewußt und vorbildgetreu zu kultivieren und in diesem Sinne „Rezeptionskultur" zu betreiben. In Italien entstehen Antikengärten und -sammlungen, und die neu forcierten „studia humanitatis" meinen, daß jetzt auch ein Stilideal entwickelt wird, das sich über das Vulgäre, das Volkstümliche erhebt – so weit, daß der italienische Humanist Ermolao Barbaro (1454– 1493) sagen kann, die Philosophie der Scholastik könne schon

---

[7] So besonders Erwin Panofsky, *Die Renaissancen der europäischen Kunst*, Frankfurt/Main 2001³.

deshalb nicht ohne weiteres wahr sein, weil ihre Vertreter ein elend schlechtes Latein schrieben, oder der bekannte venezianische Drucker Aldo Manutius (1450–1515), dem wir zum Beispiel die Entwicklung der uns noch vertrauten griechischen Drucktype verdanken, es untersagte, daß in seinem Haus etwas anderes gesprochen würde als Griechisch. Die Kunst der Renaissance, die Bildkunst wie auch die Wortkunst, ist eine ausgesprochen stilbewußte Kunst, worin übrigens auch eine der Hürden liegt, welche die Annäherung in noch immer von der Romantik geprägten Zeiten erschweren. Einen Formalismus enthält dies nicht unbedingt, zumal dann nicht, wenn man wie die Humanisten, aber auch der Metaphysiker Bruno weiß, daß Form und Inhalt in letzter Instanz niemals zu trennen sind. Parallel dazu und auch aus dem Bewußtsein des Kunst- und Sprachideals heraus erblüht dann auch die philosophische Ästhetik wie im Ansatz eine neue Sprachphilosophie: mit teils noch immer provozierenden Ansätzen und Ansichten, von denen wir hören werden.

(4) Viertens schließlich sei auch ein Thema genannt, daß Kunsthistoriker und auch das größere Publikum immer besonders fasziniert hat: die Entdeckung und Anwendung der *Perspektive*, genauer der Linear- oder Zentralperspektive in der Kunst. Diese neue Entdeckung und Praxis hat wenigstens zwei für uns bedeutsame Seiten: zum einen wird auch dadurch die Kunst „gelehrter", sie wird ein Exempel geometrischer Konstruktion. Dürer schreibt eine *Unterweisung in der Malkunst*: Kunst setzt also Lehre voraus und ist ihren Voraussetzungen nach in gewissen Grenzen auch lehrbar, ähnlich wie die Kunstdiskurse der Zeit durchaus sehr gelehrte Diskurse sind. Zum anderen aber bedeutet die Perspektivierung, daß der Betrachter von vornherein ins Kalkül gezogen ist als derjenige, *für den* das dargestellte Objekt eigentlich ist. Das ist sicher auch ein Symptom für eine neue Anthropozentrik, aber es zeigt auch auf ein philosophisch-erkenntnistheoretisches Problem. Das Objekt wird durch seine Perspektivierung subjektiviert, es wird als Für-Seiendes vorgestellt, oder es ist

DIE RENAISSANCE

überhaupt gesehen, daß das *Vorgestelltsein* entscheidend und elementar zum *Objekt-Sein* hinzugehört – philosophisch ist das ein Thema, das bei Leibniz und insbesondere bei Kant zum Kernbestand der Philosophie der Neuzeit aufrücken wird und das hier gleichsam ästhetisch antizipiert ist. Aber wiederum finden wir dazu schon in der Philosophie der Renaissance selbst Entsprechungen. Nikolaus von Kues hat den menschlichen Geist, die *mens*, als „Kosmographen" aufgefaßt, der die Welt um sich herum aktiv und konstruktiv verzeichnet[8]. Bei Ficino wird die Erkenntnisleistung des Intellekts mit Hilfe optischer Konstruktionen vorgestellt, in denen ein Wechselspiel von Distanznahme und Attraktion zwischen Subjekt und Objekt stattfindet. Wir werden später noch weitere Spuren einer solchen Entsprechung finden.

An dieser Stelle halten wir fest: Wir begegnen in der italienischen Renaissance jedenfalls einer neuen, die verschiedensten Lebensbereiche umfassenden Kultur der Reflexion, die zuletzt in der Philosophie ihr Selbstbewußtsein gewinnt. Wir sind gespannt, was uns erwartet.

---

[8] Vgl. Nikolaus von Kues, *Compendium* 8, n. 23.

Hinweise zur Literatur

Von allen Epochen des Denkens in Italien ist – was nicht verwundert – die der Renaissance insgesamt am besten erforscht und dadurch auch für den deutschen Leser am leichtesten zugänglich. Überblicksdarstellungen zur Philosophie in Italien insgesamt sind dagegen nördlich der Alpen eher spärlich gesät. Wir geben hier eine Übersicht über die vorhandene einschlägige Literatur, deren Schwerpunkt ebenfalls in den Titeln zur Renaissance liegt. Weitere Literaturhinweise finden sich bei den einzelnen hier besprochenen Autoren.

Paul Richard Blum (ed.), *Philosophen der Renaissance. Eine Einführung*, Darmstadt 1999.
Ernst Cassirer, *Individuum und Kosmos in der Philosophie der Renaissance*, Darmstadt 1987 (EA 1927).
ders., *Das Erkenntnisproblem in der Philosophie und Wissenschaft der neueren Zeit*, Darmstadt 1991 (EA 1906).
Leopold Ergens, *Dichter und Denker Italiens*, Salzburg 1954.
Eugenio Garin, *La cultura filosofica del rinascimento*, Florenz 1961.
Giovanni Gentile, *Il pensiero italiano del rinascimento*, Florenz 1940 (Opere complete XI).
Hanna-Barbara Gerl-Falkovitz, *Einführung in die Philosophie der Renaissance*, Darmstadt 1995².
Helmut Holzhey u.a. (edd.), *Die Philosophie des 17. Jahrhunderts. Allgemeine Themen – Iberische Halbinsel – Italien*, 2 Bde., Basel 1998.
Richard Hönigswald, *Denker der italienischen Renaissance*, Basel 1938.
Stephan Otto, *Renaissance und frühe Neuzeit* (Geschichte der Philosophie in Text und Darstellung 3), Stuttgart 2000.
Paul Oskar Kristeller, *Acht Philosophen der Renaissance*, Weinheim 1986 (engl. 1964).
ders., *Humanismus und Renaissance*, 2 Bde., München 1974/76.
Pietro Rossi/Carlo A. Viano (edd.), *Storia della filosofia. Vol. 3: Dal Quattrocento al Seicento*, Rom/Bari 1995.
Guido de Ruggiero, *Italienische Philosophie*, Breslau 1925.

LITERATUR

Giuseppe Saitta, *Il pensiero italiano nell'Umanesimo e nel Rinascimento*, 3 Bde., Florenz 1960–1961².

Charles Schmitt u.a. (edd.), *The Cambridge History of Renaissance Philosophy*, Cambridge u.a. 1988.

Michele Federico Sciacca, *Italienische Philosophie der Gegenwart*, Bern 1948.

Karl Werner, *Die italienische Philosophie des neunzehnten Jahrhunderts*, 5 Bde., Wien 1884–1886.

Erste Abteilung:

Neoplatoniker in Italien

Mit dem klassischen Griechenland oder auch mit Deutschland teilt Italien eine Eigenschaft, die sein kulturelles Gepräge wie auch seine Stärke jedenfalls mitausgemacht hat. Alle drei Länder wiesen in ihren hohen Zeiten eine politisch kleinteilige Struktur, eine Vielzahl von konkurrierenden Zentren, damit aber auch eine innere Konkurrenz der Mentalitäten auf, wie sie in den Großreichen oder Zentralstaaten niemals entstehen können. Auch in der Philosophie lassen sich entsprechende Differenzen beobachten, die sich mitunter in auf Jahrhunderte hin wirksamen Unterschieden im Denkstil äußern. Wie immer bei schematischen Einteilungen muß man natürlich zusehen, daß man über den Unterschieden nicht das Gemeinsame, die Überschneidungen und Berührungen außer acht läßt. Dennoch gibt es lokale – vor allem nach Nord und Süd unterschiedene – wie an Schulgrenzen orientierte Differenzen, denen eine sowohl *prima facie* wie auch beim näheren Hinsehen sich bestätigende Plausibilität innewohnt.

Im Falle unserer Galerie italienischer Denker unterscheiden wir nach einem Schema, das zunächst die Platoniker, dann die an Aristoteles anknüpfenden Denker thematisiert; es folgen, in der dritten Abteilung, exemplarische Humanisten und in der vierten dann Vertreter eines neuen Naturdenkens, die in sich wieder ganz verschiedene Traditionen repräsentieren, aber gemeinsam an der Ablösung des überkommenen mittelalterlichen durch ein neues Natur- und Weltbild gearbeitet haben. Die fünfte Abteilung bietet zuletzt zwei höchst individuelle Profile, von denen bleibende Anregungen noch immer ausgehen. Wir beginnen unsere platonische Abteilung mit drei Ausländern in Italien, die allesamt nicht nur ihre letzte Ruhe auf der Halbinsel gefunden, sondern auch deutliche Spuren in ihrer Denklandschaft hinterlassen haben. Von der besonderen „rezeptionskulturellen" Stärke des Landes war schon die Rede; im Falle unserer drei ersten Autoren läßt sie sich unter Beweis stellen.

1 Nikolaus von Kues (1401–1464)

> Facit igitur homo suas considerationes et scientiam rerum facit
> ex signis et vocabulis, sicut deus mundum ex rebus.
>
> Nikolaus von Kues

„Als die gelehrten *Griechen*, welche die Bildung durch die unsterblichen Werke ihrer Vorfahren nie ganz vernachlässigt hatten, um Hülfe gegen die immer furchtbarer werdende Macht der Türken zu erflehen, nach *Italien* kamen, und nach Eroberung Constantinopels mehrere einen ruhigeren Aufenthalt daselbst suchten und fanden, brachten sie mannichfaltige Wissenschaft und literärische Schätze mit, welche dem darauf vorbereiteten und empfänglich gewordenen Abendlande einen neuen Geist einhauchten. Unter diesen einfussreichen Schätzen befanden sich auch Werke des Plato und Aristoteles in ihrer Ursprache, mit welchen Italien, und mittelbar ganz Europa, gerade zu einer Zeit bekannt wurde, da durch die Griechen ... über die Frage: welche von beiden Philosophien [die des Plato oder die des Aristoteles] den Vorzug verdiene, entstanden ... und kaum beigelegt war"[9]. Der alte

---

[9] Tennemann a.a.O. (Anm. 2), 271.

Tennemann, von dem bereits die Rede war, hat mit wohlgesetzten Worten wie diesen davon gesprochen, daß das Abendland zu dem Zeitpunkt, als es den Griechen auf neue Weise gegenübertrat, für diese Begegnung in besonderer Weise auch empfänglich war. Diese These gilt nicht zuletzt für einen Denker wie Nikolaus von Kues (1401–1464), der nicht nur von seiner zentralen dialektischen Einsicht in den Zusammenfall der Gegensätze her für sie sozusagen auch theoretisch gerüstet war, sondern sich überhaupt als ein unabhängiger Kopf zeigte. Cusanus kann eindeutig nicht mehr der Scholastik zugeschlagen werden, hat dafür aber überreiche neuplatonische Inspirationen in sich aufgenommen und verarbeitet; insbesondere sein hoch entwickeltes dialektisches Denken läßt sich in eine Traditionslinie stellen, die über Proklos (5. Jahrhundert), Porphyrios (3. Jahrhundert) und Plotin (204/5-270) bis auf Platons dialektischen Meisterdialog *Parmenides* zurückreicht. Der *Parmenides* ist eines der bedeutendsten philosophiegeschichtlichen Dokumente zur Einheits-Vielheits-Dialektik, und Cusanus, den man, im Gegensatz zur von Aristoteles herkommenden Seinsmetaphysik des Mittelalters, immer in besonderem Maße als *Einheitsmetaphysiker* angesehen hat, ist in seinem Denken in der Tat wesentlich von den verschiedenen Dimensionen dieser Frage, dem Verhältnis von Einheit und Vielheit, bestimmt: wir werden sogleich etwas näher sehen, was es damit auf sich hat!

Vorerst aber einige biographische Informationen: das Grabmal unseres Denkers, des Schiffersohns von der Mosel, findet sich in derselben römischen Hauptkirche, die wir vor allem mit dem berühmten „Moses" von Michelangelo verbinden, in San Pietro in Vincoli. Der Grund dafür ist einfach: Sankt Peter in den Ketten war die Titelkirche des gelehrten Deutschen in Italien, der seit 1448 den Kardinalshut trug und am 11. August 1464 im umbrischen Todi verstorben ist – damals auf dem Weg zu dem bekannten Piccolomini-Papst Pius II. (1458–1464), der einen Kreuzzug gegen die Türken vorzubereiten begonnen hatte. Zuvor schon hatte er sich auch anderen Päpsten verschiedentlich als nützlich erwiesen, so als Gesandter Eugens IV. (1431–1447) in Konstantinopel (worauf noch zurückzukommen sein wird), so auch als Legat Nikolaus' V. (1447–1455) in Deutschland; von 1450 an war Cusanus zudem, wenn auch mit lokalem Autoritätsdefizit, Bischof von Brixen. Geboren worden war Nikolaus im Jahre 1401, und wie sein Grabmal lohnt in jedem Fall auch das erhaltene, stattliche Geburtshaus am Moselgestade in Kues den Besuch. Schon die Studien indes hatten Nikolaus nach Italien geführt: von 1417 an treffen wir ihn an der Universität Padua, wo er im Jahre 1423 zum „Doctor decretorum", also des Kirchenrechts, promoviert wird. In diese Zeit fallen bereits Kontakte zu Humanisten, so zu dem Florentiner Mathematiker und Geographen Paolo Toscanelli (1397–1482), der im Jahre 1474 die Vermutung aussprechen sollte, daß man Asien auch in westlicher Richtung würde erreichen können – Gedankenexperimente dieser Art sind milieumäßig auch unserem Autor alles andere als fremd. Nach verschiedenen Diensten in Deutschland, die ihn auch auf das Konzil von Basel führen, beginnen ab 1437 die päpstlichen Engagements. Die philosophische Schriftstellerei wird dann 1440 mit den drei Büchern *De docta ignorantia* eröffnet, in denen das bereits angesprochene Einheits-Vielheits-Problem voll gegenwärtig ist – und einer neuen, auch für die weitere Geschichte der Philosophie in Italien bedeutsamen Lösung zugeführt wird.

Das Problem, um das es hier geht, ist gewiß kein rein abstraktes: es beginnt bereits mit der Frage, wie wir die Einheit eigentlich *aussagen* können, denn die Einheit aus-sagen, heißt *eo ipso* schon, sie zu vervielfältigen, ihr eine Extension zu geben oder sie zu positivieren. Jede *Rede über* die Einheit widerspricht also *der Einheit*, jedenfalls soweit sie absolut als Einheit gedacht werden soll. Das absolut Eine, das *unum maximum absolutum* des Kusaners, ist uns entsprechend nur *negativ*, nur in der Abgrenzung erreichbar. Das Eine ist das absolut Gleiche, und eben deshalb ist es *unvergleichlich*, während alle Dinge, die wir kennen, in sich ungleich oder vielfältig sind. Das absolut Eine steht weiterhin außerhalb aller Proportion, dem Mittel unseres Erkennens, denn Proportionalität meint schon immer den geschehen Abgleich von Einheit und Vielheit, setzt also beide bereits voraus. Gleichzeitig *müssen* wir dieses absolut Eine oder den absolut Einen sprich Gott auch wirklich annehmen, nicht nur, weil wir in unserem Denken Einheit überhaupt beständig in Anspruch nehmen, sondern auch deshalb, weil alle endlichen Dinge nicht von sich aus, nicht rein seiend und in ihrer Möglichkeit immer von anderem abhängig sind. Nichts Endliches hat sein Sein wirklich in sich, es hat es immer auch außer sich, und nur vom Unendlichen kann wahrhafte Aseität, striktes Selbstsein, ausgesagt werden. „Esse rei est abesse"[10], sagt Cusanus in dem Doppelsinn, daß das Sein der (endlichen) Sache einmal als Abhängigsein, das andere Mal als Abwesendsein (Absenz) erscheint. Nur Gott oder das absolut Eine ist absolut wirklich und dabei zugleich absolut möglich, ist die Einheit von Möglichkeit und Wirklichkeit („possest"); der Mensch und seine Welt ist dagegen eingespannt in den Gegensatz von Sein und Nichts, er steht in der Mitte zwischen Präsenz und Absenz, oder er ist mit aller Kreatur „Bild", das Zweite, das minder Seinsmächtige, etwas, das etwas ist und es nicht ist – wenn wir ein Bild von einer Person sehen, sagen wir „Das ist Peter", obwohl doch, was da vor uns liegt, nicht Peter, sondern ein Stück Papier ist. Freilich hat der Mensch mit Gott gemein, daß er in bestimmter Hinsicht ebenfalls ein Möglichkeitswesen ist: er verfügt nämlich über die schöpferische Potenz, er ist nicht nur passives Bild, sondern selbst aktiver Bildner. Das beginnt schon in der *Erkenntnis*, von der grundsätzlich gilt, daß sie niemals

---

[10] *De docta ignoratioa* II, 3, n. 110: „esse rei non est aliud, ut est diversa res, sed eius esse est abesse. ... Non restat nisi dicere, quod pluralitas rerum exoriatur eo, quod deus est in nihilo" – „Das Sein eines Dinges ist nicht ein Anderes [sc. gegen das Sein Gottes], wie es bei einem anderen Ding der Fall wäre, sondern sein Sein ist Abhängig-Sein, Von-etwas-weg-Sein. ... So bleibt nur übrig zu sagen, daß die Vielheit der Dinge daraus entsteht, daß Gott im Nichts ist".

adäquat sein kann, weil dafür die Einsicht in die absolute Einheit vorausgesetzt wäre; adäquate Erkenntnis würde ja gerade heißen, daß Sache und Intellekt vollständig *eins* wären, was nach Cusanus nur als innergöttliche Relation, aber nicht als Relation zwischen Verschiedenem gedacht werden kann. Daher sagt er: „praecisa veritas incomprehensibilis est"[11], die genaue Erkenntnis ist unbegreiflich. Wir erkennen vielmehr in „Konjekturen"[12], d.h. in bestimmten Postulaten darüber, wie sich eine Sache verhalten muß, dies aber im Rahmen einer grundsätzlichen Ignoranz, eines Nichtwissens, um das zu wissen dann freilich gerade den Besitz eines dem Sachverhalt des Erkennens angemessenen Wissens bedeutet. Auch der bereits genannte Titel des ersten Hauptwerks des Kusaners *De docta irgnoratia* ist in diesem Sinne dialektisch verfaßt. Er zeigt auf den Gegensatz von Wissen und Nichtwissen, der in seinem Zusammenfall eine neue Art von Wissen produziert. Das Motiv ist aus der Philosophiegeschichte, von Sokrates her, gut bekannt. Indiziert ist eine Distanznahme gegenüber all unserem Wissen, eine Distanznahme, zu der in der Tat nur die wenigsten wirklich bereit sind und die doch die Bedingung der Möglichkeit eines ernsthaften Einstiegs in die Philosophie ist. Wer in die Philosophie einsteigen will, dabei aber einen bestimmten Bestand von Gewußtem schon mitbringt, an dem nicht gerüttelt werden soll, wird es niemals mit Philosophie zu tun bekommen. Auch René Descartes (1596–1650) wird später den Anfang der Philosophie der Neuzeit mit dem methodischen Zweifel an allem als Wissen schon Vorausgesetzten machen, um dann auf die notwendige Verbindung von Ich und Denken, d.h. ein erstes Beispiel für einen unzweifelhaft realen Begriff zu stoßen. Es ist wiederum eine sokratische Figur, darauf hinzuweisen, daß sich der Mensch zunächst für einen Wissenden hält und auch gar nicht so leicht dazu zu

---

[11] *De docta ignorantia* I, 3, n. 9 (Titel).
[12] Das ist die These des zweiten Hauptwerkes des Cusaners, die These von *De coniecturis* (1444).

bringen ist, die Nichtbegründetheit dieses seines vermeintlichen Wissens einzugestehen. Das gilt zumindest solange, wie das vermeintliche Wissen sinnlich oder durch den Verstand fundiert ist. Denn um ihr Nichtwissen weiß zunächst weder die Sinnlichkeit (*sensus*) noch auch der Verstand (*ratio*), obwohl dieser bereits einen Unterschied zwischen wahren und falschen Sätzen macht. Die Sinnlichkeit als solche ist nur unmittelbar und auf konfuse Weise von zeitlichen Eindrücken bestimmt. Der Verstand bringt in dieses Chaos von Eindrücken Ordnung hinein, indem er identifiziert und diskriminiert, also z.B. sagt, daß diese Braunwahrnehmung nicht gleich jener Blauwahrnehmung ist, oder auch indem er Gattungsbegriffe bildet, also etwa das Braune von dem Blauen unterscheidet. Der Verstand versucht durch sein Identifizieren die Sache zu sistieren, sie stillzustellen und sozusagen eine analytische Einteilung der Welt zu finden, die man in einem Wörterbuch festumrissener Bedeutungen ablegen kann. Er übersieht dabei aber, daß es Identifikation nur über Negation geben kann, oder daß das bestimmte Identische ebenso ein bestimmtes Differentes ist. Wir wählen hier ein sehr einfaches Beispiel und weisen gleich darauf hin, daß die Dinge bei Cusanus durchaus noch etwas verwickelter sind. Wir sprechen beispielsweise von gekrümmten und geraden Linien, und im Lexikon des Verstandes erscheint das Krumme unter dem Buchstaben K, das Gerade unter dem Buchstaben G. Tatsächlich aber versteht niemand, was eine gekrümmte Linie ist, der nicht auch weiß, was eine gerade Linie ist. Wir denken also in der Potentialität oder im Allgemeinen der Linie das Zusammenfallen von krumm und gerade. Wie kann man das aber wirklich denken? Cusanus gibt einen Hinweis mit der Anweisung, einen Kreis und eine Tangente zu denken. Lassen wir den Radius des Kreises unendlich werden, sind Peripherie und Tangente, also gekrümmte und gerade Linie nicht mehr unterscheidbar, sondern die eine qualitativ unendliche Linie, in der beide endlichen Eigenschaften koinzidieren. Auf dem Grund unserer Semantiken, unserer

Lexika der endlichen Welt liegt ein Unendliches, durch das die differenten Gegenstände, welche die Welt erfüllen, zugleich zusammenhängen und eine Welt bilden. Denn auch das kann der analytische Verstand nicht erklären, weshalb all das distinkt Verschiedene, das er aufzählt, in Eines gewendet werden, d.h. Moment in einem Universum, in einer Welt sein können soll.

Welche Dinge erfüllen die Welt? Es gibt, ontologisch gesehen, keine rein identischen Gegenstände unterhalb des absolut Einen, sondern jeder Gegenstand ist hier, was er ist, indem er *ein anderer, different* ist. Das erkennt, jenseits des Verstandes, die Vernunft (*intellectus*), die damit eigentlich das Vermögen der Totalität wie auch der Individualität ist. Die Vernunft weiß, daß in der absoluten Einheit oder Gott alle Dinge ineinandergefaltet liegen und daß die individuelle Existenz der Dinge gerade ihre Ausfaltung in die Vielheit ist. Auf der Ebene der ausgefalteten Dinge gibt es kein Wesen zweimal, alles ist individuell. Dennoch hängt auch über das Koinzidenzprinzip und dann durch die natürliche Bewegung alles mit allem zusammen; alle Dinge liegen ineinander (*quodlibet in quolibet*), und ein unendlicher Verstand könnte, wie später Gottfried Wilhelm Leibniz (1646–1716), also einer der größten Philosophen der Neuzeit, der zumindest untergründig mit Cusanus verbunden ist, gesagt hat, aus jedem Individuum das gesamte Universum ableiten oder „integrieren". Für den Verstand als rein analytisches Vermögen steht dagegen jedes Ding für sich und isoliert da, während die Vernunft die Synthesen, die Beziehungen denkt. Für den Verstand gilt beispielsweise, daß Gott entweder ist oder nicht ist, für die Vernunft hingegen ist klar, daß gerade, wenn Gott das unendliche Eine ist, er diese Disjunktion übersteigt und insofern, wie Cusanus sagt, „weder ist noch nicht ist noch auch zugleich ist und nicht ist". In Wahrheit wird hier die endliche Semantik des Wortes „sein" zerstört, um das wie gesagt unvergleichliche Eines-Sein, die „unitas radicalis", die absolute Negativität des Selbstseins Gottes zu denken.

Die letzte Stufe noch oberhalb der Vernunft ist dann die Gottesschau, die „visio Dei". Diese kann nicht einseitig vom Menschen ausgehen, sondern nur so gedacht sein, daß das Sehen Gottes hier ein Sehen im doppelten Sinne des Genitivs ist, oder das der Sehende in „meinem" Sehen Gottes eigentlich nicht ich bin, sondern Gott ist. Das Sehen Gottes ist, sofern es überhaupt anders denn als Grenzbegriff denkbar ist, die Hineinnahme des Menschen in das innergöttliche Sehen. Wir könnten sonst auch nicht Gott sehen, sondern nur unser Bild von ihm – wir denken an das Problem der Perspektive; in der Unendlichkeit Gottes aber ist die Perspektivität in reine Einheit und Adäquatheit aufgehoben, das Endliche ist vom Unendlichen absorbiert[13].

Diese hochspekulativen Zusammenhänge dürfen nicht darüber hinwegtäuschen, daß Cusanus ein durchaus mitten im Leben stehender Mann gewesen ist, der überdies – und darin liegt ein humanistisches Motiv in seinem Denken – gerade für das Erfahrungswissen der „Laien" eine Lanze gebrochen hat. Cusanus verteidigt die Experimentalmethode in der Naturforschung, die dem Mittelalter ja keineswegs unbekannt war, die hier jedoch noch ganz im Schatten der theoretischen Naturbetrachtung an Hand der seit Aristoteles überlieferten Lehrbücher stand. Cusanus bemüht sich darüber hinaus, Wissenschaften wie die Mathematik voranzubringen, er steht auch in Rom noch stets mit Humanisten wie etwa Valla, von dem noch zu reden sein wird, in Verbindung, er engagiert sich für eine Einheit der Christenheit, die den Osten nicht einfach vereinnahmt, sondern in seinen alten Rechten und Profilen ungekränkt läßt. Man hat im Blick auf die besonderen Verdienste des Kusaners stets gerne betont, daß er lange vor Kopernikus (1473–1543) bestritten hat, daß die Erde den

---

[13] Vgl. dazu besonders die Schrift *De visione Dei* (1453) so wie dazu Thomas S. Hoffmann, „Vom Sehen des Sehens im Bild. Hinweise zur cusanischen Ikonologie", in: Walter Schweidler (ed.), *Weltbild – Bildwelt*, St. Augustin 2007.

Mittelpunkt des Universums bilde, daß sie an ihrem Ort ruhe oder auch eine vollkommene Kugel sei[14]. Bei ihm sind diese Thesen philosophisch, nämlich aus dem Begriff des „privativ unendlichen Universums" begründet, dem Begriff eines Universums, das zwar nicht im Sinne der absoluten Einheit unendlich ist, also alle Gegensätze in sich zusammenfaltet, das aber in seiner Ausfaltung unbegrenzt ist. Diese prinzipielle Unbegrenztheit des Kosmos besagt natürlich, daß nirgendwo ein Mittelpunkt ist, oder daß der Mittelpunkt an jedem beliebigen Punkt ist. Daß die Erde nicht ruht, ergibt sich daraus, daß jeder endliche Körper durch die Spannung von Sein und Nichtsein, in die er gestellt ist, auch bewegt ist; nur das vollkommen Eine vermag auch vollkommen zu ruhen, und daß die Erde keine vollkommene Kugel ist, sondern an den Polen abgeplattet, ergibt sich daraus, daß kein endlicher Körper eine ideale, sondern immer eine individuelle Gestalt hat. Es zeigt etwas von dem Milieu des 15. Jahrhunderts auf, daß Cusanus derartige Thesen völlig unbehelligt vertreten und dabei sogar Kardinal sein konnte; bekanntlich standen die Dinge zu Beginn des 17. Jahrhunderts ganz anders.

Es bietet sich abschließend an, das Denken des Kusaners sich anhand eines sinnfälligen und sinnreichen Objekts zu vergegenwärtigen, der Wurfkugel aus seinem „Globusspiel". Cusanus – auch das wirft auf das außergewöhnliche Profil dieses Mannes ein bezeichnendes Licht – ist der wohl einzige Philosoph, der sein Denken auch in der Form eines eigens von ihm erfundenen Spieles veranschaulicht hat[15]. Dieses Gebilde ist ganz „handfest" zusammengesetzt aus Präsenz und Absenz, Anwesenheit und Abwesenheit; es ist eine materielle Kugel und die *Privation* einer solchen: eine Kugel und keine Kugel. Es ist ferner, auf der Ebene seiner positiven Eigen-

---

[14] Die entsprechenden Thesen finden sich vor allem im zweiten Buch von *De docta ignorantia*.
[15] Vgl. die Ausgabe von *De ludo globi* in der „Philosophischen Bibliothek" (*Vom Globusspiel*, hg. von Gerda von Bredow, Hamburg 1978). Das Spiel selbst ist im Cusanus-Geburtshaus vorhanden.

schaften, konvex und konkav zugleich, wobei diese beiden konträren Eigenschaften sich im Mittelpunkt sozusagen berühren. Dieser Mittelpunkt freilich ist, idealiter betrachtet, zugleich materiell wie auch nicht-materiell, er ist ausgedehnt und ist es nicht, oder die ganze Kugel ist im Grunde nur die Explikation dieses einen Punktes, seine Positivierung in den existierenden Widerspruch hinein. Die Kugel nun hat den Sinn, geworfen zu werden; Wurf heißt lateinisch „iactus", und jeder Wurf als Versuch, den Mittelpunkt des Spielfeldes zu treffen, ist sozusagen eine „Konjektur" des Spielers. Die Wurfbahnen beschreiben dann weiterhin spiralförmige Linien, exzentrische Bahnen, die etwas Unberechenbares haben. Und schließlich weiß auch der Spieler, dem ein „guter Wurf" gelingt, letztlich niemals genau, *wie* ihm dies gelungen ist: es ist „docta ignorantia", was es macht, daß der eine, auch der Erfahrene, besser wirft als der andere, und keiner kann es direkt den anderen lehren.

Versuchen wir abschließend, kurz zu skizzieren, was den Kusaner zu einem Denker macht, der für die italienische Renaissance von Bedeutung sein konnte! Wir nennen hier, ohne Anspruch auf Vollständigkeit, einige zentrale Aspekte.

Da ist zum einen, wie erwähnt, die relative *Unabhängigkeit* von der für das Mittelalter charakteristischen Schulphilosophie und -theologie, der Scholastik. Cusanus hat nach seinen juristischen Studien in Padua sich in Köln, unter anderem bei Heimerich von Kampen (Heymericus de Campo, ca. 1395–1460), durchaus in die Tradition des mittelalterlichen philosophischen und theologischen Denkens eingearbeitet, ist dabei aber in jedem Fall ein selbständiger Kopf geblieben. Auch in den Streit zwischen den Realisten und Nominalisten, also vor allem Aristotelikern wie Thomas auf der einen Seite und den Occamisten auf der anderen, läßt sich Cusanus nicht hineinziehen. Stattdessen ist sein Denken durch eine große integrative Potenz gekennzeichnet, ein Zug, den wir auch etwa bei den Florentiner Neoplatonikern antreffen werden, die sich, wir nennen hier vorgreifend schon einmal Pico della

Mirandola, auch nach der Abkehr von Aristoteles als „dem" einen Philosophen jetzt keineswegs exklusiv auf Platon beziehen und alles andere beiseite lassen.

Da ist zweitens der *Individualismus*, hier verankert in einer neuen Reflexionsontologie, die dem Leibnizschen Indiszernibilienprinzip – dem Prinzip von der Ununterscheidbarkeit des Identischen und daher auch der ontologischen Verschiedenheit des unabhängig voneinander Existierenden – vorgreift. Alles innerweltlich Seiende ist ein individuell Seiendes und auf diese Weise die Widerspiegelung, die Abbildung des absolut Einen im Vielen auf je einmalige Weise. Die Welt ist Bild, aber nicht eigentlich eines jenseitigen „Urbildes", sondern Bild im Sinne des Zweiten, das uns in eine Bewegung auf das Erste, das Eine hin versetzt und dabei auch unsere eigenen bildnerischen Fähigkeiten hervorruft.

Da ist drittens ein neuer Begriff von der *Stellung des Menschen* in der Welt. Cusanus nennt den Menschen den „deus humanus"[16], den „menschlichen Gott", und er begründet dies mit der schöpferischen Potenz des Menschen, die ihn von allen anderen endlichen Wesen unbedingt unterscheidet. Der Kunstbegriff der Renaissance wie auch ihre Anthropologie haben hier angeschlossen: im Menschen „sprengt" das zu sich selbst kommende Unendliche den Rahmen der Endlichkeit, setzt es eine Bewegung in Gang, die, wenn sie einmal begonnen, mit endlichen Auskünften nicht wieder zu bremsen ist.

Und da ist zuletzt eine neue Öffnung gegenüber der *Natur*, die sowohl ontologisch wie auch einzelwissenschaftlich außerhalb der Bahnen des Aristotelismus thematisiert wird: ontologisch durch den genannten Begriff der Welt als Bild und der darin bildend tätigen Natur mit allem, was daraus folgt; einzelwissenschaftlich durch die Anweisung, die Natur auf der Grundlage der Erfahrung und des gesunden Laienverstandes, nicht anhand der naturphilosophischen Lehrbücher zu erforschen. Leonardo und Galilei werden das letztere sehr

---

[16] Vgl. *De coniecturis* II, 14, n. 143.

ernst nehmen, während am Ende der von uns zu betrachtenden Epoche Bruno für seinen Begriff eines unendlichen Universums dann auch bei der Ontologie des Cusaners anknüpfen wird. Es ist mithin klar zu erkennen, daß wir bei Nikolaus sozusagen einige Sprengsätze gelegt finden, die das mittelalterliche Weltbild bis hin zur ptolemäischen Kosmologie erschüttern müssen. Gleichzeitig stoßen wir auf einen konstruktiven Zug, den nicht zuletzt auch die Florentiner Neoplatoniker aufgreifen werden.

LITERATUR:

Nicolaus Cusanus, *Philosophische und theologische Schriften. Auf der Grundlage der Übersetzung von Anton Scharpff herausgegeben und mit einem Vorwort versehen von Eberhard Döring*, Wiesbaden 2005.

Kurt Flasch, *Nikolaus von Kues. Geschichte einer Entwicklung*, Frankfurt am Main 1998.

Klaus Jacobi (ed.), *Nikolaus von Kues*, Freiburg/München 1979.

Karl Jaspers, *Nikolaus Cusanus*, NA München 1987.

Martin Thurner, *Nicolaus Cusanus zwischen Deutschland und Italien*, Berlin 2002.

2 Georgios Gemistos Plethon
(ca. 1355/60–1452)

*Εἰθ' ὡς τὸ καλὸν ἡμῖν, οἰκείως τῇ πρὸς θεοὺς συγγενείᾳ,
τὸ προσῆκον τοῦ βίου τέλος.*

Georgios Gemistos Plethon

Der Grieche Georgios Gemistos Plethon ist als Inspirator der Florentiner Platon-Renaissance in unserem Zusammenhang trotz seines überzeugten Hellenentums und seiner offenbaren Minderschätzung Italiens der zweite Gast in Italien, den wir nicht übergehen dürfen. Wir treffen in Plethon dabei auf den Repräsentanten einer Traditionslinie, die im westlichen philosophiehistorischen Bewußtsein heute leider so gut wie ausgeblendet ist: auf die byzantinische Philosophie, über die im wesentlichen nicht viel mehr als Vorurteile über ihre „Erstarrung" und Unfruchtbarkeit kursieren. Zum Verständnis der Philosophie Italiens zu Zeiten der Renaissance ist es gleichwohl unerläßlich, diese Tradition im Blick zu haben – nicht zwar in demselben, wohl aber in vergleichbarem Maße, wie es unerläßlich für das Verständnis der Malerei von Cimabue oder auch Duccio di Buoninsegna ist, die „maniera greca", d.h. die byzantische Kunst im Blick zu haben. Wir verschaffen uns zumindest einen Kurzüberblick über ein philosophisch vergessenes Jahrtausend!

Bereits für Cusanus, der, wie gesagt, in wesentlich neuplatonischen Bahnen denkt, kann auf einen spätantiken Autor verwiesen werden, den wir nicht mit Namen, sondern nur mit dem Hinweis auf die Falschheit seines Namens kennen: auf *Pseudo-Dionysios Areopagita*, den bedeutendsten Vertreter der „negativen Theologie" in der Spätantike, der in der 2. Hälfte des 5. Jahrhunderts gelebt haben dürfte. Was das Problem der „negativen Theologie" ist, haben wir soeben schon am Beispiel der Unaussagbarkeit des Einen bei Cusanus kennengelernt: es handelt sich um das Problem, daß jede affirmative Aussage über Gott Gott nur in nicht-absoluter, in endlicher Weise aussagen kann. Daher, so die negative Theologie, kann von Gott nur in Form von Verneinungen gesprochen werden – eine Denkweise, die sich auch mit der Mystik zu verbinden vermochte, aber nicht zuletzt in der neuplatonischen Strömung des Westens wie des Ostens erhalten blieb.

Aber es gibt auch in anderen Traditionen stehende Vertreter des byzantinischen Denkens: da ist im 6. Jahrhundert zunächst *Johannes Philoponos* (ca. 490–570), ein gelehrter Aristoteleskommentator, der insbesondere über seinen Kommentar zur *Physik* des Stagiriten bekannt wurde; Philoponos hat sich dabei insbesondere mit Fragen der Ortsbewegung befaßt und gehört hier zu den Begründern der „Impetuslehre", d.h. der Auffassung, daß bei einem Wurf dem Projektil selbst eine unkörperliche Kraft mitgeteilt wird, welche das Geschoß solange auf der Bahn erhält, bis sie sich an den äußeren Widerständen aufgebraucht hat. Diese Lehre wurde im 14. und 15. Jahrhundert sehr populär und ist noch beim jungen Galilei anzutreffen; über die Impulslehre Descartes' wird sie zuletzt zum Trägheitsprinzip Newtons fortentwickelt.

Da sind sodann *Maximus Confessor* (580–662) und *Johannes von Damaskus* (674/75–749), beide wiederum Vertreter der negativen Theologie, insbesondere der letztere dabei auch wichtig als Verfasser einer Dialektik[17]. Da ist ferner der gelehrte Enzyklopädiker *Photios* (810/20–891/7), der uns ein Werk mit dem Titel *Bibliotheke* oder auch *Myriobiblon*, also „Zehntausendbuch", hinterlassen hat, das wertvolle Auszüge aus ansonsten verlorenen philosophischen Schriften der Antike enthält. Photios ist im übrigen aus der Kirchengeschichte bekannt; das im Westen bekannte „Filioque" betreffend den Hervorgang des Heiligen Geistes aus Vater *und* Sohn hat er für häretisch erklärt, 867 hat er in seiner Eigenschaft als Patriarch von Konstantinopel Papst Nikolaus I. (858–867) für abgesetzt erklärt.

Im elften Jahrhundert tritt mit *Michael Psellos* (1018–1096) wiederum ein herausragender Platoniker auf, der 1045 das Oberhaupt der Philosophen an der neugegründeten Universität zu Konstantinopel wurde. Psellos hat insbesondere mit seinem Hauptwerk *De omnifaria doctrina* (διδασκαλία παντοδαπή) ein umfassendes philosophisches System vorgelegt, das von der Theologie und der Metaphysik über die Physik und Anthropologie bis zur Medizin und Geographie eigentlich alles einschließt, worauf sich ein wissenschaftliches Interesse richten kann. Sein Grundmodell ist die neuplatonische Emanationslehre, d.h. die Lehre vom sukzessiven Hervorgang gegeneinander abgestufter „Hypostasen" aus dem absoluten Einen – wir werden bei Ficino auf dieses Modell zu sprechen kommen. Der Seele kommt in diesem Konzept, bei Psellos wie auch bei anderen Platonikern, eine besondere Bedeutung zu: sie ist nicht nur eine Wanderin zwischen zwei Welten, sondern eigentlich die „copula mundi", das synthetische Moment, das die Extreme des Intelligiblen und des Sinnlichen zusammenbindet; noch bei Kant, der kaum je etwas von Psellos gehört haben dürfte, heißt es einmal: „Gott und die Welt sind die beiden Objekte der Transzendentalphilosophie", und die „copula" beider ist „der denken-

---

[17] Vgl. dazu Gerhard Richter, *Die Dialektik des Johannes von Damaskos*, Ettal 1964.

de Mensch"[18], aber auch vor Kant wird eben dieses Motiv in der Philosophie der Renaissance verschiedentlich auftreten. Psellos ist im übrigen einerseits so etwas wie ein Aufklärer, der sich vom philosophischen Denken her gegen Aberglauben und Okkultimus wendet, auf der anderen Seite auch so etwas wie ein Synkretist, der nicht nur platonische und aristotelische Philosophie, sondern auch Philosophie, christliche Theologie und alte Mysterienweisheit in seinem Ansatz zu verschmelzen sucht. Auch das hat in Italien Nachfolge gefunden; wir werden bei Pico auf sie stoßen.

Ein Zeitgenosse des Psellos und zugleich sein Nachfolger als „Chefphilosoph" (ὕπατος τῶν φιλοσόφων) in Konstantinopel war übrigens bemerkenswerterweise ein Italiener, der zu Studienzwecken in die oströmische Hauptstadt gekommen war, *Johannes Italos* aus der Campania, geboren etwa 1023, gestorben zu einem unbekannten Zeitpunkt nach 1083. Johannes kommentierte den Aristoteles und hinterließ unter anderem sogenannte *Quaestiones quodlibetales*, griechisch betitelt Ἀπορίαι καὶ λύσεις, das heißt Lösungen zu 93 philosophischen Problemen, die einen entwickelten philosophischen Schulbetrieb dokumentieren. Aus dem 13. Jahrhundert, also etwa als Zeitgenosse eines Albert des Großen (ca. 1200–1280) und dann auch eines Thomas von Aquin (1224–1274), ist *Nikephoros Blemmydes* (1197–1272), der sich in seiner *Logik* dem Thema einer möglichen Versöhnung von Platon und Aristoteles in der Universalienfrage zugewandt hat, zu nennen. Es ist nach Blemmydes auf der einen Seite richtig, mit Aristoteles zu sagen, daß die Allgemeinbegriffe nur in den Einzeldingen existieren. Aber zugleich ist es richtig zu sagen, daß sie als Ideen schon unabhängig von dieser Existenz im Verstand Gottes gegeben sind. Denn wir kennen die Einzeldinge nur als wandelbare und steigen von ihnen aus zu unwandelbaren Begriffen auf, die wir wiederum schon voraussetzen, um die wandelbaren Einzeldinge wirklich zu

---

[18] Kant, *Opus postumum*, Akad.-Ausgabe XXI, 37.

erkennen. Es gibt hier also eine Art Dialektik von Einzelheit und Allgemeinheit.

Wenig nach Blemmydes setzt in Byzanz dann eine Art klassizistischer Wende, aber auch eine Rezeption lateinischer Literatur, die jetzt übersetzt wird, ein. *Georgios Pachymeres* (1242–1310) schreibt in diesem Kontext eine *Philosophia* in zwölf Büchern, eine Aristoteles-Paraphrase von sehr individuellem Zuschnitt, beschäftigt sich aber auch mit anderen Wissenschaften, so etwa mit der Musik und der Mathematik. *Maximos Planudes* (1255–1305), der das mathematische Interesse Pachymeres' teilt und für seine Person insbesondere als derjenige bekannt geworden ist, der das Rechnen mit der Null wie auch eine neue Methode der Wurzelrechnung in die griechische Mathematik eingeführt hat, tritt dann besonders als Übersetzer lateinischer Werke – von Cicero bis Boethius sowie eventuell auch von Thomas von Aquin – auf. Erwähnt sei schließlich noch *Manuel Chrysoloras* (ca. 1350–1415), ein Platoniker, der gegen Ende des 13. Jahrhunderts zunächst in politischem Auftrag nach Italien kam – er sollte im Auftrag von Kaiser Manuel II. Hilfe gegen die Türken organisieren – und (auf Initiative des Humanisten und Petrarca-Freundes Coluccio Salutati, der 1331 bis 1406 lebte) in Florenz ab 1396 Griechisch lehrte, dabei aber auch schon damit begann, Platon unabhängig von den westlichen philosophischen Traditionen bekannt zu machen. Bei Chrysoloras, mit dem wir, wie man bemerken wird, definitiv im Kontext der italienischen Renaissance angekommen sind, hat unter anderem Leonardo Bruni (1370–1444), einer der bedeutendsten Florentiner Humanisten, das Griechische gelernt. Chrysoloras ist übrigens in Konstanz verstorben, wo er im Dominikanerkloster beigesetzt wurde.

Die genannten Namen stellen nur eine kleine Auswahl aus einer eintausendjährigen Traditionslinie dar, von der man zumindest das wird sagen können, daß sie stets in näherem Kontakt zu den Anfängen der Philosophie geblieben ist, als dies im Westen der Fall war, wo lange genug die Maxime herrschte: „Graeca sunt, non leguntur". Mit Plethon nun tritt diese Tradition definitiv in den Gesichtskreis des Westens – nicht ohne Folgen, wie wir schon wissen.

Plethon (Πλήθων) wurde etwa 1355 oder auch 1360 in Konstantinopel als Sohn eines Geistlichen geboren. Sein Name lautete zunächst Georgios Gemistos, wobei „Gemistos" (γεμίζω meint „füllen", „beladen") „der Volle" heißt; erst in seinen späteren Jahren hat Plethon sich selbst den neuen Namen gegeben, der in der Wortbedeutung an „Gemistos" anschließt – πλῆθος heißt „Menge, Masse" –, der aber jetzt einen nicht so gewöhnlichen Klang hat und außerdem den Vorzug besitzt, an die Namen Platons und auch Plotins anzuklingen – aus einem „Georg Voll" ist jetzt sozusagen ein „Georg Mengius" geworden. 1380 ging Plethon nach Adrianopel und Bursa an den türkischen Hof. Hier soll er von einem Juden namens Elisäus nicht nur in die arabische Kommentarliteratur zu Aristoteles, sondern auch in den Zoroastrismus, also in die in ihren historischen Anfängen schwer greifbare, durch einen Dualismus von gut und böse geprägte persische Religion, eingeführt worden sein. Gennadios Scholarios (ca. 1405–1472), der letzte große Aristoteliker in Byzanz, ein guter Kenner übrigens auch von Thomas und Duns Scotus, aber ein entschiedener Gegner Plethons, überliefert außerdem, daß Elisäus Plethon auch zur Rückkehr zum antiken Polytheismus verleitet haben soll. 1390 kehrt Plethon nach Konstantinopel zurück, wo er für einige Jahre bleibt. 1393, nach anderen auch erst später, begibt er sich nach Mistra auf der südlichen Peloponnes. Mistra bildet in den Jahren 1348–1460 ein eigenes byzantinisches Despotat und ist neben der Hauptstadt und Thessaloniki das letzte unter dem Ansturm der Türken übrig gebliebene kulturelle Zentrum des oströmischen Reichs. Mistra ist eine Gründung der Kreuzfahrerzeit, es befindet sich in der Nähe Spartas, und wir werden noch sehen, daß die hier wach werdenden Erinnerungen an althellenischen Ruhm für Plethon unmittelbare Bedeutung gewinnen. Aber wie dem auch sei: die Stadt wird Plethons eigentliche Wirkungsstätte;

er verläßt sie nur noch einmal für den Besuch des Unionskonzils von Ferrara-Florenz, das er im übrigen als entschiedener Gegner einer Kirchenunion mit dem Westen vorzeitig wieder verläßt. Plethon ist in Mistra nach vorherrschender Meinung am 26. Juni 1452 gestorben; seine Gebeine jedoch ließ Sigismondo Malatesta (1417–1468), mehr berüchtigter als berühmter Herr von Rimini, der Plethon schon bei dessen Florentiner Aufenthalt kennengelernt und ihn an seinen Hof zu ziehen versucht hatte, exhumieren und nach Rimini schaffen, wo sie 1466 neben anderen Gelehrten in einer der Seitennischen des *Tempio Malatestiano* beigesetzt wurden. Einen sinnfälligeren Ausdruck für die jetzt bewußt betriebene Aneignung des Erbes des Ostens im Westen könnte es kaum geben; kommt hinzu, daß der *Tempio* ein deutliches paganes Programm hatte und so schon selbst für die Rückwendung zur vorchristlichen Antike stand wie daß er eines der Hauptwerke Leon Battista Albertis (1404–1472), also eines der bedeutendsten Architekten der Frührenaissance, gewesen ist, der später selbst Mitglied der Florentiner Akademie werden sollte. Das Neuheidentum dieses Gebäudes, das nicht zuletzt der Verherrlichung von Sigismondos Geliebter und zweiter Frau Isotta degli Atti gewidmet war, erregte, nebenbei bemerkt, das Mißfallen von Papst Pius II., den wir wiederum von Cusanus her bereits kennen und der als Enea Silvio Piccolomini vor seinem Pontifikat (1458–1464) vor allem selbst als Humanist und Schriftsteller, etwa als Verfasser einer bekannten Liebesgeschichte, hervorgetreten war. Unter dem Motto „Aeneam reicite, Pium recipite!" hat Pius II. sich dann freilich selbst von seiner Vergangenheit zu distanzieren versucht.

Von Plethon sind fast 40 Schriften bekannt, die freilich nur zum Teil erhalten sind. Die Schriften haben nicht alle philosophische Themen zum Inhalt; wir finden unter ihnen auch historische (z.B. über den Alexanderzug oder eine *Geschichte des Islams vom Tode Mohammeds bis zur Eroberung Kretas* 827/28), rhetorische, grammatische, musikalische, geographische oder theologische. Geistes- und kulturgeschichtlich nicht ohne Bedeutung ist, daß Plethon mit einer Abhandlung *Berichtigung einiger falscher Angaben des Strabon* den der Stoa zuzurechnenden Geographen aus dem 1. Jahrhundert v. Chr. im Westen erst bekannt gemacht hat – Strabo wurde zu einer Autorität z.B. für Kolumbus, der auf dessen Weltbild hin erst die Fahrt nach Indien über den Westweg wagte. Die theologische Abhandlung *Über das Hervorgehen des Heiligen Geistes* berührt einen der dogmatischen Hauptdissense zwischen Ost- und Westkirche; Plethon entscheidet sich mit der Ἑλληνικὴ θεολογία, also mit der „Griechischen Theologie", wie er sagt, wie auch mit Photios gegen die lateinische Auffassung von der *processio* des Geistes aus Vater *und* Sohn. In der Literatur hat man darauf hingewiesen, daß es dabei wohl nicht nur um den griechischen Nationalstolz ging, sondern auch um die Kontroverse Platon – Aristoteles, die uns noch beschäftigen wird. Die Griechen haben nämlich bei dem Streit um das „filioque", der 1054 zum endgültigen Bruch mit dem Westen geführt hatte, immer betont, daß eine Einheit nicht aus der Zweiheit, hier also der heilige Geist nicht aus Vater und Sohn hervorgehen kann und das vielmehr die Zweiheit von Sohn und Geist aus der Einheit hervorgehend zu denken ist, was der Sache nach ein platonisches Argument ist. Daß Plethon im übrigen nicht eigentlich ein um Fragen des christlichen Dogmas bemühter Denker war, werden wir sogleich sehen.

Wir beginnen mit einer kleinen, wahrscheinlich sehr späten Schrift Plethons, der *Zusammenfassung (συγκεφαλαίωσις) der Lehren des Zoroaster und des Platon*. Uns überrascht heute vermutlich die Zusammenstellung dieser beiden Namen: des Namens des persischen Religionsstifters und Propheten auf der einen Seite, desjenigen des griechischen Philosophen auf der anderen. Wir haben gehört, daß Plethon im Zoroastrismus bei Elisäus unterwiesen worden sein soll, und wir müssen darüber hinaus zur Kenntnis nehmen, daß in seinen Schriften auch die diversesten anderen Köpfe figurieren, die wir heute keineswegs ohne weiteres als philosophische Autoritäten ansehen würden; ich nenne als Beispiel den sagenhaften Gesetzgeber Spartas, Lykurg, den Hirten Eumolpos, der am Anfang der Mysterien von Eleusis gestanden haben soll, die Zeuspriester von Dodona, ferner indische Brahmanen und medische Magier – kurz: wir begegnen einem sehr merkwürdigen Synkretismus, der zugleich auf die letzten erreichbaren Ursprünge des menschheitlichen Wissens zurückgehen will. In der Antike war, in gewisser Hinsicht vergleichbar, kolportiert worden, Platon habe in jüngeren Jahren eine Reise nach Ägypten gemacht und sei dort von den Priestern in ihr uraltes Wissen eingeweiht worden. So geht es auch hier darum, bei den uralten, übrigens allesamt vorchristlichen Autoritäten anzuknüpfen. In der Renaissancephilosophie hat Plethon mit dieser Haltung ohne weiteres Anklang gefunden, nicht zwar bei den Aristotelikern, wohl aber bei Autoren wie Ficino, in dessen *Theologia platonica* beispielsweise 25 Meinungen des Zoroaster behandelt werden, oder auch noch bei Bruno, der als Vertreter der sogenannten „hermetischen Tradition" ohnehin die Auffassung vertritt, daß alles Entscheidende eigentlich schon *vor* Sokrates gesagt und gedacht worden sei. Der Gedanke einer „prisca theologia" und „perennis philosophia", die an sich bleibender Menschheitsbesitz sei und allenfalls im Laufe der Zeiten immer wieder verdunkelt werde, deshalb aber auch wiederbelebt werden müsse, scheint hier auf. Wir müssen dabei bedenken, daß es für Plethon und seine Zeitgenossen ein eigentlich historisches Bewußtsein nicht gibt. Es ist deshalb auch kein Anachronismus, auf die Weisen der verschiedensten Zeiten und Weltteile zurückzugreifen und ihre Lehren zu einer einheitlichen zu verbinden. Wohl aber kann diese Verbindung kritisch gegen herrschende Meinungen und Lehren, etwa die des Aristoteles oder auch die des Christentums, gewendet werden. Entschieden zoroastrisches Gedankengut, das dies auch in einem historischen Sinne wäre, findet sich in der Schrift dabei übrigens nicht; der Bezugspunkt sind für Plethon eher die sogenannten „Chaldäischen Orakel", ein bei den Neuplatonikern sehr geschätzter Text, den man in der Renaissance Zarathustra zuschrieb.

Die *Synkephalaiosis* beginnt mit einem Vorspruch, der besagt, daß das folgende die zu wissen nötigen Lehren für einen jeden seien, der wirklich weise sein will; ähnlich wird am Ende des kurzen Textes noch einmal betont, daß nur, wer die vorgetragenen zwölf Lehrsätze kenne und glaube, zu den Weisen gehöre. Was sind das nun aber für Lehrsätze? Sie beginnen mit dem Satz, daß zuerst und unbedingt zu gelten habe, *daß* die Götter *sind*. Plethon hat an anderer Stelle, in einer eigenen Schrift, Gottesbeweise vorgetragen, wie es dies ja auch das Mittelalter getan hatte. Hier wird ganz dogmatisch festgestellt, daß es so sei, daß die Götter sind und daß darüber nicht etwa ein Zweifel bestehen dürfe. Für Plethon ist der Ausgang vom Dasein der Götter insoweit ein Gebot der Vernunft, ein Gebot, ohne das, wie sich zeigen wird, weder die Ordnung des Kosmos noch ein geordnetes Leben der Menschen, weder Eukosmie noch Eunomie denken läßt. Freilich ist das, was uns dann als Ausfaltung dieses theologischen Grundansatzes begegnet, auf den ersten Blick sehr befremdlich. Es scheint eine Art Privatmythologie zu sein, die die alten homerischen Götter wieder hervorholt, so als ob es eine Mythenkritik wie die des Xenophanes oder auch den platonischen logischen Monotheismus niemals gegeben hätte. Wir lesen bei Plethon: „Einer der Götter ist König, Zeus; er ist der größte und soweit irgend möglich der beste, allen Dingen vorstehend und seiner Göttlichkeit nach der vorzüglichste, er lebt in allem und jedem. Er ist ungeschaffen, aber der Vater und erste Schöpfer aller Wesen"[19]. Als nächstes heißt es dann überdies, daß Zeus einen Sohn habe, den zweiten Gott, der ohne Mutter geboren sei, nämlich Poseidon. Poseidon hat von Zeus die Macht, alle Dinge zu lenken, zieht dafür aber auch Helfer heran, nämlich zum einen seine Brüder, die wie er selbst jenseits des Him-

---

[19] Im folgenden übersetzt nach dem Text bei C. Alexandre: Pléthon, *Traité des lois*, Paris 1858, ND Amsterdam 1966, 264f.

melsgewölbes wohnen, nämlich entweder im Olymp oder im Tartaros, zum anderen seine Kinder, die er mit Hera, die die Materie hervorbringt, gezeugt hat und die mit Helios an der Spitze die Götter des uns vertrauten Weltalls sind. Im zweiten Artikel heißt es dann, daß wir bekennen müssen, daß die Götter sich um unsere Belange sorgen, also anders als beispielsweise Epikur es gelehrt hatte zu uns durchaus in aktiver Beziehung stehen, die einen direkt (nämlich die Himmelsgötter), die anderen indirekt durch Vermittlung untergeordneter Gottheiten. Drittens wird dann gut platonisch gelehrt, daß die Götter niemals Urheber des Bösen, sondern ausschließlich des Guten sind, viertens aber wird dann der Determinismus, eine der Grundlehren Plethons ausgesprochen: daß es nämlich ein unabänderliches Schicksal gebe, das von Zeus seinen Ursprung hat und demgemäß die Götter alles zu einem nach Möglichkeit guten Ende lenken. Für „Schicksal" erscheint hier der stoische Begriff εἱμαρμένη, wie er von den Aristotelikern, die in aller Regel Verteidiger der Willensfreiheit waren, immer bekämpft worden ist; Plethon trägt die stoischdeterministische Auffassung in den Platonismus ein, und er eröffnet auch damit ein Streitthema, das in der Folgezeit die Geister in Atem halten wird. Für Plethon selbst besteht die Lösung (nach den *Nomoi*) darin, daß der Mensch zugleich unfrei und frei sein kann, nämlich insofern er dem in sich guten Schicksal zustimmt, was jeder Gute auch tut. Das, was man mit Zustimmung tut, tut man nicht unfrei; nur, wer gegen das gute Geschick aufbegehrt, also selbst böse ist, ist auch unfrei, nämlich nur beherrscht.

Was aber hat es mit Plethons Götterhimmel genauer auf sich? Plethon gibt an anderer Stelle, in der *Epinomis*, dem „Anhang" der *Nomoi*, insofern einen ersten Hinweis, als er hier davon spricht, daß der oberste Gott das Prinzip aller Dinge sei und in der eigenen Muttersprache eben Zeus heiße. Entsprechend läßt sich vermuten, daß auch die anderen Götternamen in Wahrheit für die Antwort auf Prinzipienfragen stehen, und Plethon vertritt dann eben nicht eine willkürlich aufgestellte neue Mythologie, sondern eine sinnfällig gemachte „Archäologie", d.h. Prinzipienlehre. Man kann dies relativ leicht auch dadurch erhärten, daß dem Einheitsprinzip Zeus mit Hera, die die Materie ins Spiel bringt, ein Vielheitsprinzip entgegengestellt ist, was uns erneut auf das platonische Einheits-Vielheitsproblem führt. Poseidon zeugt mit Hera dann die dem vergänglichen Bereich angehörigen Götter, also zum Beispiel die Sonne und die anderen Gestirnsgottheiten, d.h. die Mächte, die den Bereich der sichtbaren Natur regieren. Aber es gibt auch den unsichtbaren Bereich und diesem zugeordnete Götter; es gibt, um es gleich philosophisch zu wenden, konstitutive Prinzipien aller Dinge, die selbst nicht in der Gestalt erscheinender Dinge hervortreten. Platon hatte in seinem wichtigsten Dialog zur Erkenntnistheorie, im *Theaitetos*, von den κοινά, den Allgemeinbegriffen wie Sein, Gleichheit oder Ähnlichkeit gesprochen, die die Seele nur kraft ihrer göttlichen Natur vernünftig einsehen, aber nicht in der Empirie antreffen kann. Im *Sophistes* spricht Platon dann von „obersten Gattungen", die den Zusammenhang und die Unterscheidung der Ideen betreffen, den μέγιστα γένη. Als solche oberste Gattungen werden genannt: *Sein, Identität, Verschiedenheit, Ruhe und Bewegung*. Was immer etwas in Bestimmtheit ist, hat auf je bestimmte Weise an diesen „Gattungen" teil und ist über sie zugleich auf anderes bestimmtes Seiendes bezogen; die obersten Gattungen regieren also das All des Seienden, ja, noch der bestimmten Ideen, und sie verbinden es auch erst zu einem gegliederten Ganzen. Bei Plethon geht es nun aber bei den Göttern um die Mächte, die das All allererst sein lassen und dabei auch in geordneten Bahnen halten; in der Literatur hat man denn auch den Plethonschen Götterhimmel auf die obersten Gattungen Platons reduziert: für das Sein überhaupt steht Zeus, auch wenn damit Platons eigene Lehre, daß das oberste Prinzip noch jenseits des Seins anzusiedeln ist, außer Kraft gesetzt wird; Apollon, einer der Brüder Poseidons, steht für die Identität, seine Schwester Artemis für die Verschiedenheit; der Schmiedegott Hephaistos soll die Ruhe bezeichnen, Dionysos schließlich die Selbstbewegung, Athene hingegen die Fremdbewegung. Dazu ist dann noch zu ergänzen, daß Poseidon, der oberste gewordene und alles aktual lenkende Gott, das Prinzip „Aktualität" vertritt, während die Mutter der Götter des Vergänglichen, Hera, für die Potentialität steht. In dem letzten Fall hätte Plethon dann mit dem Akt-Potenz-Gegensatz seinem System eine Grundunterscheidung der aristotelischen Philosophie integriert, was freilich so ganz ausgeschlossen auch auf Grund anderer Beziehungen zur Philosophie des Stagiriten nicht ist. Was so jedenfalls herauskommt, ist, daß Plethons Göttersystem allegorisch gedacht ist und mit den Götternamen sozusagen Kürzel für komplexere Prinzipienmomente bietet. Nur daß im Sinne der bereits angesprochenen Tendenz der Philosophie der Renaissance auf ein „ästhetisches Denken" diese Allegorisierung so ganz beiläufig wieder nicht ist; sie erlaubt es, komplexe Zusammenhänge sinnlich vorstellig zu machen, die zunächst ganz außerhalb unseres Gesichtskreises liegen und die uns doch beständig betreffen.

Der zweite Teil behandelt darauf das All als solches – also die zweite Sphäre der eigentlich göttlichen, das Reich der gezeugten und geborenen Götter, deren oberster Helios ist. Das Mittelalter war, abgesehen zumindest von den durch Averroes beeinflußten Aristotelikern, von der Überzeugung bestimmt, daß „die Gestalt dieser Welt" eine vorübergehende sei. Das berühmte *Dies irae* etwa (entstanden um 1150), das viele doch zumindest aus Mozarts „Requiem" noch im Ohr haben, beginnt mit den einprägsamen Versen: „Dies irae, dies illa / Solvet saeclum in favilla / Teste David cum Sybilla" – „Am Zornestag zerfällt die Welt in Asche, wie David und die Sybille [in ihren Schriften] bezeugen". Ganz anders die Weltsicht Plethons! Sein All ist in sich ewig und unvergänglich, es hat in der Zeit weder Anfang noch Ende, ist allerdings gleichwohl von Zeus geschaffen, ist also nicht von sich aus, sondern ein abhängiges Sein. Das All ist insgesamt zusammengesetzt aus Teilen, die aufs vollkommenste zu einer Einheit gefügt sind, ihm fehlt nichts zu der ihm nur möglichen Vollkommenheit und es behauptet eine unwandelbare Form, die es niemals verliert. Diese Kosmologie unterscheidet sich zum einen von der christlichen Schöpfungslehre, da von der Ewigkeit der Welt und auch der Stabilität der Weltform, also gerade nicht von einem irgendwann drohenden Weltenende die Rede ist. Sie unterscheidet sich aber ebenso auch von der aristotelischen Bestimmung des Verhältnisses von Gott und Welt, die Gott als oberstes Strebensziel der Weltwesen, als Flucht- und Attraktionspunkt ihrer eigenen Bewegung auf Vervollkommnung hin denkt und bei dem von einer „Anwesenheit" des Göttlichen in der Welt entsprechend nur bedingt die Rede sein kann. Die Welt erscheint statt dessen unter dem Bild des optimal eingerichteten und verwalteten Ganzen, und es wirkt hier alles mit allem zusammen, bildet *einen* kosmisch-eukosmischen Zusammenhang, der kein Weltwesen, kein Ereignis nicht mitumschließt und -bestimmt. Man muß ein Weltbild wie dieses und dabei auch den stoisch-plethonschen Determinismus vor Augen haben, um zu verstehen, weshalb gerade zur Zeit der Renaissance die *Astrologie* jene große Bedeutung gewinnen konnte, die sie tatsächlich hatte. Die Astrologie ist zwar wiederholt auch zur Zeit der Renaissance bekämpft worden, fand aber ihre Vertreter bis hin zu ausgesuchten Köpfen wie Ficino oder auch Philipp Melanchthon (1497–1560), dem Humanisten des Protestantismus an der Seite von Luther. Die Voraussetzung, die sie macht, ist, daß alles mit allem gesetzmäßig zusammenhängt und daß die entscheidenden Wirkungen auf die irdischen Ereignisse tatsächlich „von oben", von der göttlichen Übermacht über uns am Himmel und dahinter stammen. Daß es dabei ein ungeheurer Kurzschluß ist, von den Gestirnen und ihren Bewegungen unmittelbar auf die Lebensschicksale individueller Menschen zu schließen, ist in der Astrologiekritik, die mindestens bis auf Augustinus zurückreicht und, wie gesagt, auch in der Renaissance wiederholt vorgebracht wurde, immer wieder betont worden. Aber diese Kritik hat gegen ein Bewußtsein, das sich erneut einem allmächtigen Welten-Logos ausgesetzt sah, offenbar wenig vermocht. Erst die grundsätzliche Depotenzierung der äußeren Welt als einer bloß äußeren, die zu den entscheidenden Signaturen der Neuzeit gehört, hat hier den Umschlag gebracht.

Im dritten Teil der *Synkephalaiosis* schließlich geht es um uns, die Menschen. Wir besitzen eine unsterbliche Seele, die uns den Göttern verwandt macht, die aber an den Bereich unserer Welt gebunden bleibt und niemals ins „Empyreum", in das olympische Jenseits der obersten Götter wechselt. Die Seele ist vielmehr immer auf Materie bezogen, auch wenn sie selbst kein materielles Wesen ist. Sie wird von den Göttern bald diesem, bald jenem Leib verbunden, das alles mit Rücksicht auf die Allharmonie, die ἁρμονία τοῦ παντός, wie Plethon in einem fast schon Leibnizschen Ausdruck sagen kann. Darin liegt die Begründung einer wiederum an Platon angelehnten Reinkarnationslehre, allerdings mit der besonderen Pointe, daß das Dasein der Seele in einem bestimmten Leib jeweils zum Zusammenhalt des Universums und seiner Gesamtordnung beiträgt. Die menschliche Seele bezeichnet den Grenz- und zugleich Übergangspunkt zwischen den göttlichen und den vernunftlosen Wesen, die sie in der Ordnung des Alls zusammenbindet; im Hintergrund steht hier eine Seelendefinition, die sich in den bereits erwähnten „Chaldäischen Orakeln" findet und die lautet: „die Seele ist ein in der Kraft des Vaters leuchtendes Feuer, unsterblich und die Herrin des Lebens"[20]. Wenn in der Renaissance, von dem „deus humanus" bei dem Kusaner angefangen, immer wieder die Sonderstellung des Menschen im Kosmos betont wird, so hat hier auch Plethon dazu seinen Beitrag geleistet. Das Lebensziel von uns Menschen ist das Schöne und Gute, durch das alleine wir mit den Göttern verwandt sind (Plethon spricht von einer συγγένεια πρὸς θεούς); alles andere, was wir erstreben, würde in den Bereich der wandelbaren und todver-

---

[20] *Chaldäische Orakel* V, 22.

fallenen Dinge gehören, nur in der Ausrichtung auf das Schöne und Gute haben wir an dem Wesen und Werk der Götter teil. Zuletzt wird noch betont, daß unsere Glückseligkeit nur in dem unsterblichen Teil von uns selbst lokalisiert werden kann, der deshalb auch der wichtigste Teil unserer selbst und das eigentlich Menschliche an uns ist. Das Unsterbliche, das vom Menschen übrig bleibt, so sagt Plethon an anderer Stelle, ist „recht eigentlich der Mensch"[21]. Die Glückseligkeit besteht so darin, daß der Mensch seinen Beruf, Mittelglied des Universums im Sinne der Vermittlungsleistung seiner Seele zu sein (wir erinnern uns an die „copula mundi" bei Psellos), bewußt ergreift und sich mit weniger nicht zufrieden gibt. Er ist glücklich, wenn er gut ist, er ist gut, wenn er der Allordnung willentlich dient, und wenn er dies tut, ist er auch dem Sein so nahe, wie er nur sein kann.

Von dem Gegensatz zwischen aristotelischer und platonischer Philosophie ist bereits mehrfach die Rede gewesen. Plethons Schrift über den entsprechenden Unterschied, die in Florenz entstand, eine entsprechende Diskussion in Italien eingeleitet hat, die bis zum Ende des Renaissancezeitalters nachwirkte; noch Galilei etwa konnte von den Zeitgenossen als ein Platoniker verstanden werden, der die Peripatetiker niederrang, und auch für Bruno ist der Gegensatz zwischen Platon und Aristoteles ein wichtiges Datum auch für die Selbstpositionierung. Wir vergegenwärtigen uns kurz den historischen Hintergrund der Kontroverse, denn aus der Luft gegriffen ist sie nicht, wenn es auch in der Tradition, die byzantinische, etwa mit Nikephoros Blemmydes, eingeschlossen, zahlreiche Vermittlungsversuche zwischen den widerstreitenden Positionen gegeben hat. Wir nennen hier nur die wichtigsten Daten: die Philosophie des Aristoteles ist aus der Akademie hervorgegangen, und Aristoteles selbst, der hier zunächst ein Lektoramt innehatte, ist, zumindest zu Lebzeiten Platons, aus

---

[21] *De platonicae et aristotelicae philosophiae differentia* IV, 3 (hier zitiert nach der Übersetzung von W. Blum).

ihr auch nicht ausgetreten. Gleichwohl hat sich der Aristotelismus zu einem guten Teil durch Abgrenzung gegenüber den Platonikern konstituiert – „amicus Plato, magis amica veritas", wie es bei Aristoteles selbst gelegentlich heißt. In der *Ontologie* lehnt Aristoteles die Annahme von abgetrennt von den Einzelwesen existierenden Ideen ab; er verlegt die Idee als allgemeine Wesensform vielmehr in das Einzelwesen selbst hinein, das damit zugleich die Bestimmung substantiellen Seins erhält. In der *Kosmologie* bestreitet Aristoteles, daß die Welt, wie sie ist, von Gott im Sinne der Naturphilosophie des platonischen *Timaios* geschaffen worden sei, wie er überhaupt jede aktive Einwirkung Gottes auf die Welt ablehnt; die Welt ist vielmehr ewig und erlangt nur insofern durch Gott ihre bestimmte Ordnungsstruktur, als sie sich in eigenem Vervollkommnungsstreben auf ihn als den unbewegten Beweger hinbewegt. In der *Psychologie* lehrt Aristoteles, anders als Platon, daß die Seele über kein Vermögen eigentlicher Selbstbewegung verfüge, sondern für ihre Bewegung stets eines anderen bedürfe. Dabei gehören die Vitalfunktionen der Seele ganz der vergänglichen Seite des Lebewesens an, nur die Vernunftseele, die von außen her in das Lebewesen sozusagen einfällt, ist wesentlich unsterblich. In der *Erkenntnislehre* bestreitet Aristoteles die platonische Wiedererinnerungslehre; die Logik trennt er von der Ontologie und ordnet sie als eine eigene Disziplin der Philosophie als Hilfsmittel (*Organon*) zu; überdies gewinnt seine Philosophie in allen Teilen ein gegenüber Platon entschiedener an der Empirie orientiertes Profil: Plethon macht die bissige Bemerkung, Aristoteles, der einige der schönsten Lehren der Philosophie ignoriere, spreche zugleich mehr über Embryonen und Austern, als wirklich nötig sei.

In seiner „Differenz-Schrift" nun, in der Abhandlung *De platonicae et aristotelicae philosophiae differentia*, die 1439 in Florenz entstand, erinnert Plethon daran, daß bei den Alten, den Griechen wie auch den Römern, Platon stets in höherem Ansehen gestanden habe als Aristoteles. Nur die Jetzigen, insbesondere die im Westen, die sich selbst für klüger hielten als die Alten, würden dem Aristoteles den Vorzug geben, wozu sie von dem Araber Averroes (1126–1198) verleitet worden seien. Dieser Zeuge aber erweise sich schon in seiner Psychologie als ein ganz heruntergekommener (φαῦλος) Mensch, da er die Seele als sterblich annimmt. Wer so etwas sagt, hat kein Recht, über Aristoteles mitzusprechen, denn er, Plethon, seinerseits nicht verleumden wolle, wenngleich Aristoteles selbst ein großer Verleumder der Philosophen vor ihm gewesen sei. Plethon behandelt dann im einzelnen zehn Themenkreise, in denen Platon und Aristoteles divergieren; wir greifen davon hier nur einiges heraus.

Plethon beginnt mit der aristotelischen Lehre von Gott, die er als äußerst mangelhaft ansieht. Bei Aristoteles gibt es keinen irgend aktiv werdenden Schöpfergott, Gott ist nicht in einem materialen Sinne die Ursache der Welt, und dieser als ganzer fehlt es so zuletzt an einem obersten organisierenden Prinzip. Gott ist bei Aristoteles nur der letzte Fluchtpunkt aller äußeren Bewegungen, er ist sozusagen ein Strukturprinzip für die Selbstentfaltung der einzelnen Substanzen, aber er ist nicht der Flucht- und Sammelpunkt des *Seins* und *Wesens* der Dinge. Weiter gibt es im aristotelischen System mehrere unbewegte Beweger, d.h. die verschiedenen Götter oder Intelligenzen werden, eben weil sie nur auf die Organisation von Bewegungsverhältnissen beschränkt sind, im Prinzip gleichgeordnet und sind nicht, wie im System Plethons, ihrer Funktion nach *qualitativ* unterschieden und entsprechend dann auch hierarchisiert. Der nächste Punkt betrifft die aristotelische Ontologie, in der Plethon die Lehre von der Seinsäquivokation ablehnt. Mit dem bekannten Satz, daß das Sein in vielfacher Bedeutung ausgesagt werde, hatte Aristoteles den Sinn von Sein in der Tat pluralisiert, und diese Pluralisierung ist bei ihm ein wichtiges nicht nur kategorientheoretisches, sondern auch methodologisches Motiv. Wenn die Platoniker dagegen an einem Einheitssinn von Sein festhalten, so steht bei ihnen im Hintergrund bereits die Ideenlehre, die Plethon ebenfalls gegen Aristoteles erneut zur Geltung zu bringen versucht. So wird denn auch der Vorrang des Allgemeinen vor dem einzelnen betont, etwa mit dem Argument, daß Gott die Welt nicht wegen eines einzelnen Individuums, sondern umgekehrt das Individuum jeweils um des Ganzen willen geschaffen habe; der Teil ist nicht wichtiger als das Ganze, sondern umgekehrt. In der Psychologie werden einige Widersprüche bei Aristoteles angesprochen, z.B. die Tatsache, daß die Geistseele, die nach Aristoteles „von außen" in den Menschen kommt, einerseits älter sein soll als der restliche Mensch, andererseits aber doch keiner Wiedererinnerung fähig. Plethon setzt dagegen, daß, wenn der Geist überhaupt präexistent ist, nichts ihn hindern kann, vor seiner Inkarnation über Wissen zu verfügen; verliert er aber das Wissen beim Abstieg in den Leib, dann ist um so mehr der folgende Wissenserwerb eine Wiedererinnerung, eine Reaktualisierung schon einmal vorhandenen Wissens. Andere Kritikpunkte betreffen die aristotelische Ethik, der Plethon etwa den Eudaimonismus-Vorwurf macht, genauer noch die Voranstellung der Lust, durch welche auch die theoretische Erkenntnis nach Aristoteles erst das höchste Gut sein soll. Aristoteles steht, so Plethon, damit näher bei Epikur als bei Platon, bei dem es einen Vorrang der Sache des Guten vor der seine Wahrnehmung begleitenden Lust gibt. Aber auch die Theorie der μεσότης, der nach Aristoteles einzuhaltenden Mitte zwischen den Extremen, die den Tugendhaften auszeichnet, überzeugt Plethon nicht. Tapferkeit, so hatte Aristoteles gesagt, ist die rechte Mitte zwischen Tollkühnheit und Feigheit. Plethon kritisiert diesen Versuch, die Tugend sozusagen mit quantitativen Mitteln statt durch eine qualitative Auszeichnung zu bestimmen; denn auch, wer das Gute haßt und das Schlechte erstrebt, wird sich in der Mitte zwischen zwei Extremen befinden und ist dennoch der schlechtest denkbare Mensch.

Wir übergehen hier die Einwendungen gegen die aristotelische Physik und erwähnen nur noch zwei Punkte: die Kritik an der aristotelischen Metaphysik und die Metakritik der aristotelischen Kritik an der Ideenlehre Platons. Die *Metaphysik* ist im Mittelalter immer der Haupttext der Aristoteles-Studien gewesen, und dies aus leicht nachvollziehbaren Gründen: sie ist es, die die aristotelische Theologie enthält, sie auch, der für die Ontologie und Substanzenlehre das Entscheidende zu entnehmen ist. Plethon nun versichert, die *Metaphysik* sei von allen Büchern der Aristoteles das allerschlechteste und begründet dies damit, daß Aristoteles in diesem Werk gegen das Prinzip, es gebe kein Werden und keine Bewegung ohne Ursache, verstößt, und zwar gegen eigene bessere Einsicht. In der Tat lehrt Aristoteles ja[22], daß es zufällige wie auch spontane Ereignisse gebe, Ereignisse, die kontingent verursacht sind, die ohne Regel eintreten und die sich auch keinem größeren Sinnzusammenhang einschreiben; in der Tradition spricht man hier von den *causae per accidens*, von Nebenursachen, die eigentlich nur „von ungefähr" eintreten. Für Plethon, der auf die Eukosmie der Welt und die Allwirksamkeit der Götter hinauswill, ist diese Annahme jedoch ganz unerträglich; er insistiert daher darauf, daß alles, was geschieht, eine Ursache hat und, weil es sie hat, auch mit Notwendigkeit geschieht. Mit der gegenteiligen Annahme habe Aristoteles die Allmacht Gottes ohne Not eingeschränkt, unterlaufe er auch den schlagkräftigsten Gottesbeweis, ja, widerspreche er sich selbst, da er doch selbst sagt, daß nichts aus der Potenz in den Akt übergehe, ohne von einem Akt dazu angestoßen zu sein. Mit anderen Worten: Plethon setzt sich auch in diesem Zusammenhang für den Determinismus ein, der Aristoteles in der Tat fremd ist und etwa auch seinem ethischen Prinzip der Wahlfreiheit widerspricht. Das Problem des Determinismus wird uns noch bei anderen Autoren, bei Pomponazzi etwa, wieder beschäftigen. Wir erwähnen hier nur, daß erst im Zusammenspiel der Thesen von der Univozität, der „Einsinnigkeit" in der Bedeutung

---

[22] Vgl. Aristoteles, *Phys.* II, 4–6; *Met.* Z 7, Λ 3.

von Sein (Plethon hatte gegen die Äquivozität, die Mehrsinnigkeit, wie wir soeben gehört haben, polemisiert) wie auch derjenigen von der alles durchwaltenden Notwendigkeit die Welt als im neuzeitlichen Sinne homogenes Ganzes ausgelegt werden konnte. Es hat, wenn es unter den Erscheinungen keine qualitative Homogeneität, sondern nur unterschiedene Seiendheiten und außerdem noch Zufallsursachen gibt, prinzipiell keinen Sinn, sich auf die Suche nach Naturgesetzen zu machen, die auf berechenbare Weise für den Gesamtkontext unserer Erfahrung gelten sollen. Die Kontroversen, die am Ende der Renaissance zwischen den Aristotelikern und den Neueren, sagen wir etwa: zwischen Cremonini und Galilei ausgefochten werden, haben nicht zuletzt mit der Frage zu tun, welches Maß an qualitativer Gleichförmigkeit wir für die Erscheinungen unterstellen. Schlagwortartig gesagt: der Aristotelismus ist prinzipiell gegen alle Arten des Monismus mißtrauisch, während die Platoniker der Einheitswissenschaft eher vorarbeiten; es ist der Aristotelismus, der eher eine multiperspektivische Ansicht der Welt vertritt, der Platonismus aber, der eine Zentrierung in einem Einheitsfocus vornimmt. Plethon jedenfalls hat seine freilich nicht ganz unvorbereiteten Florentiner Zuhörer offenbar mit der platonischen Option faszinieren können, und er hat es ihnen offenbar auch mit Hilfe seines nicht immer von unsachlicher Polemik freien rhetorischen Kunst erleichtert, auf Distanz gegen die eigene vorherrschende Tradition zu gehen. Die rhetorische Kunst zeigt sich übrigens im Schlußabschnitt der Schrift, in dem es um die Ideenlehre geht, noch einmal in besonderem Maße. Plethon sagt eingangs, daß er in bezug auf diese Lehre Platon nicht einfach folgen könne, es bleibt jedoch unklar, was seine eigene Position oder auch seine Kritik hier wäre. Was er aber bieten will, ist eine Selbstverteidigung der Vertreter der Ideenlehre gegen die aristotelischen Angriffe, die dann auch im Sinne eines Zwiegesprächs zwischen aristotelischen Positionen und den Erwiderungen der Ideenlehrer durchgeführt wird. Plethon bezieht sich insbesonre auf die Einwände, die Aristoteles in seiner *Metaphysik*[23] gegen Platon namhaft gemacht hat. Da ist zum Beispiel das Argument, die Ideen seien überflüssige Verdoppelungen der Erscheinungswelt und es müßte, würde man die Ideenlehre nur konsequent verfolgen, von jedem einzelnen Ding, auch etwa von vergangenen, eine Idee geben. Nein, läßt Plethon die Ideenlehrer sagen, die Ideen sind nicht von den Dingen abgezogen, sie sind vielmehr die ersten Schöpfungen Gottes in einer nichtsinnlichen Welt; in einem nächsten Schritt aber sind sie das, worauf er blickte, als er die sinnliche Welt erschuf. Für das, was den sinnlichen Existenzen zu ihrer Vollkommenheit fehlt, den Seinsprivationen, bedarf es gerade keiner Ideen, sondern nur ihrer Abwesenheit; das Urbild ist für die Defekte des Abbildes nicht verantwortlich, und ein Urbild auch der Defekte zu fordern, ist sinnlos. Ein anderer Vorwurf des Aristoteles lautet, daß die Ideen als Abstraktionen von den Dingen gerade keine Ursachenfunktion für sie haben könnten; darauf erwidert Plethon, daß die Platoniker besser als Aristoteles selbst seinen eigenen Begriff von der Formalursache verstanden hätten; denn gerade die Ideen enthalten die Formen, in denen alles, was ist, wirklich ist und einzig sein kann, gerade sie sind es, nach deren Bild alles einzelne aus dem Leben der Weltseele sich ausscheidet und darstellt. Überhaupt muß die Ursache eines verursachten Seienden wertvoller sein als dieses selbst, das aber heißt, daß es jenseits der erscheinenden Natur etwas geben muß, das sich in ihr nur spiegelt – eben die Ideen. Zum Schluß bemängelt Plethon noch einmal, daß bei Aristoteles Gott eben nicht der „König aller Dinge" und die „Spitze alles Seienden" ist, daß das Zentrum seines Systems jedenfalls nicht mit einem wahren Machthaber über das Seiende besetzt ist, sondern nachgerade leer bleibt. Plethon weiß natürlich, daß Aristoteles im zwölften Buch seiner *Metaphysik* durchaus eine Theologie, und zwar durchaus auch eine „zentrische" vertre-

---

[23] Vor allem *Met.* A 9.

ten hat. Worauf er jedoch aufmerksam machen will, ist die Tatsache, daß es bei Aristoteles durchaus keine vollständige Abkünftigkeit alles Seienden von Gott gibt und insofern das aristotelische System nicht die Einheitsursache lehrt. Es gibt bei Aristoteles eine Art Selbstsein der Dinge, das Gott gar nicht berührt; für Plethon hingegen ist alles Selbstsein zuletzt von Gott mitgeteiltes, aus seiner eigenen Fülle erwirktes Sein. Soll man also den Aristoteles gar nicht mehr lesen? Oh nein, sagt Plethon, das nicht; aber man soll wissen, daß er viel Schlechtes und Falsches geschrieben hat.

Plethon hat in Florenz die zu seiner Zeit vielleicht besten Ausgangsvoraussetzungen für sein Projekt angetroffen. Die Stadt hatte, wie wir schon wissen, bereits mit Manuel Chrysoloras einen Professor der griechischen Sprache zu Gast, zu dessen Schülern später einflußreiche Humanisten gehörten. Schon die Tatsache, daß Plethon seine Florentiner Vorträge offenbar auf Griechisch, noch dazu in einem rhetorisch recht anspruchsvollen Griechisch halten konnte, will etwas heißen; es bedeutet in jedem Fall, daß in den gut vierzig Jahren seit dem Eintreffen Chrysoloras' in der Arnostadt eine beachtliche Anzahl Gebildeter des Griechischen hinreichend mächtig war. Leonardo Bruni hatte überdies Platon ins Lateinische übertragen, so daß der Gegenstand von Plethons Empfehlungen auch aus diesem Grunde nicht unbekannt war. Möglich wurde so die Distanznahme gegenüber der Philosophie der Tradition, wobei wir noch einmal daran denken, daß für das Mittelalter Aristoteles der Philosoph schlechthin, die unerreichte Autorität gewesen war, eine Autorität, in deren Bann gut einhundert Jahre zuvor durch die Vermittlung Alberts des Großen und Thomas von Aquins auch der Stern der Florentiner Dichtung, Dante Alighieri, noch gestanden hatte. Wir werden zwar noch sehen, daß die die Jahrhunderte und Kulturen übergreifende geistige Großmacht des Aristoteles auch mit der Philosophie der Renaissance nicht einfach *ad acta* gelegt war; sie leistet vielmehr einen eigenen Beitrag zur Herausbildung des geistigen Profils auch der neuen Zeit. Dennoch ist mit dem Auftreten Plethons in Florenz eben diese Großmachtstellung entschieden in Frage gestellt. Die Florentiner Akademie, 1463 auch in Erinnerung an Plethon gegründet, wird die auf diesem Wege neu geschaffenen Spielräume zu nutzen beginnen.

Der Akademiegedanke hatte übrigens auch bei Plethon selbst schon eine Wiederauferstehung erlebt. In seiner Wahlheimat Mistra hatte unser Denker eine am Akademieideal orientierte Schule gegründet. Der Gedanke ist urplatonisch und hängt mit Platons Grundauffassung zusammen, daß der wahrhaft lebendige philosophische Gedanke nur im unmittelbaren Gegenüber von Lehrer und Schüler beheimatet sein kann und daß, weil, wie Schelling einmal gesagt hat, Philosophie „Charakter fordert, und zwar von einer bestimmten sittlichen Höhe und Energie", Lehre und Leben hier unbedingt in Übereinstimmung zu setzen sind. Es gibt in der platonischen Philosophie von Anfang an keinen Gegensatz von „Theorie und Praxis", und entsprechend drängt diese Philosophie auf einen bestimmten individuellen Lebensstil, zieht sie aber auch immer politische Konsequenzen. In der Geschichte des Platonismus läßt sich dies wiederholt belegen, bei Platon selbst schon in seinen Idealstaatentwürfen, bei Plotin, der sich – wir haben davon bereits gesprochen – mit dem Gedanken trug, in Kampanien ein „Platonopolis" zu gründen, schließlich, wenn auch *mutatis mutandis*, auch bei Plethon, dessen Philosophie auch der nationalen Wiederherstellung Griechenlands dienen sollte. Plethons Hauptwerk, auf das wir in unserem Rahmen nicht ausführlich eingehen können, trägt den Titel Νόμων συγγραφή, also „Gesetzesschrift", was an Platons letztes und umfangreichstes Werk, eben die „Gesetze" (Νόμοι), erinnert. Das Werk ist leider nur fragmentarisch erhalten; aus dem Inhaltsverzeichnis wissen wir aber, daß in ihm die Theologie, und zwar wieder die uns schon bekannte neopagane mit Einschluß konkreter Anweisungen für die Kulte, die Kosmologie, die Psychologie, der Determinismus wie auch ethische Fragen behandelt wurden. Ein Grundgedanke ist dabei, daß sich in der Gemeinschaft der Menschen die kosmische Ordnung (Eunomie) widerspiegeln muß. So wird etwa die Götterhierarchie in den Rängen von Herrscher – Ratgebern – Volk abgebildet, und auch für die Monarchie plädiert Plethon nicht nur aus pragmatischen Gründen, sondern deshalb, weil ja das Weltganze ebenfalls von dem einen und obersten Zeus abhängt und regiert wird. Das Volk insgesamt ist in drei Stände geteilt, den herrschenden, den dienenden, in dem Handwerker und Kaufleute vertreten sind, und den „selbstschaffenden", also die Bauern und Viehzüchter. Die Gesetze haben die Aufgabe, jedem Staatsbürger das „beste, schönste und glücklichste Leben" zu gewähren, was aber heißt, daß sie ihm seine persönliche Aufgabe und Stelle im Ganzen anweisen und ihn davon abhalten müssen, sich mit Dingen zu befassen, die ihn nichts angehen. Das ist ein Nachklang der alten platonischen „Idiopragie", das heißt der Lehre, daß der gute und gerechte Staat nur jener sein kann, in dem „jeder das Seine" tut. Plethon unterscheidet dabei den echten Staatsbürger, den πολίτης, der sich selbst in diesem Sinne als Teil des großen Ganzen versteht, von dem μονωτής, dem reinen Privatier, der nur seine eigenen Interessen verfolgt und deshalb gerade eine für das Ganze wenig zuträgliche Existenz darstellt. Es geht hier um die Weckung von Gemeingeist, jenen Gemeingeist, durch den etwa die Spartaner stark waren, aber auch die Perser oder die Römer.

Teilweise erhalten ist eine *Epinomís*, ein zusammenfassender Anhang der *Nomoi*, in dem wir noch einmal den Hauptlehren Plethons begegnen: der Götterlehre, der Lehre von der Gleichewigkeit der Welt mit ihrem Schöpfer, der Lehre vom Menschen als sterblich-unsterblich, zweinaturigem Wesen, schließlich auch der Lehre von der Seelenwanderung. Plethon sagt hier, daß sein Hauptgewährsmann Zarathustra sei, dessen Lehren jedoch auch Pythagoras und Platon, ja, in etwas weniger vollkommener Form, auch die Inder gekannt und vertreten hätten. Die antichristliche Stoßrichtung wird insbesondere im Zusammenhang mit der Reinkarnationslehre deutlich.

Einige Sophisten – gemeint sind die christlichen Theologen – versprächen den Menschen zwar eine Unsterblichkeit, die mehr als die von ihm selbst gelehrte meine, da sie den Menschen über diese Welt, die eben nicht ewig sei, hinaushebe. Aber dieses Versprechen kommt nicht nur aus nicht unbedingt glaubwürdigem Munde, es spricht auch nur von einer Unsterblichkeit in einer Richtung: der Richtung auf die Zukunft hin. Plethon meint dagegen, mit einer Unsterblichkeit nach beiden Seiten, der Vergangenheit wie der Zukunft hin, das bessere Teil erwählt zu haben. Daß er freilich mit dieser Position bei den Theologen und christlichen Philosophen auf wenig Gegenliebe stoßen konnte, überrascht uns nicht – die Tatsache, daß der bereits erwähnte Gennadios Scholarios als Patriarch von Konstantinopel die *Nomoi* Plethons verbrennen ließ, spricht eine deutliche Sprache. Zunächst jedenfalls löste Plethon eine Kontroverse aus, in die auch einer seiner jetzt kurz vorzustellenden Schüler verwickelt war: Basileios Bessarion.

Literatur:

Wilhelm Blum, *Georgios Gemistos Plethon: Politik, Philosophie und Rhetorik im spätbyzantinischen Reich,* übersetzt und erläutert von W. Blum, Stuttgart 1988.

Thomas Sören Hoffmann, „Immanentisierung der Transzendenz. Zur Stellung Georgios Gemistos Plethons in der Geschichte des Platonismus", in: Philotheos 4 (2004), 301–319.

Katerina Ierodiakonou (ed.), *Byzantine Philosophy and its ancient sources*, Oxford 2002.

Paul Oskar Kristeller, „Byzantinischer und westlicher Platonismus im XV. Jahrhundert", in: ders. *Humanismus und Renaissance*, Bd. I, 161–176.

Klaus Oehler, „Renaissancehumanismus und byzantinisches Mittelalter", in: ders., *Antike Philosophie und byzantinisches Mittelalter*, München 1969, 328–335.

Pléthon, *Traité des lois*, ed. C. Alexandre, trad. A. Pellisier, Paris 1858, ND Amsterdam 1966.

Basile Tatakis, *La philosophie byzantine*, Paris 1959.

Christopher M. Woodhouse, *Gemistos Plethon: The Last of the Hellenes*, Oxford 1986.

3 Basileios Bessarion (1403–1472)

Πολλοὺς μὲν φῦσεν ἀνέρας θεοειδέας Ἑλλάς,
Προὔχοντας σοφίῃ, τῇ τε ἄλλῃ ἀρετῇ.

Basileios Bessarion

Wir haben bereits davon gesprochen, daß Nikolaus von Kues in den Diensten des Papstes – die Rede ist in diesem Fall von Eugen IV. – nach Konstantinopel gereist ist, um dort die griechischen Teilnehmer für das Unionskonzil abzuholen. Für Cusanus ist die Begegnung mit der Stadt am Goldenen Horn von nicht geringer Bedeutung gewesen, hat sie ihm doch für die gesamte oströmische Tradition und mit dieser auch für den griechischen Kulturraum die Augen geöffnet. Wir wissen, daß der emsige Büchersammler in dem sinkenden Byzanz noch das ein oder andere Manuskript erstand, das ihm gerade auch die Aneignung der platonischen Tradition erleichtern konnte. Aber dieser Tradition begegnete er auch in *persona*. Denn zu den Gästen des Papstes gehörte eben der Mann, den wir gerade besprochen haben: Plethon, Platons später und eigenwilliger Zeuge an der Schwelle zur Renaissance. Aber es gab bei der Rückfahrt noch einen Dritten im Bunde, der diese Fahrt, bei der Cusanus eben seine Grundeinsicht in den Zusammenfall der Gegensätze gewonnen haben will, begleitete.[24] Dieser dritte Mann war Bessarion, von dem nun ebenfalls, wenn auch kurz, die Rede sein soll.

Bessarion ist am 2. Januar 1403 in Trapezunt am Schwarzen Meer geboren worden und empfing – wahrscheinlich – den Taufnamen „Basileios". Er stammte aus einer Handwerkerfamilie, die ihn dem Metropoliten von Trapezunt, Dositheos, anvertraute, welcher ihn wiederum im Alter von etwa 13 Jahren nach Konstantinopel verbrachte. Bessarion erhielt in der Hauptstadt Ostroms eine gediegene Ausbildung sowohl in der Theologie als auch in der Philosophie und den Sprachen. 1423 Mönch geworden, wurde Bessarion, wie er sich nunmehr nannte, 1426 zum Diakon und 1431 zum Priester geweiht, begab sich aber darauf für fünf Jahre nach Mistra, wo er Plethons Akademie angehörte. Auf dem Unionskonzil von Ferrara und Florenz, zu dem er im Auftrag des byzantinischen Kaisers Johannes VIII. Palaiologos in der erwähnten erlauchten Gesellschaft reiste, trat er zunächst noch als Kirchenmann des Ostens – immerhin war Bessarion 1437 zum Metropoliten von Nikaia ernannt worden – und dabei als einer der beiden Hauptsprecher des Ostens auf. Bessarion verkündete dann auch am 6. Juli 1439 im Dom zu Florenz zusammen mit Kardinal Giuliano Cesarini (1398–1444), einem Freund des Kusaners, das Unionsbekenntnis und wurde am 18. Dezember 1439, während er wieder in Konstantinopel weilte, zum Kardinal, späterhin, nämlich 1463, dann auch zum Titularpatriarchen des inzwischen an die Türken verlorenen Konstantinopel erhoben; im Jahre 1455 war Bessarion zudem kurz davor, selbst der Inhaber des römischen Stuhles zu werden.

Bessarions Sinnen und Trachten ging nicht zuletzt darauf, die geistigen Schätze des Ostens der Christenheit zu erhal-

---

[24] Am Ende der *Docta ignorantia* (III, Ep. auctoris, n. 263) erwähnt der Kusaner, daß ihm diese Erkenntnis „in mari ... ex Graecia redeunte" geschenkt worden sei, also auf dem Meer, als er aus Griechenland (nach Italien) zurückkehrte.

ten, wie er überdies stets auf eine Rückgewinnung „der Stadt" hoffte und die verschiedensten Anstrengungen in Italien unternahm, sei es den Dogen, sei es den König von Neapel für einen Kreuzzug gegen die Türken zu gewinnen. Seine Wohnung in Rom, die „Academia Bessarionis", nahe bei seiner Titelkirche, den Zwölf Aposteln, gelegen, entwickelte sich seinen Ideen und Bestrebungen gemäß rasch zu einem Zentrum humanistischer Gelehrsamkeit; hier verkehrten Größen der Zeit wie Pomponius Laetus (1425–1498), der Gründer der römischen Akademie und Nachfolger Vallas, Bartolommeo Platina (1421–1481), der spätere Verfasser einer Geschichte der Päpste, schließlich auch der Königsberger Astronom Regiomontan (1436–1476), der ihn von einer Reise nach Wien nach Rom zurückbegleitete und dort ein Hausgenosse und Mitarbeiter von ihm wurde. Bessarion korrespondierte darüber hinaus ständig auch mit anderen führenden Geistern der Zeit, so mit dem Humanisten Francesco Filelfo (1398–1481), der in Georgios Chrysokokkes mit ihm denselben Lehrer gehabt hatte, mit Ficino oder Cusanus. Seine an literarischen Schätzen reiche, stets in Erweiterung begriffene Bibliothek wurde rasch ein bekannter Ort gelehrter – theologischer, philosophischer und philologischer – Studien; er hat sie im Jahre 1468 der Republik Venedig vermacht, wo sie den Grundstock der Biblioteca Marciana bildete und noch immer zu deren wertvollsten Beständen gehört. Bessarion, dem die Zeitgenossen den Titel beilegten, der *latinorum graecissimus et graecorum latinissimus*, also „der griechischste unter den Lateinern und der lateinischste unter den Griechen" zu sein, ist mit zahlreichen theologischen Schriften hervorgetreten, die uns hier nicht interessieren müssen; erwähnenswert, weil auch für die Zeit charakteristisch ist dazu, daß der getreue Kirchenmann und Kardinal, als sein Lehrer Plethon 1452 starb, dessen Söhnen mit den Formeln der heidnischen Theologie von Mistra kondolieren konnte. Bessarion hat nicht in allen Punkten die Positionen seines Lehrers übernommen, so schon nicht dessen ablehnende Stellung gegen die Union mit dem Westen. Dennoch hat er, wie wir sogleich sehen werden, dessen platonische Mission fortgeführt. Bessarion ist am 18. November 1472 nach der Rückkehr von einer erfolglosen politischen Mission in Frankreich in Ravenna gestorben; sein von ihm selbst in Auftrag gegebenes Grab befindet sich nichtsdestotrotz in seiner römischen Titelkirche, in der er wenige Wochen später beigesetzt wurde.

Bessarion gehört als rastloser Förderer der philosophischen Studien wie als stets zum Ausgleich neigende, gleichwohl aber energische Persönlichkeit zu den bemerkenswertesten Köpfen des 15. Jahrhunderts. Selbst in der neuplatonischen Tradition stehend, der er bereits als Jugendlicher begegnet war und die sich ihm dann auch in ihrer politisch werdenden Gestalt bei Plethon erschlossen hatte, hat er sich in der Philosophiegeschichte seinerseits vor allem als Teilnehmer und Förderer der Platon-Aristoteles-Debatte, in der es um eine neue Autoritätenverteilung, aber auch um ein neues Bild der beiden alten Heroen des Denkens ging, einen Namen gemacht. Die antiaristotelischen Attacken Plethons riefen natürlich auch die Verteidiger des Stagiriten auf den Plan; zu nennen wäre hier noch einmal der schon erwähnte Gennadios (Georgios) Scholarios, der etwa 1443/44 auf Plethons Anwürfe gegen Aristoteles Stellung nahm; Plethon hat darauf wenig später noch selbst in einer eigenen Schrift geantwortet. Zu den Teilnehmern der Kontroverse gehörten indes auch andere Autoren, so etwa Theodor (von) Gaza (ca. 1400–1475), ein Grieche aus Thessaloniki, der seine Vaterstadt kurz vor deren Eroberung durch die Türken verlassen und sich nach Italien begeben hatte, wo er unter anderem als Übersetzer von Aristoteles, Theophrast und Hippokrates, aber auch als Griechischprofessor wirkte; in Ferrara hörte ihn in dieser Eigenschaft übrigens der für die Entstehung des Humanismus in Deutschland so wichtige Rudolf Agricola (1444–1485, von 1482 an Professor in Heidelberg). Gegen Plethon verfaßte Theodor eine Schrift mit dem Titel *De fato*, eine Schrift also zum Thema der „blinden" Notwendigkeit, ein Thema, das uns auch in anderem Zusammenhang noch beschäftigen wird. Es geht Theodor hier um den Nachweis, daß insbesondere die Natur, aber auch die Kunst zwar (im Sinne der aristotelischen *causa finalis*) zweckgerichtet, gleichwohl aber ohne eigentliche Zweckeinsicht tätig ist; eigentliches Zweckwissen gibt es ausschließlich in menschlichen Handlungen, nicht in beliebigen unmittelbaren Tätigkeiten, und die einem eigentlichen Zweckwissen zugrundeliegende Intelligenz ist der Natur fremd. Bestritten ist damit die Durchrationalisierung, die Intellektualisierung des Weltganzen, wie man sie für Plethon und die Platoniker ansetzen muß, die in aller Notwendigkeit immer schon einen leitenden Logos, eine Weltvernunft am Werke sehen.

Bessarion nun hat in einer Schrift mit dem Titel *De natura et arte* auf die Thesen Theodors geantwortet, und zwar in einem sehr konzilianten Sinne. Er meint, Platon und Aristoteles versöhnen zu können, und zwar schon mit einem einfachen methodischen Hinweis. Aristoteles ist Naturphilosoph und beschäftigt sich als solcher mit dem, was vor Augen liegt; er erkennt deshalb keine transzendenten Ursachen und hat ganz recht, wenn er sagt, daß die Natur blind und nicht aus Einsicht „handle". Anders Platon, der alles *sub specie Dei* betrachtet: er denkt von den obersten Ursachen her und erblickt eben deshalb im Naturganzen überall auch die Spuren der Vernunft. Dieser Gedanke, daß es hier einen legitimen „Perspektivenwechsel", daß es zwei einander ergänzende Standpunkte geben könne, ist philosophiegeschichtlich nicht ganz neu; er war im Mittelalter bei der Verhältnisbestimmung von Philosphie und Theologie bereits zur Sprache gekommen, und er wird auch in der Neuzeit wiederholt zum Zuge kommen: wir denken etwa an Kant, der die Antinomie von Freiheit und Notwendigkeit gerade mit dem Gedanken der Nichtkontrarietät einer komplementären Betrachtung der Dinge aus dem Standpunkt der dritten und der ersten Person gelöst hat. Bessarion jedenfalls kann sagen, daß er, alles in allem, „den Aristoteles verehre, den Platon liebe"; er wird auch in seinen anderen philosophischen Stellungnahmen diese versöhnliche Sicht der Dinge festhalten.

Das philosophische Hauptwerk Bessarions, das zwischen 1456 und 1466 in Tusculum entstand, ursprünglich auf Griechisch abgefaßt war, jedoch rasch übersetzt wurde und schon sehr bald gerade auch als Leitfaden zu Platon große Beachtung fand, sind dann die vier Bücher *In calumniatorem Platonis*, „Gegen den Verleumder Platons". Der Verleumder, um den es hier geht, ist Georgios Trapezuntios (1396–1472), ein weiterer schon länger in Italien lebender Grieche, der mit seiner Schrift *Comparatio philosophorum Aristotelis et Platonis* (1458) die von Plethon angeregte Frage aufgegriffen, aber diesmal ganz zuungunsten Platons beantwortet hatte. Platon erscheint hier als ein Mann, der nicht nur die besten Leute seiner eigenen Vaterstadt geschmäht und ein unordentliches Leben geführt hat, sondern der kraft seiner Einheitsphilosophie auch als der Begründer der griechischen Häresie in Sachen des *filioque* gelten muß. Aristoteles dagegen konnte nach Trapezuntios von der christlichen Theologie mit gutem Grund anverwandelt werden. Bessarion, der den „calumniator" persönlich kannte, hat auf diese Invektiven in der Absicht geantwortet, den *Plato christianus*, wie ihn schon die Kirchenväter, insbesondere auch Augustinus, gekannt und verehrt hatten, wiederherzustellen. Im ersten Buch wird Platons umfassende Bildung und Forschung auf allen Wissensgebieten dokumentiert, im zweiten Buch der Vergleich zwischen Platon und seinem Schüler in Beziehung auf das christliche Dogma gezogen. Bessarion macht hier geltend, daß beide Denker, schon weil sie in vorchristlichen Zeiten schrieben, nicht eigentlich christliche Inhalte vertreten konnten – was so etwas wie ein Vorgriff auf das Prinzip der „hermeneutischen Caritas" ist. Immerhin aber sei Platon im *Parmenides* auf theologische Einsichten gestoßen, die durch Ps.-Dionysios Areopagita bestätigt worden seien. In Platon gibt es so denn in der Tat einen „Schatten von unserer Religion", der sich der natürlichen Vernunft verdankt und den Menschen zur Erkenntnis der christlichen Wahrheiten sehr nützlich sein kann.

In den beiden anderen Büchern werden die Anwürfe gegen Platons Lebenswandel zurückgewiesen und anstößige Stellen in seinen Schriften, z. B. die Frauengemeinschaft in der *Politeia* betreffend, relativierend ausgelegt. Gleichzeitig wird die Rolle des Aristoteles in der westlichen Theologie besprochen, wobei Bessarion die große Tradition der Kommentare in Ost und West präsent hat und sich durchaus um Gerechtigkeit für Platons abtrünnigen Schüler bemüht. Überhaupt liegt seine Interpretation wiederum, wie in *De natura et arte*, auf jener bereits bei den Neuplatonikern anzutreffenden Linie einer weitestgehenden Harmonisierung beider Denker. Platon ist, so noch einmal eines der diesbezüglichen Ergebnisse, der bessere Metaphysiker, Aristoteles dagegen der besonders in der Physik bewanderte Philosoph. Klar bleibt allerdings, daß die eigene Option Bessarions eine platonische ist, und, wie gesagt, gerade auch im Sinne einer Werbung für Platon hat seine Schrift, die noch einmal weitere Kreise des Westens mit Platon bekannt machte, gewirkt. Die Platon-Aristoteles-Kontroverse, hielt jedenfalls noch einige Zeit an; noch ein Francesco Patrizi, noch ein Giordano Bruno stand unter ihren Nachwirkungen – die Alternative zum Schulhaupt aller Scholastiker hatte einen klingenden Namen bekommen[25].

Literatur:

Lotte Labowsky, „Bessarion Sudies", in: *Medieval and Renaissance Studies* V (1961), 108–161.

Walter Mönch, *Die italienische Platonrenaissance und ihre Bedeutung für Frankreichs Literatur- und Geistesgeschichte (1450–1550)*, Berlin 1936.

---

[25] In der letzten Version sind den vier Büchern *In calumniatorem Platonis* als fünftes ein Buch *De erroribus interpretis Legum Platonis* (enthaltend eine Kritik der Übersetzung der platonischen *Nomoi* durch Trapezuntios) und als sechstes *De natura et arte* beigefügt.

Ludwig Mohler, *Kardinal Bessarion als Theologe, Humanist und Staatsmann*, 3 Bde., Paderborn 1923–1942 (ND Aalen 1967).

Peter Schulz, „Georgios Gemistos Plethon, Georgios Trapezuntios, Kardinal Bessarion. Die Kontroverse zwischen Platonikern und Aristotelikern im 15. Jahrhundert", in: Paul Richard Blum, *Philosophen der Renaissance. Eine Einführung*, Darmstadt 1999, 22–32.

4 Marsilio Ficino (1433–1499)

> Verus enim amor nihil est aliud quam nixus quidam
> ad divinam pulchritudinem evolandi.
>
> Marsilio Ficino

Auch wenn die Renaissance und insbesondere der Humanismus als ein insgesamt durchaus europäisches Phänomen zu würdigen ist, ist und bleibt das Heimat- und Blüteland der „rinascita" doch ohne Wenn und Aber Italien. Es ist in diesem Sinne an der Zeit, daß wir auf „autochthone" Denker zu sprechen kommen: nicht nur auf Gäste, denen Italien zum Schicksal wurde und die selbst am Geschick des Landes mitzubauen bestimmt waren, sondern auf eigene Söhne der Apenninhalbinsel selbst, auf der, wie oben bereits bemerkt, wie in keiner zweiten Gegend Europas die Philosophie eine ununterbrochene Pflege schon gefunden hatte, als sie im 14. Jahrhundert hier einen neuen Anfang nahm. Die verschiedenen „Gewächse", die zur Philosophie in Italien gehören – der Platonismus und die Schule von Padua, der Humanismus wie auch der neue Naturbegriff –, haben wir oben bereits unterschieden. Mit Ficino bleiben wir zunächst im Raum der platonischen Inspiration.

Marsilio Ficino also ist der erste „italische" Denker, dem wir begegnen. Wir begegnen in ihm genauer einem Toskaner, der schon zu Lebzeiten sich einen auch über Italien hinaus klangvollen Namen erworben hat – und dies mit gutem Grund. Ficino ist nicht nur als Begründer der Florentiner Platonischen Akademie eine der ganz zentralen Figuren der Philosophie der Renaissance, er ist es darüber hinaus auch als Erschließer ferner und fremder Quellen; vor allem aber ist er auch als Denker einer sich selbst neu begreifenden Subjektivität von schwer zu überschätzender Bedeutung. Man kann Ficino dabei als einen der besten Zeugen dafür aufrufen, daß ein Denken „im Modus der Zweitheit" und der Wiederholung gerade nicht zur Sterilität und grauen Gelehrtheit verdammt sein muß, sondern eine ganz eigentümliche Vitalität zu entfalten vermag: eine Vitalität vor allem in der Erkundung des „modus reflexus", der Reflexionseinstellung selbst, die sich als menschlicher Urspungsort zu Bewußtsein bringt. Denn in der Tat mag es hier einen Zusammenhang geben: in der Vermitteltheit des philosophischen Anfangs einerseits, der eben nicht das „Originalgenie" zu sein erlaubt, und der Bewußtwerdung eben der Vermittlungsleistung des Geistes, der sich in der Begegnung mit der tradierten Idee doch selbst zu eigenem Leben entzündet. Aber sehen wir näher zu!

Marsilio Ficino hat das Datum seiner Geburt in einem Brief an den Freund Martin Prenninger (1450–1501), den Tübinger Kirchenrechtler, genau bezeichnet: „Du fragst mich nach dem Tag meiner Geburt; und auch, wenn unser Plotin den Freunden, die ihn danach fragten, ihn nie preisgegeben hat, so bin ich doch von deiner großen Liebe zu mir so überwältigt, daß ich dir außer dem, worüber ich nicht verfüge, nichts versagen kann. Mein Geburtstag also ist der 19. Oktober 1433 gewesen. Was die Uhrzeit betrifft, so habe ich, auch wenn mein Vater Ficino, ein Arzt, sie nicht aufgezeichnet hat, aus seinen Worten wie denen meiner Mutter entnommen, daß es die einundzwanzigste Stunde gewesen ist; und ich denke, daß zu diesem Zeitpunkt, zusammen mit den Fischen, der Wassermann etwa bis zur Hälfte aufgegangen war"[26]. Der hier erwähnte Vater ist kein Geringerer als der Leibarzt von Cosimo de' Medici, Diotifeci d'Agnolo di Figline; der Ort der Geburt ist Figline Valdarno (aus dem Ortsnamen wurde dann „Ficino" abgeleitet) bei Florenz. Wir wissen nicht genau, wann der junge Ficino zum ersten Mal in die toskanische Metropole gelangte, wo er zuerst von Niccolò Tignosi in die Philosophie eingeführt wurde. Gestorben ist er am 1. Oktober 1499 in Careggi, dem Sitz der Platonischen Akademie, heute ein Vorort von Florenz ohne merkliche Inspiration. Ficino zeigte, wie sein Biograph Giovanni Corsi berichtet, bereits im Jugendalter eine überreiche Bildung in den „humaniores litterae", die er sich in Florenz und Pisa erworben hatte. Das universitäre Philosophiestudium, damals noch ganz auf Aristoteles ausgerichtet, hat seinen Niederschlag in erhaltenen Skizzen zur aristotelischen Kategorienlehre wie auch in einem Lob auf Aristoteles gefunden. Dennoch vermochten die entsprechenden Studien ihn offenbar nicht in demselben Maße zu fesseln, wie es ihm mit Platonlektüren erging, die er auf eigene Faust unternahm und die ihn so sehr entflammten, daß er, wie der Biograph meldet, nur noch den einen Gedanken hegte, wie er wohl zu Platons Akademie hinzutreten, Platons und seiner ganzen Familie näher ansichtig werden (*familiam omnem propius videre*), ja ihn sozusagen persönlich anreden könne. Schon als 23jähriger hat Ficino, damals noch ohne Griechischkenntnisse, möglicherweise aber unter der Anleitung des Humanisten, Dichters und Verfassers der stark an Cicero orientierten *Quaestiones camaldulenses* Cristoforo Landino (1424–1504) ein heute verlorenes Werk über Platon, die „Institutiones ad platonicam disciplinam", verfaßt; später hat er dann die erste vollständige Platonübersetzung ins Lateinische geliefert, die er 1468 abschließen konnte.

Inzwischen war (im Jahre 1463) auf Betreiben Cosimo de' Medicis die Gründung der Platonischen Akademie erfolgt,

---

[26] Ficino, *Brief an Martin Prenninger*, 29. August 1489.

der Ficino vorstand und die zum Zentrum des Neoplatonismus in Italien werden sollte. Der Akademie gehörten dabei nicht nur Philosophen im engeren Sinne, sondern auch herausragende Geister von anderer Profession an: Personen wie der berühmte Architekt und Kunsttheoretiker Leon Battista Alberti (1404–1472), der Schöpfer des schon erwähnten *Tempio Malatestiano* in Rimini; der gerade erwähnte Humanist Landino; der Dichter Angelo Poliziano (1454–1494), den übrigens ein schönes Fresko von Cosimo Rosselli in S. Ambrogio in Florenz zusammen mit Ficino und Pico zeigt; ferner der jüdische Arzt und Denker Leone Ebreo (Jehuda Abravanel, ca. 1460–1525), der in seinen *Dialoghi d'amore* (1497/1506) die Liebe als kosmisches Prinzip preisen wird, wie natürlich auch der ganz exzeptionelle Philosoph, von dem als nächstem die Rede sein wird, Giovanni Pico della Mirandola. Ficino ließ sich 1473 zum Priester weihen und hat auch eine Reihe theologischer Werke verfaßt, so etwa die Lorenzo de' Medici gewidmete Abhandlung *De religione christiana*, die auf den platonischen Charakter des Johannesevangeliums hinweist, so auch, noch in den letzten Jahren, einen unvollendet gebliebenen Kommentar zum Römerbrief des Apostels Paulus. Im Zentrum seines Denkens stand dabei immer der Versuch, die platonische Metaphysik mit dem Christentum zu versöhnen, stand die großangelegte Idee einer *Theologia platonica*, wie der Titel seines Hauptwerks lautet, überhaupt der Gedanke eines „frommen Denkens", einer „pia philosophia" und „docta religio", die bei Ficino auf den Gedanken gestützt ist, daß das, was den Menschen vom Tier unterscheidet, an erster Stelle die Religion ist; dem Menschen ist die Gottesverehrung, wie es gleich im ersten Kapitel von *De religione christiana* heißt, so natürlich wie den Pferden das Wiehern oder den Hunden das Bellen. Für das Projekt, die Universalität der Religion und im besonderen dann auch die Wahrheit des christlichen Glaubens darzustellen, greift Ficino, ähnlich wie Plethon, weit in die Vergangenheit zurück: auch bei ihm erhalten neben den römischen Sybillen und den alttestamentlichen

MARSILIO FICINO

Propheten Zarathustra, Orpheus und insbesondere Hermes Trismegistos Mitspracherecht. Wir begegnen so auch bei ihm dem synkretistischen Zug der Renaissancephilosophie, die für unsre Begriffe, das heißt insbesondere: für unser historisches Bewußtsein disparatesten Quellen zusammenfassen und zu einer (wieder nach unseren Maßstäben) anachronistischen Einheit umformen konnte. Ficino hat dazu selber neue, materiale Voraussetzungen geschaffen, indem er nicht nur Schriften wie Psellos' *De daemonibus* oder *De anima et daemone* von Proklos, sondern auch große Teile des *Corpus Hermeticum* übersetzt hat (1471): also jene Sammlung graeco-ägyptischer Schriften des 2. und 3. nachchristlichen Jahrhunderts, die zu ihrer Zeit als sogenanntes „Lesemysterium" kursierte und in welcher Gestalten wie „Poimandres-Nous" oder „Toth-Logos" auftreten, aber etwa auch ein Schöpfungsbericht und eine Eschatologie gegeben wird, dies alles in einer seltsamen Kombination aus Platonismus, Orphik, Neupythagoreismus und auch jüdischen Vorstellungen. Wie seine Zeitgenossen insgesamt hat Ficino die Hermetica für uralt gehalten (er datiert sie ins mosaische Zeitalter zurück), und man versteht zumindest von daher seine Freude, Platons Gedanken schon in Schriften aus vermeintlicher Frühzeit, noch dazu auf religiös ansprechende Weise, bestätigt zu sehen[27]. Dieses Phä-

---

[27] In dem zitierten Vorwort der *Pimander*-Übersetzung gibt Ficino folgende Deszendenz unter den Lehrern der Weisheit an: auf Merkur, den ersten Theologen, folgte Orpheus, dann Aglaophemus, dann Pythagoras, auf ihn Philolaus, der Lehrer Platons. Wörtlich heißt es wie folgt (ed. 1516, IIIv): „Eo tempore, quo Moses natus est, floruit Atlas astrologus Promethei physici frater, ac maternus avus maioris Mercurii, cuius nepos fuit Mercurius Trismegistus. Hoc autem de illo scribit Augustinus, quamquam Cicero, atque Lactantius Mercurios quinque per ordinem fuisse volunt, quintumque fuisse illum, qui ab Aegytiis Theut, a graecis autem Trismegistus appellatus est. Hunc asserunt occidisse Argum, Aegyptiis praefuisse, eisque leges, ac literas tradidisse. Literarum vero characteres in animalium, arborumque figuris instituisse. Hic in tanta hominum veneratione fuit, ut in deorum numerum relatus sit. Templa illius numinis, constructa quamplurima. Nomen eius proprium ob re-

nomen macht uns übrigens eindringlich darauf aufmerksam, daß für das Bewußtsein der Renaissance nicht die gleichen „Homogeneitätsstandards" vorausgesetzt werden können wie sie dann für das „aufgeklärte" Bewußtsein selbstverständlich sind. Wir sollten dabei jedoch damit rechnen, daß eben auch das synkretistische Renaissancebewußtsein seine innere Logik hat, wenn dies auch nicht jene spezifische Logik ist, der wir, die Schüler Descartes' und Kants, heute im allgemeinen folgen. Freilich: Ficino schwebte nicht nur in spekulativen Höhen, er hat auch ganz praktische Ratschläge für die gesunde Lebensführung insbesondere der Gelehrten parat – der erste Teil seines Buchs *De vita,* nämlich *De vita sana,* weiß über Magenkuren, Diäten und auch die rechten Arbeitszeiten (unter der Sonne, nicht nachts) und -weisen (man soll immer wieder den Leib erfrischen), vieles zu melden.

Erwähnt werden soll an dieser Stelle noch, daß Ficino, der eine gründliche Kenntnis nicht nur der spätantiken, sondern auch der mittelalterlichen philosophischen Tradition besaß, außerdem etwa die Neuplatoniker Jamblich und Proklos oder den uns schon bekannten neuplatonisch inspirierten Theologen Ps.-Dionysius Areopagita übersetzt hat und zuletzt (1492) auch einen Plotin-Kommentar erscheinen ließ; wir werden sogleich sehen, daß sein Denken eine ganze Reihe von neu-

---

verentiam quandam, pronuntiare, vulgo, ac temere non licebat. Primus anni mensis apud Aegyptios nomine eius cognominatur. oppidum ab eo conditur, quod etiam nunc graece nominatur Hermopolis, idest Mercurii civitas. Trismegistum vero ter maximum nuncuparunt, quoniam et philosophus maximus, et sacerdos maximus, et rex maximus extitit. Mos enim erat Aegyptiis (ut Plato scribit) ex philosophorum numero sacerdotes, ex sacerdotum coetu regem eligere. ... Hic inter philosophos primus, a physicis, ac mathematicis ad divinorum contemplationem se contulit. Primus de maiestate dei, daemonum ordine, animarum mutationibus sapientissime disputavit. Primus igitur theologiae appellatus est author, eum secutus Orpheus, secundas antique theologiae partes obtinuit. Orphei sacris initiatus est Aglaophemus, Aglaophemo successit in theologia Pythagoras, quem Philolaus sectatus est divi Platonis nostri praeceptor".

platonischen Motiven enthält, auch wenn es auf der anderen Seite durchaus originelle Problemstellungen und Thesen bietet. Einige Jahre lang hat Ficino übrigens mit Girolamo Savonarola (1452–1498), dem politisch tätigen Mönchstheologen aus dem Florentiner Konvent von San Marco, sympathisiert, von dem er allerdings abläßt, als dieser allzu entschieden aufs politische Feld wechselt, Florenz in eine Theokratie verwandelt und den Medici, Ficinos großen Förderern, die Rückkehr in die Stadt verwehrt. Ansonsten ist Ficino auch als Briefautor bedeutsam; er selbst hat vier Jahre vor seinem Tod zwölf Bände seiner Briefe publiziert, Briefe, die auf dem Titelblatt einer italienischen Übersetzung keine 50 Jahre nach ihres Verfassers Tod bereits „divine lettere", „göttliche Briefe des großen Ficino", benannt sind.

Von den Werken Ficinos sprechen wir hier die zwei wichtigsten an, zum einen die Paraphrase zu Platons *Gastmahl* mit dem Titel *De amore sive In convivium Platonis* von 1469, dann die *Theologia platonica de immortalitate animorum* von 1474, ein Werk in 18 Büchern, an dem Ficino fünf Jahre lang gearbeitet hat und das, wie schon erwähnt, sein eigentliches Hauptwerk und größtes Vermächtnis geworden ist. Mit der Schrift zu Platons *Symposion* hat sich Ficino vor allem auch als Theoretiker des Schönen einen Namen gemacht, und in der Tat kann man sagen, daß er wohl als erster Denker der Renaissance theoretisch zu bewältigen versucht hat, was die Renaissance als gelebtes Leben schon längst in Erscheinung hatte treten lassen: nämlich die Orientierung des Lebens auf das Schöne, das gleichsam anschaulich Gute hin. Hierbei geht es bei Ficino (wie übrigens auch schon bei Platon) nicht einfach und isoliert nur um Ästhetik, wie man ja überhaupt sagen muß, daß ein Begriff des Schönen, der ästhetizistisch aus dem Kosmos der übrigen Sinn- und Lebensvollzüge herausgelöst ist, eigentlich schon alle Macht über die Menschen verloren hat. Ficino weiß dagegen, daß das Schöne eine reale, überpersönliche, ja kosmische Macht ist, daß sich in ihm so etwas wie ein Bekenntnis Gottes zur Welt, aber ebenso auch die Liebe

Gottes zu sich selbst ereignet. Im Schönen haben wir es auf diese Weise zuletzt mit dem Grund der Welt zu tun. Daher ist, es zu erkennen, kein Luxus, es in Erscheinung treten zu lassen für das gute Leben ganz unverzichtbar. Die italienische Renaissance kann uns auch heute noch daran erinnern, daß es metaphysisch, aber am Ende auch physisch riskant sein muß, das Schöne aus dem Leben der Menschen zu verbannen.

Die Dialoge von *De amore*, die der Rahmenhandlung nach aus Anlaß des bereits in der Antike von den Akademikern geradezu religiös gefeierten, von Lorenzo de' Medici aber nach 1200 Jahren erstmals wiederbegangenen Geburtstags Platons spielen, kreisen, wie der Titel sagt, um den Begriff der „Liebe", die als solche ja unmittelbar das Erstreben des Schönen ist. In Anknüpfung an Platon, aber natürlich auch im Blick auf das Christentum unterscheidet Ficino zwischen einer sinnlichen und einer nichtsinnlichen, einer irdischen und einer himmlischen Liebe, zwischen „amor" und „caritas", von denen die eine der Weltseele angehört, die andere aber als Erkenntnisweise der Engel zum intelligiblen, geistigen Bereich zu rechnen ist. Nur die zweite, die nichtsinnliche Liebe transzendiert den Bereich des Endlichen und Sterblichen; sie geht, wie Platon gesagt hatte, auf das „an sich" Schöne, nicht auf das, dem Schönheit nur „anhängt" und damit äußerlich bleibt. Gleichwohl sind beide Arten der Liebe einander auch ähnlich, sie stehen in einer analogen Beziehung zueinander. Schon bei Platon, der davon vor allem im *Symposion*, dem „Gastmahl", also dem literarischen Vorbild Ficinos handelt, gibt es im Sinne des liebenden, auf Vervollkommnung gehenden *ascensus* näherhin ein alles Sein durchwaltendes Aufstiegsbegehren, aber keine Strebensbewegung in die entgegengesetzte Richtung, keinen *descensus*, keine eigentliche „Liebe" Gottes zu dem niederen, sinnlichen Geschöpf. Ficino nun – das ist eine entscheidende Weichenstellung, die es so auch bei Plethon nicht gab – ergänzt gerade diese zweite Bewegung und gewinnt damit einerseits eine neuplatonische, andererseits aber eben eine christliche Dimension hinzu. Denn so, wie nach christlicher Auffassung Gott das ihm weit Unterlegene, nämlich den Menschen, liebt und sich in diesem Sinne „kondeszendent" zeigt, ebenso hatte auch Plotin, wenn auch nicht gerade von einem regelrechten Eingang des Ewigen in das Materielle, einer Inkarnation, so doch immerhin von einer Emanation (ἀπόρροια) aus der Überfülle des Einen, einem Hervorgang weiterer „Hypostasen" (Seinsstufen) aus ihm gesprochen: dem νοῦς, der Seelenwelt und zuletzt der sichtbaren Welt. Für Plotin ist wichtig, daß die untergeordneten Hypostasen mit ihrer „Quelle" der Sache nach nicht (und sei es auch nur zum Teil) *identisch*, sondern ihr nur „ähnlich" sind. „Ähnlichkeit" ist eine urplatonische Kategorie, die die sammelnde Kraft der Vernunft bzw. des Logos unterhalb echter Identität bezeichnet, eine Kategorie, die die analogische Gegenwart des Einen im Anderen meint. Ähnlichkeit steht dabei in nächster Nähe zum Begriff der Schönheit, die ihrerseits, wenn man so will, eine analogische Gegenwart des Einen und Ewigen ist. Es ist daher auch nicht zufällig so, daß wir uns durch das Schöne mehr als nur „emotional" angesprochen fühlen, daß wir in ihm vielmehr stets etwas Altbekanntes wiederzuerkennen glauben; wenn Kunst etwas mit Wiedererkennen, mit Mimesis zu tun hat, dann nicht deshalb, weil sie die äußere und banale Alltagsrealität „abbildete", sondern deshalb, weil sie uns den Gegenstand in seiner inneren Beziehung auf das Urbild, auf seinen Vollbegriff zeigt. Es ist deshalb auch nicht zufällig so, daß der Eros, wie Platon sagt, im Schönen „zeugen", also die Ähnlichkeit fortpflanzen will, denn der Eros findet im Schönen ja das Eine, von dem er nicht mehr lassen kann und dem er auch selbst immer ähnlicher werden möchte. Bei Ficino gestaltet sich dies so, daß der Mensch durch den Anblick der körperlichen Schönheit zunächst zur geistigen Schönheit erhoben wird, zur „Seelenschönheit" von Tugend und Weisheit; von dort steigt er auf zur Schönheit des Engels, der über intuitive Ideenerkenntnis verfügt, von dort dann wieder zur reinen und einfachen Schönheit Gottes. Umgekehrt aber verströmt auch Gott seine

Schönheit in die Welt, und zwar, wenn man so will, in einer überwältigenden Schönheitskaskade – ausgehend von einem Mittelpunkt, um den herum sich die Engel- und Menschengeister, dann die Seelen, schließlich die Naturdinge und die Materie in ihren Kreisen lagern. Ficino spricht hier von *mens*, *anima*, *natura* und *materia* als den Seinsstufen, die aus Gott hervorgehen und zugleich in ihn zurückzugehen bestrebt sind (*redire nituntur*[28]). Indem Gott diese in Abstufung schönen Ausfaltungen oder Emanationen seines Seins liebt, ist diese Liebe zugleich das innere kosmische Band – die Kontinuität in der kosmischen „catena aurea", der goldenen Kette des Seins, ist durch die tätige Beziehung Gottes auf die Seinsstufen gesichert[29]. Von der Kunst, deren allgemeiner Lehrmeister nach Ficino der Eros ist, kann man dann sagen, daß sie mit dem Schönen diese Beziehung Gottes auf die Welt zum sinnlichen Vorschein bringt, also so etwas wie eine metaphysische, wenn nicht eine auf ihre Art „kosmogonische", welterzeugende Tätigkeit ist – wir haben in der Einleitung bereits davon gesprochen, daß die Künstler der Renaissance sich nicht mehr als Handwerker, sondern als in herausgehobener Weise schöpferische Individuen verstehen konnten; Ficino liefert ihnen hier gleichsam die Begründung dieses neuen und anspruchsvollen Selbstbewußtseins. Aber auch die Welt, wie sie unabhängig von den Künstlern da ist, ist nach Ficino die Manifestation von Gottes schöpferischer Liebe zu ihr, ist eine Ausstrahlung göttlicher Schönheit; die Welt ist, wie Ficino in Verwendung eines Ausdrucks sagt, den vor allem der große irische Neuplatoniker Johannes Scotus Eriugena (ca. 810–ca. 877) benutzt hatte, „theophania", Gotterscheinung, und sie ist eben darin auch gerechtfertigt, ohne übrigens in einem eigentlich pantheistischen Sinne mit Gott selbst, ihrem Ur-

---

[28] Vgl. *De amore* II, c. 3, 12r (in der Ausgabe von Hasse/Blum bei Meiner S. 44).
[29] Vgl. a.a.O. III, c. 3, 27 r (90): „merito dici possit amor nodus perpetuus mundi partiumque eius immobile substentaculum ac firmum totius machine fundamentum".

sprung, zusammenzufallen. Diese „Theodizee" Ficinos können wir etwa den folgenden Sätzen aus der dritten Rede von *De amore* entnehmen: „Demnach können die Glieder dieses Werkes [nämlich der „machina mundi", der Welt] keine Feindschaft gegeneinander hegen. Das Feuer flieht nämlich das Wasser keineswegs aus Haß gegen dieses, sondern aus Eigenliebe (*sui ipsius amore*), um nicht durch die Kälte des Wassers ausgelöscht zu werden. Ebensowenig löscht das Wasser das Feuer aus Feindschaft gegen dieses aus, sondern aus dem Trieb, die eigene Kälte zu verbreiten, möchte es aus der Substanz des Feuers ihm selbst gleichartiges Wasser hervorbringen. Da nämlich jeder natürliche Trieb auf das Gute und keiner auf das Böse gerichtet ist, so bezweckt das Feuer nicht, das Wasser auszulöschen, was böse wäre, sondern ihm selbst gleichartiges Wasser zu erzeugen, also Gutes. Wenn dies sich ohne Schaden des Feuers ausführen ließe, so würde es das Feuer nicht auslöschen. Ebenso verhält es sich mit den übrigen Dingen, welche einander widerstrebend und feindlich erscheinen. Dem Lamm widerstrebt weder das Leben noch die Gestalt des Wolfes, sondern seine eigene Vernichtung, welche ihm von Seiten des Wolfes zustößt, und der Wolf frißt nicht das Lamm aus Haß, sondern aus Eigenliebe. Der Mensch haßt nicht den anderen Menschen, sondern dessen Fehler; und wenn wir gegen Mächtigere und Scharfsinnigere von Neid erfüllt sind, so entspringt dies nicht aus Gehässigkeit gegen sie, sondern aus Eigenliebe, nämlich aus der Besorgnis, ihnen zu unterliegen. Darum ist es uns unverwehrt, zu behaupten, daß Eros in allen Dingen herrscht und alles durchdringt"[30]. Das bedeutet, daß, die Dinge ganz ideell genommen, dem Übel oder auch Bösen ein Gutes, nämlich die Liebe, zugrundeliegt. Wie kommt es dann aber überhaupt zu Übel und Bösem? Nur dadurch, daß die endlichen Dinge eben eine nichtideale, materielle Existenz haben. Dabei ist

---

[30] A.a.O. III, c. 4, 27r-27v (90–92) (wiedergegeben nach der Übersetzung von Hasse).

wiederum nicht die Materie als solche von Übel; das Übel entsteht erst aus dem Mißverhältnis zwischen der Eigenlogik und Eigendynamik des Materiellen und den höheren idealen Aspekten. Beim Menschen bedeutet das etwa, daß die Seele, weil sie dem Leib verbunden ist und diesen auch aus Liebe umsorgt und umhegt, in gewisser Weise auch unter sein Gesetz gerät, also weniger ist, als sie ihrer idealen Natur nach sein könnte. Die Seele blickt hier gerade wegen ihrer Verbindung mit dem Leib nicht nach oben, sondern nach unten, und das obwohl, wie Ficino in der *Theologia platonica* (XVI, 7) betont, der menschliche Leib schon deshalb der im Vergleich zu den Tieren gebrechlichste ist, weil er so eben am besten einer Seele, deren Ziel das Göttliche ist, zu dienen vermag – es ist bemerkenswert, wie hier das Argument vom Menschen als „Mängelwesen", von seiner „imbecillitas", gerade im Sinne einer Auszeichnung und nicht als Hinweis auf einen Defekt genommen wird. Im Ergebnis jedenfalls gewinnen wir das Bild eines von Liebe durchwalteten und gestalteten Universums, in welchem das Übel und das Böse eigentlich nur eine Gastexistenz hat; es wird von der überall aufleuchtenden Schönheit gleichsam überstrahlt und kann uns damit auch an der Bestimmung der menschlichen Existenz nicht irrewerden lassen. Und wir erfahren, daß auf dem Grunde aller Arten der Begeisterung – Ficino spricht hier von Eifer (*studium*), Frömmigkeit (*pietas*) und Kultus – die Liebe selbst als der vierte und eigentliche „Furor" am Werke ist.

Wir kommen damit zu Ficinos philosophischem Hauptwerk, der *Theologia platonica de immortalitate animorum*. Der Titel klingt an den des Hauptwerks des Neuplatonikers Proklos (412–485) περὶ τῆς κατὰ Πλάτωνα θεολογίαν, lateinisch: *Theologia Platonis* an, das das wichtigste Dokument für die Einheitsmetaphysik dieses spätantiken Denkers ist. Der Titel Ficinos setzt aber noch einen anderen Akzent, indem er sogleich auf die Frage der Unsterblichkeit der Seele, also ein Problem der Psychologie, abhebt. Man kann vielleicht überhaupt und ganz summarisch sagen, daß das Zentrum der Philosophie Ficinos die Lehre von der Unsterblichkeit der Seele ist; Kristeller hat gesagt, daß Ficino im Unsterblichkeitsbeweis den Wesenskern seines eigenen Platonismus gesehen hat[31], und an dieser Stelle wird sich in der Tat einer der Hauptkonflikte zwischen den Neoplatonikern und zumindest einigen Aristotelikern der Zeit ergeben. Freilich: in Ficinos Psychologie geht es immer auch um kosmologische, theologische und ontologische Bezüge, um Bezüge, die man allesamt erst durch Focussierung der Seele recht in den Blick bekommt. Die Seele steht für Ficino wie bei Plethon in der Mitte der Welt, sie ist das innerste Band, das Sterbliches und Unsterbliches zusammenhält, ja, sie ist in letzter Instanz der Punkt, in dem die Welt im ganzen erst zum Bewußtsein ihrer selbst erwacht. Der Mensch ist die Stelle, an der das welthafte Sein in bewußtes Erkennen umschlägt, er ist, wie man in einem Anklang an Heidegger sagen kann, die innere Lichtung der Welt, ist ihre Wiederherstellung als einer geistigen.

Ficino beginnt sein Buch mit der These, daß, wenn der Mensch nicht unsterblich wäre, er die elendeste von allen Kreaturen sein müßte; denn er wohnte dann nicht nur in einem Körper, der weit schlechter als der der Tiere für die irdische Existenz geeignet ist, er wüßte auch, daß es über ihn hinaus noch Sphären gibt, an denen teilzuhaben seine eigentliche Glückseligkeit wäre und zu denen er doch keinen Zutritt hat. Der Beweis für die Unsterblichkeit ist daher eine „nostri generis excellentiae contemplatio", eine Besinnung auf die herausragende Stellung des Menschengeschlechts; in der Tat bietet die *Theologia platonica* dann unter anderem auch einen Beitrag zu dem Humanistenthema *De dignitate hominis*, über die besondere Würde des Menschen. Zunächst ist jedoch festzuhalten, daß im Körperlichen alleine die Würde des Menschen nicht gefunden werden kann; der Körper ist aus Teilen zusammengesetzt, also auch wieder auflösbar, er

---

[31] Paul O. Kristeller, *Acht Philosophen der italienischen Renaissance*, Weinheim 1986, 40.

ist sterblich und endlich. Der Körper alleine wird auch nicht tätig, weil dies schon hieße, daß er sich in irgendeinem Sinne als Einheit erwiese und auch auf sich selbst bezogen wäre, was jedoch für ihn als elementarisches Kompositum so nicht gelten kann. Er bedarf daher einer wahrhaft einheitlichen, in sich unteilbaren Form *(forma individua)*, die zu der körperlichen *forma divisa* hinzutritt. Ficino denkt das Verhältnis von Seele und Körper nach dem Modell von Mittelpunkt und Kreis. Ein Punkt ohne Kreis ist denkbar, nicht aber ein Kreis ohne Mittelpunkt; so ist die Seele die Voraussetzung der Organisation der Materie zu einem einheitlichen Ganzen, nicht aber ist sie selbst darauf angewiesen, auf die Weise der körperlichen Extension oder Vielheit zu sein. Dieser Gedanke ist in der späteren Philosophie, etwa bei Leibniz, wieder aufgegriffen worden; der Schluß lautet hier, daß Einheit in ein vielfältiges Seiendes nur durch ein in sich Einheitliches, ja ein Einfaches kommen kann; das Einfache aber kann nicht vergänglich sein, da Vergänglichkeit Teilbarkeit voraussetzt, was dem Begriff der Einfachheit widerspricht. Kant hat dagegen argumentiert, daß hier ein Fehlschluß von der formalen Einheit des Bewußtseins auf das Einfachsein eines Gegenstandes, hier des Seelen-Dinges, vorliege. Aber Ficino versteht die Einheit und Einfachheit der Seele durchaus nicht nur als die Einheit des Bewußtseins oder der „Geistseele", sondern als effektives Formprinzip der lebendigen Seele selbst. Diese Seele bildet sich erst den Leib, sie beherrscht das Materielle, indem sie ihm ein Gesetz aufzwingt, das eigentlich gar nicht das seine ist. Die Seele verhält sich gegen das, was unter ihr liegt, die Materie, die wirkenden Qualitäten und Kräfte, frei und unabhängig; anders verhält es sich zunächst mit dem, was über sie hinaus liegt, nämlich die reinen Intelligenzen oder Engel und Gott. Allerdings weiß die Seele, daß sie deren Bereich nicht eigentlich fremd ist, sondern ihm auf die Weise der Ähnlichkeit zugehört. Insofern bezieht sie gerade aus dem Bezug auf ihn ihre Freiheit und Macht der Welt gegenüber. Aber noch etwas ist hier wichtig: Gott und die Engel stehen in keiner direkten Verbindung zur materiellen Welt, sie genießen ihr Sein sozusagen ruhig für sich. Anders verhält es sich mit der menschlichen Seele. Durch ihre Doppelnatur, ihre Zwischenstellung steht sie „in der Mitte des Universums", in der Mitte zwischen Zeit und Ewigkeit, in der Mitte auch einer Bewegung hinauf und einer anderen hinab, und eben damit ist sie es, die die Welt im Innersten zusammenhält, das Band (*vinculum*) darstellt, das alle Dinge insgesamt zusammenbindet[32].

Ficino ist ein Autor, dem man das Staunen über das, was er als das eigentlich Menschliche erkennt, auf Schritt und Tritt abspürt, das Staunen über die Tatsache, daß im Menschen alles Seiende gleichsam erst zu seiner Bündelung gelangt. Dieses Staunen findet seinen Ausdruck auch darin, daß zur Beschreibung dessen, was die Seele ist und tut, auf die cusanische Methode der *coincidentia oppositorum* zurückgegriffen werden muß[33]. Die Seele vereinigt in sich in der Tat konträre Eigenschaften; sie ist als Einheitsprinzip etwa unbewegt, sie ist als Lebensprinzip, das die Materie allererst zum Leben erweckt, aber auch Bewegungsprinzip und selbst bewegt. Sie ist weiterhin, wie wir gehört haben, *forma individua*, ist aber dennoch an allen Körperpunkten präsent, also *forma dividua*, in einer Extension ausgelegt. Wenn die Aufhebung endlicher Gegensätze nur in einem Unendlichen erfolgen kann, ist sie insoweit unendlich, „wahrhaft unendlich", wie Hegel gesagt hätte, denn sie ist jetzt und in einem einzigen Akt die Vereinigung des Entgegengesetzten, ist Punkt und doch alle Dinge, Einzelnes und Allgemeines, eines und alles, das Auge der Welt. Oder auch: die Seele ist das konkrete Allgemeine, der Berührungspunkt der Extreme.

---

[32] Vgl. für diesen Zusammenhang auch ausführlich Paul Oskar Kristeller, *Die Philosophie des Marsilio Ficino*, Frankfurt/Main 1972, 72–108.
[33] So ist die Seele „mundi copula", indem sie unbeweglich und beweglich oder im Aufstieg zugleich im Abstieg begriffen ist; vgl. *Theologia platonica* III, c. 2.

Von hier aus ergibt sich dann auch ein relativ leichter Zugang zu der Erkenntnislehre Ficinos, die durchaus als spektakulär gelten darf. Ficino bricht nämlich mit der Vorstellung, daß die menschliche Erkenntnis sich nach den Objekten richte, daß sie sich also zunächst rein passiv in der Aufnahme von von den Dingen herkommenden „species" oder Bildern verhalte. Nein, sagt Ficino, die Seele nimmt nicht einfach Bilder entgegen, sie bildet diese Bilder selbst. Wenn die Aristoteliker sagen, daß der Tätigkeit des tätigen Intellekts (*intellectus agens*) ein passiver Intellekt vorausgehen muß und dieser etwa mit der sinnlichen Wahrnehmung beginnt, so ist dabei übersehen, daß die Seele als Formprinzip des Leibes auch schon die Bedingung der Möglichkeit der Wahrnehmung ist. Körper als Körper nehmen nicht wahr, erst der beseelte Leib tut dies, und zwar in kraft der Seelentätigkeit. Die äußeren Gegenstände enthalten, wie Ficino in einer Auseinandersetzung mit Averroes sagt, nur die Gelegenheit (*occasio*) der Erkenntnis, nicht schon deren Form, nicht schon deren Gehalt, der erst aus den Formen stammt, die die Seele noch in die Wahrnehmung hineinlegt. Diese Formen sind für Ficino vor allem geometrische Proportionen, innerhalb derer sich das Wahrnehmungsmaterial für uns erst ordnet. Wir können so nicht sagen, daß uns die Sinne „etwas" mitgeteilt hätten, denn die Logik des Etwas, die Bündelung auf eine gegenständliche Einheit hin stammt bereits aus der Seelentätigkeit, nicht aus den Sinnen. Ficino verwendet das eindrückliche Bild des Auges einer Katze, die gerade auf Mäusejagd ist. An diesem Auge nehmen wir ein Doppeltes wahr: die Helligkeit und den konzentrierten Blick. Der Funke des Blicks, also die Seelentätigkeit, macht das Auge erst leuchten und zugleich aufnahmebereit für die Eindrücke, aber der Blick identifiziert auch erst das Objekt, in diesem Falle also die Maus. Die Katze erleidet in der Wahrnehmung nicht etwas von der Maus, sondern sie stellt durch die Wahrnehmung die Maus für sich erst her, sie erschafft etwas, das es ohne Seelentätigkeit für sie nicht gäbe. Ficino beschreibt im XII. Buch der *Theologie* das menschliche Erkennen wie folgt: nehmen wir beispielsweise durch den Gesichtssinn den Umriß (*figura*) eines Menschen wahr, so meint dies, daß die Einbildungskraft (*phantasia*) das Bild eines Menschen entwirft, und zwar unter Rückgriff auf die „humanae speciei formula quae latebat in mentis arcanis", auf die „Formel" der menschlichen Gestalt, die im Geist verborgen lag, bis der Geist selbst darin die Idee des Menschen zu erkennen vermag. Diese Idee ist nichts anderes als „ratio illa per quam deus hominem generat", also jener Verhältnisbegriff, durch den auch Gott den Menschen erzeugt. Man muß deshalb sagen, daß der menschliche Geist, wenn er auf etwas Wahres stößt, nicht „etwas Wahres sieht" (*non videre rem aliquam veram*), sondern die Wahrheit erst herstellt (*facere veritatem*). Die leitenden „formulae" oder „Ideen", sozusagen die „Codes", mit denen wir die Wahrnehmung auflösen und auf ihre wahre Bedeutung beziehen, sind mithin *dieselben* schöpferischen Ideen, durch die auch Gott die Welt geschaffen hat, nur daß sie von uns von Fall zu Fall aktiviert werden müssen. Es zeigt sich hier, was es heißt, daß die Seele eine Wanderin zwischen zwei Welten ist, nämlich zwischen der intelligiblen Intellektualwelt und der empirischen Sinnenwelt, in der sie aktiv mehr zur Geltung bringt, als eigentlich darin steckt. Die Seele hat Zugang zum reinen Licht der Ideen, und sie verbreitet dieses Licht ihrerseits in die Schattenwelt unter ihr hinein, in der ohne dies die größte Konfusion herrschte. Darin liegt natürlich auch das Problem von Allgemeinem und Einzelnem, das alte Universalienproblem. Die Seele durchläuft hier eine Doppelbewegung, in der sie zum einen das Allgemeine, das von sich aus zum Einzelnen „neigt", auf dieses hin verdichtet, wie zum anderen aus dem Einzelnen heraus das Allgemeine „ersieht". Die Tatsache, daß sie selbst sozusagen mit einem Bein im Reich des Intelligiblen, mit dem anderen in dem des Empirischen steht, gestattet es ihr, beide Seiten in einem Erkenntnisprozeß zu vereinen und in den Bildern, die sie aus Anlaß der sinnlichen Erscheinungen bildet, wiederum den Brückenschlag zwischen den beiden Welten zu leisten.

Ähnlich wie bei Cusanus erhält hier der menschliche Geist die Bedeutung, das eigentlich schöpferische Prinzip diesseits der absoluten göttlichen Macht zu sein. Ficino benennt übrigens auch andere Vorzugsmerkmale des Menschen, an denen sich sogleich die Sonderstellung des Menschen ablesen lasse, so etwa die menschliche Kunst (*humanae artes*), durch die wir es der Natur auf eine Weise nachtun, die uns zu ihren „Nebenbuhlern" werden läßt: „non servi sumus naturae, sed aemuli" (XIII, 3). Oder eine einfache, schlichte Beobachtung: noch niemals hat man gesehen, daß Tiere über den Menschen herrschen, wohl aber das Umgekehrte, und dies so, daß der Mensch keineswegs nur auf Gewaltmittel angewiesen ist, sondern so, daß er die Tiere sanft regiert, ja sie etwas lehrt. Der Mensch ist der „deus animalium", wie er auch der „Gott der Elemente", ja „aller Materien" ist. Daß ein so beschaffener Geist dann nicht dazu bestimmt sein sollte, Gottes ansichtig zu werden, ist für Ficino alles andere als plausibel. Auch die *Theologia platonica* betont dabei, daß Gott nicht einfach nur jenseits der Welt steht, sondern einen auf sie gerichteten zugleich notwendigen wie auch freien Willen hat, daß er sie liebt und seiner Vorsehung unterstellt (II). Der Mensch, der sich selbst recht versteht, antwortet diesem ihm entgegenkommenden Gott in der Gottesliebe, in der zuletzt alles, was die Seele auf dieser Welt zu vollbringen hat, zusammengefaßt ist und die für den Menschen ebenso das Natürlichste wie das Höchste ist. Gott ist das eigentlich Absolute, der unverrückbare Ruhepunkt, der gerade für die in beständig vergeistigender Tätigkeit begriffene Seele Bedürfnis wie auch Prämisse ihres Tuns ist. Er ist die Geistigkeit selbst, an der die Seele schon teilhat und die in Fülle zu schauen und zu leben der Antrieb ihres freien Seins ist. Man kann es auch etwas abstrakter sagen: wenn es durchaus nicht fern liegt zu sagen, daß bei Ficino das Prinzip der Subjektivität entdeckt ist, daß sich bei ihm also aus der Ontologie des Neoplatonismus der Gedanke des seiner selbst bewußten, originären reflexiven Selbst herausgewunden hat, dann darf man auch sagen, daß bei ihm ebenso der Gedanke der absoluten Subjektivität als des inneren Maßes des subjektiven Seins gedacht ist. Ficino hat erkannt, daß das Tor zur Welt nicht die objektivistische Stellung zu ihr, sondern der Rückgang des Subjekts in sich, die reflexive Selbstbeziehung ist. Diese aber, um ihrerseits nicht nur eine Formalität zu sein, bedarf eines absoluten, nicht-empirischen Urbilds, in welchem „eingefaltet" die ganze Welt beschlossen liegt. Ficino stiftet hier, will man denn einen großen Bogen spannen, eine Verbindung zwischem dem Denken des Kusaners, das ihm durchaus bekannt war und dessen Urheber er gelegentlich ausdrücklich loben kann, und dem so viel späteren Ansatz Kants und des Deutschen Idealismus, dem zufolge Subjektivität gerade auch als Erkenntnisprinzip zu denken ist. Freilich: bei Ficino liegt diese Subjektivität gewissermaßen noch in den Banden einer immer noch auch dogmatisch verfaßten Metaphysik. Aber die Tatsache, daß sie erwacht ist, heißt auch, daß diese Metaphysik ihrer Revision entgegengehen wird.

LITERATUR:

Werner Beierwaltes, *Marsilio Ficinos Theorie des Schönen im Kontext des Platonismus*, Heidelberg 1980.
Marsilio Ficino, *Opera omnia*, Basel 1576 (ND Turin 1983).
- ders., *Théologie platonicienne de l'immortalité des âmes*, 3 Bde., hg. R. Marcel, Paris 1964–1970.
Paul Oskar Kristeller, *Die Philosophie des Marsilio Ficino*, Frankfurt/M. 1972.
ders., *Supplementum Ficinianum*, 2 Bde., Florenz 1937 (ND 1973).
Cesare Vasoli, „Marsilio Ficino", in: Dizionario Biografico degli Italiani Bd. 47, Rom 1997, 378–395.

5 Giovanni Pico della Mirandola (1463–1494)

> Docuit me ipsa philosophia a propria potius conscientia
> quam ab externis pendere iudiciis.
>
> Giovanni Pico della Mirandola

Größeren Ruhm noch als Ficino hat ein anderes Mitglied der Florentiner Akademie erlangt: Giovanni Pico della Mirandola, gebürtig aus einem oberitalienischen Grafengeschlecht, das in Mirandola bei Modena seinen Sitz hatte, eine durch und durch genialische Erscheinung, der wir nicht nur den berühmtesten Text der humanistischen Rhetorik der Zeit, die *Oratio*, sondern auch den ersten großangelegten Versuch zu einer philosophischen Universalwissenschaft und einer damit zusammenhängenden „pax philosophica" – den Versuch eines Nachweises der Konkordanz aller Philosophien, so man sie den richtig versteht, verdanken. Pico erklimmt hier, wenn man so will, eine neue und höchste Stufe der italienischen philosophischen „Rezeptionskultur": die Stufe der Öffnung für prinzipiell *alles* Gedachte, das dennoch nicht einfach ohne Maßstab hingenommen, sondern einem

Sinnkosmos integriert wird, in dessen Zentrum der sich selbst auf Gott hin übersteigende freie Mensch steht.

Pico hat in dem kurzen Leben, das ihm beschieden war, eine beachtliche Fülle philosophischer Schriften, aber auch literarischer Produktionen hinterlassen, die ihn schon auf den ersten Blick aus dem Durchschnitt der Philosophie wie auch des Humanismus seiner Zeit herausheben; mit dem letzteren, dem elitären Humanismus der Zeit, geht er sogar in gewissen Grenzen ins Gericht, weil er nicht in der Lage sei, das Wahre und Gute, das auch nachantike und daher „unklassische" Autoren besessen hätten, zu erkennen und zu würdigen. Pico war zunächst zum Geistlichen bestimmt und hat deshalb von 1477 an (und also als vierzehnjähriger) in Bologna das Kirchenrecht studiert; er wechselte aber nach dem Tod seiner Mutter (1478) nach Ferrara, wo er sich auf die Philosophie warf, jedoch auch am literarischen Hofleben teilnahm – die Metropole der Este, in der zweiten Hälfte des 15. Jahrhunderts überhaupt ein Zentrum der Renaissancekultur, besaß eine insbesondere für ihre Artistenfakultät berühmte Universität; hier hatte kein Geringerer als der als Grammatiker und Pädagoge bedeutende Schüler des Chrysoloras Guarino Guarini Veronese (1374–1460) gelehrt, hier haben zu Beginn des 16. Jahrhunderts Kopernikus (1473–1543) und Paracelsus (1493/94–1541) ihre Studien vollendet; wir werden unsererseits später noch Pomponazzi und Patrizi in der Stadt treffen. Nach zwei Jahren ging Pico dann nach Padua, wo wir ihn von 1480–82/83 wiederum als Philosophiebeflissenen, als Schüler nämlich von Nicoletto Vernia (1420–1499) und Elia del Medigo (1450–ca. 1491), zwei führenden Häuptern der Paduaner Aristoteliker, antreffen. 1483 indes wechselt er nach Pavia, die Universität im Herzogtum Mailand, um dort Logik und Mathematik zu studieren; 1484 läßt er sich in Florenz nieder und nimmt Kontakt zur Akademie wie zum humanistischen Mediceer-Kreis auf; insbesondere mit Ficino und Poliziano tritt er jetzt in freundschaftliche Verbindung. 1485 treffen wir ihn dann zum ersten Mal in Frankreich, an der Universität

Paris, wo Pico neun Monate lang studiert, was nicht nur im Sinne einer von ihm immer erstrebten Horizonterweiterung von Bedeutung gewesen ist, sondern auch seinen Stil betreffend, den er nach eigenem Bekenntnis von der Sorbonne borgt; so heißt es im Vorspruch der 900 *Thesen*, auf die wir sogleich zu sprechen kommen werden, daß ihr Verfasser sich nicht etwa „des Glanzes der römischen Sprache, sondern der Sprechart der hochberühmten Pariser Disputatoren" befleißigt habe. Ein Jahr später, 1486, treffen wir Pico erneut in Florenz, dann, im Mai in Arezzo, in eine unglückliche Amoure mit der schönen Margherita de' Medici verstrickt[34], dann in Perugia in Umbrien, wo er etwas tut, womit er schon deutlich über Ficino wie auch den „gewöhnlichen" Humanismus hinausgeht: er vertieft sich in teils neu entdeckte hebräische und arabische Texte, um auf diese Weise direkten Zugang sowohl zu den berühmten arabischen Aristoteleskommentatoren des Mittelalters wie auch zur jüdischen Kabbala zu haben, also zu jener mystisch-kosmogonischen Geheimlehre mit neuplatonischem Einschlag, die mit dem Anspruch, ältestes Menschheitswissen zu sein, im 13. Jahrhundert zumal im spanischen Judentum entstanden ist. In Perugia ist Pico ein weiteres Mal mit Elia del Medigo zusammengetroffen, mit dem er sich unter anderem in Fragen der averroistischen Aristotelesinterpretation vertiefte. Bald darauf muß Pico freilich aus einem Grund, den wir noch berühren werden, aus Rom vor kirchlichen Zensurmaßnahmen nach Frankreich fliehen, wird indes auf Verlangen des Papstes unweit von Lyon gefaßt und verbringt so Anfang 1488 drei Monate in Haft. Pico kommt jedoch, nachdem sich italienische Fürsten für ihn einsetzen, wieder frei und begibt sich, unter dem persönlichen Schutz Lorenzo de' Medicis stehend, erneut nach Florenz. Hier geriet

---

[34] Pico hat versucht, die Gattin Giuliano Mariotto de' Medicis zu entführen; Ficino hat darauf noch im Jahre 1486 selbst eine scherzhafte Apologie mit dem Titel *De raptu Margarite nymphe ab heroe Pico* verfaßt.

dann auch Pico (wie Ficino, was wir erwähnt haben) in den Bann Savonarolas (1452–1498). Seine zu Zeiten erwogene Absicht, wie dieser Dominikaner zu werden, wurde durch seinen frühen Tod vereitelt: Pico soll im Alter von 31 Jahren durch die Hand seines Sekretärs das Opfer einer der in der Renaissance nicht eben seltenen Giftmorde geworden sein. Savonarola selbst hat auf Pico eine Leichenrede gehalten, in der er, wie Jacob Burckhardt gesagt hat, „etwas unbarmherzig" mit unserem Philosophen umging; „weil Pico trotz einer inneren Stimme, die von Gott kam, doch nicht in den [Dominikaner-]Orden treten wollte, habe er selbst Gott gebeten, jenen etwas zu züchtigen; seinen Tod aber habe er wahrlich nicht gewünscht; nun sei durch Almosen und Gebet so viel erwirkt, daß die Seele sich einstweilen im Fegefeuer befinde"[35]. Der schon mehrfach genannte Angelo Poliziano, wie erwähnt selbst Mitglied der Akademie, hat uns Pico wie folgt geschildert: „Groß von Statur, drückte sein Anblick etwas Göttliches aus. Mit scharfem Geist und erstaunlichem Gedächtnis begabt, war er in den Studien unermüdlich. Sein Stil war klar und beredt. Bewandert in allen Zweigen der Philosophie und Meister etlicher Sprachen, war er über alles Lob hinaus"[36]. Picos Werke, darunter auch zu Lebzeiten unveröffentlicht gebliebene, hat schon 1496 sein Neffe Gian Francesco Pico (1469–1533) herausgegeben, selbst ein Philosoph, der sich unter anderem kritisch mit Aristoteles auseinandergesetzt hat, dies allerdings nicht so sehr von platonischen als vielmehr von dem Empirismus zuneigenden Voraussetzungen her. Der italienische Philosophiehistoriker Giuseppe Saitta hat Pico einen „großen und genialen Abenteurer der Wissenschaft" genannt, der, „getrieben von seinem einzigartigen Temperament, sich in Gegensatz gegen jedes *ipse dixit*, gegen die Ideen, mit denen er in Berührung gekommen ist, zu setzen versteht und

---

[35] Burckhardt, a.a.O. 513.
[36] Zitiert nach Giuseppe Saitta, *Il pensiero italiano nell'Umanesimo e nel Rinascimento*, 1. Bd., Florenz 1960², 577f.

setzen will"[37]. Wir werden freilich zu fragen haben, ob Pico nicht wesentlich mehr als ein entdeckungsfreudiger „Abenteurer" gewesen ist, selbst wenn es ihm in der Tat an denkerischem Mut nicht fehlte. Zunächst jedenfalls treffen wir ihn als einen der Denker, die, vom neoplatonischen Impuls, wie wir ihn schon kennengelernt haben, erfaßt – das Schulhaupt Ficino nennt Pico einmal einen „conplatonicus noster", „unseren Mitplatoniker" –, neue philosophische Wege zu öffnen versucht haben: näherhin dann als einen Denker, dem es zugleich gelingt, bemerkenswerte Resultate zu formulieren, die ohne weiteres auch die Zeiten zu überdauern bestimmt sind.

Kehren wir jedoch noch einmal zu den erwähnten Zensurmaßnahmen gegen Pico zurück und fragen genauer, worum genau es hier ging! Der junge Pico hatte am 7. Dezember 1486 in Rom 900 Thesen erscheinen lassen, die *Conclusiones philosophicae, cabalisticae et theologicae*, kurz *Conclusiones nongentae* genannt. Mit diesen Thesen lud der damals 23jährige Denker alle Gelehrten der Welt zu einer Disputation ein, die im Januar 1487 in der ewigen Stadt stattfinden sollte. Sein Ziel war es, mit diesen Thesen die Vereinbarkeit (*concordia*) aller philosophischen Hauptschulen, der griechischen, der jüdischen, arabischen, christlichen und hermetischen aufzuzeigen und zugleich einige eigene Neuerungen vorzustellen. Nach Pico und seiner neuen Hermeneutik gibt es keine Philosophie, in der nicht auch eine Wahrheit gefunden werden könnte, und eben darum wird so etwas wie ein philosophischer „Friedensschluß" zwischen den Schulen denkbar. Der synkretistische Ansatz, dem wir hier nicht zum ersten Male begegnen, erhält jetzt zugleich eine zusammenfassend-programmatische Gestalt: er wird sozusagen zum „Forschungsprogramm" einer neuen Offenheit für die Manifestationen des menschlichen Geistes, wie wir sie zuvor so am ehesten auch bei Cusanus angetroffen haben. Pico erhielt wegen dieses Programms den Beinamen „princeps concordiae", „Fürst

---

[37] Saitta a.a.O.

der Eintracht", und man kann sagen, daß es hier bereits um so etwas wie eine „philosophia perennis", um den Gedanken einer die Zeiten übergreifenden, in ihren Hauptinhalten sich durchhaltenden Philosophie bei allen Völkern geht, wie er terminologisch nur wenig später von Agostino Steuco (1496–1548), einem von Ficino und Pico beeinflußten vatikanischen Bibliothekar, fixiert worden ist[38]. Zu dem von Pico geplanten „ersten Weltkongreß für Philosophie" kam es dann jedoch nicht. Eine von Papst Innozenz VIII. (sein Pontifikat währte 1484 bis 1492) auf Betreiben einiger Gegner Picos im Februar 1487 eingesetzte Untersuchungskommission gelangte nämlich zu dem Ergebnis, daß dreizehn der 900 Thesen häretischen Inhalt hätten. Die beanstandeten Thesen betrafen zum großen Teil im engeren Sinne theologische Fragen, etwa über die Höllenfahrt Christi, das ewige Heil des Origenes oder die Lehre von der Eucharistie. Da Pico, wiewohl grundsätzlich zur Unterwerfung bereit, noch 1487 in Neapel eine recht selbstbewußte *Apologia* seiner Thesen erscheinen ließ, wurden dieselben zunächst allesamt verboten, und eben dies brachte ihn in die bereits geschilderte Bedrängnis bis hin zur Haft, aus der ihn zunächst die Florentiner Politik gerettet hat. Der Borgia-Papst Alexander VI., von dem die Geschichte sonst nicht viel Gutes zu melden weiß, hat 1493 dann die Sanktionen gegen Pico aufgehoben und ihn uneingeschränkt rehabilitiert.

Picos *Conclusiones nongentae* stellen sich auf den ersten Blick als ein etwas abenteuerliches „Mixtum compositum" aus der gesamten bisher überlieferten Philosophie mit Einschluß der „esoterischen", will sagen hermetischen und kabbalistischen Traditionen dar. Es geht in den Thesen, wie es im Vorspann heißt, um Dialektik und Ethik, Physik und Mathematik, Me-

---

[38] Vgl. Agostino Steuco, *De perenni philosophia*, Stuttgart-Bad Cannstatt (zweisprachige Neuausgabe, im Erscheinen); auch Wilhelm Schmidt-Biggemann, *Philosophia perennis. Historische Umrisse abendländischer Spiritulität in Antike, Mittelalter und Früher Neuzeit*, Frankfurt/Main 1998, bes. 677–689.

taphysik und Theologie, Magie und Kabbala, also eigentlich um das, was ein schulmäßig gebildeter wie in den Geheimwissenschaften erfahrener Weiser alles wissen kann. An den Beginn etwa hat Pico eine Reihe von Thesen gestellt, die sich inhaltlich aus mittelalterlichen Denkern speisen, aus Albertus Magnus etwa oder Thomas von Aquin und Duns Scotus, aber auch aus Heinrich von Gent (ca. 1217–1293), einem wieder bei Augustinus anknüpfenden Denker des 13. Jahrhunderts, oder auch aus Averroes, Avicenna und anderen Arabern – wir wissen bereits, daß Pico sich, neben anderen von Elia del Medigo dazu angeleitet, gerade auch in diesen Materien bewandert gemacht hatte. Darauf kommen dann die antiken Aristoteliker und Aristoteles-Kommentatoren zu Wort, angefangen von Theophrast (ca. 372–285 v. Chr.) über Alexander von Aphrodisias (2./3. Jahrhundert n. Chr.) bis zu Themestios (4. Jahrhundert) und Simplikios (6. Jahrhundert), aber natürlich auch die Neuplatoniker im Gefolge Plotins; aus Plotin, um nur dieses Beispiel zu nennen, greift Pico die These von der Unsterblichkeit alles Lebens („Omnis vita est immortalis") auf, die dann wie folgt weitergeführt wird: „Die unvernünftige Seele ist ein Bild (*idolum*) der Vernunftseele und hängt von ihr ab wie das Licht von der Sonne. – Sein, Leben und Erkennen (*intellectus*) fallen in ein und dasselbe zusammen"[39]; in den Thesen, die an Proklus anschließen, finden wir dann, ähnlich wie bei Plethon, die antiken Gottheiten in vier „Trinitäten" zusammengestellt wieder; es ist bemerkenswert, daß die kirchliche Zensur keineswegs an dieser Stelle eingesetzt hat. Danach greift Pico auf die „pythagoreische Mathematik", d.h. auf eine spekulative Zahlentheorie zurück, die er übrigens selbst auszubauen versucht hat, ebenso auf die „Chaldäischen Orakel" und den Hermes Trismegistos, mit dem sich, wie wir gesehen haben, auch Ficino ausführlich befaßt hatte; die erste „hermetische" These Picos, auch sie kirchlich unbeanstandet, lautet: „Ubicunque vita, ibi anima, ubicunque

---

[39] Pico, *Conclusiones nongentae. Secundum Plotinum*, nn. 3, 5 und 6.

anima, ibi mens" – „Wo immer Leben ist, ist auch Seele, wo immer Seele, auch Geist". Gelegentlich schon hier, deutlicher aber noch in den „71 paradoxen Thesen gemäß eigener Meinung, die neue Lehren in die Philosophie einführen", klingen dann auch cusanische Gedankengänge an; mit Namen genannt hat Pico den Kusaner niemals, aber es kann als erwiesen gelten, daß er seine Schriften gekannt hat und auch durch seine Spekulation vielfältig angeregt worden ist. Ein deutlicher Beleg ist schon die These, welche lautet: „Contradictoria in natura intellectuali se compatiuntur": „Gegenteile sind in der Vernunftnatur miteinander verträglich", was nichts anderes als das Koinzidenzprinzip des Cusanus reformuliert[40]; ein anderer etwa der Satz: „Qui attingit rem in diffinitione, attingit rem in alteritate" – „Wer die Sache in ihrer Definition auffaßt, faßt sie in der Andersheit auf"[41]. Diesem Satz geht die These voraus, daß keine „Prädikation" eine Sache „wirklich präzise" erfaßt[42]; etwas in seiner „Präzision" erfassen, würde heißen, es in seiner inneren Einsheit oder als es selbst, ohne Bezug auf anderes erfassen. In Wahrheit aber ist nur Gott die Erkenntnis alles Seins, während die Vernunft (*intellectus*) nicht die Erkenntnis, sondern die Definition der Dinge ist. Dies alles wird in verschiedene Richtungen näher expliziert, etwa auch dahin, daß man von Gott eigentlich nicht sagen kann, er sei ein „Seiendes" (*ens*); denn Seiendes gibt es nur in Abhängigkeit vom Sein, von dem einen, reinen Sein, das Gott selbst ist.

Wir lassen die Fragen nach den Bezugspunkten und Quellen Picos im Detail hier beiseite und blicken statt dessen noch einmal auf eine Reihe von „der eigenen Meinung" verdankten Thesen, die sich mit nach überlieferter Meinung einander widersprechenden Autoren befassen. Die entspre-

---

[40] A.a.O. *Conclusiones paradoxae LXXI. secundum opinionem propriam, nova in philosophia dogmata inducentes*, n. 13; vgl. auch n. 15: „Contradictoria coincidunt in natura uniali".
[41] A.a.O. n. 3.
[42] A.a.O. n. 2.

chende erste These lautet bezeichnenderweise: „Nullum est quaesitum naturale aut divinum in quo Aristoteles et Plato sensu et re non conveniant, quamvis verbis dissentire videantur" – zu deutsch: „Es gibt weder eine Frage der Naturphilosophie noch der Theologie [oder Metaphysik], in welcher Aristoteles und Plato dem Sinn und der Sache nach nicht übereinstimmen, auch wenn sie in Worten nicht eins zu sein scheinen". Das ist eine klare „Beendigung" der durch Plethon eröffneten „Kontroverse" wie auch des Auswegs aus ihr, den wir bei Bessarion kennengelernt haben: Aristoteles sei eben Naturphilosoph und betrachte alle Dinge auch als solcher, Platon aber sei Metaphysiker und rede entsprechend auch von etwas anderem. In den folgenden Thesen wird die Übereinstimmung zwischen Thomas von Aquin und Duns Scotus in vielen Fragen behauptet. Erwähnt sei noch, daß Pico sich anheischig macht, aus einer neuen Methode der Zahlenspekulation 74 hochkarätige Fragen der Philosophie zu beantworten, etwa die Frage, ob Gott existiere, ob er die Ursache aller Dinge sei, auf welche Weise er erkenne, was der Begriff „Körper" bedeute, ob die Engel die sinnlichen Formen erkennen, welche Naturen der Glückseligkeit fähig seien usw. Es folgen dann noch einige Thesen zum Zoroastrismus und zur Magie; auch letztere haben Pico verdächtig gemacht, so daß er sich zu einer ausdrücklichen Verteidigung genötigt sah – eine Verteidigung, die vor dem Hintergrund des mittelalterlichen Begriffs der „magia naturalis" so schwer am Ende nicht war, denn diese „natürliche Magie" meint eigentlich nichts anderes als einen klugen Gebrauch der in der Natur selbst liegenden Möglichkeiten und Kräfte und hat von daher mehr mit Kunst und Technik als mit Zauber und Aberglauben zu tun, die Pico selber ausdrücklich ablehnt – so, wie er übrigens auch, um dies hier am Rande zu erwähnen, in einer eigenen Schrift, in den *Disputationes adversus astrologiam divinatricem*, die Astrologie zurückgewiesen hat, etwa mit dem Argument, daß unter demselben Himmel, unter welchem ein Aristoteles geboren worden sei, auch andere Menschen, die doch keine bedeutenden Philosophen wurden, ja jede Menge böotischer Schweine geboren worden seien; ohnehin kann die Astrologie sich allenfalls auf die Konstitution des Leibes, nicht der Seele beziehen, und auch dabei darf man nicht die nächstliegenden Ursachen, etwa die Eltern, überspringen.

Picos Thesen stellen die systematische Gesamtinterpretation vor eine nicht geringe Aufgabe, und in der Tat sind so auch durchaus unterschiedliche Deutungen vorgetragen worden. Es empfiehlt sich um so mehr, zunächst auf den Gestus zu achten: daß hier jemand nicht weniger als den Gesamtbestand des für die letzten Fragen überhaupt relevanten menschlichen Wissens Revue passieren läßt, damit aber gerade diesen Gesamtbestand in den Blick bringt, ihn *als solchen thematisiert* und zu würdigen beginnt – und handle es sich um eine Würdigung nach Art der „concordia discors", der Voraussetzung von der Übereinstimmung in allem Widerstreit, die Pico am Ende meint ausmachen zu können. Dieser Gestus ist nicht mehr nur der eines nach Wahrheit forschenden Denkens, es ist der einer ihrer selbst gewissen Reflexion und Einsicht, die gerade im Spiegel des menschenmöglichen Wissens erst zu sich findet. Die Reflexion baut über dem Reich des längst Gedachten jetzt eine zweite Ordnung des Denkens dieses Gedachten auf, womit sie selbst nicht mehr unter dem Diktat einer unmittelbaren Ordnung des Denkens steht, sondern sich selbst aus diesem Denken empfängt. Das heißt nicht, daß für Pico das Gedachte des Denkens, sein Inhalt, beliebig geworden wäre; aber es wird das Gedachte transparent gemacht auf die Selbstfindung des sich überall suchenden menschlichen Geistes hin, es wird „durchleuchtet" auf seine Stelle in einem Sinnkosmos hin, der möglicherweise größer ist als der Sinnkontext, dem es zunächst entstammt. Es ist kein Zufall, daß sich von hieraus sogleich ein inhaltlicher Leitfaden durch das Knäuel der pichianischen Thesen ergibt. In der Literatur hat man darauf hingewiesen, daß es in dem Vielerlei, das Pico anspricht, doch einen offenkundigen Schwerpunkt gibt, der in der Lehre vom menschlichen *Intellekt* liegt[43]. Das Thema als solches ist ohne weiteres alt und ehrwürdig, es geht zuletzt auf die Psychologie Platons und vor allem Aristoteles' zurück und stand auch im Mittelalter immer wieder auf der Tagesordnung, man denke etwa an die Versuche, das Verhältnis von rezeptiver und spontaner Erkenntnisfunktion, von „intellectus possibilis" und „intellectus agens" zu klären, wie sie etwa bei Albertus Magnus oder Thomas von Aquin eine zentrale Rolle spielen. Dennoch kann man sagen, daß in der Philosophie der italienischen Renaissance insgesamt sowie zugespitzt jetzt bei Pico eine neue Selbsterfahrung des Menschen als eines erkennenden, geistigen Wesens auftaucht. Sagen wir es etwas abkürzend und allgemein: während im Mittelalter das *animal rationale*, der Mensch, integrierender Bestandteil des *ordo universalis* ist und als Seiendes unter Seienden seinen wenn auch immer z.B. durch die Gottebenbildlichkeit ausgezeichneten Platz einnimmt, tritt für das menschliche Selbstverständnis der Renaissance (und das heißt Picos als ihres Sprachrohrs) diese Eingelassenheit in eine festgefügte Gesamtordnung ausdrücklich zurück und ein eigentlich reflexives Selbstverhältnis vielmehr hervor. Formelhaft: der Mensch versteht sich nicht mehr von einem „objektiven Begriff" seiner selbst, sondern vom eigenen *Begreifen* aller Begriffe her, er wird sich statt Objekt Ursprung seiner Erkenntnis, weiß sich damit – Pico wird diese Konsequenz in der *Oratio* ziehen – als freies, im Grunde alleine noch Gott selbst korrespondierendes Wesen. Eine Umorientierung in diese Richtung kann man bereits bei Cusanus festmachen, der die Erkenntnis der außermenschlichen Ordnungen weitgehend mit einem skeptischen Vorbehalt versieht, den Menschen dafür aber um so mehr von seiner *mens*, seiner aktiven und schöpferischen Geistnatur her versteht. Auch bei Ficino, speziell am Beispiel seiner Erkenntnislehre,

---

[43] Vgl. Heinrich Reinhardt, *Freiheit zu Gott*, Weinheim 1989, 79. Reinhardt geht davon aus, „daß Aussagen über den ‚intellectus' alle übrigen Zentralgedanken der *Conclusiones* implizieren oder fundieren".

haben wir gesehen, daß hier die Subjektivität eine Stellung gewinnt, die fast schon „kantianische" Konnotationen hat. In Picos *Thesen* selbst, bei deren Deutung wir stehen, finden sich entsprechend aussagekräftige, ja zuspitzende Sätze wie etwa die folgenden: „Die Seele erkennt aktual und distinkt nichts außer sich selbst"[44] oder auch: „Unsere Seligkeit (*beatitudo*) besteht *in actu reflexo intellectus*, also in einem sich auf sich beziehenden Akt der Vernunft"[45]. Der erste dieser beiden Sätze, der übrigens die dreizehnte kirchlich beanstandete These ist, enthüllt sich als noch einmal radikaler als die Position Ficinos, der für seinen Teil davon gesprochen hatte, daß die äußeren Gegenstände nur eine „occasio", den Anlaß für die Erkenntnis darstellen, die im übrigen von innen heraus kraft der Teilhabe an der göttlichen Idee geschieht. Hier aber wird nun behauptet, daß alle eigentliche Erkenntnis überhaupt nichts anderes als ein sich selbst erzeugendes, reflexives Wissen, nichts anderes als Selbsterkenntnis ist; die Seele ist, wie es scheint, von der „tabula rasa", dem Spiegel der Welt, der sie bei Aristoteles war, zum Urort des Wissens, zum eigentlichen Lichtpunkt avanciert. Der zweite Satz kombiniert dies mit einer theologischen Abwendung, indem er die Seligkeit aus der eher passiven Genießung (*fruitio*) oder auch unmittelbaren „Visio" Gottes ebenso in das aktive Selbstverhältnis, den reflexiven Selbstvollzug verlegt. Die Seligkeit besteht so der Form nach nicht länger in einer *äußeren* Beziehung auf einen äußeren Gegenstand, und handle es sich gleich um den *absoluten* äußeren Gegenstand, also um Gott; die Seligkeit ist vielmehr „actus reflexus", sich in sich selbst erhaltender Akt der Sinngewißheit, auch wenn dieser sich nur im Angesicht Gottes tatsächlich ereignen kann. Nicht, daß ich „objektiv"

---

[44] Pico, *Conclusiones nongentae. Conclusiones paradoxae numero LXXI. secundum opinionem propriam, nova in philosophia dogmata inducentes*, n. 60: „Nihil intelligit actu et distincte anima nisi se ipsam".

[45] A.a.O. *Conclusiones philosophicae secundum propriam opinionem, numero LXX. quae licet a communi philosophia dissentiant, a communi tamen philosophandi modo non multum aborrent*, n. 74.

„in die Nähe" des Absoluten trete, macht meine Seligkeit aus, sondern daß ich mich in dieser Nähe finde, sie mein eigener Seinsvollzug ist, darin liegt sie begründet. Pico sagt, daß auch Thomas nichts anderes gelehrt habe; dennoch ist im Zusammenhang deutlich, daß es auch hier um eine ganz neu ihrer selbst gewisse Subjektivität geht.

Aber noch einmal zurück zu dem Ausgangspunkt, der Feststellung, daß es in den 900 Thesen schwerpunktmäßig und in allen behandelten Themenkreisen um den menschlichen Intellekt zu tun ist! Pico kennt, auch das erinnert wiederum an Cusanus, eine strikte Trennung von Verstand (*ratio*) und Vernunft (*intellectus*). Der Verstand ist das Vermögen, das es mit Gleichnissen und Bildern (*similitudines et species*) des Seienden zu tun hat, die Vernunft hingegen jenes, das mit dem wahrhaft Seienden selbst befaßt ist. Pico drückt dies auch so aus, daß der Verstand sich den Dingen sozusagen von ihrer Außenseite her nähere; er beginnt bei ihrer zufälligen Seite und versucht von dort aus ihr wahres Sein zu erschließen – das ganze immer unter dem Vorbehalt, daß er auch irren kann. Die Vernunft hingegen bezieht sich auf die innere Einheit des Seienden, das dabei zugleich so erkannt ist, daß hier die akzidentellen Bestimmungen in diese Seinseinheit hineinfallen: sie „in-existieren" ihr. Wir können uns dieses Verhältnis vielleicht an folgendem Beispiel veranschaulichen: wer wirklich den Begriff eines Dreiecks erkennt, erkennt auch, daß dieses Seiende in einer Fülle von konkreten Gestalten dasein kann: als rechtwinkliges Dreieck zum Beispiel oder auch als gleichschenkliges oder auch mit den unterschiedlichsten Seitenlängen und Winkeln. Diese Erscheinungsweisen liegen alle zugleich in der Natur des Dreiecks, sie „inexistieren" ihr oder sie existieren nicht für sich, sondern nur als Ausfaltungen der Natur des Dreiecks. Diese aber ist in der Fülle ihrer Daseinsmöglichkeiten das wahrhaft Seiende und, was für Pico wichtig ist, als das wahrhaft Seiende *auch das wahrhaft Verständliche*. Das hat mehrere Folgen. Zum einen heißt es, daß die Vernunft nicht ein einzelnes gegebenes Dreieck erkennt: „singulare non intelligitur ab intellectu, nec secundum veritatem"[46], wie Pico einerseits sagt; mit einem einzelnen Dreieck als solchen macht sich vielmehr der Verstand zu schaffen, der darum auch zugleich dazu anzuleiten ist, von dieser Einzelheit zu abstrahieren und das Dreieck von seinem Einheitssinn und -sein her zu verstehen. Gleichzeitig aber heißt es andererseits auch, daß das einzelne, jetzt als Moment der Totalität eines intelligiblen Seins gedacht, nur vom Intellekt erkannt werden kann; denn die Vernunfteinsicht in die Natur des Dreiecks ist ja die Voraussetzung dafür, daß wir beispielsweise dieses Dreieck da *als* rechtwinkliges Dreieck erkennen können[47]. Die Vernunft hat so gleichsam den Zugang zu dem „genetischen Code", der die Dinge zu dem macht, was sie sind, und die Einsicht in das wahre Sein eines Seienden ist eigentlich nichts weiter als die Einsicht eben in diesen „Code". Sein ist damit grundsätzlich etwas, was der Vernunft offensteht, worin sie sich findet und selbst bewährt. Pico bringt dies auf die kühne Formel, daß „jede Sache, der Reinheit ihres Seins nach, im Zusammenfall von *intelligens*, *intellectus* und *intellectum*", also von Vernunfttätigkeit, Vernunft und Vernünftigkeit, besteht[48]. Das Sein ist nicht etwas uns Äußerliches und Fremdes, sondern der Bereich, in dem Vernunft sich naturgemäß aufhält und tätig ist; es ist das Reich des Vernunftvollzugs. Genau in dieses Reich aber gehört nach Pico der Mensch, und genau diese Zugehörigkeit unterscheidet ihn auch von allen Kreaturen unter ihm. Die Vernunft, von der Pico spricht, ist, wie man mit Recht gesagt hat, durchaus autonom und weiß sich als solche. Sie ist nicht abhängig von der Sinnlichkeit oder vom Verstand, dem Hin- und Herdenken in Bildern. Die gesamte Natur ist am Ende ihrerseits nur ein Symbol für das Vernunftreich; die Vernunft selbst ist im Urbildlichen zu Hause.

---

[46] A.a.O. n. 5.
[47] Vgl. a.a.O. n. 6.
[48] A.a.O. n. 8.

Giovanni Pico della Mirandola

Aussagen wie diese, die man in einer Durchmusterung der Thesen Picos auch noch näher belegen kann, enthalten bereits eine deutliche Stellungnahme zu der Frage, die uns im Zusammenhang mit Pico an erster Stelle beschäftigen muß: der Frage nach der *Sonderstellung, der Würde des Menschen*. Das Thema, so sehr es gerade in der italienischen Renaissance wieder auf der Tagesordnung erschien und auch hauptsächlich von ihr aus dort seinen Platz behalten hat, ist an sich durchaus alt, es geht auf die stoische Philosophie, dann auch auf die Patristik, die Lehren der Kirchenväter, zurück. Der erste Beleg für den heute so gängigen Ausdruck findet sich so auch im 2. Jahrhundert n. Chr. bei einem Theologen, bei Theophilos von Antiochien[49]; später hat sie dann der „christliche Cicero", Laktanz (ca. 250–325, nach 317 Erzieher Konstantins in Trier), in seiner Schrift „De opificio Dei" in Blick, die um 303/04 entstanden ist und einen Preis des Menschen seiner leiblichen Beschaffenheit wie auch seinem Vernunftbesitz nach enthält; aber auch andere Größen der Theologie wie Papst Leo d.Gr. (Pontifikat 440–461) sind für die Ausformung der dann spezifisch europäischen Dignitas-Lehre wichtig. Gerade die Schrift des Laktanz wurde von den Humanisten Italiens gern und viel gelesen und hat dabei auch in den Zeugnissen des Humanismus selbst zum Thema ihren Niederschlag gefunden. Von eben diesen humanistischen Schriften zum Thema „Würde" nennen wir hier nur die beiden wohl bekanntesten: zum einen den Traktat *De excellentia ac praestantia hominis* von Bartolomeo Fazio (ca. 1400–1457), dem Humanisten und Diplomaten, der seit 1444 in Diensten Alfons' V. von Aragon (1396–1458) in Neapel stand, welcher in der Hauptsache theologisch argumentiert und die Würde des Menschen in die Unsterblichkeit seiner Seele setzt; dann aber die Schrift *De dignitate et excellentia hominis* des Floren-

---

[49] Theophilos, *Ad Autolycum* 2, 18, wo in Ableitung aus der Gottebenbildlichkeit des Menschen vom ἀξίωμα τοῦ ἀνθρώπου die Rede ist.

tiner Humanisten Giannozzo Manetti (1396–1459)[50], die 1452 im Auftrag Alfonsos als Antwort auf Fazios einige Jahre zuvor verfaßtes Werk erschien und die Würde des Menschen vor allem in seine aktiven und schöpferischen Potenzen legt. Die anderen Aspekte, schon die körperliche Vollkommenheit des Menschen wie auch seine Unsterblichkeit, werden bei Manetti nicht geleugnet, sondern ebenfalls ausführlich gewürdigt; das erste Buch seiner Schrift enthält beispielsweise ausführliche Laktanz-Zitate, der neben Cicero zu den Hauptgewährsleuten einer Sonderstellung des Menschen im Kosmos zählt. Dennoch hebt Manetti dann auf einen Gedanken ab, der in dieser Form und Wertigkeit neu ist und doch wohl auch für das Bewußtsein des italienischen 15. Jahrhunderts spricht: der Mensch ist das eigentlich „kulturschaffende" Wesen, er wohnt in einer Welt, die nicht von Natur aus schon da ist, sondern die er selbst erst erbaut. Wir zitieren dazu einen Abschnitt aus dem dritten Buch von Manettis Traktat: „Folgendes ist unser, ... weil es offensichtlich von Menschen hervorgebracht worden ist: Alle Häuser, alle großen und kleinen Städte, überhaupt alle Gebäude des Erdkreises, die ja in so großer Zahl und Qualität vorhanden sind, daß man wegen ihrer ungeheuren Pracht mit Recht zu dem Urteil gelangen müßte, sie seien eher das Werk von Engeln als das von Menschen. Unser sind die Bilder, unser die Skulpturen, unser sind die Künste, unser die Wissenschaften, unser ist ... die Weisheit; unser sind schließlich sämtliche Erfindungen..., unser sind alle Formen der verschiedenen Sprachen und Schriften, deren unerläßlichen Nutzen zu bewundern und zu bestaunen wir umso mehr genötigt werden, je intensiver wir darüber nachdenken. ...

---

[50] Manetti gehörte übrigens wie Pico zu den des Hebräischen mächtigen Autoren der Zeit; er brachte eine eigene Übersetzung der Psalmen heraus. Griechisch hat er bei dem gelehrten Camaldulenser Ambrogio Traversari (1386–1439), das Hebräische bei Florentiner Juden, insbesondere bei Immanuel Abraham di San Miniato erlernt; sein Leben hat Vespasiano da Bisticci (1421–1498), der berühmte Florentiner Buchhändler und Freund Ficinos, beschrieben.

GIOVANNI PICO DELLA MIRANDOLA

Unser sind schließlich alle Maschinen, die der erstaunliche, ja fast unglaubliche Scharfsinn des menschlichen oder eher göttlichen Verstandes mit einzigartiger Tatkraft und überragendem Erfindungsreichtum ins Werk zu setzen zu bauen begann"[51]. Die Welt, sagt Manetti, ist durch den Menschen „viel schöner, viel prächtiger und weitaus feiner" geworden, als er sie von Gott empfangen hat – deutlicher kann man den „Kulturstolz" und das Selbstwertgefühl des Menschen, das hier alle mittelalterliche Rede von der (der *dignitas* entgegengesetzten) *miseria hominis*, dem menschlichen Elend, wie auch alle Empfehlung des *contemptus mundi*, der Weltverachtung, hinter sich läßt, kaum in Worte fassen, prägnanter auch die Triebkräfte der Renaissance kaum zusammenfassen. Manetti steigert sich zuletzt zu dem Ausruf, daß „unser" auch das Firmament und die Gestirne sind[52], was bei aller theologischen, insbesondere auch christologischen Begründung doch bereits eindeutig auf eine „Anthropozentrik" weist, die zuletzt auch ein Motiv der Aufklärung wird.

Giovanni Pico nun hat zu eben diesem Thema, der Frage nach der „dignitas hominis", der Würde des Menschen, seinerseits einen Beitrag geliefert, einen Beitrag, der in seiner philosophischen Zuspitzung Manetti dann noch einmal übertrifft. Mit vollem Recht hat Jacob Burckhardt dieses Zeugnis eines neuen menschlichen Selbstbegriffs „eines der edelsten Vermächtnisse jener Kulturepoche"[53], also der Renaissance, genannt, ja man wird sagen können, daß es sich darüber hinaus um eines der „edelsten Vermächtnisse" des italienischen Denkens überhaupt handelt. Es geht bei diesem Vermächtnis um eine Rede: eine Rede freilich, die niemals gehalten wurde – denn der bereits erwähnte Philosophenkongreß, den Pico 1487 gerade mit ihr hat eröffnen wollen, kam nicht zustande.

---

[51] Gianozzo Manetti, *Über die Würde und Erhabenheit des Menschen*, hg. und eingeleitet von A. Buck, Hamburg 1990, 77.

[52] A.a.O., 81.

[53] Jacob Burckhardt, *Die Kultur der Renaissance in Italien*, Herrsching 1981, 387.

Der Text heißt bei Pico schlicht *Oratio*, also Rede, ist aber unter dem Titel *Oratio de hominis dignitate* berühmt geworden, nachdem Picos schon erwähnter Neffe Gian Francesco sie aus dem Nachlaß des Oheims publiziert hat. Die *Oratio* besteht aus drei Teilen, deren erster die Frage nach dem am meisten Bewunderswerten auf dieser Erde („in hac quasi mundana scaena") stellt und deren zweiter ein Lob auf die Philosophie und zugleich eine Anweisung zu ihrem rechten Gebrauch ist; im dritten Teil rechtfertigt Pico dann, teilweise in Überschneidung mit den Argumenten, die er auch in der *Apologie* seiner *Conclusiones* vorgetragen hat, die Tatsache, daß er sich als so junger Mann ein so hochgestecktes Ziel wie den römischen „Weltkongreß" über 900 alles umfassende Thesen gesteckt hat. Schauen wir uns den Inhalt ein wenig genauer an!

Die beiden ersten Teile der *Oratio* hängen in der Sache zusammen, denn die Antwort auf die Eingangsfrage lautet im ersten Teil: das am meisten und mehr noch als die Engel Bewundernswerte ist das Freiheitswesen Mensch; der zweite Teil erklärt dann, wie der Mensch diese Freiheit zu gebrauchen hat – philosophierend nämlich und im Sinne der Selbstvervollkommnung wie auch zum Gewinn jenes inneren Friedens, der in letzter Instanz in einer Gottanähnlichung, einem Einswerden mit Gott besteht. Diese Vorbemerkung soll uns auch davor warnen, den ungleich viel besser bekannten und in der Tat spektakulären ersten Teil der *Oratio* vom zweiten abzutrennen; tut man dies, gelangt man zu einem zwar existentiell unbedingt ansprechenden Bild vom Menschen als Freiheitswesen, übersieht jedoch, daß Pico die Freiheit des Menschen nicht nur als negative Freiheit, als Freiheit *von* ontologischer Bindung, sondern ebenso als Freiheit *zu* etwas, als qualifizierte Freiheit versteht, die sich eigentlich erst in der Philosophie vollendet.

Pico beginnt, wie gesagt, mit der (auch für Manetti in diesem Sinne zu beantwortenden) These, daß nichts in der Welt eine gleiche Bewunderung verdiene wie der Mensch. Warum dies so sei, begründet er alsbald mit einer Nacherzählung der

Schöpfung „nach Mose und Timaios", also nach der Bibel und Platon, in der wir zunächst erfahren, daß Gott, nachdem er die Weltschöpfung schon vollendet, alle seine Schöpfungsgedanken bereits realisiert hatte, noch den Wunsch hatte, in diese Schöpfung hinein ein Wesen zu setzen, das die Beschaffenheit, Schönheit und Größe des göttlichen Wunderwerks auch zu erwägen, zu lieben und zu bewundern in der Lage wäre. Gott wollte einen „contemplator universi", einen Betrachter des Universums schaffen, der als solcher in diesem Universum an sich eigentlich überflüssig sein mußte und ihm nichts mehr hinzufügte – es heißt deshalb bei Pico ausdrücklich, daß es keinen „archetypus", keinen Grundgedanken der Schöpfung mehr gab, der nicht schon irgendwo in die Existenz getreten war. Der Mensch – denn um diesen handelt es sich bei dem neuen „interpres naturae", dem denkenden Betrachter der Natur – mußte deshalb ein Wesen sein, das keine bestimmte Eigenschaft sein eigen nannte, das nicht einfach einem bestimmten Naturgesetz folgte, sondern aus dem Naturzusammenhang insgesamt sozusagen gleichsam emanzipiert war. Gott redet bei Pico den Menschen, den er in die Mitte der Welt („in mundi ... meditullio") stellt, so denn auch mit folgenden Worten an: „Keinen bestimmten Platz habe ich dir zugewiesen, auch keine bestimmte äußere Erscheinung und auch nicht irgendeine besondere Gabe habe ich dir verliehen, Adam, damit du den Platz, das Aussehen und alle die Gaben, die du dir selber wünschst, nach deinem eigenen Willen und Entschluß erhalten und besitzen kannst. Die fest umrissene Natur der übrigen Geschöpfe entfaltet sich nur innerhalb der von mir vorgeschriebenen Gesetze. Du wirst von allen Einschränkungen frei nach deinem eigenen freien Willen (*tuo arbitrio*), dem ich dich überlassen habe, dir selbst deine Natur bestimmen. Als Mitte der Welt habe ich dich gesetzt, damit du von da aus bequemer alles ringsum betrachten kannst, was es auf der Welt gibt. Weder als einen Himmlischen noch als einen Irdischen habe ich dich geschaffen und weder sterblich noch unsterblich dich gemacht, damit du wie ein Former und

Bildner deiner selbst nach eigenen Belieben und aus eigener Macht („tui ipsius quasi arbitrarius honorariusque plastes et fictor") zu der Gestalt dich ausbilden kannst, die du bevorzugst. Du kannst nach unten hin ins Tierische entarten, du kannst aus eigenem Willen wiedergeboren werden nach oben in das Göttliche"[54]. Der Mensch ist so der wahrhaft und schon ursprünglich Freigelassene der Schöpfung, das einzige Wesen, wie gesagt, dessen Bahn nicht vorgezeichnet ist, er ist das „nicht festgestellte Tier", wie Nietzsche gesagt hat, ein Wesen, das Pico deshalb auch ein „Chamäleon" nennt, das in der Tat als Pflanze, als Tier, als Engel oder in Einung mit Gott existieren kann. „Wir sind geboren worden unter der Bedingung, daß wir das sein sollen, was wir sein wollen – hac nati sumus condicione, ut id simus, quod esse volumus": ein ungeheurer Satz, den man in der gesamten Philosophiegeschichte vor Pico vergeblich sucht und der in der Philosophiegeschichte seinem ganzen Gewicht nach erst wieder von Kant, Fichte und Hegel eingeholt werden wird, ein Satz, der das ganze anarchische Potential, das mit dem Menschen in die Welt gekommen ist, benennt und seine Würde gerade in dieser Negativität und Uneinholbarkeit festmacht. Der Mensch ist bei Pico definitiv das Wesen, das nicht „etwas", sondern freier Selbstvollzug und darin absolute Subjektivität ist. Noch einmal Pico: „Oh welche übergroße Freigebigkeit des Vaters, welch übergroßes und bewundernswertes Glück des Menschen, dem gegeben ist zu haben, was er wünscht, und zu sein, was er zu sein verlangt. Die Tiere bringen bei ihrer Geburt aus dem Mutterleib (so sagt Lucilius) alles mit sich, was sie besitzen werden. Die höchsten Geister sind entweder von Beginn an oder bald darauf gewesen, was sie von Ewigkeit zu Ewigkeit sein werden. Dem Menschen hat bei der Geburt der Vater Samen jedweder Art und Keime zu jeder Form von Leben mitgegeben. Die, die jeder pflegt, werden sich entwickeln und ihre Früchte an

---

[54] Pico, *Oratio*, hier im wesentlichen zitiert nach der Übersetzung von Gerd von der Gönna, Stuttgart 1997, 9.

ihm tragen: Sind sie pflanzlicher Natur, wird es zur Pflanze werden. Sind es Keime der Sinnlichkeit, so wird er zum Tier werden. Sind es Keime der Vernunft, so wird er zum himmlischen Lebewesen werden. Sind es Keime des Geistes, wird er ein Engel sein und Gottes Kind. Und wenn er unzufrieden ist mit jedem Lose der Geschöpfe und sich zurückzieht in den Mittelpunkt des eigenen einheitlichen Wesens, wird er mit Gott zu einem Geist vereint im einsamen Dunkel des Vaters, der über alle Dinge gestellt ist, alle Geschöpfe übertreffen"[55].

Die ganz singuläre *Gabe*, die der Mensch so von seinem Schöpfer erhalten hat, ist aber auch eine *Aufgabe*. Wir sollen, sagt Pico, mit einem gewissermaßen heiligen Streben („sacra quaedam ambitio") darum bemüht sein, mit Mittelmäßigem nicht zufrieden zu sein, sondern die größtmögliche Seinsfülle zu erreichen. Eben dabei nun leistet die *Philosophie* uns die entscheidende Hilfe, die schon in der Dreigliedrigkeit ihrer Disziplinen – Moralphilosophie, Dialektik und Naturphilosophie – die überirdische Ordnung der Engelschöre (Throne, Cherubim und Seraphim) abbildet. Pico verschmilzt hier vieles, seinem Ursprung nach sehr unterschiedliches Gedankengut: biblisches, areopagitisches, kabbalistisches, hermetisches und natürlich auch philosophisches, aber die praktische Nutzanwendung wird doch klar: die Moralphilosophie reinigt uns von all dem, was nach unten strebt, von der Sinnlichkeit und den vielfältigen äußeren Begierden ebenso wie vom Unmaß der Affekte. Die Dialektik sodann klärt unser Denken und erhebt es auf die Stufe der Vernunft, sie vermittelt uns die „illuminatio", die wahrhafte Erleuchtung. Die dritte Stufe schließlich ist die eigentlich theoretische Erkenntnis, die in der Einsicht in die göttlichen Dinge gipfelt, bis wir zuletzt zur mystischen ἐποπτεία, zur „inspectio" der göttlichen Seinsfülle gelangen. Diese letztere ist das eigentliche Telos des Menschseins, und die Philosophie bietet auf dem Weg zu ihm mit der Moral und der Dialektik nur die „februales artes",

---

[55] A.a.O. 9f.

das heißt Reinigungsmittel, die uns auf den Durchbruch zu den letzten Geheimnissen vorbereiten. Pico spricht für diesen Durchbruch in Anspielung auf den „göttlichen Wahnsinn" in Platons *Phaidros* von den „Socratici furores", dem entrückten und verzückten *excessus mentis*, in dem, wie Pico schreibt, Bacchus uns „an den sichtbaren Zeichen der Natur ... die unsichtbaren Geheimnisse Gottes zeigen und uns daran trunken machen wird", bis wir, „erfüllt vom Geist der Gottheit nicht mehr wir selbst, sondern der sein werden, der uns geschaffen hat"[56]. Das alles aber ist dann der Grund, weshalb Pico sich der Philosophie verschrieben und auch den Kongreß einberufen hat, und zwar auch auf die Gefahr hin, daß dies als Eitelkeit mißverstanden werden könnte oder tatsächlich mehr von großem Willen als von großem Vermögen geleitet wäre. Pico erwähnt dabei übrigens auch, daß er als erster seit vielen Jahrhunderten die Platoniker wieder einbezogen habe, jene Schule also, deren besonderes Kennzeichen die Ausrichtung auf das Göttliche (τὸ θεῖον) sei. Er erwähnt außerdem, daß er dies in dem Bewußtsein getan habe, daß zwischen Platon und Aristoteles eben kein Gegensatz in der Sache bestehe, wovon wir im Zusammenhang der Thesen bereits gesprochen haben. Bemerkenswert ist dann noch, auch in Erinnerung an Plethon, daß Pico ankündigt, eine „poetische Theologie" verfassen zu wollen, die etwa den im Homer verborgenen Weisheiten nachgehen soll.

Die abschließenden Passagen der *Oratio*, in denen Pico zum Beispiel sein Eingehen auf Kabbala und natürliche Magie rechtfertigt, sind unter anderem noch einmal Belege einer stupenden Belesenheit, die es Pico, wie er selbst sagt, auch gestattet, Themen zu formulieren, die bei seinen Gegnern unbekannt und unerprobt sind. Mit der „natürlichen Magie", die noch einmal „heiliger ist als die Philosophie"[57], ist dabei niemals ein „okkultes" oder auf andere Weise angemaßtes

---

[56] A.a.O. 29f.
[57] A.a.O. 61.

Wissen, sondern die praktische Herrschaft über die Elemente der Welt, wie sie dem erleuchteten Menschen durchaus zusteht, gemeint. Der „Magus" repräsentiert in gewisser Weise gerade nicht den Kryptiker, sondern den am meisten aufgeklärten, den freiesten Menschen, als den Pico sich am Ende auch selber darzustellen versteht. „Ich wollte", sagt Pico trotz aller Versicherung seiner Bescheidenheit, „mit diesem Kongreß nicht den Beweis erbringen, daß ich vieles weiß, sondern den, daß ich weiß, was viele nicht wissen"[58]. Die Philosophie selbst, sagt Pico weiter, erlaube es ihm, nicht so sehr darauf zu achten, von andern gut beurteilt zu werden als vielmehr darauf, selbst nichts Schlechtes zu sagen oder zu tun. Man kann es nur bedauern, daß der säkulare Disput der Weltweisen, der nicht nur Picos Wissen hätte auf die Probe stellen, sondern auch das geistige Profil der Zeit hätte manifestieren können, an den bereits genannten Umständen zuletzt gescheitert ist.

Pico hat über die bereits erwähnten Schriften hinaus noch einige andere hinterlassen, die wenigstens kurz erwähnt seien. Da ist zum einen ein italienischer *Kommentar über ein Liebeslied* (canzone d'amore) eines Freundes von Pico, Girolamo Benivieni, ein Buch, mit dem Pico an das uns von Ficino her bereits vertraute Thema von der Liebe als kosmogonischer Macht anschließt; der Mensch schließt sich in ihr, angeleitet von ihrer Mutter, der Schönheit, mit den verschiedenen „Kreisen", in denen bis hinauf zu Gott die Liebe existiert, mit dem Leben der Welt zusammen. Gedanken dieser Schrift von 1486 sind später in den *Heptaplus*, einen mystisch-allegorischen Kommentar zum Schöpfungsbericht der Genesis, der 1489 entstand, eingeflossen[59]. Auch der *Heptaplus* belehrt uns über die Sonderstellung des Menschen, jetzt sozusagen von der Seite der Dinge oder des Kosmos her: es gibt nach Pico

---

[58] A.a.O. 77.
[59] Der Titel lautet vollständig: *Heptaplus, de septiformi sex dierum geneseos enarratione*, was bedeutet: „Heptaplus oder über die siebenfache Erzählung des Sechstagewerks".

drei Welten – die Welt Gottes und der Engel, also die rein intelligible Welt; dann die Himmelswelt, d.h. die sichtbare Welt vom Empyräum bis zum Mond; schließlich die Welt der vergänglichen Dinge und Elemente „unter dem Mond". Der Mensch selbst gehört nicht dieser dritten Welt an, auch wenn er sich in ihr aufhält; er bildet vielmehr eine Welt für sich, die potentiell alle anderen Welten in sich darstellen kann: Es heißt hier vom Menschen etwa: „hominis substantia ... omnium in se naturarum substantias et totius universitatis plenitudinem re ipsa complectitur"[60]; der Mensch ist in diesem Sinne der Mikrokosmos, aber auch, wiederum der Möglichkeit nach, das vollendete Ebenbild Gottes, der Repräsentant des Schöpfers in der sublunaren Welt: er ist, wie Pico sagen kann, die „statua" Gottes, das Standbild, das der Stadtgründer oder Herrscher in der von ihm erbauten Stadt zur Vergegenwärtigung seiner selbst zurückläßt. Der Mensch ist als *Medium* dann auch alle Dinge, so wie Gott sie als *Prinzip* alle umfaßt; das Urbild des Menschen ist so Jesus Christus, die zweite Person der Trinität oder der menschgewordene Gott, durch den Gott alle Dinge erschaffen hat – Spekulationen dieser Art waren wiederum durch Cusanus, insbesondere durch das dritte Buch von *De docta ignorantia*, vorbereitet.

Schließlich muß noch die Abhandlung *De ente et uno* von 1492 erwähnt werden, die man durchaus für den reinsten philosophischen Text aus Picos Feder halten kann. Auch diese Schrift, an Poliziano adressiert, gehört dem Programm einer „Versöhnung" von Platon und Aristoteles an; man kann, wenn auch gewiß etwas grob, die beiden im Titel genannten Stichworte auf die beiden Protagonisten der antiken Philosophie beziehen, Platon auf die Einheits-, Aristoteles auf die Seinsfrage. Pico beschäftigt sich hier zunächst mit der Frage der „Konvertibilität", der Austauschbarkeit von Sein und Einheit, die er bei beiden, bei Platon wie auch bei Aristoteles, zuletzt bejaht sieht. Die letzte Antwort auf diese Frage

---

[60] Pico, *Heptaplus* V, 6.

enthält die Theologie, die Lehre von Gott als dem absolut *Einen*, das doch zugleich, wie Pico sagt, „auf eminenteste und vollkommenste Weise alles" ist[61]. In Gott fallen dabei freilich nicht einfach alle Dinge, alle möglichen Prädikationen, sondern alle *Perfektionen*, alle Vollkommenheiten zusammen. Wenn Gott das Eine ist, das zugleich alles ist, heißt dies nicht etwa, daß er die Summe aller endlichen Wesen wäre. Gott ist alles „ablata omnium imperfectione", nach Aufhebung aller Unvollkommenheit, denn er ist reines Sein, reines Leben und reines Erkennen selbst. Gott ist *unendliche* Einheit, ein Eines, das nicht aus vielen Attributen besteht, sondern ihnen allen vorausliegt. Es ergibt sich ein Gottesbegriff, der in gewisser Weise transzendent und immanent zugleich ist. Gott ist die „fontalis unitas" aller Dinge, die Quell- und Ursprungseinheit alles Seienden, das, wie gesagt, nicht einfach „additiv" im Rückschluß schon Gott ergibt. Dieser reinen Ursprünglichkeit seines unendlichen Sein- und Einsseins nach ist Gott das einzige wahrhaft „von sich aus seiende" Wesen: „Tale autem est Deus, qui est totius esse plenitudo, qui solus a se est, et a quo solo, nullo intercedente medio, ad esse omnia processerunt"[62]. Gott bleibt dieser absoluten Vollkommenheit nach auch nach Pico wie für die negativen Theologen der Tradition in seiner eigenen „caligo", seiner Dunkelheit verborgen. Anders als für Cusanus besteht jedoch keine *absolute* Trennwand oder „Mauer" zwischen Gott und unserer Bilder- und Vermutungswelt; Gott ist vielmehr in der letzteren vorhanden, da alles, was die Dinge an Seiendheit, Wahrheit, Einheit und Güte besitzen, einzig von ihm kommt und an ihm teilhat. Insofern steht Pico auf halbem Wege zwischen dem Kusaner und dem Nolaner, das heißt Giordano Bruno, der Gott und Welt, wie wir noch sehen werden, aufs engste zusammenrük-

---

[61] Pico, *De ente et uno*, c. 5 : „Deus omnia est et eminentissime atque perfetissime est omnia".
[62] A.a.O. c. 4: „Ein solcher aber ist Gott, der die Fülle des Seins ist, der alleine von sich aus ist und von dem alleine, ohne alle weitere Vermittlung, alles ins sein getreten ist".

ken wird. Cusanisch ist dagegen die Erkenntnislehre Picos, die auch in *De ente et uno* noch einmal zur Sprache kommt: hier in Form der Vierfachheit, eben von der Sinnlichkeit über den Verstand und die Vernunft bis hinauf zur mystischen Vereinigung mit der „natura unialis" Gottes – Pico spricht hier ausdrücklich von der „lux ignorantiae" und der „divini splendoris caligo", dem Nichtwissens-Licht und der „Dunkelheit des göttlichen Glanzes"[63]. Man hat in der Literatur davon gesprochen[64], daß der entsprechende (scheinbar) mystische Einschlag bei Pico seinem anderweitigen „Rationalismus", insbesondere etwa seiner Freiheitsanthropologie, widerspreche. Vielleicht verhält es sich jedoch gerade umgekehrt: erst der Bezug auf die absolute Transzendenz gestattet es, den Menschen als *transzendierendes* Wesen, als Wesen in der Schwebe über der Dinglichkeit zu verstehen; erst die theoretische Unabschließbarkeit des philosophischen Systems erlaubt es, den Menschen als das in sich niemals abgeschlossene und fertige Wesen zu denken. Und noch einmal gilt: man tut gut daran, die Denker der Renaissance nicht an einem platten und planen Rationalitätsideal zu messen, das erst Jahrhunderte später von einer faktisch verständig vermessenen Welt her zur Durchsetzung gelangt ist. Man tut auch deshalb gut daran, weil man sonst die Quellen, aus denen diese Denker dachten und aus denen sich zuletzt auch unser Begriff von Rationalität speist, verschüttet. In letzter Instanz aber geht es darum, sich um die Durchbrechung der Horizonte, für welche Pico steht, nicht selber zu bringen.

---

[63] Vgl. a.a.O. c. 5.
[64] Vgl. Saitta a.a.O. 612.

LITERATUR:

Eugenio Garin, *G.P. della Mirandola*, Parma 1963.
ders., „Der Philosoph und der Magier", in: ders., *Der Mensch der Renaissance*, Frankfurt/Main 1990, 175–214.
Grafton, Anthony, „Philologie, Astrologie und Prisca Sapientia bei Pico della Mirandola", in: Ulrich Raulff/Gary Smith (edd.), *Wissensbilder. Strategien der Überlieferung*, Berlin 1999, 95–116.
Paul Oskar Kristeller, *L'opera e il pensiero di G.P. della Mirandola nella storia dell'Umanesimo*, Florenz 1965.
Engelbert Monnerjahn, *Giovanni Pico della Mirandola. Ein Beitrag zur philosophischen Theologie des italienischen Humanismus*, Wiesbaden 1960.
Heinrich Reinhardt, *Freiheit zu Gott. Der Grundgedanke des Systematikers G. P. della Mirandola*, Weinheim 1989.

Zweite Abteilung:

Paduaner Aristoteliker

Die Florentiner Renaissance ist für die Philosophie – dies kann man trotz aller Differenzierungen, die hier im einzelnen durchaus am Platze sind, in jedem Fall sagen – nicht an letzter Stelle eine Wiederentdeckung Platons gewesen, eine Neuaneignung der Philosophie des Denkers *par excellence*, die durchaus außerhalb des von der mittelalterlichen Platonrezeption her zu Erwartenden lag. Freilich hat das neue Denken, wie uns zuletzt am Beispiel Picos deutlich geworden sein sollte, auch kraftvolle originäre Impulse gezeitigt, und wenn wir von einem Florentiner „Neoplatonismus" sprechen, ist damit nicht gesagt, daß hier einfachhin und in jeder Hinsicht auf die authentischen Worte eines großen Meisters geschworen wurde. Gesagt ist damit allerdings, daß bestimmte originär platonische Themen – so die Einheitsspekulation, so überhaupt die transzendente Richtung des Denkens, so aber auch die emphatische Betonung der Unsterblichkeit der Seele und ihres Vermögens, sich in Kraft des Eros über den *status quo* hinaus zu erheben – hier bestimmend werden und auch die Rezeption anderer Philosophen und Philosophien bestimmen. Platon wurde auf diesem Wege Geburtshelfer einer neuen Lehre vom Selbst, vom Selbststand des Menschen zwischen Vergänglichkeit und wahrer, intelligibler Welt, von einer Freiheit, die sich selbst ergreift und die zumindest mit einem Fuß dann nicht unbedingt mehr auf dieser Erde, sondern schon jetzt auf ganz anderen Höhen wandelt.

So sehr freilich gerade diese neuen Impulse das geistige Profil der Epoche bestimmen mögen, so sehr gerade sie beispielsweise mit der Kunst in Wechselbeziehung stehen, so sehr sind sie doch keineswegs schon einfach der alles beherrschende Zug der Zeit. Es geht dabei nicht nur darum, daß die relativ elitären Zirkel in Florenz wie auch die Riege der Humanisten nicht etwa schon mit einem Schlage die Beharrungskräfte der Tradition, also der scholastischen Philosophie und Theologie wie dabei insbesondere des Aristotelismus zu brechen vermocht hätten. Es geht vielmehr, und das macht die Sache in besonderer Weise interessant, auch darum, daß manche epochalen Neuerungen, manche philosophischen Durchbrüche gar nicht in der Linie der Akademie, sondern in der produktiven Fortschreibung gerade der aristotelischen Schulphilosophie und ihres Umfelds erzielt worden sind. Man rechnet zu den Signaturen jenes Epochenbruchs, den wir in das italienische Quattro- oder Cinquecento legen, bekanntlich mit an erster Stelle die Wende zum kopernikanischen Weltbild, und wir haben am Beispiel des Kusaners bereits gesehen, daß eine platonisch inspirierte kosmologische Reflexion durchaus in dieser Richtung zu erstaunlichen Thesen führen konnte. Der Urheber des kopernikanischen Weltbildes jedoch, Nikolaus Kopernikus aus Thorn (1473–1543), hat zwar in der Tat acht Jahre in Italien studiert; dies nun aber gerade nicht in Florenz, sondern in Bologna und Ferrara, d.h. in einem Milieu, das zwar nicht zuletzt auch für die hermetischen Strömungen offen war[65], das aber in der Hauptsache jener zweiten Hauptrichtung in der Renaissance-Philosophie angehörte, mit der wir uns nunmehr beschäftigen wollen: dem sogenannten Paduaner Aristotelismus, so genannt nach der alten Hohen Schule in der Stadt des Heiligen Antonius, die, 1222 gegründet, zwar in der Tat nicht der einzige Sitz des „säkularen" und naturphilosophisch gerichteten Aristotelismus gewesen ist, von dem jetzt zu reden ist, aber doch insgesamt dessen wichtigstes Zentrum. Dies gilt zumindest für die Zeit, die wir hier

---

[65] Auf diese Tatsache hat nicht zuletzt Paul Feyerabend, *Wider den Methodenzwang*, Frankfurt/Main 1983, 56f. hingewiesen.

betrachten, also die zweite Hälfte des 15. und die erste Hälfte des 16. Jahrhunderts, eine Zeit, die zugleich die der Blüte der Schule von Padua ist.

Paul Oskar Kristeller hat vorgeschlagen, an Stelle des Titels „Paduaner Aristotelismus" lieber den des „Italienischen Aristotelismus" zu setzen und damit der Tatsache Rechnung zu tragen, daß der Aristotelismus, der in Italien seit dem 12./13. Jahrhundert Eingang in den Universitäten fand, hier zugleich eine Sonderentwicklung durchlaufen hat[66]. Der italienische Aristotelismus hatte nämlich, immer *cum grano salis* gesprochen, einen weithin besonders naturalistischen und „weltlichen" Zug; er war so zum Beispiel weniger durch die Theologie als vielmehr durch medizinische Interessen und Fragestellungen geprägt – immer wieder finden wir Ärzte unter den Denkern der Schule. Allerdings darf die Bezeichnung „Italienischer Aristotelismus" dann wiederum nicht darüber hinwegtäuschen, daß es in Italien stets auch im theologischen Sinne orthodoxe Aristoteliker gab, und zwar insbesondere an den theologischen Fakultäten – wir verweisen hier für unsere Epoche nur etwa auf Thomas Cajetan (Jacopo de Vio, 1469–1534), den bedeutendsten Thomisten der Zeit, der im Jahre 1494 in Ferrara übrigens gegen Pico della Mirandola erfolgreich disputiert hat und in Padua darauf hin einen Lehrstuhl erhielt, den er für drei Jahre innehatte. Cajetan, der später zum Kardinal erhoben wurde und als Gegenüber Luthers auch aus der Reformationsgeschichte bekannt ist (Cajetan hat Luther als päpstlicher Legat im Herbst 1518 in Augsburg verhört), hat sich entschieden gegen die in Padua sonst herrschende „averroistische" Aristotelesdeutung ausgesprochen, womit wir vor der Frage der inhaltlichen Eingrenzung des „Paduaner Aristotelismus" stehen. Im 19. Jahrhundert hat der französische Philologe, Orientalist und Publizist Ernest Renan (1823–1892) mit seiner Dissertation

---

[66] Vgl. Paul O. Kristeller, *Acht Philosophen der italienischen Renaissance*, Weinheim 1986, 65.

Paduaner Aristoteliker

Avverroès et l'averroisme (1852) das Bild entstehen lassen, daß im mittelalterlichen Italien Aristoteles vor allem durch die Brille seines arabischen Kommentators Averroes (Ibn Rushd) aus Cordoba (1126–1198) und von daher immer mit heterodoxem Einschlag gelesen worden sei. Daran ist in der Tat so viel richtig, daß seit *Pietro d'Abano (1257–1315)*, der in einem weiten Sinne als „Schulgründer" der Paduaner Richtung gelten kann, die Paduaner oder Italienischen Aristoteliker grundsätzlich am ehesten Averroisten waren. Pietro d'Abano selbst war Philosoph und Arzt und dabei weit gereist; er hatte sich zu Studienzwecken sowohl in Konstantinopel wie auch in Paris aufgehalten und sich schließlich, im Jahre 1307, nahe seiner Geburtsstadt in Padua niedergelassen. Sein Hauptwerk ist der *Conciliator differentiarum philosophorum et praecipue medicorum,* ein Buch, in dem strittige philosophische und medizinische Fragen der Zeit beantwortet werden sollten und das in der Folge recht einflußreich geworden ist. Was aber impliziert das Stichwort „Averroismus" nun näherhin? Versteht man dieses Stichwort im engeren Sinne, so geht es hier primär um einen eng umschriebenen Fragenkreis aus der Lehre vom Intellekt und der Unsterblichkeit der Seele; Averroes behauptet diesbezüglich nämlich die Sterblichkeit der Einzelseele, insoweit sie durch den *intellectus possibilis* oder eine „materielle" Seite bestimmt ist; gleichzeitig aber lehrt er die ewige Existenz des überindividuell-allgemeinen *intellectus agens* als einer Art Weltseele, in die hinein die rationale Individualseele mit dem Tode gleichsam verdampft – ungefähr so, wie wenn man sagt, daß Goethe in seinen Werken oder seinen „unsterblichen Gedanken", die zum Gemeinbesitz der Menschheit geworden sind, weiterlebt. Dieser aktive, lebendige, die Individuen übergreifende Intellekt führt nach Averroes und seiner Aristoteles-Lesart eine von der Sinnlichkeit (aus der ja die Individualität stammt) abgetrennte Existenz; er ist ein *intellectus separatus*, der den sinnlichen Schranken nicht unterliegt und daher auch, wenn man so will, kulturgestaltend tätig sein kann.

Freilich hat man sich in Padua und auch an den anderen italienischen Aristoteles-Forschungsstätten keineswegs nur etwa mit Fragen der Psychologie und Erkenntnislehre beschäftigt, sondern auch andere philosophische Felder bestellt. Die Schule hat von *Paolo Veneto (ca. 1370–1429)* an, der übrigens den Beinamen des „summus Italiae philosophus" erhielt, bis zu *Giacomo Zabarella (1533–1589)*, von dem noch die Rede sein wird, Logiker und Methodologen von Rang hervorgebracht, und sie hat darüber hinaus immer auch die *Naturphilosophie* in besonderer Weise gepflegt – Paolo Veneto beispielsweise hat sich auf der einen Seite in seiner *Logica Magna* ausführlich mit der Frage der semantischen Antinomien beschäftigt, ist aber ebenso für die Entwicklung der physikalischen Impetustheorie von einiger Bedeutung. Andere wenigstens kurz zu nennende Angehörige der Schule wären in der Frühzeit etwa *Biagio Pelacani (Blasius von Parma, ca. 1345–1416)*, eindeutig, so auch in der Unsterblichkeitsfrage, ein Averroist, und *Gaetano da Thiene (1387–1465)*, ein Schüler und Nachfolger Paolo Venetos, durch den in Padua Diskussionen um die Reichweite der Mathematik in der Physik in Gang kommen – ein Thema, das in der Folge, nämlich mit dem Auftreten der quantifizierenden Naturwissenschaft, seine Bedeutung nur noch steigern wird.

Aus der Zeit der Blüte der Schule sind dann insbesondere drei Name zu nennen: *Nicoletto Vernia (1420–1499)*, ein Averroist, der uns als Lehrer Picos bereits begegnet ist und der wegen der Auffassung, eine Unsterblichkeit der auf die Sinne bezogenen (und insoweit „materiellen") Seele lasse sich philosophisch nicht beweisen, 1489 mit der Kirche in Konflikt geraten war; ferner die beiden zu ihrer Zeit ebenfalls recht bekannten Kollegen Pomponazzis *Alessandro Achillini (1463–1512)* und *Agostino Nifo (1473–1538)*, von denen der erste freilich nur zwei Jahre (1506–08) in Padua, sonst aber in Bologna gelehrt hat. Achillini ist ein weiterer Vertreter der Kombination von Philosophie und Medizin; darüber hinaus hat er durch ein Werk über die Planetenbahnen (*De orbibus libri IV)* von 1498 die Diskussion um das ptolemäische Weltbild neu in Gang gebracht – der schon erwähnte Kopernikus hat ohne Zweifel von der neuen Diskussionslage, die er in Oberitalien aus nächster Nähe kennengelernt hat und die wesentlich auf Achillini zurückging, profitiert. Der gebürtige Kalabrese Nifo sodann ist vor allem als ausgesprochen fruchtbarer Aristoteles-Kommentator, jedoch auch als Gegner Pomponazzis in der Unsterblichkeitsfrage hervorgetreten; bereits 1503 hatte er in seiner Schrift *De intellectu et daemonibus* eher platonisierend für die Unsterblichkeitsthese votiert; 1518 tritt er dann mit einer Papst Leo X. gewidmeten Schrift gegen den anderen Vernia-Schüler an. In Sachen der noch keineswegs überlebten Platon-Aristoteles-Kontroverse, die die Gemüter ja auf lange Zeit beschäftigte, folgt er im übrigen der Lösung Bessarions: Platon ist der „optimus divinorum indigator", also der beste aller Erforscher der göttlichen Dinge, der Stagirit aber ganz unbestritten der „summus naturae interpres" bzw. „rimator", der führende aller Naturdenker[67]. Die entsprechende Wertschätzung des Aristoteles für den Bereich der Physik gilt dann noch im Ausgang der Schule, so für *Cesare Cremonini (1550–1631)*, in dessen Gestalt und Wirken der naturphilosophische Aristotelismus mit Galilei, dem Vertreter eines immer eher platonisierenden Florentiner Milieus, mehr aber noch einer neuartigen Metaphysik des Naturgesetzes, in persönlich freundschaftliche Berührung, aber sachliche Kollision geriet.

---

[67] Vgl. Agostino Nifo, *De vera vivendi libertate libri duo*, c. 1, in: Prima pars Opusculorum Magni Augustini Niphi, Venedig 1535, 3–33, loc. cit. 3.

6 Pietro Pomponazzi (1462–1525)

Prometheus vere est philosophus qui, dum vult scire Dei archana, perpetuis curis et cogitationibus roditur, non sitit, non famescit, non dormit, non comedit, non expuit, ab omnibus irridetur, et tanquam stultus et sacrilegus habetur, ab inquisitoribus prosequitur, fit spectaculum vulgi. Haec igitur sunt lucra philosophorum, haec est eorum merces.

Pietro Pomponazzi

Keiner der Paduaner Denker hat nun freilich in der italienischen Philosophie der Renaissance auf so markante Weise Epoche gemacht wie der Mann, mit dem wir uns jetzt beschäftigen wollen: Pietro Pomponazzi (1462–1525) aus Mantua, der Stadt Vergils, der in Padua bei Francesco da Neritone und Nicoletto Vernia Philosophie sowie bei Pietro Rocobonella Medizin studiert hat und von 1488 an dort auch erste philosophische Lehrveranstaltungen abhielt (den medizinischen Doktorgrad erwarb er 1496). 1499 wurde Pomponazzi in Padua der Nachfolger Vernias, was er bis zu der durch kriegerische Ereignisse erzwungenen Schließung der Universität im Jahre 1509 auch blieb. Pomponazzi wechselte jetzt nach Ferrara, dann, von 1511 an, nach Bologna, wo er bis zu seinem Tode die Professur für Ethik und Naturphilosophie innehatte. Pomponazzi hat nach diesen Daten äußerlich ein eher ruhiges Gelehrtenleben geführt, wie auch sein Stil ganz der altbekannte scholastische ist. Er hat, was dazu paßt, auch niemals etwa das Griechische erlernt und sich von allen eigentlich humanistischen, auch synkretistischen Anwandlungen, wie wir sie etwa bei Pico kennengelernt haben, ferngehalten – in der Rolle des Sprachunkundigen werden wir ihn in einem anderen Zusammenhang noch antreffen. Kristeller schreibt jedenfalls, „Pomponazzis Stil" sei „so weit von humanistischer Eleganz entfernt wie nur möglich und stellt ein ziemlich krasses Beispiel scholastischer Terminologie und Argumentation dar, obwohl er von Zeit zu Zeit treffende Formulierungen und beißenden Witz aufbieten kann"[68]. Nur wäre Pomponazzi damit alleine sicher noch kein epochemachender Denker gewesen, und er ist es in der Tat auch aus anderen, aus inhaltlichen Gründen geworden. Pomponazzi wurde sogar für viele zu einer Symbolfigur für den Widerstand des freien Denkens gegen die Denkzwänge kirchlicher Orthodoxie; die folgenden Jahrhunderte haben ihn in diesem Sinne vor allem als einen „Alexandristen" in Erinnerung behalten, was eine Steigerung gegenüber dem Etikett des „Averroisten" bedeutet. Worum genauer geht es?

Der Titel „Alexandrist" schreibt sich von einem Autor her, der in der Überlieferung der aristotelischen Philosophie den Ehrentitel des „Exegeten" (ὁ ἐξηγητής) erhielt: von Alexander von Aphrodisias (2./3. Jahrhundert n. Chr.), dem letzten großen Vertreter der aristotelischen Philosophie in der Antike, der heute nicht zuletzt als Überlieferer von Dokumenten zur „ungeschriebenen Lehre" Platons gegenwärtig ist, dennoch aber auch wegen einiger von ihm vertretener Positionen zu würdigen ist. Alexander wurde zu Beginn des dritten Jahrhunderts nach Athen berufen und hat sich hier als gleichsam letzter Getreuer der reinen aristotelischen Lehre gezeigt, der darum auch in der Abwehr, sei es gegen die Platoniker, sei es gegen die Stoi-

---

[68] Paul O. Kristeller, *Acht Philosophen der italienischen Renaissance*, 67.

ker, stand. Der „Alexandrismus" betrifft dabei die Lehre vom Intellekt und meint die vollständige Leugnung einer natürlichen Unsterblichkeit der Seele, welche vor allem die Platoniker (auch die der Renaissance) vertraten und wie sie späterhin, wie wir gesehen haben, auch von Averroes für den *intellectus agens* als den allgemeinen tätigen Weltgeist noch behauptet wurde. Im Jahre 2001 ist eine ausführliche Darstellung zu Alexander von Paul Moraux erschienen, in der man etwa nachlesen kann, daß Alexanders Psychologie – auch das weist auf die Paduaner Schule voraus – starke Affinitäten zum Denken der Mediziner, insbesondere der Schule Galens, aufweist[69]. Nach Alexander gehört die Seele ganz dem Lebensprozeß an, sie ist gewissermaßen dessen „Exponent", was dann freilich die Frage offenläßt, wie uns eigentliche Vernunfterkenntnis möglich sein soll; denn es ist auch für Alexander klar, daß das Intelligible mit dem Vitalen nicht einfach verrechnet werden kann, das, was „Geist" meint, also nicht naturalistisch aufzulösen ist. Moraux hat gezeigt, daß Alexander das Problem auf zweifache Weise gelöst hat: einmal, in einer früheren Phase, dadurch, daß er eine Einwirkung des Verstandes Gottes auf die reine Disposition zur Erkenntnis, die er in der Seele voraussetzt, annimmt, Gott also der Initiator unserer Gedanken ist; dann aber damit, daß er der Seele zutraut, sich in der Begegnung mit äußerer Vernunft von selbst zur Vernunfteinsicht emporzuarbeiten, ja mit den vernünftigen Formen auf bestimmte Weise eins zu werden und auf diese Weise in einem bestimmten Sinne unsterblich zu sein[70]. Das ist aber keineswegs eine naturgesetzliche Vervollkommnung der Seele, die vielmehr von Natur aus sterblich ist und bleibt; es ist vielmehr ein Privileg der Erkennenden, der Philosophen, Unsterblichkeit sozusagen zu erwerben, indem sie das in sich Unvergängliche denken.

---

[69] Paul Moraux, *Der Aristotelismus bei den Griechen. Von Andronikos bis Alexander von Aphrodisias. Dritter Band: Alexander von Aphrodisias*, Berlin/New York 2001, 356f. Anm. 172.
[70] A.a.O. 386–394.

Paduaner Aristoteliker

Pietro Pomponazzi nun hat diese „alexandristische" Position einer umfassenden, natürlichen Sterblichkeit der Seele übernommen – die Schrift Alexanders *Über die Seele* ist 1481 in lateinischer Übersetzung erschienen und war von daher auch als Text in der Diskussion; ja, er ist eben darum auch in Konflikt mit der Kirche geraten. Seine These ist dabei, wie wir noch etwas genauer sehen werden, nicht etwa schlechthin die, daß die menschliche Seele einfach sterblich sei, sondern die, daß es philosophisch nicht möglich sei, etwas anderes als ihre Sterblichkeit zu behaupten; sollte es jenseits der Philosophie liegende Gründe geben, doch von einer Unsterblichkeit der Seele auszugehen, so bestreite er diese, sagt Pomponazzi, nicht; er nehme vielmehr für sich selber in Anspruch, als Christ ebenfalls von ihr überzeugt zu sein – als *Christ*, aber eben nicht *als Philosoph*, womit wir dann vor einem Beispiel für die wiederum bei den Averroisten früherer Zeiten begegnenden Lehre von der „doppelten Wahrheit" stehen, das heißt vor einer Lehre, die immer einiges Stirnrunzeln hervorgerufen hat und für Pomponazzi dann entweder die Meinung begründet hat, er verwende hier angesichts kirchlichen Drucks eine bloße Schutzbehauptung, oder aber die andere, er habe das Problem letztlich eben nicht bewältigt und ende mit einer denkerisch wenig zufriedenstellenden Lösung. Allerdings haben andere Autoren, so etwa Richard Hönigswald, auch darauf hingewiesen, daß hier letztlich im Sinne der dritten Antinomie Kants ein Gegensatz auftauchen könnte, der in der Tat nicht einfach auf eine simple theoretische Lösung reduziert werden kann: der Gegensatz nämlich nicht nur von Wissen und Glauben, sondern auch von Natur und Naturerkenntnis auf der einen Seite, Freiheit und praktischem Wissen auf der anderen, so daß wir hier dann eben vor jener systematischen Crux stünden, die auch Kant nicht in jeder Hinsicht zu lösen vermocht habe.

Wie dem aber auch sei: zum Stein des öffentlichen Anstoßes wird jedenfalls Pomponazzis *Tractatus de immortalitate animae* von 1516, eine Abhandlung, die unter dem Aspekt der

Unsterblichkeitsfrage in aller Strenge um eine präzise Auslegung der aristotelischen Seelenschrift, von *De anima* also, kreist. Pomponazzi beginnt mit der Nennung des äußeren Anlasses für seine Schrift: er hat eine Rückfrage zu einer Äußerung in einer Vorlesung über die aristotelische Schrift *De caelo* erhalten, in der er behauptet hatte, die Lehre Thomas von Aquins über die Unsterblichkeit der Seele sei zwar auch seine Meinung, sie sei jedoch aus Aristoteles selbst nicht herleitbar. Man muß sich die durchaus gegebene Brisanz der Lage vergegenwärtigen: im Dezember 1513 hatte das fünfte Laterankonzil die averroistischen und alexandristischen Positionen in der Unsterblichkeitsfrage scharf verurteilt – das war so ganz selbstverständlich nicht, denn auch prominente mittelalterliche Autoren wie Duns Scotus hatten die Überzeugung vertreten, daß es in dieser Frage zumindest keinen eindeutigen Vernunftbeweis zugunsten der Immortalität geben könne. Aristoteles, den Pomponazzi seiner Stellungnahme zugrundelegt, ist zugleich die höchste philosophische Autorität für das katholische Lehrsystem, so daß hier, trotz der Beteuerung Pomponazzis, persönlich jedenfalls auf der richtigen Seite zu stehen, doch ein Angriff auf die herrschende Lehre gewittert werden konnte – selbst dann, wenn Pomponazzi nur den aristotelischen Gedankengang als solchen auslegen will. Wir beschäftigen uns mit dieser Schrift indes nicht nur wegen eines historisch aufgetretenen Streits: sie ist auch unabhängig davon als ein Beitrag zur Frage nach der Stellung des Menschen im Kosmos, zur Anthropologie zu lesen, wobei wir eben sofort ganz andere als die Florentiner Züge gewahren: wir begegnen hier dem Menschen im Aspekt der „principia naturalia", dem Menschen als Naturwesen, nicht dagegen als jenem absoluten Grenzfall der Philosophie, als den ihn uns schon etwa Pico gezeigt hatte.

Interessanterweise greift Pomponazzi im ersten Kapitel seines *Tractatus* dennoch einen Gedanken auf, den gerade auch die Platoniker der Renaissancezeit vertreten haben: den Gedanken von der Mittelstellung des Menschen zwischen Sterblichem und Unsterblichem, von seiner „natura anceps"[71]. Es ist eine deutliche Anspielung auf Pico, dessen Werke Pomponazzi gut kannte, wenn es zum Beispiel heißt, daß der Mensch infolge dieser Zwischenstellung auch das Vermögen habe, jeweils die Natur anzunehmen, zu der er sich willentlich hinwendet, wobei Pomponazzi drei Naturen zur Auswahl nennt: eine göttliche für diejenigen, die „quasi toti rationales effecti sunt", also fast ganz und gar vernünftig geworden sind (was aber nur ganz wenigen gelingen wollte), eine tierische am anderen Ende und dazwischen die eigentlich menschliche, in der alles mit Maß und Tugend zugeht. Es zeigt sich indes sogleich, daß die Bewertung der „Mittelstellung" des Menschen durch den Aristoteliker zuletzt in einem ganz anderen Sinne ausfällt als bei den Platonikern, insbesondere bei den Neoplatonikern. Bei Plethon, bei Ficino, bei Pico war davon die Rede, daß der Mensch so etwas wie das „Scharnier" der kosmischen Ordnung, daß er das eigentliche „Auge der Welt" sei; Pico etwa hatte ihn unter anderem „das Band und den Knoten der Welt"[72] nennen können, und dergleichen lief natürlich auf einen Begriff von der „ontologischen Inkommensurabilität" des Menschen hinaus, wie er sich insbesondere in der Freiheitsanthropologie Picos, die wir schon kennengelernt haben, Ausdruck verschaffte. Von aristotelischer Warte aus nehmen sich die Dinge dagegen weit nüchterner aus. Pomponazzi fragt zunächst, ob aus der Zwischenstellung der Seele zwischen dem Sterblichen und dem Unsterblichen tatsächlich folge, daß sie selbst beide kontradiktorischen Eigenschaften, die der Sterblichkeit und der Unsterblichkeit, in sich vereinige oder aber nicht. Es ergeben sich dabei sechs Möglichkeiten, diese Frage zu lösen: so etwa die Vorstellung des Averroes, nach der es für alle Menschen *eine* unsterbli-

---

[71] Pietro Pomponazzi, *Abhandlung über die Unsterblichkeit der Seele. Übersetzt und mit einer Einleitung herausgegeben von Burkhard Mojsisch*, Hamburg 1990, 6.
[72] Vgl. die Formulierung in Picos *Heptaplus*: „caelestium et terrestrium vinculum et nodus" (V, 7).

che Seele, aber viele sterbliche gebe, eine Vorstellung, die von Pomponazzi als erste (und dabei sehr ausführlich) zurückgewiesen wird – Averroes verfügt nach Pomponazzi zuletzt über keinen Beweis für seine These, weder aus Aristoteles noch aus sonst einer Evidenz. Die Seele kann, wie Aristoteles sagt, ohne Vorstellung (φαντασία, *phantasia*) nicht erkennen; die *phantasia* wiederum ist auf die Sinnesempfindung und eine korrespondierende Materialität angewiesen. Das bedeutet aber, daß die Seele, die numerisch eine ist, notwendig an die Materie verwiesen und von ihr auch nicht wirklich ablösbar ist. Dabei ergibt sich die Frage, wie es sich mit dem berühmten Kapitel *De anima* III, 5 verhält, in dem Aristoteles für den *intellectus agens* ja gerade sagt, daß dieser „abgetrennt, leidensunfähig und unvermischt" sei, während der an die Materie gebundene „leidende Geist" sterblich sei. Pomponazzi löst diese Schwierigkeit mit dem Hinweis, daß die „Immaterialität" des tätigen Intellekts eben dies meine, daß er sich von den Sinneseindrücken lösen könne, mit diesen also nicht zugleich verschwinde und sich durch sich selbst im Denkzustand zu erhalten vermöge; er ist in dieser Hinsicht vergleichsweise „göttlich", ohne doch der wirkliche göttliche Intellekt selbst zu sein, von dem Aristoteles vor allem im zwölften Buch der *Metaphysik* spricht und dem es zukommt, mit dem Sein des von ihm Gedachten tatsächlich zusammenzufallen. Zurückgewiesen wird dann im siebten Kapitel auch die Auffassung Thomas von Aquins, der „Zierde der Lateiner"[73], der seinerseits ja, wie Pomponazzi weiß, gegen Averroes argumentiert und dabei die Position vertreten hatte, die Seele sei in gewisser Weise sterblich, jedoch schlechthin oder absolut genommen unsterblich. Bei Thomas ist nämlich die Seele ihrer Essenz nach „simpliciter immortalis" und nur „secundum quid", also „auf gewisse Weise", nämlich in ihrem Zusammenhang mit dem Körper, sterblich. Pomponazzi insistiert hier darauf, daß

---

[73] Pomponazzi, *De immortalitate animae* c. 4, a.a.O. 14: „Latinorum decus, Divus Thomas Aquinas".

das Wissen um die Unsterblichkeit der Seele jedenfalls keine aus sich selbst heraus einleuchtende Tatsache sei und deshalb Evidenzbeweise erforderlich seien, die Thomas nicht aufbieten könne. Schon etwa seine Annahme, die Seele entstehe durch Schöpfung statt durch Zeugung (die „kreatianistische" Position in der Seelenlehre) ist jedenfalls mit Aristoteles nicht abzudecken, und auch daß sie eine prinzipiell immaterielle Form sei, die sich des Leibes sozusagen nur bedient, ist nicht haltbar, da die Seele als Gestaltkraft eines wirklichen Leibes (*forma corporis*) vielmehr gerade die *Wirklichkeit* eines materiell existierenden Wesens sein muß; der Leib ist nach Pomponazzi so gerade das *notwendige* Objekt, nicht etwa nur ein zufälliger Bezugspunkt der Seele, auf den sie auch verzichten kann. Wir lesen in diesem Sinne dann auch im neunten Kapitel: „Die sinnliche Seele ist die Wirklichkeit eines physischen, mit Organen ausgestatteten Körpers, da sie sowohl eines Körpers als eines Zugrundeliegenden bedarf, denn sie übt ihre Funktion nur über Organe aus, als auch eines Körpers als ihres Objekts. Die mittlere Seele aber, welche der menschliche Intellekt ist, löst sich in keinem ihrer Akte vollständig vom Körper, noch geht sie vollständig in ihm auf; daher bedarf er des Körpers nicht als eines Zugrundeliegenden, wohl aber als seines Objekts"[74]. Der Geist wendet sich immer dem Körper zu, auch wenn er ihm nicht verhaftet bleibt, sondern im Rahmen seiner Möglichkeiten die Allgemeinbegriffe, die *abstracta*, denkt. Man kann hier (mit Ernst Cassirer[75]) sagen, daß die Seele von Pomponazzi ihrer *Existenz* nach stofflich, ihrer *Funktion* nach aber auch als unstofflich, eben als auf

---

[74] A.a.O. 84 (eigene Übersetzung).
[75] Vgl. Ernst Cassirer, *Das Erkenntnisproblem in der Philosophie und Wissenschaft der neueren Zeit. Erster Band*, ND Darmstadt 1991, 112. Cassirer schreibt hier aus der Perspektive einer transzendentalphilosophischen Deutung Pomponazzis: „Wir können den ganzen philosophischen Sinn der Behauptung der ‚Immaterialität' der Seele festhalten, ohne daß wir darum ein jenseitiges *Dasein*, eine reale Ablösung der Seele vom Körper setzen und zugeben müßten".

die Allgemeinbegriffe bezogen, gedacht ist. Es ist aus diesen Zusammenhängen leicht zu ersehen, daß der „Alexandrist" Pomponazzi einem neuen Naturalismus, einer weitgehenden Einbettung des Seelischen in das Organische, einem basalen Sensualismus in der Erkenntnistheorie und einem abstraktionstheoretischen Begriff des Begriffs vorarbeitet – das ganze freilich, wie gesagt, eng angelehnt an eine Exegese der aristotelischen Seelenschrift. Der Kontrast zu den Neoplatonikern ist hier unübersehbar; wir erinnern uns nur etwa an die nachgerade „transzendentalen" Gegenstands-Konstitutionsleistungen der Seele bei Ficino. Pomponazzi dagegen läßt nur eine bedingt freie Tätigkeit des Verstandes wie auch gleichsam nur eine „Analogie" von Unsterblichkeit zu, etwa wenn er sich wie folgt ausdrückt: „Wenn ... der menschliche Geist auch nicht im strengen Sinne ‚unsterblich' genannt wird, weil er wahrhaft sterblich (*vere mortalis*) ist, so hat er dennoch an den Eigentümlichkeiten der Unsterblichkeit (*proprietates immortalitatis*) teil, da er das Allgemeine erkennt, auch wenn eine diesbezügliche Erkenntnis sehr schwach und dunkel ist"[76]. Der menschliche Intellekt ist eigentlich nicht mehr als eine „umbra intellectus", als ein Schatten von Intellekt, wenn man ihn mit den göttlichen Intelligenzen vergleicht. Allerdings macht sich Pomponazzi dann wegen der Inklusionen und möglicherweise unerfreulichen Folgen seiner Auffassung von der Meinung des Aristoteles auch selbst eine Reihe von Einwänden, insbesondere solche praktischer Art: Zerstört die Lehre von der Sterblichkeit des Menschen nicht die Möglichkeit, einen Sinn, ein oberstes Ziel im Menschenleben zu finden? Macht sie den Menschen nicht, wie Ficino gesagt hatte (p. 185), zum elendesten aller Geschöpfe[77]? Zerstört sie nicht außerdem die Tugend, weil die Verheißungen von Lohn und Strafe jetzt wegfallen?

---

[76] Pomponazzi a.a.O. c. 12, 141.
[77] A.a.O. c. 14, 184 (die Anspielung bezieht sich auf das erste Kapitel der *Theologia platonica* Ficinos).

Pomponazzi antwortet auf diese Fragen wie folgt: Nein, der Sinn des Lebens wird keineswegs zerstört, da nach wie vor jeder das Ziel, gut zu sein, hat und gerade damit den Seelenfrieden zu finden bemüht sein soll. Es sollen nämlich in der Tat nicht etwa alle Menschen Philosophen, auch nicht alle Handwerker, wohl aber alle *gut* sein, und dabei gilt, daß die Tugend ihren Lohn in sich, das Laster seine Strafe in sich trägt, wie bereits Platon und auch Aristoteles gelehrt hatten (und wie es gerade auch von den Stoikern noch einmal unterstrichen worden ist). Und der Mensch ist, wenn er um seine Sterblichkeit weiß, auch nicht elender als das Tier; vielmehr wird es doch wohl niemanden geben, der es vorzöge, ein langlebiger Stein oder Hirsch als ein noch so geringer Mensch zu sein[78]. Was schließlich die öffentliche Moral betrifft, so ist Pomponazzi der Meinung, daß wohl wirklich die Masse den Gedanken, daß die Tugend in sich selbst ihr Lohn, das Laster durch sich selbst seine Strafe sei, nicht wirklich verstünde und daß hier deshalb von außen, will sagen mit Mitteln der Volkspädagogik, nachgeholfen werden müsse. Pomponazzi gerät an dieser Stelle in der Tat auf ein etwas befremdliches Gleis, wenn er nämlich feststellt, daß die Tatsache, daß die drei monotheistischen Religionen in der Lehre von der Unsterblichkeit der Seele übereinstimmen, zuletzt politisch begründet sei. Der Politiker sei ja dem allgemeinen Wohl verpflichtet, und eben deshalb wäre es Gesetz geworden, daß die Seele unsterblich sei (*legislator ... sanxit animam esse immortalem, non curans de veritate, sed tantum de probitate, ut inducat homines ad virtutem*). Einen Vorwurf verdiene diese *pia fraus*, dieser „fromme Betrug" nicht, „denn wie der Arzt viele Geschichten erfindet, um den Kranken wieder gesund zu machen, so bildet der Politiker Fabeln (*apologi*), um die Bürger auf den rechten Weg zu bringen"[79]. Der Mensch, sagt Pomponazzi, weist einen größeren Abstand zu den reinen In-

---

[78] Vgl. ebd.
[79] A.a.O. 198.

telligenzen auf als ein Kranker vom Gesunden. Schließlich bewiesen auch die Berichte von Geister- und Seelenerscheinungen nichts über die Unsterblichkeit, da hier nicht nur mit Betrug, auch Priesterbetrug gerechnet werden müsse, sondern es auch andere natürliche Erklärungen für dergleichen gebe, etwa die Erklärung, daß die Opfer entsprechender Visionen physiologisch indisponiert und also ihrerseits mehr in ihrer Leiblichkeit befangen als wirklich und in Kraft der Seele Erkennende seien. Pomponazzi schließt damit, daß die Frage nach der Unsterblichkeit der Seele ein „neutrum problema", eine unentscheidbare Frage wie etwa die Frage nach der Ewigkeit der Welt sei. Er behauptet ausdrücklich, daß auch Platon keine sicheren Beweise besessen haben könne, versichert aber auch noch einmal, mit all dem die Religionswahrheit nicht antasten zu wollen, sondern sich ihr zu unterwerfen. Es war jedoch klar, daß der *Traktat* durchaus zu viel Zündstoff enthielt, als daß man mit dieser Erklärung so einfach hätte zur Tagesordnung übergehen können.

Das tat man denn auch nicht. Pomponazzis Schrift wurde in Mantua angezeigt, sie wurde in Venedig auf Betreiben der Minoriten öffentlich verbrannt, es kam zu zahlreichen Gegenschriften und damit zu dem sogenannten „Immortalitätsstreit", der in folgenden Jahren die Gemüter bewegte[80]. Pomponazzi selbst hat sich einerseits darauf berufen, daß er im Auftrag des Papstes – die Universität Bologna, an welcher er zu dieser Zeit lehrte, befand sich im Gebiet des Kirchenstaates – Aristoteles auszulegen habe und so nur seine Pflicht getan habe; er griff aber auch für die Öffentlichkeit noch einmal zur Feder und verfaßte eine *Apologia*, die 1518 in Bologna erschien. Hier werden in drei Büchern der Reihe nach zahlreiche Gegeneinwände entkräftet, unter anderem der Einwand, die Seele bedürfe nun gerade als abgetrennte der Vorstellungen nicht, weshalb aus dem Nachweis, daß wir

---

[80] Für Pomponazzi hat sich zum Beispiel Kardinal Bibbiena (1470–1520) verwandt, der als Berater Leos X. in Rom einen großen Einfluß hatte.

in Vorstellungen denken, nichts für die Unsterblichkeit der Seele folge. Pomponazzi erwidert darauf, daß, weil wir überhaupt keinen Denkakt kennten, der gänzlich vorstellungsfrei sei, so auch nicht wüßten, was die abgetrennte Seele denn Spezifisches tue, sie ist dann auch überflüssig. Bemerkenswert ist auch, daß er im Sinne einer später bei Theologen häufig begegnenden Unterscheidung des Unsterblichkeits- vom Auferstehungsgedanken sagt, gerade vom christlichen Auferstehungsbegriff her, der ja ein Wunder voraussetze, bedürfe es einer Annahme der Unsterblichkeit der Seele nicht; vielmehr führe diese gerade entweder zu einer unchristlichen Reinkarnationsvorstellung (wir erinnern uns, daß vor allem Plethon eine solche vertrat) oder aber zu der Annahme, daß die Seele einstweilen vergeblich auf die Wiedervereinigung mit ihrem Körper warte. In einem ähnlichen Sinne kann er ausführen, daß die Annahme einer unsterblichen Seele, die zugleich mit einem individuellen Körper in die Existenz treten soll, nur aus einem jeweils neuen Schöpfungsakt Gottes erklärt werden könne, was jedoch allen philosophischen Annahmen zuwiderlaufe. Schließlich wird auch Aristoteles selbst gegen den „Häresieverdacht" in Schutz genommen, und zwar zuletzt mit dem in der Tat schlagenden Argument, daß er nun einmal kein Kirchenvater sei, sich zu christlichen Glaubenslehren wie der von der Auferstehung nicht äußere und daß dies, wie Pomponazzi an Belegen aus der Patristik zeigt, die wirklichen Kirchenväter wie Augustinus (dessen *Gottesstaat* Pomponazzi übrigens öfters parat hat) auch gewußt hätten. Der christliche Glaube verlangt keineswegs, daß mit den Mitteln der natürlichen Vernunft eine Unsterblichkeit der Seele aufgezeigt werde; er verlangt dagegen allerdings, daß wir wahrhaftig sind und nicht die Unwahrheit sagen – auch nicht über einen vorchristlichen philosophischen Autor wie Aristoteles. Auf diese Weise plädiert Pomponazzi indirekt auch für eine „historische Hermeneutik" – wir hatten etwas Ähnliches bereits bei Bessarion gefunden; bei Pomponazzi ist das hermeneutische Motiv nun zudem der averroistischen „duplex veritas", der Lehre von der zweifachen Wahrheit eingeschrieben.

Pomponazzi hat sich durch den Wirbel, der im Zuge des Immortalitätsstreits um seine Person entstand, davon abhalten lassen, nach der *Apologia* noch weitere Schriften wirklich erscheinen zu lassen. Geschrieben hat er indes, und die zunächst für die Schublade bestimmten Werke haben spätestens, als sie im Jahre 1567 im Rahmen der „Opera" zu Basel publiziert worden sind, auch rasch ein großes und interessiertes Publikum gefunden. Es handelt sich um zwei Schriften, die jeweils neue und konzise Folgerungen aus dem Ansatz des Paduaner Aristotelismus ziehen und uns zugleich mit einer neuen Facette der Renaissancephilosophie konfrontieren. Die erste dieser Schriften heißt *De naturalium effectuum causis sive de Incantationibus*, zu deutsch: „Über die Ursachen natürlicher Wirkungen oder über den Zauber" und ist in den Jahren 1515–1520 entstanden; erstmals veröffentlicht wurde sie schon vor der Gesamtausgabe von 1567, nämlich 1556; 1590 ist das Buch dann auf den Index gesetzt worden – wir sind gespannt, warum.

Pomponazzi beschäftigt sich in seinem Werk mit der Frage nach der Möglichkeit von Wundern, mirakulösen Einwirkungen und der Tätigkeit von Dämonen in unserer Erfahrungswelt – eine Frage, die nicht nur in Anbetracht des mitunter auch durch den Neuplatonimus geförderten Aberglaubens der Zeit ihre Relevanz besaß, sondern die auch elementar mit dem Konzept einer „homogenen", in sich gleichartigen und gesetzmäßigen Welt zu tun hat, wie es sich am Ende des Renaissancezeitalters endgültig durchsetzt. Es ist wiederum so, daß Pomponazzi sich zum einen bereit erklärt, der Meinung der Kirche zu folgen, zum anderen aber die Frage im Ausgang von aristotelischen Prinzipien behandeln will. Die Antwort auf die Frage des Buchs fällt eindeutig aus: es gibt keine Wunder und auch keine Wirkungen von Dämonen in der Welt, jedenfalls nicht in unserer Welt, und dies aus mehreren Gründen nicht. Ganz abgesehen davon, daß es nach Aristoteles weder Engel noch Dämonen gibt[81], wäre, was die Dämonen betrifft, ihre Existenz einmal unterstellt, zu sagen, daß ein Vertreter ihrer Art, der beispielsweise aus diesem Sokrates da einen Pfeil herausziehen wollte, jede Menge Einzelheiten kennen müßte: diesen Sokrates da selbst, diesen Pfeil da nicht weniger, aber auch die Mittel, ihn zu entfernen; schon das ist nach aristotelischen Prämissen für ein reines Geistwesen nicht möglich, denn ein Geistwesen erkennt das Allgemeine, nicht das einzelne, wofür es der sinnlichen Wahrnehmung bedürfte. Das hieße dann, zweitens, daß der Dämon selbst unserer irdischen Welt angehören müßte, was seiner Definition widerspricht. Drittens aber kann es sich auch nicht um eine Willkürentscheidung dieses Dämons handeln, dies oder jenes zu tun; denn das Geistwesen handelt, eben weil es das Allgemeine erkennt, nicht nach kontingenten Gesichtspunkten oder nach Lust und Laune, sondern streng nach den Gesetzen der Notwendigkeit. Damit sind wir schon bei einem allgemeineren Aspekt, sozusagen beim kosmologischen Rahmen von so etwas wie Wundern. Nach dem aristotelischen Weltmodell sind die Sphären oberhalb des Mondes von reinen Intelligenzen bewegt. In diesen Sphären verhält sich alles nach dem Gesetz der Notwendigkeit und Vollkommenheit, weil hier der materiebedingte Wandel, wie er für den Bereich unter dem Mond charakteristisch ist, nicht stattfindet. Die Gestirne jedoch bzw. die sie leitenden Intelligenzen regeln auch den sublunaren Bereich, so daß auch bei uns eigentlich nichts aus Zufall geschieht. Die ehernen Gesetze des Weltenlaufs, der hier ganz wörtlich im Sinne der kosmischen Umläufe zu nehmen ist, schlagen bis zu uns hinunter durch. Daraus ergibt sich zum einen ein strenger Determinismus in der Natur, eine These, mit welcher die Forderung verbunden ist, für alle natürlichen Wirkungen auch die natürlichen Ursachen aufzusuchen – und genau das hatte der Titel des Buches gegen

---

[81] Pietro Pomponazzi, *De naturalium effectuum causis sive de Incantationibus*, ND Hildesheim/New York 1970, 298.

die Mirakel und den Zauber besagen sollen. Alle Ereignisse stehen in *einem* Kontext, in dem wir prinzipiell alles bis auf seine allgemeinsten Ursachen hin zurückverfolgen können – Pomponazzi vertritt hier einen Rationalismus, wie ihn die Aufklärung wieder aufnehmen wird, was mit Einschluß einer Anwendung gilt, die Pomponazzi hier selbst vornimmt: die Anwendung zumindest auf einige der in der Bibel berichteten Wunder, von denen er sagt, sie könnten aus natürlichen Ursachen erklärt werden.

Auf den ersten Blick in seltsamem Kontrast zu dieser rationalistischen Beschränkung in der Ursachenforschung steht ein anderes Element, das wir dann ebenso antreffen: die Erklärung, daß die Astrologie, die bei den Aristotelikern eigentlich niemals in hohem Ansehen stand, eine ernstzunehmende Wissenschaft sei. Wir haben bereits erwähnt, daß Pico gegen die Astrologen in einer eigenen Schrift polemisiert hat; Pomponazzi polemisiert seinerseits gegen Pico, der mit „vielen geschmückten Worten die Astrologen verunglimpft", sie aber gleichwohl mißverstanden habe[82]. Er selbst verstehe zwar nichts von der Astrologie, aber es komme auch nur auf den allgemeinen Gedanken an, daß prinzipiell alles mit allem zusammenhänge und die Astrologie dafür stehe, daß wir sozusagen den festen Rahmen kennen, dem sich alle Dinge einfügen. Es ist auf den ersten Blick gewiß merkwürdig, daß ausgerechnet die Astrologie hier zum Garanten der Rationalität des Weltganzen aufrückt – daß hier sozusagen Aufklärung mit Hilfe astrologischen Denkens betrieben wird. Man kann dazu gewiß einerseits sagen, daß die Astrologie hier eine Art „Platzhalterfunktion" für das Reich jener Naturgesetze einnimmt, die mit dem Auftreten der Physik Galileis dann die konkreten Ordnungsmächte der sinnlichen Welt sein werden; es ist die Gesetzmäßigkeit des Himmels, an der *pars pro toto* die Rationalität und Gesetzmäßigkeit der Welt abgelesen wird. Man muß anderseits jedoch auch auf das merk-

---

[82] A.a.O. 266.

würdige Phänomen hinweisen, daß mit der Astrologie eben auch auf ein Reich von „Kulturgesetzen", von Ursachen der *geschichtlichen* Abläufe gezielt ist. Keine Wirkung in unserem Bereich ist ewig, so daß die kulturgeschichtlichen Umschläge zwar einerseits (wie alle Ereignisse unter dem Mond) sich den Sternen verdanken, sich aber zugleich diese Umschläge nicht auf immer erhalten, sondern ihre Wirkung entfalten, einen Höhepunkt erreichen und wieder abnehmen. So ist es etwa zu erklären, daß bei den Griechen andere Götter und diese in anderen Formen verehrt wurden als bei uns und erst eine „legum mutatio", eine Änderung des herrschenden Gesetzes das Christentum eingeführt hat. Pomponazzi spricht davon, daß eine „Einwirkung vom Himmel nur für eine bestimmte Zeitperiode geschehe" und danach ihr „kaltes und totes Bild leer und unnnütz zurückbleibe"[83] – ein Gedanke, den Pomponazzi dann explizit auch auf das Christentum (*fides nostra*) anwendet, in dem „jetzt alles kalt wird, die Wunder aufhören abgesehen von künstlichen und nachgemachten, denn das Ende scheint nahe"[84]. Was sich in diesen erstaunlichen Gedanken meldet, ist ein Epochenbewußtsein, das nicht etwa heilsgeschichtlich abgestützt ist, sondern auf mehr oder weniger geahnte „Gesetze" des geschichtlichen Ablaufs, die in der Naturordnung verankert sind, rekurriert. Ein eigentliches Geschichtsdenken, wie es später bei Vico und, noch weiter entfernt, bei Hegel auftritt, ist dies sicherlich nicht, wohl aber ein erster Versuch, Geschichtsabläufe überhaupt zu rationalisieren, in ihnen eine Ordnung zu erkennen, die nicht direkt am Willen der einzelnen und Betroffenen hängt. Wir werden bei Pomponazzis Schüler Fracastoro sehen, daß dieses Motiv aufgegriffen und mit dem Selbstbewußtsein der Zeit, auch der Neuheit der eigenen Zeit, verbunden wird. Es ist

---

[83] A.a.O. 287: „Non enim influit aliqua virtus de coelo nisi in quodam tempore periodi ...: et postea cassa et inutilis remanet imago frigida et morta".
[84] A.a.O. 286.

indes auch so schon klar, daß bei Pomponazzi etwas Neues im Anzug ist: ein neues, kompaktes und in sich rationales Bild von der Welt, das natürliche und geschichtliche Sphäre im Ansatz zu integrieren versucht und rein aus sich, ohne eine aus anderen als rationalen Quellen in Anspruch genommene Transzendenz zu bestehen vermag.

In wesentlichen Punkten auf der gleichen Linie liegt dann auch Pomponazzis zweite zu Lebzeiten unveröffentlicht gebliebene Schrift, ein Werk in fünf Büchern mit dem Titel *De fato, de libero arbitrio et de praedestinatione*, das 1520 entstanden ist. Die Frage nach der Freiheit oder Unfreiheit des Willens ist ein altes Thema, das in der Form, in der es zumeist diskutiert wird, in der Hauptsache durch die Stoa aufgebracht wurde und dem wir auch bei Plethon bereits begegnet sind. Alexander von Aphrodisias hat mit einer eigenen Schrift den stoischen Fatalismus bekämpft, aber in diesem Punkt folgt Pomponazzi, wie wir bereits erraten können, dem Aphrodisier, mit dem er sich im ersten Buch detailliert auseinandersetzt, nicht mehr. Es sind nach Pomponazzi am Ende die Prinzipien des Aristoteles selbst, die, trotz anderslautender Aussagen in der Ethik, die Willensfreiheit nicht zulassen. Denn eine Willensentscheidung bedeutet, daß der Wille zu dem einen oder zu dem anderen Strebensziel bewegt wird; Bewegung jedoch gibt es nach Aristoteles – anders als nach Platon, der von einer Selbstbewegung der Seele spricht – nur durch einen äußeren Anstoß, durch ein Bewegtwerden, eine dynamische Einwirkung. Die einzige Freiheit, die Pomponazzi dem Willen beläßt, ist die, sich allenfalls überhaupt nicht zu entscheiden; ansonsten beruht alle Meinung von unserer Freiheit nur darauf, daß wir unsere Motive nicht hinreichend und umfassend genug durchschauen. Es ist offensichtlich, daß sich an dieser Stelle die naturalistische Kosmologie Pomponazzis und seine Depotenzierung der Seele zu einer stets auf den Leib bezogenen „umbra intelligentiae" die Hand reichen. Autonomisiert, freigesetzt wird so das Universum, dem sich willig einzufügen nach stoischer und auch neustoischer Auffassung die eigentliche Tugend beweist. Gott sorgt sich nicht um die einzelnen Menschen, sondern ums große Ganze; man kann ihn entsprechend so wenig mit Gebeten zu irgend etwas veranlassen, wie magische Praktiken irgend etwas am einmal verhängten Weltlauf ändern. Auch darin liegt wiederum ein Motiv, daß auf die Aufklärung, speziell auf ihren „Deismus", vorausweist, auch wenn bei Pomponazzi alles in der Klammer der „doppelten Wahrheit" steht. Die Kommunikation, ja die Kommunion mit Gott, die bei den Platonikern das höchste vom Menschen anzustrebende Gut war, ist hier einer sehr schlichten Kontemplation der Werke Gottes gewichen. Für den platonischen Aufschwung zu Gott, den ἐνθουσιασμός, gibt es bei Pomponazzi keine Stelle, wenn auch eine nüchterne Erklärung: Pomponazzi leitet in *De naturalium effectuum causis* allen „furor", alle „Erhebung" aus einer entsprechenden körperlichen Disposition ab, deren Theorie an die aristotelische Lehre von der „schwarzen Galle" anschließt. Allerdings haben auch die Dichter, Seher, Sybillen und was es sonst an nicht alltäglichen Geistern gibt im „ordo naturae", in der Naturordnung, ihren Sinn, ihre Zweckbestimmung und „causa finalis": auch sie dienen nämlich zum Trost und zur Zierde des Universums, ja „sine eis ... non bene constaret universum" – ohne sie befände die Welt sich doch nicht wirklich in guter Ordnung[85]. Wir werden schon bei unserem nächsten Autor ein Weiterdenken in dieser Richtung, ja eine ganze Ästhetik aus diesem Prinzip antreffen.

LITERATUR:

Francesco Fiorentino, *Pietro Pomponazzi. Studi storici su la scuola Bolognese e Padovana del secolo XVI con molti documenti inediti*, Florenz 1868.

---

[85] Pomponazzi a.a.O. 142.

Paul Oskar Kristeller, *Aristotelismo e sincretismo nel pensiero di Pietro Pomponazzi*, Padua 1983.
Bruno Nardi, *Studi su Pietro Pomponazzi*, Florenz 1965.
Martin L. Pine, *Pietro Pomponazzi: Radical Philosopher of the Renaissance*, Padua 1986.
Olaf Pluta, *Kritiker der Unsterblichkeitsdoktrin in Mittelalter und Renaissance*, Amsterdam 1986.

7 Girolamo Fracastoro (1476/78–1553)

> Ergo philosophi natura sunt, qui apte possunt et universalia facere,
> et observare, non publica tantum, sed et abdita quoque:
> atque in iis maxime gaudent.
>
> Girolamo Fracastoro

Unser nächster Autor, Girolamo Fracastoro, zählt gewiß nicht zu den bekannteren Philosophen seiner uns heutigen ohnehin meist nur wenig bekannten Zeit. Seinem Ruhm bei den eigenen Zeitgenossen, die ihm bald nach seinem Tod ein Denkmal setzten, entspricht das nicht. Auch Fracastoro war, ähnlich wie Pomponazzi, aber auch andere „Paduaner", keineswegs „nur" Philosoph, sondern zugleich Mediziner, ja er war dies sogar in erster Linie, eine Tatsache, mit der er sich zuletzt dadurch auszusöhnen wußte, daß er auch in der Medizin „eine Art Philosophie in Betreff des Menschen", „quaedam circa hominem phylosophia"[86], erkannte. Bei den Zeitgenossen standen seine medizinischen Schriften in allerhöchstem Ansehen, ebenso auch seine astronomischen,

---

[86] Vgl. Girolamo Fracastoro, *Scritti inediti*, hg. von Francesco Pellegrini, Verona 1955, 26.

auf die wir kurz zu sprechen kommen werden; verfaßt hat er außerdem Schriften zur Theologie[87], einen als Fragment erhaltenen botanischen Traktat, einige andere kleine Schriften vermischten Inhalts sowie eine stattliche Anzahl bemerkenswerter lateinischer Gedichte. Karriere hat Fracastoro, der aus Verona stammte und als Lektor für Logik in Padua begonnen hatte, jedoch als Arzt gemacht; er war nicht nur Leibarzt Gian Matteo Gibertis (1495–1543), des ihm befreundeten Bischofs von Verona, sondern von 1545 bis zu seinem Tode auch Arzt bei dem großen und wichtigen, die Gegenreformation einleitenden Konzil von Trient (1545–1563). Fracastoro hat dabei unfreiwillig auch Konzilsgeschichte gemacht, denn sein im Jahre 1547 erteilter Rat, das Konzil wegen einer drohenden Fleckfieberepidemie von Trient wegzuverlegen, war zwar Papst Paul III. (1534–1549) willkommen, führte aber dazu, daß, weil die kaiserlichen Bischöfe das Reichsgebiet nicht verließen und standhaft in Trient blieben, die folgenden Sitzungen nicht beschlußfähig waren.[88] Fracastoros wichtigster Beitrag zur Philosophie im engeren Sinne ist dann eine zwischen 1540 und 1553 entstandene, aber erst posthum erschienene Dialogtrilogie zur Poetik, zur Erkenntnis und zur Psychologie; für uns von Interesse ist hier insbesondere der zweite Dialog mit dem Titel *Turrius, sive de intellectione*[89].

---

[87] Hierzu zählt insbesondere ein nicht ganz vollständig erhaltener Dialog zum zeitgenössischen Streit um die Willensfreiheit, der die durch die Reformation ausgelösten Diskussionen im Vorfeld des Konzils von Trient reflektiert, zumindest indirekt aber auch den von Pomponazzi (in diesem Fall gegen Alexander) vertretenen Determinismus betrifft (*Scritti inediti*, 71–230).

[88] Zu Einzelheiten vgl. Hubert Jedin, *Geschichte des Konzils von Trient, Bd. II*, Freiburg 1957, 353–376.

[89] Fracastoros schon im 16. Jahrhundert publizierte Werke werden hier zitiert nach der zweiten Auflage der bei Giunta verlegten *Opera omnia*, Venedig 1574. Bei den Nachweisen bedeutet der Buchstabe „r" (=recto) die Vorderseite, der Buchstabe „v" (=verso) die Rückseite der in dieser Ausgabe nummerierten Blätter.

Wenn, wie gesagt, Fracastoro auch nicht den allergrößten Nachruhm als Denker erlangt hat, so gibt es doch ein von ihm geprägtes Wort, das noch immer in aller Munde ist. Dieses Wort ist der Titel eines lateinischen Lehrgedichts, an dem unser Denker unter in Anspruchnahme einer allerhöchsten zeitgenössischen Autorität in Stilfragen, Pietro Bembos (1470–1547), über fast zwei Jahrzehnte hin gefeilt hat. Der Titel dieses Gedichts lautet kurz und bündig „Syphilis"[90]. In der Tat hat der Arzt Fracastoro mit der *Syphilis* den dann schnell einschlägigen Namen des *morbus gallicus* geprägt, den Namen für jene neue Krankheit, den „morbus insuetus", der, wie es gleich zu Beginn heißt, „langen Jahrhunderten unbekannt" war, aber jetzt in Europa, in Teilen Asiens und Nordafrikas wütet[91]. Hier sei im einzelnen nur erwähnt, daß der Titel Bezug nimmt auf die im dritten Buch erzählte Geschichte von dem Hirten Syphilus, der, sich aus Verdruß über einen gar zu trockenen Sommer gegen den Sonnengott empörend, den Götterkult einstellt, stattdessen den Kult des regierenden Königs Alcithous begründet und dafür zusammen mit dem ganzen Volk, das dieser Apotheose eines Menschen bereitwillig gefolgt ist, von den Göttern eben mit jener Krankheit gestraft wird, welcher der Verursacher den Namen zu leihen zuletzt die Ehre hat[92]. Nach Fracastoros literarischer Fiktion erfährt Christoph Kolumbus (1451–1506) diese Geschichte auf Hispaniola von dem dortigen König, der sich wie sein Volk, zu dem in der Vorzeit auch Syphilos gehörte, von dem untergegangenen Atlantis herschreibt und der den europäischen Entdeckungsrei-

---

[90] Die Bembo schließlich auch gewidmeten *Syphilidis, sive morbi gallici libri tres* erschienen zuerst 1530 in Verona; bereits 1531 gab es Nachdrucke in Rom und Paris. Das Gedicht ist zwischen 1510 und 1512 konzipiert worden; die ersten beiden Bücher kursierten in nichtautorisierter Version bereits in den zwanziger Jahren. Eine lateinisch-deutsche Ausgabe des Syphilis-Gedichts hat Georg Wöhrle (Girolamo Fracastoro, *Lehrgedicht über die Syphilis*, Bamberg 1988) vorgelegt.
[91] Vgl. *Syphilis* I, 1–5. 100–103 (170r. 171r).
[92] Die Wiedergabe bezieht sich auf *Syphilis* III, 288–332 (183r-v).

senden dann auch über ein Heilmittel gegen die Syphilis, das Holz des Guajakumbaums, unterrichtet. Medizinhistorisch ist dabei von Interesse, daß Fracastoro mit der *Syphilis* den Begriff von „Krankheitssamen", der „semina (morbi)" einführt, den er später zu dem der „seminaria contagionum" fortentwickelt[93]. Man hat Fracastoro wegen dieser Neuerung, die bis auf Pasteur vorgriff, auch den „Bakteriologen des 16. Jahrhunderts"[94] genannt. Um so ernüchternder wirkt dagegen auf den ersten Blick seine (übrigens von zahlreichen Zeitgenossen geteilte) These, daß die Ursache des plötzlichen Ausbruchs der „französischen Krankheit" in einer atmosphärischen Veränderung zu suchen sei, die durch die Konjunktion des Jupiter mit Mars und Saturn im Zeichen des Krebses am 25. November 1484 hervorgerufen worden sei. Man muß freilich sehen, daß Fracastoro mit dieser Hypothese keineswegs einfach zu einer superstitiösen Astrologie zurücklenkt. Fracastoro denkt vielmehr, insoweit in spezifisch medizinischer Tradition stehend, das Universum als einen großen sympathetischen Zusammenhang, in dem, wenn auch auf verschlungenen Wegen, alles mit allem zusammenhängt und insofern auch Ereignisse am Himmel Rückwirkungen auf das irdische Geschehen haben können[95], in diesem Falle dahin, daß infolge planetarischer Konstellationen eine atmosphärische Umschichtung einsetzt, die

---

[93] In *De contagione* I, 3 werden die „seminaria contagionum" definiert als „particulae ... insensibiles, quae euaporant, calidae quidem, et acres, sed humidae commistione"; sie dienen besonders dazu, die „contagio ad distans", die „Fernansteckung", zu erklären (vgl. I, 7).

[94] So Pellegrini in den *Scritti inediti*, 7. – Fracastoros Gedanke ist offensichtlich durch Lukrez inspiriert, der in *De rerum natura* VI, 662 „multarum semina rerum" als Krankheitserreger kennt. Das lukrezsche Lehrgedicht war 1515 von Fracastoros Freund Andrea Navagero (1483–1529), einem humanistisch gebildeten Dichter und späteren Bibliothekar von San Marco in Venedig, neu herausgegeben worden und ist bei ihm auf größtes Interesse gestoßen.

[95] Vgl. dazu besonders die Abhandlung *De sympathia et antipathia rerum*.

wiederum den latent immer vorhandenen *morbus* freisetzt⁹⁶. Wir werden noch sehen, daß Fracastoro auch von seiner Kosmologie her den Verursachungsbereich für irdische Ereignisse im großen offenhalten wird und immer damit rechnet, daß auf den ersten Blick nicht überschaubare Verursachungshintergründe in ungeahnte Wirkungen größten Ausmaßes ausschlagen können. Es geschieht so immer wieder, daß uns das Unzugängliche der Natur, das „abditum naturae", wie Fracastoro gerne sagt, in Phänomenen entgegentritt, denen gegenüber die überlieferten Begriffe und Theorien versagen. Fracastoro schildert in genau diesem Sinne in dem Syphilis-Gedicht das Auftreten der neuen Krankheit als eine ganz unerhörte Begebenheit, als ein ϑαῦμα, ein Ereignis, das die Menschheit in sprachloses Staunen versetzt. Es nützt nichts, sich an die Alten zu wenden, denn diese haben nicht vor diesem Phänomen gestanden, so wenig sie etwas von Amerika wußten, dessen Entdeckung ein anderes säkulares Ereignis ist, dem sich die Neueren, ganz auf sich gestellt, konfrontiert sehen⁹⁷. Daß ein Gegenstand wie die Syphilis überhaupt ein würdiges Thema für ein Gedicht ist, ja daß in gewisser Hinsicht gerade sie den Dichter fordert, liegt daran, daß es sich hier um eine „res et novitatis plena et admirationis", wie Fracastoro in einem auf das Gedicht bezüglichen Brief bemerkt, handelt⁹⁸: eine Sache,

---

⁹⁶ Vgl. *Syphilis* I, 119–136: „Quumque animadvertas tam vastae semina labis / Esse nec in terrae gremio, nec in aequore posse, / Haud dubie tecum statuas reputesque, necesse est, / Principium, sedemque mali consistere in ipso / aere, qui terras circum diffunditur omnes / .... / Aer quippe pater rerum est, et originis auctor. / .... / Nunc vero, quonam ille [sc. der aer] modo contagia traxit, / Accipe: quid mutare queant labentia saecla. / In primis tum Sol rutilus, tum sydera cuncta / Tellurem, liquidasque auras, atque aequora ponti / Immutant, agitantque: utque ipso sydera coelo / Mutavere vicem, et sedes liquere priores, / Sic elementa modis variis se grandia vertunt" (171r-v).
⁹⁷ Vgl. a.a.O. II, 24–26 (175v): „Haec eadem tamen, haec aetas (quod fata negarunt / Antiquis) totum potuit sulcare carinis / id pelagi, immensum quod circuit Amphitrite".
⁹⁸ *Scritti inediti*, 26.

die des Neuen und Staunenerregenden voll ist. Der Philosoph muß sich einen Begriff über das, was ihm hier begegnet, erst bilden, und er ist insofern eigentlich sehr nahe mit dem Dichter verwandt, der ebenso stets auf der Suche nach dem neuen Begriff ist. Wörtlich lesen wir über die Kongenialität von Philosoph und Dichter bezüglich des *admirabile*: „Der Philosoph ist gewohnt, die Natur aufs höchste zu bewundern; der Dichter aber scheint das Schöne und das Große aufs höchste zu lieben und genau zu erforschen, woher es dann kommt, daß den einen das Streben des anderen in besonderer Weise fesselt: denn das Große und Schöne ist es hauptsächlich, was die Bewunderung erweckt, schön aber und groß ist in erster Linie das, was es von Natur aus ist"[99].

Fracastoro nun hat, wie erwähnt, unter andern auch zur Astronomie gearbeitet; sein Hauptwerk in dieser Beziehung ist sein *Homocentricorum, sive de stellis, liber* von 1538. Das Werk stellt in gewisser Weise einen Abgesang auf die mittelalterliche Kosmologie dar, insofern nämlich, als es grundsätzlich mit dem ptolemäischen System, speziell der Theorie von den Epizyklen und exzentrischen Planetenbahnen, bricht. Überlegungen in diese Richtung waren in Padua bzw. Bologna, wie wir bereits erwähnt haben, seit Achillinis *De orbibus* von 1498 aktuell. Während jedoch Kopernikus gewissermaßen bei den Pythagoreern anknüpft, die die Erde bereits um das kosmische Zentralfeuer hatten kreisen ließen, lenkt Fracastoro zu den homozentrischen Sphären des Eudoxos von Knidos (391/390–338/337 v. Chr.) zurück, die sich bekanntlich auch Aristoteles zu eigen gemacht hatte. Fracastoro restituiert die Vorstellung von innerhalb jeweils mehrerer Sphärenschalen mit gleichem Mittelpunkt von Ost nach West bewegter Planeten bzw. Sterne. Sein Modell ist, um den Beobachtungen gerecht werden zu können, noch einmal komplizierter als das eudoxisch-aristotelische – er benötigt insgesamt 77 Sphären. Wir stellen dieses Modell hier vor, indem wir zugleich auf ein

---

[99] Ebd.

größeres kosmogonisches Fragment Rücksicht nehmen, das in den Jahren 1534–1538 entstanden sein dürfte[100].

Grundlegend neu ist in seinem System, daß Fracastoro von außerhalb der Fixsternsphäre, vom „primum mobile" her, unmittelbar nicht nur die Längenbewegung der Gestirne von Ost nach West bedingt sein läßt. Unterhalb des „Primum mobile", der ersten bewegten Himmelssphäre, befinden sich zwei weitere kosmische Sphären, der „Circumducens" und der „Circitor", die zwei Breitenbewegungen erzeugen. Die Achsen dieser drei äußersten Himmelssphären stehen senkrecht aufeinander: die des „Primum mobile" läuft durch die Himmelspole, die des „Circumducens" durch die den Äquinoktialpunkten entsprechenden Punkte auf dem Himmelsäquator, die des „Circitor" durch die entsprechenden Solstitienpunkte. Die Funktion der beiden inneren dieser äußersten Sphären ist einerseits die, Himmelsbewegungen von Nord nach Süd zu erklären (das ist die Funktion des „Circumducens"), andererseits die, Geschwindigkeitsänderungen in den Umläufen zu ermöglichen (das ist die Funktion des „Circitors", der seinerseits bereits abhängig von den ihm von „oben" vermittelten Bewegungen ist). Herausgehoben sei aus diesem ganzen, im Detail nicht ganz leicht zu rekonstruierenden Zusammenhang jetzt nur ein einziger Aspekt. Fracastoro behauptet, daß es im Sinne der kosmischen Nord-Süd-Bewegung eine langsame Absenkung der Ekliptik gebe, die eines Tages den Äquator erreichen und dann auch unterschreiten werde. Dieser Vorgang freilich hat unmittelbare Auswirkungen auf die terrestrischen Gegebenheiten, schließt er doch beispielsweise ein, daß die Klimazonen auf der Erde wandern. Aus diesem Ansatz zieht Fracastoro mancherlei Folgerungen, z. B. werden Eiszeiten in jetzt warmen Regionen ebenso denkbar wie das Entstehen neu-

---

[100] Vgl. *Scritti inediti*, 275–337, speziell 297–328; Datierung ebd. 296. Unsere Darstellung folgt der vorzüglichen Rekonstruktion durch Enrico Peruzzi, *La nave di Ermete. La cosmologia di Girolamo Fracastoro*, Florenz 1995.

er, bisher unbekannter Tierarten; ein entsprechendes Szenario hat Fracastoro im ersten Buch der *Syphilis* sehr eindrücklich gezeichnet[101]. Festzuhalten ist daran zunächst, daß Fracastoro mit seinem Modell die Variabilität der Himmelsphänomene erhöht, damit aber auch qualitative Rückwirkungen bis hin zu kosmogonischen, geologischen, atmosphärischen und biologischen Prozessen aus den Himmelserscheinungen erklären kann. Die „große Natur" läßt die relativ kleine, die uns vor Augen liegt, kontinuierlich ihr Gesicht ändern. Dies geschieht nach dem Prinzip, daß alles, was in der Natur grundsätzlich möglich ist, im Laufe der Zeit auch mit Notwendigkeit eintritt. Im großen Zusammenhang der Natur, hier des Universums, liegen damit Phänomene schon jetzt verborgen, die zu ihrer Zeit notwendig ans Licht treten werden und die, wie die Syphilis, die Menschen in fassungsloses Staunen versetzen werden. Soweit es gestattet sein kann, den Begriff vom „kreativen Universum", den im 20. Jahrhundert Alfred N. Whitehead (1861–1947) geprägt hat, hier zu verwenden, könnte man sagen, daß Fracastoro in der Tat der Kreativität des Universums nachspürt und Bedingungen der Möglichkeit absolut neuer Phänomenalität zu denken versucht.

Kommen wir damit zu der erwähnten Dialog-Trilogie, in der sich uns Fracastoro vor allem als Philosoph zeigt! Die Trilogie beginnt mit dem Dialog *Naugerius*, der stets auch das Interesse der Ästhetiker auf sich gezogen hat, weil er unter anderem ein Bruch mit dem traditionellen Konzept der Nachahmung, der „Mimesis" als Grundbegriff der Kunst zu enthalten scheint. Die Absage an die Leitfunktion der Mimesis bedeutet bei Fracastoro dabei nicht, daß beliebige Willkürprodukte schon Kunst heißen dürften; entsprechend hoch sind die technischen und intellektuellen Anforderungen an den Künstler, der beispielsweise in bezug auf die Kenntnis der von ihm bearbeiteten *materia* ein Philosoph, d. h. ein weitestmöglich Wissender zu sein hat. Die Tätigkeit des Künstlers ist

---

[101] Vgl. *Syphilis* I, 152–181 (171v-172r).

GIROLAMO FRACASTORO

begrenzt durch eine ästhetische Wahrheit, die zu keines Dichters Disposition steht. Dichtung oder Kunst als solche haben zwar nicht direkt mit der Abspiegelung außerkünstlerischer Wirklichkeit zu tun. Aber sie hören ohne inneren Realbezug dennoch auf, Kunst zu sein. Positiv ist die Aufgabe der Dichtung die Realisierung des im absoluten Sinne Schönen, des *pulchrum simpliciter*[102]. Insoweit der Künstler oder Dichter je und je aber einen konkreten Stoff bearbeitet, ist es seine Aufgabe, den Gegenstand (dem *modus* nach) schön darzustellen, was für Fracastoro heißt: ihn als das erscheinen zu lassen, was er seiner maximalen Vollkommenheit (*perfectio*) nach ist. Kunst ist weder nützlich noch unterhaltend, sie versetzt in ein freies Staunen angesichts des schön und vollkommen Dargestellten. Fracastoro verwendet das Beispiel eines Hauses, das nach prosaischer Weltauffassung schon dann ein Haus ist, wenn es gegen Regen und Kälte schützt. Der prosaischen Weltauffassung erscheinen Säulen, Peristyle und jede andere Art Schmuck als akzidentelle Zutat. Aber gerade diese sogenannten Akzidenzien sind es, die dem Haus, das als Haus hervortreten, das sich selbst als sich selbst zeigen, d. h. schön sein soll, „wesentlich und notwendig" sind. Es gibt, wie Fracastoro sagt, eine „nobilitas rerum", die in ihrer Alltagsnützlichkeit nicht aufgeht und auf eine ganz andere Art von „Nutzen" verweist[103]. Und es ist diese Erkenntnis des Adels der Dinge, die den wahrhaften Künstler zu dem einzigen macht, der sich mit dem Allgemeinen beschäftigt und dabei bewußt stehenbleibt[104]. Es ist

---

[102] So lautet die Definition des Dichters: „poeta certe hic est, cuius officium erit ac finis nulla eorum praetermittere, quae simpliciter pulchrum ac perfectum sermonem faciant" (Naugerius, 117B).
[103] Vgl. a. a. O 119A: „poeta ... admirandus in omnibus esse vult. si ergo illa rebus attributa [sc. die angeblich „akzidentellen Zutaten" der Kunst] perfectionem et nobilitatem rerum ostendunt, nonne utilitas magna quidem et expetenda a cunctis censeri debet?" Im Sinne des Alltagsnutzens ist im übrigen nicht nur der Dichter, sondern auch der Philosoph „unnütz" (118B).
[104] Vgl. a.a.O. 115C–116A..

bemerkenswert, daß Fracastoro ausdrücklich festhält, daß sich *ausschließlich* der Künstler[105] mit dem Allgemeinen befaßt, während alle anderen Wissenschaften immer nur auf Partikularitäten gingen; das wird festgestellt, ohne daß für den Philosophen eine Ausnahme gemacht wird[106]. Wir wissen freilich schon, daß nach Fracacastoro der Dichter und der Philosoph sehr verwandte Leute sind. Über das weitere soll uns nunmehr der Blick in den *Turrius* belehren.

Der Dialog *Turrius, sive de intellectione* ist wie der *Naugerius* und der die Trilogie beschließende, unvollendet gebliebene Dialog *Fracastorius, sive de anima* erstmalig in den *Opera omnia* zu finden, die 1555 posthum in Venedig erschienen. Die drei Dialoge insgesamt wollen ein Gespräch im Freundeskreis Fracastoros wiedergeben, das an den Hundstagen in Fracastoros Landhaus in der Nähe von Verona stattgefunden hat. Wiewohl insgesamt schulmäßiger angelegt als der *Naugerius* und zum größten Teil einen einzigen Monolog der Hauptperson wiedergebend, tritt auch im *Turrius* gelegentlich ein lateinische Verse singender Knabe auf, und das landschaftliche Szenario ist insbesondere im Zusammenhang mit Scharnierstellen nicht vergessen. Im Munde des namengebenden Protagonisten, Giovanni Battista Della Torres, des Entdeckers der Triplizität der kosmischen Außensphären, von der schon die

---

[105] Künstler ist bei Fracastoro dabei jeder, „qui aptus est veris rerum pulchritudinibus capi moverique", auch wenn er selbst „nihil scribat" (119D). Über daraus folgende Aspekte einer „partizipatorischen" Hermeneutik der Kunst bzw. Dichtung vgl. Rainer Stillers, *Humanistische Deutung. Studien zu Kommentar und Literaturtheorie in der italienischen Renaissance*, Düsseldorf 1988, 286–296.

[106] Auch die Fiktionen, zu denen einzig der Künstler eine Lizenz hat (vgl. 118A), dienen ausschließlich der Verdeutlichung. – Giuseppe Saitta, *Il pensiero italiano nell'umanesimo e nel rinascimento*, Bd. 2, Bologna 1950, 198 setzt Fracastoros poetisches Allgemeines nicht ganz zu Unrecht in Beziehung zu Giambattista Vicos „universale fantastico"; der Unterschied zu Vico besteht freilich darin, daß Fracastoros Allgemeines nicht so sehr aus der Sprache gezeugt als vielmehr trotz seiner Idealität in bestimmtem Sinne real fundiert ist.

Rede war, nehmen sich die einleitenden Worte, daß die „größte und des Menschen am meisten würdige Wissenschaft die Naturphilosophie" sei, überzeugend aus; wenn dagegen die Mathematik als zwar auch lehrreiche, aber nur mit (ontologisch) geringfügigen („humilia") und nicht sonderlich erhebenden Gegenständen befaßte Wissenschaft zurücktreten muß, so ist dies zweifelsohne auch ein Reflex des von den Paduanern bis hin zu Cremonini immer hochgehaltenen aristotelischen Grundsatzes, daß für das Denken der natürlichen Natur mathematische Prinzipien nur eine sehr eingeschränkte Bedeutung haben können[107]. Durch den Dialog selbst wird dieses Urteil sehr schlicht damit näher begründet, daß wir von Gott keine über die Sinne gegebene Vorstellung haben und nur in abgeleiteten Formen über ihn denken können[108]. Allerdings entsteht an dieser Stelle eine Spannung zum abschließenden *Fracastorius*, dem Dialog über die Seele, der diese als Geschöpf Gottes, als unsterblich und als auch übernatürlicher Erkenntnis fähig ansieht. Fracastoro verläßt in *De anima* nicht nur den alexandristischen, sondern auch den averroistischen Rahmen; er lenkt zu einer teilweise an Thomas erinnernden Aristoteles-Interpretation zurück, stützt sich aber auch auf platonische Gedankengänge sowie auf seine eigene Sympathie-Lehre: die Seele ist von Gott unmittelbar als Glied der „catena aurea"[109], in der alle Dinge zusammenhängen, geschaffen und geht als dieses nicht zugrunde[110].

---

[107] Vgl. *Turrius*, 121 A.

[108] Vgl. a.a.O. 122B; auch 128B.

[109] Vgl. *Fracastorius*, 158C: „Si vero quaeras, quid sit hoc trahens [sc. dasjenige, von dem die Seele bewegt wird], meminisse te arbitror aureae illius catenae, quam Homerus scribit e coelo dependere, et cuncta alligare. Haec autem catena nihil aliud est, quam aut anima mundi ...., aut Fatum, aut Dei nutus et voluntas, quae totum per universum permeat, et cuncta movet, et alligat".

[110] Eine Zusammenfassung zum Unsterblichkeitsproblem bei Fracastoro gibt Peruzzi in der Einleitung zu seiner Ausgabe, 49–71.

Freilich muß uns das hier entstehende Problem der Konkordanz von Erkenntnislehre und metaphysischer Psychologie bei Fracastoro nicht näher beschäftigen. Denn in *De intellectione* ist ausschließlich von der Seele die Rede, insofern sie mit dem Körper verbunden ist, und für diese gilt auch nach Fracastoros Seelenschrift, daß sie über keinerlei Erkenntnisse außer den sinnlich gewonnenen verfügt[111]. Der Ansatz Fracastoros ist insoweit ein konsequent sensualistischer, freilich in dem Sinne, daß der Sensualismus mit einer Species-Theorie gekoppelt ist, die besagt, daß die Sinne von von den Dingen ausfließenden Abbildern („simulachra") derselben affiziert werden und die „Lebensgeister" dann die Form dieser Bilder an ihren „locus proprius" im Erkenntniszentrum leiten, wo sie als reine Formen rezipiert werden und auf diese Weise den Status von Erkenntnissen gewinnen. Man kann an dieser Theorie das interessante Detail hervorheben, daß Fracastoro eine Transformation der äußeren, materiellen *species* über die „species spiritualis" hin zur reinen Form mit Vorstellungscharakter lehrt; Fracastoro faßt also die organismischen Prozesse als Medium beim Wandel des äußeren Bildes zur inneren Vorstellung auf, und er kommt dabei ohne Intervention einer Intellektualseele aus. Spektakulär ist im Paduaner Ambiente diese Auffassung freilich noch nicht unbedingt; sie bleibt zunächst innerhalb des naturalistisch-alexandristischen Rahmens, was noch einmal dadurch unterstrichen wird, daß Fracastoro mit Nachdruck jede Eigentätigkeit und Spontaneität der Seele in der Konstitution von Erkenntnis ablehnt: „Mir scheint es, wenn ich nicht irre, daß die Seele beim Erkennen ausschließlich etwas erleidet und daneben nichts tut", heißt es in aller Deutlichkeit, und als Grund dafür wird angegeben, daß die Seele, wenn sie in der Erkenntnis der *species* selbsttätig

---

[111] Vgl. *Fracastorius*, 160A: „... arbitror coniunctam corpori animam non habere aliam per se cognitionem, quam per species, quanquam sint, qui aliter putant: separatam vero superacquirere aliam nobiliorem per eam gratiam, qua Deum cognoscere posse datum est ipsi ...".

sein sollte, dafür zusammen mit der *species* auch die auf diese bezügliche *actio propria* erst empfangen müßte[112]. Erkenntnislogisch freilich ist auch Fracastoro klar, daß auf dem bisher geschilderten Wege die Seele nur erst von Partikularitäten bevölkert ist – „in der Sinnlichkeit gibt es nämlich kein Allgemeines"[113] –, zu schweigen davon, daß in keiner Weise von einem Selbstbewußtsein oder einer Identität des Erkenntnissubjekts die Rede sein kann. Dennoch geht Fracastoro davon aus, daß das bislang Entwickelte als Gemeingut vorausgesetzt werden darf und unstrittig sei.

Allerdings folgt als nächster Schritt eine Innovation, die Fracastoro auch mit einem gewissen Stolz als solche einführt. Er modifiziert nämlich den von Aristoteles her bekannten Dreischritt Wahrnehmung (αἴσθησις) – Phantasie – eigentliche Erkenntnis (διάνοια bzw. νόησις) dadurch, daß zunächst eine zusätzliche Ebene, die zwischen den *sensus* und die aristotelischen Funktionen der φαντασία tritt, eingeschoben wird. Diese Ebene ist die (wie es mit einem von Fracastoro gebildeten „novum vocabulum" heißt[114]) der *subnotio*, die der tragende Unterbau für alles weitere sein wird. Die Definition der Subnotio lautet zunächst: „Voco autem subnotionem ... eam cognitionem, qua sub uno quodam apprehenso multa alia simul confuso quodam ordine sese offerunt: ad quae consequenter movetur anima, unum post aliud ceu inspectura"[115] – zu deutsch: „Ich nenne aber eine *Subnotio* diejenige Erkenntnis, durch welche sich unter einem gewissen Wahrgenommenen zugleich vieles andere in verworrener Ordnung darbietet, zu dem die Seele in der Folge hinbewegt wird, eines nach dem anderen sozusagen inspizierend". Es wird sodann unterstrichen, daß die Subnotio nicht etwa schon eine Zusammensetzung (*compositio*) verschiedener Vorstellungen, daher auch nicht

---

[112] A.a.O. 122D.
[113] A.a.O. 122C–D.
[114] A.a.O. 124C.
[115] Ebd.

wahr oder falsch sei, daß sie weiterhin noch nichts mit dem Gedächtnis zu tun habe, dem sie vielmehr vorausgeht, daß sie also nur den einfachen Übergang von einem Vorstellungsinhalt zu anderen meine, ein Übergang, der auf einem *motus in animali*, wenn man so will: auf der Lebenskraft der „anima interior" beruhe[116]. Illustriert wird dies am Beispiel eines Haines, der zuerst als Totaleindruck da ist, während die Seele sich durch diesen Totaleindruck doch sogleich genötigt sieht, eine bestimmte Sequenz von Einzelvorstellungen, also etwa zuerst die Vorstellung dieser Pinie, dann jener Buche, dann solche von Stämmen, Zweigen, Blättern und Beeren zu durchlaufen. Wichtig ist, daß die Sukzession dieser Einzelwahrnehmungen weder durch die Sinnlichkeit selbst noch gar schon durch die Reflexion veranlaßt oder geleitet ist. Ich würde vorschlagen, die Subnotio als eine originäre *Sequentialisierung von Intentionen* zu bezeichnen, die unmittelbar einem aktualen Sinneseindruck folgt, jedoch nicht vom Objekt her dirigiert ist, auch nicht schon einer eigentlich *logischen* Ordnung folgt und insgesamt als nicht weiter analysierbarer, *einfacher Akt* im Sinne einer Vitalfunktion des erkennenden Individuums anzusehen ist[117]. Ihre Primärfunktion ist in jedem Fall die, daß sie eine erste, weder analytische noch synthetische Strukturierung des sinnlichen Totaleindrucks stiftet, wobei sie, wie man in Aufnahme neuerer Terminologie sagen könnte, gänzlich im Bereich des „Nichtpropositionalen" verbleibt. Mit dem Begriff „Sequentialisierung" ist gemeint, daß es zu einer zuletzt organisch gesteuerten Ordnung bzw. Distribution der Aufmerksamkeit kommt, die ein erstes „Begriffsmuster" antizipiert, ohne doch schon eigentlich logischen Charakter zu haben. Diese Ordnung präfiguriert indes jede weitere Apprehension des entsprechenden Sachverhalts, und sie hat, wie

---

[116] Vgl. ebd.
[117] Vgl. ebd.: „constat enim in animali esse motum hunc, qui non est compositio, aut ratiocinatio, in qua veritas, aut falsitas sit, sed simplex, et sola repraesentatio unius sensibilis post aliud".

wir noch sehen werden, dabei durchaus auch praktische Implikationen. Der Sinneseindruck prägt sich so gerade nicht einfach wie das Siegel dem Wachs ein, sondern er provoziert eine Rezeption, die durchaus das Eigengesetz des lebendigen Individuums reflektiert – und sei es auch nur in der spezifischen „Brechung", die in der individuellen, zunächst freilich ganz unbewußten Aufmerksamkeitsverteilung respektive auf den Gesamteindruck liegt. Fracastoro macht sich freilich zunächst selbst den Einwand, ob so nun nicht doch eine Art Spontaneität in der Konstitution der Erkenntnis zugelassen worden sei, lehnt dies aber mit dem Hinweis ab, daß sich hier nicht die Seele im Sinne des *Erkenntniszentrums* selbst bewege, sondern durch ihre „instrumenta", die *spiritus*, die die Seele zu einer bestimmten Abfolge ihrer Applikationen auf verschiedene *species* nötigten, *bewegt werde*[118]. Insofern schon in der *subnotio* als in den Vitalfunktionen fundierter Intentionenlenkung so zuletzt das individuelle Konvenienzstreben zum Ausdruck kommt, ergeben sich von ihrem Begriff aus Bezüge nicht nur zu Fracastoros „kosmologischem" Sympathiebegriff, sondern auch zu bestimmten Fragen rund um „ästimative Kompetenzen", die im weiteren Gang der Schrift auch ausführlich aufgegriffen werden. Hierher gehören etwa der Instinkt der Tiere, die Möglichkeit, daß nicht alle Träume „Schall und Rauch", sondern (als subnotional fundierte Akte) durchaus realintentionalen Charakter haben können wie auch alle andere *facultates aestimativae*, die in ihrer Individualität ja niemals rein logisch auflösbar sind. Das Schaf beispielsweise, das den Wolf erblickt, hat weder einen Allgemeinbegriff von der Gefährlichkeit von Wölfen noch analysiert es den sich ihm darbietenden Anblick auf seine logischen Elemente hin, ihm widerfährt vielmehr unmittelbar eine Sequenz von Bildern oder Bildmomenten, die in diesem Fall auf die eigene animalische Konstitution antipathisch wirkt und das Schaf dazu veranlaßt, schleunigst sympathischere Szenerien aufzu-

---

[118] A.a.O. 124D–125A.

suchen. An diesem von Fracastoro selbst gewählten Beispiel[119] wird noch einmal deutlich, daß das geheime Regulativ in der Bildung der Subnotionen wie dann auch in dem auf sie gestützten Verhalten das für das Individuum Gute, die „species boni" ist[120]. Die Bewegung des Lebendigen, der *motus animalis*, der die Subnotio schafft, enthält insofern bereits eine Teleologie, die in den aestimativen Kompetenzen weiterentwickelt vorliegt und die auf maximal sympathetische Zustände geht – beim Menschen übrigens schon in dem Sinne, daß aus der Subnotio die Begierde nach weiterer Erkenntnis (*discendi amor*) hervorgeht[121].

An dieser Stelle ist noch eine Bemerkung zur Modifikation des aristotelischen Modells nachzutragen, die Fracastoro hier mit klarem Bewußtsein anbringt. Aristoteles hat nach Fracastoro mit der Tätigkeit der Phantasie zu Recht mehrere Operationen (*multae operationes*) der Seele abzudecken versucht, wobei nach Fracastoro der gesamte Bereich von den ersten Subnotionen bis hinauf zur Universalienbildung ins Auge zu fassen wäre. Aber eben den entscheidenden, primären Aspekt, auf welche Weise die Seele in der Rezeption der *species* von der einen zur anderen Vorstellung gelenkt wird, eben den Aspekt der Sequentialisierung der Intentionen als eigenständige, einfache Operation der Seele, hat er jedenfalls nicht deutlich erklärt („non plane dixit")[122]. Auch ist im einzelnen etwa zwischen der *imaginatio* und der *subnotio* strikt zu unterscheiden, denn Imaginieren meint bereits, eine Mannigfaltigkeit von Intentionen auf ein Ganzes beziehen, es meint die Vorstelligmachung der *coniunctio* zwischen den Intentionen als solcher, wovon bei der Subnotio noch keine Rede sein kann[123]. Man kann, wenn diese Unterscheidung getroffen ist, die Subnotio

---

[119] Vgl. a.a.O. 135D–136A.
[120] A.a.O. 125A.
[121] A.a.O. 125B.
[122] A.a.O. 124C.
[123] Vgl. a.a.O. 125D: „nihil enim aliud est imaginari, quam plura ut plura recipere, et comparare ad id, in quo coniuncta sunt, et videre, qualiter

zwar als „prima phantasia" ansehen, aber die Phantasie wird hier überhaupt zum Vermögen aller Verstandeshandlungen oberhalb des *sensus* und unterhalb der schließenden *ratiocinatio*: zu den Phantasieleistungen gehören somit auch Funktionen, die sonst durchaus als dianoetisch, als diskursiv aufgefaßt wurden, insbesondere die Affirmation und die Negation im Urteil, aber auch das Zählen und die Erinnerung, die ja allesamt nicht direkt auf Realien, sondern auf eine bestimmte Koordination von Realien zu einem Ganzen gehen.

Es liegt nun schon fast auf der Hand, daß sich von diesen Prämissen her das Universalienproblem für Fracastoro neu stellen wird. Fracastoro sagt selbst, daß seine diesbezügliche Meinung von fast allem, was je dazu geäußert worden sei, abweiche, und es werden auch sogleich zur Prüfung seiner Theorie die Naturgottheiten des *locus sacer*, an dem man sich befindet, angerufen[124]. Fracastoro stellt zunächst die Frage, ob es denkbar sei, daß wir die Universalien selbst erschaffen. Nach den Peripatetikern ist das nicht der Fall, vielmehr „zieht" hier der *intellectus separatus agens* das Universale als „simplex natura" der Sache aus deren sinnlicher Präsenz „heraus". Das kann jedoch nur heißen, daß der Intellekt entweder eine neue *species* bereitstellt, also die *substantia separata* selbst in Form einer *species* neben die sinnlichen *species* tritt, oder aber, daß er unsere Vorstellungsbilder (*phantasmata*), sagen wir von Sokrates oder Platon, so umwandelt, daß sie nur den Allgemeinbegriff des Menschen darstellen. Aber so wenig die Substanz eine *species* ist, so wenig plausibel ist nach Fracastoro auch eine solche Vorstellungsumwandlung durch einen eigens dafür intervenierenden Intellekt. Deshalb ist tatsächlich davon auszugehen, daß die Seele selbst die Allgemeinbegriffe bildet, die ihr übrigens auch nicht angeboren sind, sondern die sie erst nach gehöriger Übung im subnotionalen und imaginati-

---

unumquodque sese in illo habeant: quae operatio post subnotionem natura fit".

[124] Vgl. a.a.O. 129A.

ven Bereich zu erwerben anfängt[125]. Dabei lernt die Seele, ihre Intentionen so zu steuern, daß sie einzelne Vorstellungen von ihren Konjunkten absondert, sie für sich setzt und auf andere Vorstellungskomplexe übertragen kann. Eine rein nominalistische Abstraktionstheorie ist dies insofern nicht, als nach Fracastoro die sinnlichen *species* mittelbar an dieser Bildung des Universale mitwirken; sie intensivieren nämlich durch Wiederholung bestimmte Eindrücke. Fracastoro verwendet als Beispiel verschiedene Lichter, die, nacheinander entzündet, zu *einem* intensiveren Licht werden; ähnlich sei es, wenn Sokrates, Platon, Kallias und viele andere zu der einen Idee des Menschen verschmolzen werden, die insoweit durchaus real fundiert und, wiewohl von uns selbst geschaffen, doch nur in sehr engen Grenzen variabel ist[126]. Denken wir an dieser Stelle an die Lehre aus dem *Naugerius* zurück, daß sich eigentlich mit dem Allgemeinen als solchen nur der Dichter befaßt, so können wir jetzt auch sagen, daß es die Aufgabe des Dichters ist, die Dinge in ihrer maximalen Intensität oder Luzidität zu halten und darzustellen. Im *Turrius* wird jetzt gesagt, daß das auf gewisse Weise „göttliche" Vermögen der Universalienbildung der eigentliche Intellekt sei[127]. Mit ihm hat der durch die Subnotio entfachte Wissenstrieb jene Stufe erreicht, auf der jene Erkenntnisweise angetroffen wird, die dann auch logisch bearbeitet werden kann; der zweite Teil des Dialogs enthält deshalb unter anderem auch eine kurzgefaßte Logik.

Bemerkenswert ist, daß Fracastoro bei der Entfaltung des Reichs des Intellekts im engeren Sinne, bei der *ratiocinatio*

---

[125] Wir erlangen die Allgemeinbegriffe sukzessive in unserer Individualentwicklung: „adultioribus factis, et exercitatis in subnotionibus, et compositionibus, et separationibus coniunctorum" (a.a.O. 129C).

[126] Vgl. a.a.O. 127D.

[127] Zu Anfang des Dialogs war die „intellectio" selbst als „divina et sacra quaedam res" bezeichnet worden, „qua sola Diis ipsis similes videmur fieri", führt der Mensch doch durch sie ein Bild („similitudo") der ganzen Welt bei sich (a.a.O. 121C).

noch einmal auf die Subnotio zurückkommt: denn unmittelbar ist die *ratiocinatio*, das dianoetische Denken, auch eine Art Subnotio, nur jetzt eine „subnotio circa complexa"[128], also eine Sequentialisierung von Intentionen respective auf logisch bereits wohlunterschiedene Vorstellungen. Der subnotionale Charakter der ersten Dianoesen wird dabei sofort an den ersten Formen des Schließens deutlich, die Fracastoro anführt. Der einfachste Schluß, in Gebrauch besonders bei Kindern und Tieren, ist das *Beispiel*, die Intentionenlenkung von einer einzelnen bekannten Vorstellung auf eine zweite einzelne Vorstellung, die noch nicht wirklich bekannt ist[129]. Der zweite Schluß, das *Enthymem*, schließt von vielen Beispielen auf einen einzelnen Fall, also z. B. aus der Prämisse, daß Leute, die die Nacht durchzechen, schlechte Menschen seien, auf die Schlechtigkeit des Catilina[130]. Da die Prämisse hier kein wirklich allgemeiner Satz, sondern nur ein Arsenal von Beispielen ist, an das appelliert wird, fehlt dem Enthymem noch die Notwendigkeit; in seinem beispielsweise rhetorischen Gebrauch geht es aber auch nicht unbedingt um die logische Vollkommenheit, sondern um die subnotionale Intentionenlenkung auf den Vollzug einer bestimmten, einzelnen Prädikation. In der *Induktion*, dem dritten Schluß, soll die Intention dagegen über einzelnes auf einen allgemeinen Satz geführt werden. Leicht ist sie, wenn das einzelne, das hier den Mittelbegriff bildet, von endlicher Anzahl ist, wenn also z. B. aus der Tatsache, daß Erde, Wasser, Feuer und Luft geradlinige Bewegungen ausführen, geschlossen werden soll, daß alle Elemente geradlinige Bewegungen ausführen. In anderen Fällen verdient die Induktion wenigstens dann Vertrauen (*fides*), wenn entweder aus Wesensmerkmalen geschlossen wird oder wenn, wie in der Mathematik, die einzelnen Gegenstände einander hinreichend ähnlich sind[131].

---

[128] A.a.O. 131B.
[129] Vgl. a.a.O. 131C–D.
[130] Vgl. a.a.O. 131D–132B.
[131] Vgl. a.a.O. 132B–D.

Das bedeutet aber, daß im Bereich der eigentlichen Naturdinge als solcher Induktionen nicht schließen, sondern nur auf Wahrscheinlichkeiten führen; denn die *naturalia* sind jeweils nicht vollständig gegeben, noch können wir uns umstandslos auf ihre *natura communis*, ihr Wesen beziehen, noch wissen wir, wie weit die Ähnlichkeiten bei ihnen reichen. Deshalb ist etwa auch der Satz „Alles, was bewegt wird, ist ein Körper" („omne, quod movetur, est corpus") nur eine Wahrscheinlichkeitsaussage. Allerdings gibt es in vielen Fällen nach Fracastoro doch einen guten Grund, sich auf derlei Wahrscheinlichkeiten einzulassen, insbesondere dann, wenn es sich um eine Tatsache handelt, die von allen so gesehen und überall und immer für notwendig gehalten wird. Insofern sich logisch unvollkommene Induktionen aber über einen solchen Konsens empfehlen können, kann man ohne weiteres sagen, daß die Konsensualität hier wiederum eine subnotionale Steuerung auf eine notional letztlich nicht zu vermittelnde Erkenntnis hin indiziert und umgekehrt natürlich auch konsensuell vermittelte Propositionen immer noch der logischen Legitimation ermangeln. Nur die vierte und letzte Art des Schließens, der *Syllogismus*, ist nach Fracastoro uneingeschränkt mit logischer Notwendigkeit ausgestattet; seine diesbezüglichen Rekapitulationen müssen hier indes nicht eigens wiedergegeben werden.

Die weiteren Ausführungen im zweiten Teil des *Turrius* umfassen nicht zuletzt noch einmal aufschlußreiche Ausführungen über die Fundierung des Erkenntnisprozesses im Lebensprozeß. Ein weiteres Mal wird betont, daß alle Bewegung der Seele rein physiologischer Natur sei[132] und daß einzelne organische Glieder in ihren Reaktionen auf äußere Bewegungen ein Ziel oder Gut suchen, daß ihnen selbst nicht, sondern nur der Weltseele und Gott bekannt sei[133]. Auf die weitere Entwicklung der italienischen Naturphilosophie, nicht zuletzt auf Telesio, weist voraus, daß der „Erzeugergeist" („spiri-

---

[132] Vgl. a.a.O. 135D.
[133] Vgl. a.a.O. 136A.

tus genitivus"), der die Animalität regiert, mit dem *calor*, der natürlichen Wärme in Verbindung gebracht wird, dem die plastische Gestaltung der Naturgebilde zugeschrieben wird[134]. Die Handlungen der Tiere sind dieser ersten Gestaltung der Dinge auf höherer Stufe in gewisser Weise analog, und auch in den menschlichen Erkenntnishandlungen wiederholt sich noch einmal, sozusagen auf einer höchsten Konvenienz- oder Sympathiestufe, die Tätigkeit der ursprünglichen plastischen Bewegungen. Das alles ist, gemessen insbesondere an den Maßstäben der neuzeitlichen Gnoseologie, die keine hundert Jahre später bei Descartes erstmals ausgesprochen werden sollten, in mancher Hinsicht gewiß naiv, wie es allerdings auch ein Indiz dafür ist, daß bei Fracastoro das Verborgene der Natur viel weiter in die Seele des Menschen hineinragt, als ihm ein Ansatz beim „Problem" und den Leistungen „des Bewußtseins" zugestehen kann. Fracastoro steht, was die Situierung des Erkenntnisproblems angeht, wenn man ihn denn schon prospektiv auf die weitere Geschichte dieses Problems hin lesen will, Nietzsche näher als Kant. Der *Turrius* taucht in seinem weiteren Gang so denn auch noch einmal ein in das Halbdunkel einer Lehre vom Schlaf, vom Traum, von mentalen Alterationen, von den Temperamenten und den unterschiedlichen Dispositionen, die bei Menschen auch in Beziehung auf das Erkenntnisvermögen anzutreffen sind. In allen diesen Bereichen tauchen Spuren des Erkennens auf, die sich aus den organischen Vollzügen erheben, in ihnen aufblitzen, aber noch nicht zu sich selbst befreien. In all diesen Bereichen wird noch einmal an das *abditum naturae*, das Verborgene der Natur gerührt, das nach Fracastoro zuletzt auch der Rahmen der Frage nach der Erkenntnis ist. Der Mensch ist in diesen Rahmen gestellt, und er wird dessen auch in seinen besten Momenten, die solche des Staunens sind, gewahr. Diese besten Momente aufrecht zu erhalten, dazu gibt es Philosophie und Kunst. Die Definition der Philosophen, die Fracastoro

---

[134] Vgl. a.a.O. 137B.

im *Turrius* gibt und die wir diesem Porträt als Motto vorangestellt haben, kann jedenfalls nicht mehr überraschen: „Von Natur also Philosophen sind diejenigen, die auf die rechte Weise Universalien zu bilden und wahrzunehmen vermögen, nicht jedoch nur die gebräuchlichen, sondern auch die verborgenen, und die sich an ihnen aufs höchste erfreuen"[135]. Man wird sagen können, daß von dieser Einsicht her Fracastoro gewiß nicht zu den geringen Geistern in der Geschichte der Philosophie zählt.

LITERATUR:

Emilio Barbarani, *Girolamo Fracastoro e le sue opere*, Verona 1897².

Ernst Cassirer, *Das Erkenntnisproblem in der Philosophie und Wissenschaft der neueren Zeit. Erster Band*, ND Darmstadt 1991, 226–232.

Thomas Sören Hoffmann, „Dimensionen des Erkenntnisproblems bei Girolamo Fracastoro. Ein Beitrag zur Fortentwicklung der aristotelischen Gnoseologie in der italienischen Renaissance", in: *Vivarium* XLI (2003), 144–174.

Francesco Pellegrini, *Vita di Girolamo Fracastoro con la versione di alcune suoi canti*, Verona 1952.

Enrico Peruzzi, *La nave di Ermete. La cosmologia di Girolamo Fracastoro*, Florenz 1995.

---

[135] A.a.O. 147D–148A.

8 Jacopo Zabarella (1533–1589)

> Philosophus enim contemplativus rerum omnium, quae dignae
> cognitu sint, notitia assequi vult: ideo ipsius contemplationi
> res omnes subjiciuntur, nec solum dico res omnes,
> sed et omnibus modis, quibus cognosci possunt.
>
> Jacopo Zabarella

Im Jahre 1940 ist der amerikanische Philosophiehistoriker John Herman Randall jr. mit einer These hervorgetreten, die die Schule von Padua, von der wir bisher zwei Vertreter kennengelernt haben, in ein neues Licht stellen, um nicht zu sagen im allgemeinen Bewußtsein aufzuwerten vermochte. Die These war, daß die mit Galilei einsetzende „neue Wissenschaft" (und damit also einer der wesentlichen Erträge der italienischen Renaissance) eben maßgeblich durch den Paduaner Aristotelismus vorbereitet und geformt worden sei[136]. Das würde bedeuten, daß Padua ganz entscheidend an der Konstitution der Neuzeit beteiligt gewesen wäre; denn wenn

---

[136] John H. Randall (jr.), *The Development of Scientific Method in the School of Padua*, in: Journal of the History of Ideas 1, 177–206; vgl. auch ders., *The School of Padua and the Emergence of Modern Science*, Padua 1961.

irgendein Name für die Revolutionierung der naturwissenschaftlichen Denkungsart am Beginn der Neuzeit zu stehen vermag, dann ist dies ohne Zweifel der Name Galileis.

Freilich geben die Autoren, die wir bislang betrachtet haben, unmittelbar wenig Anlaß zu einer entsprechenden Sicht der Dinge, und dies vor allem schon deshalb, weil bei ihnen in keiner Weise der entscheidende Schritt getan zu sein scheint, der für Galileis Erkenntniskonzept konstitutiv wurde: der Schritt zur *Mathematisierung* der Natur, zu der These, daß Natur wesentlich in quantifizierbaren Proportionen bestünde und daher auch in quantitativen Naturgesetzen aussagbar sein müsse. Galilei hat in diesem Sinne davon gesprochen, daß die Grundlagen der Mechanik in der Geometrie zu finden seien – ein ganz und gar unaristotelischer und zunächst auch unpaduanischer, aber nichtsdestoweniger um so erfolgreicherer Satz; er hat – wir kommen darauf zurück! – erklärt, daß die Buchstaben, in denen das Buch der Natur verfaßt sei, mathematische Symbole seien, und er hat folgerecht die Naturwissenschaft auf Messung des Meßbaren und Meßbarmachung des Nichtmeßbaren gegründet. Von all dem kann beispielsweise bei dem Autor, von dem wir gerade herkommen, kann bei Fracastoro die Rede nicht sein, und auch bei dem schon einmal kurz erwähnten Zeitgenossen, Antipoden und auch Freund Galileis aus Padua, bei Cesare Cremonini (1550–1631), treffen wir gerade auf den Versuch, das aristotelische, qualitative Naturdenken gegen die neue Physik der Zahlen und Zahlverhältnisse zu behaupten – bei Cremonini übrigens zum letzten Mal, denn man kann sagen, daß mit ihm der naturphilosophische Aristotelismus überhaupt an sein Ende kommt; eine eigentliche Zukunft hat er im 17. Jahrhundert nicht mehr. Woran aber dachte John Randall dann, wenn er meinte, die Vorgeschichte Galileis in Padua lokalisieren zu können?

Eine Antwort auf diese Frage ergibt sich aus der Betrachtung eines späten Paduaners, mit dem wir unsere Einblicke in das Denken dieser oberitalienisch-aristotelischen Schule

JACOPO ZABARELLA

hier abrunden und beschließen wollen. Gemeint ist Jacopo (Giacomo) Zabarella, einer der letzten Autoren der Schule von allgemeinerer Bedeutung, der heute vor allem noch als Logiker und Methodologe bekannt ist. Zabarella wurde im Jahre 1533 als Sohn eines Grafen in Padua selbst geboren, wo er auch seine Studien in Philosophie und Mathematik absolviert hat. 1553 wurde Zabarella promoviert, 1563 erhielt er den Lehrstuhl für Logik daselbst, später dann auch naturphilosophische Lehrstühle. Abgesehen davon, daß er 1576 wegen der Pestgefahr aufs Land ausweichen mußte, wo er die freie Zeit für die Abfassung seiner *Opera logica*, einer Gesamtausgabe seiner logischen Schriften, benutzte (sie erschienen dann in Venedig im Jahre 1578), verlief sein Leben in eher wenig spektakulären Bahnen. Im Alter von 56 Jahren ist Zabarella in Padua gestorben; posthum erschienen sind sein Hauptwerk zur Naturphilosophie, die stattlichen 30 Bücher von *De rebus naturalibus* (Venedig 1590), sowie Kommentare zur Physik und Psychologie des Aristoteles, die seine Söhne aus dem Nachlaß edierten. Da wir uns hier vor allem mit Zabarella als Methodologen beschäftigen wollen, erwähnen wir wenigstens summarisch, daß Zabarella in Fragen der Seelenlehre prinzipiell averroistisch dachte, dabei aber wie Pomponazzi leugnete, daß es möglich sei, aus den Schriften des Aristoteles einen Vernunftbeweis für die Unsterblichkeit der Seele zu ziehen. Wir bewegen uns mithin noch immer in grundsätzlich vertrautem Milieu, auch wenn wir sogleich Akzente gesetzt finden, die uns noch nicht geläufig sind.

Zabarella ist, wie wir gehört haben, nicht zuletzt Logiker und Methodologe und auch als solcher bekannt geworden; er schließt damit an eine Richtung an, die es nicht nur auch in der früheren Geschichte Paduas immer gegeben hat – wir erinnern uns an Paolo Veneto, von dessen *Logica Magna* bereits die Rede war –, sondern die durchaus ein integraler Bestandteil des authentischen Aristotelismus ist. Der Stagirit hat bekanntlich ein kleines, aber ungeheuer wirkungsmächtiges Corpus logischer Schriften hinterlassen, das sogenannte *Organon*, bestehend aus der *Kategorienschrift*, der Schrift *De interpretatione*, den beiden *Analytiken* und der *Topik*. Die Bezeichnung „Organon" weist darauf hin, daß man in der aristotelischen Schule die Meinung vertrat, die Logik sei ein Hilfsmittel, ein „Instrument" der Erkenntnis in den Wissenschaften, aber nicht selbst im strengen Sinne schon Wissenschaft, also Sacherkenntnis und inhaltliches Wissen. In der Antike entbrannte um diesen Punkt ein Streit zum Beispiel zwischen den Stoikern und den Aristotelikern; die Stoa nämlich war der Meinung, daß die Logik, die hier unter dem Titel „Dialektik" firmierte, in jedem Fall ein integraler Bestandteil des philosophischen Systems sei. Zabarella hat sich in seinen *Opera logica* gleich zu Eingang mit dieser Frage befaßt, und er lenkt hier mit Macht auf den aristotelischen Standpunkt hin: die Logik, so sagt er, ist ein „habitus intellectualis instrumentalis", eine instrumentelle Verstandeshaltung, in der sich der Verstand mit seinen eigenen Handlungen (*operationes*) in Erkenntnisakten beschäftigt[137]. Daß die Logik so keine Realerkenntnis ist, wird auch daran deutlich, daß die in ihr auftauchenden Begriffe nicht die Begriffe von ewigen und an sich bestehenden Dingen und Sachverhalten sind, sondern von uns selbst erdachte und insoweit auch kontingente Begriffe (*res contingentes, quae a nobis producuntur*)[138]; die Logik handelt entschieden von Termini, nicht von Realien. Der Zweck der Logik, die eher einer Kunst (*ars*) als einer Wissenschaft ähnelt, ist so auch nicht unmittelbar die Erkenntnis, sondern die Gewinnung von *Verfahren*, um gesicherte Erkenntnis von ungesicherter zu unterscheiden. Das bedeutet dann aber, daß die Logik zentral Methodologie ist – wobei Zabarella sehr genau weiß, daß es stets zwei Logiken gibt, eine „natürliche", der die Menschen gleichsam aus Instinkt folgen, und eine

---

[137] Vgl. Jacopo Zabarella, *De natura Logicae libri duo* I, 3 sowie I, 20, in: *Opera logica*, hg. von Wilhelm Risse, Hildesheim 1966 (ND der Ausgabe Köln 1597), 6 bzw. 52.

[138] Vgl. a.a.O. 8.

künstliche oder kunstgerechte (*logica artificiosa*), die ein Produkt der Philosophie ist[139].

Auf der Ebene der kunst- und schulgerechten Logik – wir springen damit zu den *De methodis Libri quattor* – sind dann zunächst Methode (*methodus*) und Anordnung (*ordo*) zu unterscheiden, wobei eigentlich erkenntniserweiternd die *methodus* ist, während der *ordo* die Disposition des Wissensstoffes zum Zwecke seines leichteren Erwerbs oder systematischeren Überblicks betrifft. So ist zum Beispiel in einer eigentlich theoretischen Wissenschaft die Ordnung „kompositiv", d.h. sie schreitet von den Prinzipien und vom Allgemeinen zum Besonderen und Einzelnen fort; man mag etwa, auch wenn bei Zabarella die Mathematik nicht gerade den ersten Platz unter den Wissenschaften einnimmt, an die „Elemente" des Euklid denken, in denen von allgemeinsten Sätzen und Definitionen zu immer konkreteren Problemen fortgegangen wird, oder auch an die Ordnung des aristotelischen *Organon* selbst, in der eben zuerst der Begriff, dann das Urteil und zuletzt erst der Schluß erklärt wird. In einer *Kunst* dagegen ist die Ordnung „resolutiv", d.h. man geht von der gestellten Aufgabe zurück auf die einzelnen Elemente, derer es zu ihrer Lösung bedarf. Ein Architekt zum Beispiel schließt von dem Bauauftrag aus, den er empfängt, auf die Mittel, die er zu seiner Durchführung braucht, und jede Gebrauchsanweisung für ein technisches Gerät ist im Regelfall so verfaßt, daß sie uns nicht die Stellung dieses Geräts im All des Seienden ableitet, also mit einer kompletten „Ontologie" des betreffenden Apparats versorgt, sondern die erforderlichen Schritte für seine erfolgreiche Inbetriebnahme benennt. Diese Unterscheidung der beiden Grundmöglichkeiten zur Disposition eines Stoffs, des *ordo compositivus* und des *ordo resolutivus*, hat in der Folge, etwa in der Wissenschaftstheorie des 17. Jahrhunderts, lange nachgewirkt und auch für Kontroversen gesorgt. Für Zabarella ist in diesem gesamten Kontext entscheidend,

---

[139] Vgl. a.a.O. 27: „Logica est partus philosophiae".

daß er „den ordo naturae nicht als Voraussetzung" annimmt, „sondern als außerwesentliches Korrelat der Methode" bestimmt. „Deshalb folgt auch der *ordo doctrinae* nicht dem *ordo rerum*, sondern wird durch den Verstand als instrumentaler *habitus* zur Ordnung der Sachverhalte erst gebildet"[140]. Zabarella unterscheidet sich hier wesentlich vom Aristotelismus der Thomisten, die als Maßstab die Seinsordnung ansetzten, nicht etwa eine von uns erst konstituierte Verfahrensordnung. Aber genau damit eben weist Zabarella, der seinerseits ja noch auf dem Boden des Aristotelismus steht, über diesen hinaus. Im Zug des neuzeitlichen Denkens wird es – so vor allem bei Kant – zu einer eindeutigen Priorität der Verstandesordnung vor der Dingordnung kommen. Den nächsten Schritt in diese Richtung wird, wie wir bereits ahnen, Galilei tun.

Nicht dasselbe wie die Unterscheidung der beiden bislang genannten Ordnungen, aber doch mit ihr in einer Analogie stehend ist die andere Unterscheidung zwischen kompositiver und resolutiver *Methode* im Beweis, der *demonstratio*. Hierbei geht es, wie gesagt, nicht um Fragen der Stoffdisposition, sondern um solche der Erkenntniserweiterung und -fundierung, des Erkenntnisgewinns. Nach Zabarella gibt es im Prinzip nur die beiden genannten Beweismethoden, und sie unterscheiden sich wie folgt: der eine Beweis, der sich auf eine *demonstratio propter quid* oder *compositiva* stützt, schließt von der Ursache auf die Wirkung, der andere, der eine *demonstratio quod* oder *resolutiva* benutzt, umgekehrt von der Wirkung auf die Ursache; der stärkste Beweis ist dabei immer der von der unmittelbaren Ursache aus geführte, der schwächere der von der Wirkung auf das „Daß" der Ursache. Im eigentlichen Sinne gehören beide Methoden den theoretischen Wissenschaften an, beide dienen dem Erwerb von Erkenntnis, nicht dem Handeln und Schaffen. Von daher ergibt sich dann auch eine Vorordnung der *methodus compositiva*, welcher die reso-

---

[140] So W. Risse in der *Einführung* zu seiner Ausgabe der *Opera logica* Zabarellas, IX.

lutive Methode zuletzt ihrerseits dient. Cassirer hat in den beiden Methoden die Unterscheidung von Deduktion und Induktion gefunden[141] und damit auf einen Unterschied verwiesen, mit welchem man populärerweise gerne die neuen, experimentellen Naturwissenschaften von der alten Bücherphysik und -metaphysik abhebt. Freilich liegen die Dinge so ganz einfach nicht, denn bei Zabarella ist die Induktion nur *ein* Fall der resolutiven Methode, jener Fall nämlich, bei dem im Rückgang auf die Ursachen im Bereich des Sinnlichen stehen geblieben wird. Andere Resolutionen führen z.B. auf Gott als die Ursache der Himmelsbewegungen, also auf eine nichtsinnliche Ursache, aber Gott wird dabei eben auch nicht eigentlich „induziert". In der Mathematik brauchen wir überhaupt keine Resolution, denn die Mathematik ist ein komplettes und in sich klares deduktives System, in dem alles aus den bekannten Prinzipien demonstriert werden kann; in diesem Sinne bleibt das Erkenntnisideal sogar insgesamt ein „kompositives". Allerdings ist sich Zabarella bewußt, daß wir in der Tat nur bedingt rein deduktiv zum Ausbau und zur systematischen Erweiterung unseres Wissens gelangen können. Er verficht daher eine Kombination beider Methoden, die er – durchaus im Kontext zeitgenössischer Diskussionen – die „Regressus-Methode" nennt; er hat auch eine eigene Schrift zum Thema, *De regressu*, verfaßt[142]. Diese Methode beschreibt den folgenden Zweischritt: im Ausgang von einer gegebenen Wirkung gehen wir „resolutiv" auf ihre wahrscheinlichen Ursachen zurück. Wir bedienen uns dabei zwar der Schlußfolgerung, also des Syllogismus, doch ist das so erzielte Ergebnis zuerst noch „konfus". Wir vergewissern

---

[141] Ernst Cassirer, *Das Erkenntnisproblem in der Philosophie und Wissenschaft der neueren Zeit. Erster Band*, ND Darmstadt 1991, 137.
[142] Von dieser Schrift wie von den vier Büchern über die Methoden hat Rudolf Schicker eine deutsche Übersetzung vorgelegt (Jacopo Zabarella, *Über die Methoden/Über den Rückgang. Eingeleitet, übersetzt und mit kommentierenden Fußnoten versehen von Rudolf Schicker*, München 1995).

uns dann des Zusammenhangs zwischen Gründen und Folgen, treten also in eine Phase „mentaler Meditation" ein. Erst danach rekonstruieren wir die Wirkung „kompositiv" und erlangen jetzt einen „distinkten" Begriff vom Zusammenhang beider Seiten. Nehmen wir etwa folgendes Beispiel: wir stellen fest, daß es in der Welt Bewegung gibt und fragen nach ihrer Ursache; da Bewegung, aristotelisch gedacht, immer ein äußeres Bewegendes voraussetzt, ergibt sich zunächst nur eine ganz unklare Vorstellung von einem Bewegungsanfang, den wir annehmen müssen, wenn wir es überhaupt mit einer endlich bestimmten Welt zu tun haben wollen. Der Anfang der Bewegung müßte, wenn er wirklich ein Anfang sein soll, selbst ein Unbewegtes sein. Wir müssen also zu dem Begriff eines Bewegers gelangen, der selbst unbewegt ist. Ein solcher Begriff setzt ein in sich vollendetes, nichts außer sich mehr suchendes Wesen voraus. Dieses Wesen ist Gott, und wir können jetzt „kompositiv" die Bewegungsverhältnisse in der Welt „rekonstruieren", indem wir sie als das Bestreben des Unvollkommenen verstehen, sich dem Vollkommenen anzuähneln – Aristoteles lehrt ja in dem berühmten zwölften Buch seiner *Metaphysik*, daß alles Endliche nach der göttlichen Form der reinen Selbstbeziehung strebt. Daher erkennen wir jetzt klar, daß Gott als Urheber der Bewegung vorgestellt werden kann, und wir haben für die vorliegende Bewegung in der Tat eine allgemeine Erklärung.

Man hat gegen diese Methode schon zu Zabarellas Zeiten eingewandt, sie sei zirkulär, denn sie kehre genau zu dem, wovon ausgegangen worden sei, wieder zurück, die sage also (in unserem Beispiel) zuletzt, das Bewegte sei bewegt, weil es bewegt sei. Aber dieser Einwand verfehlt die Pointe der Methodologie Zabarellas. Die Methodologie will nur klar machen, wie wir von weniger bestimmten zu bestimmteren Begriffen gelangen; sie macht, wie man mit Hegel sagen könnte, das Unmittelbare zu einem Vermittelten, und in diesem Sinne ist der Ausgangspunkt nicht mit dem Zielpunkt der Regressus-Methode identisch. Erkenntnismetaphysisch ist dabei übrigens vorausgesetzt, daß uns der (göttliche) aktive Intellekt mit durchaus wahren Begriffen vom Realen in seiner Allgemeinheit versorgt. Unsere Aufgabe ist es, diese Begriffe zu meditieren und in ihrem logischen Konnex zu erkennen. Daß wir übrigens im Prinzip mit durchaus wahren Allgemeinbegriffen konfrontiert sind, kann dann etwa auch heißen, daß, wie Zabarella meint, im Prinzip auch das aristotelische System von Realerkenntnissen die Wahrheit enthält. Zabarellas Logik ist, wie wir gesehen haben, zwar eine solche der Erkenntniserweiterung. Aber diese Erweiterung findet doch nur in einem einmal gesteckten Rahmen statt, in dem durch sie jeweils nur die schon vorhandenen Begriffe deutlicher zu machen sind. Man kann ohne weiteres sagen, daß Fracastoro, der die Frage nach dem Entstehen und der möglichen Einführung *neuer* Begriffe gestellt hat, hier durchaus flexibler war, wie auch, daß Zabarella für den Umbruch auf dem Boden der Naturphilosophie, wie er sich im Ausgang schon von Fracastoro selbst zu seiner Zeit ereignet hat, eigentlich keine Begriffe mehr hat; daß, was man heute einen durchgreifenden „Paradigmenwechsel" nennen könnte, ist ihm wesentlich fremd – und zumindest insofern ist Zabarella, übrigens trotz einiger bemerkenswerter Diskussionen zugunsten der Teilhabe von Rhetorik und Poetik an der Logik[143], sicher nicht ein Vorreiter Galileis und der neuen Wissenschaft. Was aber wollte Randall, auf den wir

---

[143] Vgl. Zabarella, *De natura Logicae* II, 13–23. Zabarella bemerkt hier, daß „bis jetzt noch niemand erklärt habe, inwiefern sie – die Rhetorik und die Poetik – Teile der Logik und Instrumente der Philosophie" seien, es liege „die ganze Last" einer entsprechenden Klärung darum auf ihm. Es geht dabei schon darum zu klären, was den rationalen, nicht rein auf die Sprache bezogenen Charakter dieser beiden Disziplinen ausmache. Er möchte mit Averroes aufzeigen, warum beide als „Dienerinnen" (*servae ac ministrae*) der Beweiskunst gelten können, zugleich aber doch nicht eigentlich zu den Wissenschaften des *Organon* zu zählen sind (c. 13). Auf dem Weg zur Lösung der Frage wird dann explizit auf den pragmatischen, indes eigentlich nicht kognitiven Sinn von Poetik und Rhetorik eingegangen. Hier liegt dann auch der Unterschied etwa zu Fracastoro oder auch Vico.

noch einmal zurückkommen müssen, mit seiner These von der Vorbereitung des Galileischen Paradigmenwechsels in Padua dann eigentlich sagen?

Die Antwort ergibt sich daraus, daß Galilei an verschiedenen Stellen seiner Werke die Unterscheidung Zabarellas von kompositiver und resolutiver Methode fast wörtlich übernommen hat und inhaltlich an sie anschließt – nur daß sich bei Galilei auch eine Verschiebung derart ankündigt, daß jetzt das resolutive Verfahren, also der Rückgang von der Wirkung auf die Ursache, die Oberhand gewinnt. Nach Galilei entbehrt die „kompositive" Methode nämlich der Sicherheit, wenn sie nicht auf die voraufgegangene Resolution zurückgreifen kann. Bei Galilei verschiebt sich das ganze Verfahren im Erkenntnisgewinn hin zu einer, wie man auch sagen kann, „genetischen" Methode. Leibniz hat (z.B. in den *Nouveaux Essais*) von der „Kausaldefinition" gesprochen, die dann vorliegt, wenn wir einen gegebenen Gegenstand aus seinen ihn bedingenden Komponenten erklären können. Die Kausaldefinition ist bei Leibniz die eigentliche *Realdefinition* a priori; über sie verfügen wir nicht dann, wenn wir z.B. das Gold nominal definieren können, also etwa sagen können, Gold sei ein Metall von rotgelber Farbe, sondern wenn wir es herstellen können[144]. Die Kausaldefinition ist so – wofür es im spätmittelalterlichen Sprachgebrauch bereits Vorläufer gibt – die „genetische Definition", die Definition, die uns befähigt, eine Sache erst entstehen zu lassen. Galileis Ansatz beim „metodo risolutivo" zielt genau auf das Erreichen einer solchen „genetischen Definition", und man kann pauschal sagen, daß die gesamte neuere Naturwissenschaft eben in „genetischer" Absicht resolutiv verfährt: sie stößt zu jenen Komponenten vor, aus denen die Sache, um die es geht, dann wieder „komponiert" werden kann; ihr gilt als erkannt, was wir dann auch nach den gewonnenen Regeln in Existenz setzen können. Die

---

[144] Vgl. z.B. Gottfried W. Leibniz, *Nouveaux Essais sur l'entendement humain*, III, 3, § 18.

neuere Naturwissenschaft ist alles andere als kontemplativ ausgelegt; sie ist bis in ihre Wurzeln hinein technisch verfaßt. Der Begriff des Menschen ist hier der seines „Genoms", der des Tierreichs der seiner „Evolution", der des Universums der seiner Geschichte. „Verum factum convertuntur", das Wahre und als wahr Erkannte ist das, was wir selbst zu machen verstehen, während das, was in sich beruht, was nur für sich ist, alle Wahrheit und Erkennbarkeit verliert – wir werden bei Vico über den Zusammenhang dieses Gedankens nochmals zu reden haben.

Wir haben gesagt, daß Zabarella immer noch auf das rein theoretische Erkennen zielt, und wir müssen auch jetzt sagen, daß ihm selbst ein Erkennen, das am Machen orientiert ist, ganz fremd wäre. Aber seit Galilei liegen die Dinge anders, und das Wahre ist jetzt das durch den Menschen Gesetzte, das genetisch Dargestellte – so sehr übrigens Galilei selbst davon auch noch auszunehmen ist, da er selbst zuletzt viel eher an „platonische" Wahrheiten denn an vom Menschen gemachte glaubte und es ihm so auch eher um Zugangsbedingungen für uns als um Konstitutionsbedingungen an sich zu tun war. Zabarella aber hat *nolens volens* eine Weichenstellung bezeichnet, die für die Folgezeit wichtiger wurde, als es in seinem eigenen Horizont liegen konnte. Und er hat der Neuzeit auch insofern ein für sie wichtiges Stichwort geliefert, als es gerade in ihr zum Ausbau der Wissenschaft von der Methode, ja, für die Philosophie, in Teilen geradezu auch zum Rückzug auf den Methodologismus kam. Das letztere entsprach Zabarellas Intention nicht, da er, wie erwähnt, die Logik zuletzt nur als Dienerin der Realerkenntnis verstand. Aber es liegt eben nicht immer an den Intentionen, die jemand hat, wenn sein Erbe neuen Zwecken einer neuen Zeit dienstbar sein muß.

An dieser Stelle nur noch ein knapper philosophiehistorischer Hinweis, um die bleibende Fortwirkung von Zabarellas Methodenunterscheidung zu würdigen! Wir können nämlich die beiden Begriffe „kompositiv" und „resolutiv" in zwei andere, uns womöglich geläufigere Termini übersetzen und bemerken sofort, daß wir es hier doch mit einer nicht ganz folgenlos gebliebenen Unterscheidung zu tun haben. Man kann nämlich für „kompositiv" auch „synthetisch", für „resolutiv", ganz wörtlich übersetzt, auch „analytisch" sagen. Sagen wir das, so fällt uns vielleicht ein, daß Descartes seine *Meditationen* als der analytischen Methode verpflichtet dargestellt hat. Descartes hat sogar die Bitte seines Freundes Marin Mersenne (1588–1648), die Lehre der *Meditationen* doch auch „more geometrico", d.h. synthetisch vorzutragen, zurückgewiesen, weil ihm, wie er schreibt, „die Synthesis ... für die metaphysischen Gegenstände nicht recht zu passen" schien[145]. Darin bekundet sich Descartes' Zweifel, daß die metaphysischen Prinzipien, wie die Aristotelikern angenommen hatten, so einfach auffindbar und unzweifelhaft feststehend seien; es gibt für ihn nur den Weg, bei einem gegebenen Problem als solchem anzusetzen und von ihm aus analytisch zu jenen Faktoren vorzustoßen, mit dem seine Lösung möglich sein könnte. Auch in seinen *Regulae ad directionem ingenii* hat Descartes nichts anderes als die analytische Methode empfohlen, so wenn er hier empfiehlt, ein gegebenes Problem zunächst in so kleine Teilprobleme zu zerlegen, daß deren Lösung jeweils möglich ist. Die Grundlegung der neuzeitlichen Philosophie, gerade auch in ihrer Abgrenzung gegen die philosophische Tradition, atmet so „resolutiven", „analytischen" Geist. Und noch bei Kant beggnen wir dann dem Methodenunterschied, den Zabarella ausführlich besprochen hat: Kant hat der *Kritik der reinen Vernunft* bekanntlich eine inhaltlich nichts anderes besagen sollende Schrift, die *Prolegomena*, folgen lassen. In § 4 dieser Schrift verweist er ausdrücklich auf den Methodenunterschied beider Werke: während das erste, die *Kritik*, „synthetisch" zu Werke ging, verfahren die *Prolegomena* analytisch; sie deduzieren insoweit nicht den Kosmos

---

[145] R. Descartes, *Meditationen über die Grundlagen der Philosophie mit den sämtlichen Einwänden und Erwiderungen*, hg. von Artur Buchenau, ND Hamburg 1994, 141.

der Transzendentalphilosophie, sondern sie lösen bestimmte Probleme, etwa der Möglichkeit wissenschaftlichen Wissens, und üben damit in transzendentales Denken ein. Es ist nicht unbedingt anzunehmen, daß Kant über Zabarellas Logik und Methodologie *in extenso* im Bilde gewesen wäre. Aber es leidet keinen Zweifel, daß Zabarella ein wichtiges Scharnier für die Ausbildung des Methodenbewußtseins der neuzeitlichen Philosophie gewesen ist – und daß insofern der Aristotelismus von Padua in der Tat zu den Größen zählt, mit denen am Beginn der frühen Neuzeit zu rechnen ist[146].

LITERATUR:

Eckhard Keßler, „Von der Psychologie zur Methodenlehre. Die Entwicklung des methodischen Wahrheitsbegriffes in der Renaissancepsychologie«, in: *Zeitschrift für philosophische Forschung* 41 (1987), 548–570.

Neal Ward Gilbert, *Renaissance Concepts of Method*, New York 1963².

Wilhelm Risse, *Die Logik der Neuzeit. 1. Band (1500–1640)*, Stuttgart-Bad Canstetten 1964.

William A. Wallace, *Galileo and his Sources*, Princeton 1984.

---

[146] Vgl. dazu aus der neueren Fachliteratur den Sammelband von Gregorio Piaia (Hg.), *La presenza dell'aristotelismo padovano nella filosofia della prima modernità*, Rom/Padua 2002.

Dritte Abteilung:

Humanisten und neues politisches Denken

Die Stichworte „Renaissance" und „Humanismus" klingen von jeher nicht nur nahe verwandt, sondern scheinen in vielfacher Hinsicht auch aufeinander zu verweisen. Besonders in der italienischen Geschichtsschreibung werden beide bisweilen geradezu synonym gesetzt. Dazu ist zunächst zu bemerken, daß, wie der Epochentitel „Renaissance", so auch der begleitende Titel „Humanismus" erst aus dem 19. Jahrhundert stammt, also nicht etwa unmittelbar die Selbstbezeichnung einer historischen Gruppierung und Schule war[147]. Trotzdem gibt es gute Anhaltspunkte dafür, diejenige geistige Formation, die wir heute als den „Humanismus" bezeichnen, eben mit diesem Namen zu belegen. Paul Oskar Kristeller, dem die Erforschung der Renaissancephilosophie vieles verdankt, hat wiederholt darauf hingewiesen, daß nicht nur der Name „humanista" bereits gegen Ende des 15. Jahrhunderts belegt ist[148], sondern daß es auch sonst einen gut nachvollziehbaren Anlaß für den Namen der Humanisten gibt: denn „Humanist" darf zunächst heißen, wer sich der „studia humanitatis" befleißigt. Was darunter zu verstehen ist, ergibt sich aus den Schul- und Universitätsschemata des 15. Jahrhunderts, in denen unter den „Studien" dieser Art fünf

---

[147] Der Ausdruck stammt für den deutschen Bereich offenbar von dem Hegelfreund und Schulreformator Friedrich Immanuel Niethammer (1766–1848), den man seinerseits den Begründer des „bayerischen Neuhumanismus" genannt hat.
[148] Paul O. Kristeller, *Der italienische Humanismus und seine Bedeutung*, Basel 1969, 9.

aufgeführt werden: die Grammatik, die Rhetorik, die Poetik, die Historie und die Moralphilosophie. Diese Studien liegen, wie man zunächst feststellen kann, außerhalb des mittelalterlichen „Quadriviums", also den mathematischen Disziplinen Arithmetik, Geometrie, Astronomie und Musik; außerdem enthalten sie nicht die Logik oder Dialektik, die zum „Trivium" gehörte, aus dem hier nur die Grammatik und die Rhetorik erscheinen. Stattdessen umfassen die „studia humanitatis" Disziplinen, die gar nicht zu den „sieben freien Künsten" und übrigens auch nicht zu den universitären Fakultäten zählen, nämlich Poetik, Geschichte und Moralphilosophie; besonders, weil die Fakultäten, deren wichtigste Theologie, Jurisprudenz und Medizin sind, gar nicht erst in den Blick kommen, kann so der Eindruck einer gewissen exzentrischen Stellung des gesamten Humanismus entstehen, der jedenfalls im Wissens- und Bildungssystem nicht sogleich verankert zu sein scheint. Symptomatisch für den Humanismus ist eine Aristoteleskritik wie diejenige Lorenzo Vallas: Aristoteles verdient es schon deshalb nicht, unter die „Heroen" gerechnet zu werden, weil er sich mit vielen Dingen, die für die Menschen wirklich wichtig sind – man denke an die Verwaltung der öffentlichen Angelegenheiten, an das konkrete politische Leben – nun einmal gar nicht befaßt hat; an dieser Stelle haben sich vielmehr die Lateiner hervor getan, die jetzt ein explizites Einspruchsrecht gegen das Haupt aller Philosophen erhalten[149].

---

[149] Vgl. das Prooem zur *Retractatio omnis dialecticae,* in: *Laurentii Valle Repastinatio dialectice et philosophie,* ed. Gianni Zippel, Padua 1982, 4: „Neque vero mihi videtur tanti ingenii Aristoteles, ut quasi Achilles Herculesve inter heroes, aut luna inter sidera, nedum sol sit existimandus. Non enim iis rebus operam dedit unde prestantes viri maxime dignoscuntur, aut consiliis publicis vel ad populum vel in senatu, aut administrandis provinciis, aut exercitui ductando, aut causis agendis, aut meidicine factitande, aut iuri dicundo, aut responsis consultorum, aut scribundis historiis, aut poematibus componendis. Que et magnopere occupant homines et patefaciunt; in quorum plerisque quidam Latini elaboraverunt".

Das läßt gewiß die Frage aufkommen, was der „Sitz im Leben" der „studia humanitatis" denn eigentlich war. Einer dieser Sitze ist zunächst die Dichtung, und wir werden mit Francesco Petrarca gleich einen führenden Dichter kennenlernen, der entschieden auch in die Reihe der Humanisten gehört. Ein anderer Sitz ist das höfische und politische Leben. Fürsten oder auch Stadtstaaten schätzten die Dienste von Personen, die elegante, von der ganzen Welt bewunderte Briefe zu schreiben vermochten oder die die Geschichte ihres Hauses oder der Stadt auf glänzende Weise zu Papier brachten. Wir finden so denn auch eine ganze Reihe der führenden Humanisten in politischen Diensten; Gianozzo Manetti (1396–1459) beispielsweise, den wir im Zusammenhang der Diskussionen um die Menschenwürde bereits kennengelernt haben, hatte verschiedene hohe poltische Ämter und diplomatische Funktionen inne, Coluccio Salutati (1331–1406), einer der weithin berühmten Briefschreiber wie auch Verfasser moralphilosophischer Abhandlungen, war Stadtkanzler von Florenz, und Lorenzo Valla (1407–1457), von dem noch ausführlicher die Rede sein wird, war Sekretär des Königs von Neapel und dann in Diensten von Papst Nikolaus V., gleichzeitig freilich auch Professor in Rom für Rhetorik. Andere Humanisten lebten von adligen oder sonst wohlhabenden Gönnern; das gilt etwa für Francesco Filelfo (1398–1481), der eine zeitlang zumindest in Mailand hohe Mäzene besaß, sich im übrigen allerdings auch als Griechischprofessor oder Verfasser von Nachrufen auf alle, die sie bei ihm bestellten, ein Auskommen schuf. Insoweit beggenen wir bei den Humanisten einem insgesamt eher ungebundenen Stand der „Intelligenz", der seine Macht zuletzt wirklich aus sprachlicher Kompetenz bezog und nicht zuletzt auch von dieser Seite her zu würdigen ist. Stephan Otto hat einmal formuliert: „Die Humanisten betrachten die Welt nicht als Welt der *seienden*, sondern der *zu Wort gekommenen* Dinge. Das heißt: nach ihrer Auffassung begegnet der Mensch nicht einer objektiv seienden Dingwelt, die er nachträglich mit Hilfe von Sprachzeichen benennt, sondern er bemächtigt sich der Dinge im subjektiven Medium der Sprache selber" (99); Hanna-Barbara Gerl-Falkovitz hat einen Sammelband über den Humanismus entsprechend „Die zweite Schöpfung der Welt"[150] genannt. Man mag es dahingestellt sein lassen, ob ein entsprechend theoretisch entwickeltes Sprachbewußtsein tatsächlich bei allen Personen, die wir dem Humanismus zuschlagen, vorliegt. Aber Tatsache ist, daß wir von dieser Seite her auf Neues gefaßt sein müssen. Die oft gestellte und sehr verschieden beantwortete Frage nach dem Verhältnis des Humanismus zur Philosophie läßt sich unstrittig jedenfalls dahin beantworten, daß die Fragestellungen des Humanismus die Entwicklung eines neuen Typus der Philosophie begünstigt haben: eines eher „literarischen" Philosophierens, das jedoch systematisch ebenfalls um neue Aspekte bereichert wird – nicht zuletzt eben den der Sprachphilosophie.

---

[150] Hanna-Barbara Gerl-Falkovitz, *Die zweite Schöpfung der Welt. Sprache, Erkenntnis, Anthropologie in der Renaissance*, Mainz 1994.

9 Francesco Petrarca (1304–1374)

> O vox vere philosophica et omnium studiosorum hominum
> veneratione dignissima, quantum michi placuisti!
>
> Francesco Petrarca

Es ist eine alte Wahrheit, daß noch niemand Italien wirklich kennengelernt hat, der nicht den „tre corone", den „drei Kronen" der italienischen Literatur, einmal aus der Nähe begegnet ist. Zu dem Triumvirat, um das es hier geht, zählen der größte Dichter des Landes, Dante Alighieri (1265–1321) – der, was am Rande vermerkt sei, auch eine Reihe philosophisch bemerkenswerter Abhandlungen verfaßt hat[151] –; sodann der womöglich größte Lyriker aller Epochen überhaupt, nämlich Francesco Petrarca; schließlich der famose Erzähler und Prosaist Giovanni Boccaccio (1313–1375),

---

[151] Nämlich vor allem das *Convivio*, das 1303–1308 entstand und in der Tradition von Boethius und Cicero steht, sowie die drei Bücher *De monarchia*, die um 1310 abgefaßt wurden. Erwähnt seien hier überdies Dantes „humanistische" Beiträge zur Sprachenfrage in zwei Büchern (*De vulgari eloquentia*, ca. 1303/04) sowie die kosmologische *Quaestio de aqua et terra* von 1320.

der außer durch das berühmte *Dekameron* nicht zuletzt durch seine biographische Schriftstellerei, vor allem seine Porträts bedeutender Männer und Frauen aus der Geschichte, seinerseits in den Umkreis der Entstehung des italienischen Humanismus gehört. Unser Interesse soll hier dem mittleren der drei Genannten, also Petrarca gelten, über dessen unübersehbare Bedeutung für den entstehenden italienischen Humanismus kaum gestritten werden muß, hat sich Petrarca doch selbst als denjenigen verstanden, durch den die Beschäftigung mit den Alten erneut in Gang gekommen und darum auch die Schwelle zu einer neuen, helleren Zeit[152] überschritten worden sei.

Petrarca war also mehr als „nur" Lyriker, war ein Autor, den eine Philosophiegeschichte nicht außer acht lassen soll. Mit Petrarca haben in jedem Fall philosophische Lichter wie Cicero und vor allem Platon und Augustinus erneut die intellektuelle Bühne Europas betreten. Nicht, daß ihre Namen bis dahin gänzlich vergessen, ihre Gedanken vollständig ohne Wirkung gewesen wären. Aber erst mit Petrarca schicken die Genannten sich dazu an, die Geburtshelfer eines in dieser Form neuen Problems – des Problems nämlich, das sich die Subjektivität jetzt selber wird – zu werden. Daß dieses Problem bei einem Lyriker von besonderen Gnaden auftaucht, ist alles andere als ein Zufall; von allen Dichtungsarten steht die Lyrik der Reflexion, auch der sich selber genießenden Reflexion, immer am nächsten. Aus Petrarcas Feder sind dabei Verse geflossen, die das lyrische Ideal, jene vollständige Verflüssigung der Sprache, in der auch die Grenzen zwischen Ich, Du und Welt flüssig werden, in letzter Annäherung erreicht haben, und man mag dabei auch, wenn man den *Canzoniere* liest, immer zu der Meinung neigen, daß keine andere Sprache als das Italienische diese vollständige Medialisierung bei

---

[152] Vgl. den forschungsgeschichtlich auch für das Renaissanceproblem wichtigen Beitrag „Der Begriff des ‚Finsteren Zeitalters' bei Patrarca" von Theodor E. Mommsen, in: A. Buck (ed.), *Zu Begriff und Problem der Renaisance*, Darmstadt 1969, 151–179.

gleichzeitiger äußerster Prägnanz des Gedankens je geleistet hat. Vergegenwärtigen wir uns aber zuerst kurz die Rahmendaten aus seinem Leben!

Petrarca wurde am 20. Juli 1304 in Arezzo als Sohn eines Notars geboren, hatte von 1316 bis 1320 in Montpellier und dann ab 1320 in Bologna Jura studiert und 1328/29 die niederen Weihen empfangen. Recht früh schon hat er bei einem griechischen Mönch die Sprache der Alten gelernt, ist, unter anderem nach Köln (1333), gereist, hat sich seit 1337 in Vaucluse bei Avignon niedergelassen, wohin er sich immer wieder zurückzog, hat umfangreiche Studien der alten Schriftsteller betrieben und ist außerdem mit einem Epos *Africa* wie auch mit den *Rerum memorandarum libri* hervorgetreten, die ihn auch als Historiker auswiesen. Im April 1341 wurde Petrarca, der eine rein seiner Berufung dienende, darum aber „berufslose" Existenzform gewählt hatte, auf dem Kapitol in Rom zum Dichter gekrönt. Seinen Lebensunterhalt bestritt Petrarca aus kirchlichen Pfründen, die ihn zu wenig verpflichteten, sowie aus dem Mäzenatentum diverser Großer, nicht zuletzt der Familie Colonna. Zu seinen besonderen Leistungen in bezug auf die Wiederentdeckung der Antike gehörte vor allem eine Neuausgabe des römischen Historikers Titus Livius (ca. 1326–1329), gehört aber auch eine große philologisch-philosophische Korrespondenz (publiziert in den *Familiares* und *Seniles*). Petrarca, der in die Literaturgeschichte vor allem als der Verfasser des bereits genannten *Canzoniere* eingegangen ist[153], einer Sammlung von 366 exquisiten Gedichten, in deren Mittelpunkt seine „ferne Geliebte" Laura steht, die er 1327 erstmals erblickt hat und auch nach ihrem Tod 1348 noch besang, ist am 18. Juli 1374 in der Nähe von Padua gestorben; hinter dem Dom der Stadt des heiligen Antonius weist heute eine Gedenktafel auf die Stelle hin, wo in früheren Zeiten einmal die geistliche Behausung des Dichters anzutreffen war.

---

[153] Ein italienisches Lehrgedicht mit dem Titel *Trionfi* ist außerdem 1352–1373 entstanden.

Man hat aus Petrarcas Leben ein Ereignis immer gerne als Schlüsselszene für das erwachende neue Weltbewußtsein gewertet: seine Besteigung des Mont Ventoux im Jahre 1336, wie sie in den *Familiares* IV, 1, genauer in einem Brief an Francesco Dionigi da Borgo San Sepolcro, dargestellt ist. Denn Petrarca macht hier, wie es scheint, in ganz neuer und exemplarischer Weise das Erlebnis der Landschaft, von dem er schreibt, er sei „von dem weiten und freien Schauspiel erschüttert und zuerst wie vor Schreck erstarrt gewesen". Es ist in der Tat nicht fernliegend, von einem solchen markanten Erlebnis her etwa auf das neue Auftreten der Landschaft in der Malerei oder gar auf eine „Vielzahl naturwissenschaftlicher Entdeckungen"[154] zu verweisen, die dem neuen, unverstellten Blick auf die Natur nachgefolgt seien. Freilich hat die Sache auch die Seite, daß Petrarca hier eine Bergbesteigung wiederholt, die einstmals ebenso Augustinus, den er nicht nur gut kannte, sondern dessen *Confessiones* ihm eben Francesco Dionigi geschenkt hatte, gemacht hat und die von daher auch literarisch veranlaßt, wenn nicht insgesamt bedingt sein könnte[155]. Das würde insofern jedenfalls in Petrarcas Welt passen, als diese insgesamt nicht eine im neuzeitlichen Sinne „unmittelbare" und eben nur in ihrer Unmittelbarkeit „authentische" ist, sondern durch die Wiederholung, das Zitat, nicht verliert, vielmehr gerade gewinnt. Wenn der bedeutende deutsche Romanist Hugo Friedrich davon gesprochen hat, daß das „Imitieren ... das Gesetz [von Petrarcas] literarischem Verhalten" sei[156], so entspricht dies nicht zuletzt dem, was wir als „rezeptionskulturellen" Zug in der italienischen

---

[154] Hanna-Barbara Gerl, *Einführung in die Philosophie der Renaissance*, 23.

[155] Vgl. dazu den Aufsatz von Giuseppe Billanovich, „Petrarca und der Ventoux", in: August Buck (ed.), *Petrarca*, Darmstadt 1976, 444–463, zur Korrektur jedoch auch Karlheinz Stierle, *Francesco Petrarca. Ein Intellektueller im Europa des 14. Jahrhunderts*, Darmstadt 2003, 318–343.

[156] Hugo Friedrich, *Epochen der italienischen Lyrik*, Frankfurt am Main 1964, 172.

Geistigkeit bereits angesprochen haben. Friedrich hat dabei darauf hingewiesen, daß die Logik der Imitation, nicht des Kopierens, etwa schon bei Horaz gerade als römische Art des Verehrens ausgesprochen ist. Vielleicht sollte man von diesem Prinzip her überhaupt die neue Rückwendung zur Antike, den Willen zur Wiedererschaffung einer verlorenen Welt in der Epoche der Renaissance verstehen. Was bei Petrarca jedoch keinen Zweifel leidet, ist die Überzeugung, im Medium der Sprache in eine Gegenwart des Entfernten, eine Vermittlung des unmittelbar weit auseinander Liegenden zu treten. Die Sprache ist für ihn – echt humanistisch – der Ort der Vergegenwärtigung gerade auch des Ungleichzeitigen. Von seinen Büchern – und genug kann er nicht von Büchern bekommen – sagt Petrarca, daß sie ihm „alle Jahrhunderte aus allen Teilen der Erde zugleich übermitteln (simul transmittunt)"[157]. Es ist, als ob sich die Wogen des Lebens, von denen die Rede noch sein wird, hier, in der Studierstube des Gelehrten, glätten und zu jenem Element des distanzierten Genusses werden, in dem sich der Humanist vor andern zuhause weiß: „nec gaudia norunt / nostra, voluptatemque aliam", heißt es an der gerade zitierten Stelle: die anderen „kennen unsere Freuden nicht und nicht die andere Lust", nämlich die an der Welt des Geschriebenen.

Von Petrarcas eigentlich philosophisch zu nennenden Schriften werfen wir hier nur auf drei einen kurzen Blick, zunächst auf das *Secretum*, eine Art geheimes Seelentagebuch, das in den 40er Jahren begonnen und 1353 vollendet wurde; dann auf *De remediis utriusque fortunae*, eine noch lange Zeit viel gelesene Abhandlung über die Heilmittel gegen Glück und Unglück, d.h. ein moralphilosophischer Traktat, der zwischen 1353 und 1366 entstand; schließlich auf die Schrift *De ipsius et multorum ignorantia* von 1367/1370, ein bedeutsames, polemisches Dokument zum humanistischen Philosophiebegriff, das uns auch wegen seiner Frontstellung gegen die

---

[157] Ep. I, 7; hier zitiert nach Stierle a.a.O. 120.

akademische Philosophie der Zeit interessieren muß[158]. Wir betrachten alle genannten Schriften unter dem Aspekt, daß sich in ihnen ein neuer philosophischer „Diskurs" organisiert, der sich zum einen als Ausdrucksform der neuen Subjektivität eignet wie auch den Kampf und die Kontroverse mit der herrschenden Schulphilosophie aufzunehmen vermag.

Petrarcas *Secretum* handelt von des Dichters eigensten „Herzenssorgen", von den Dingen, die ihn, wie ein späterer Existentialismus gesagt hätte, „unbedingt angehen", wie auch von der „Verachtung der Welt", dem „contemptus mundi". Das Buch beginnt mit einer Vision, der Erscheinung von „Frau Wahrheit", die den Dichter zu einem dreitägigen Gespräch mit Augustinus auffordert. Tatsächlich bringt es Augustinus, der in seinen *Confessiones* ja ein ähnliches Bekenntnis und Bekehrungserlebnis dokumentiert hat, dahin, unseren Dichter auf die Stimme seines Gewissens zu verweisen und ihm seine „Lebenskrankheit", die „Azedie"[159] (was nach der überlieferten Sündenlehre die Todsünde einer melancholischen, zu Weltschmerz und Selbstmitleid tendierenden Persönlichkeitsschwäche und existentiellen Ziellosigkeit meint) nachzuweisen. In diesem Zusammenhang kommt es nicht zuletzt zu einem harten Gericht über die Laura-Liebe und -Dichtung Petrarcas; wenn man so will zu einer Abrechnung mit der Scheinwelt, in deren Konstruktion sich der Sprachkünstler immer weiter verstiegen hatte. Petrarca macht hier erstaunliche Zugeständnisse, auch wenn er an seinen weiteren Buchprojekten wie auch an dem Streben nach literarischem Ruhm festhält, also für sich nicht den eigentlich religiösen Weg wählt. Augustins Ermahnung, des Todes

---

[158] Andere Schriften, die hier wenigstens namentlich aufgeführt seien, sind: *De viris illustribus* (1338–1353); *De contemptu mundi* (1342–1353); *De vita solitaria* (ab 1346); *De otio religioso* (nach 1347); ferner die antischolastischen *Libri quattuor invectivarum contra medicum quendam*, die zwischen 1352 und 1355 entstanden sind.

[159] Vgl. dazu Siegfried Wenzel, „Petrarcas ‚Accidia'", in: A. Buck (ed.), *Petrarca*, 349–366.

zu gedenken, überdeckt dann auch nicht die Tatsache, daß es eine eigentlich klare Lösung, den entscheidenden „Durchbruch" für Petrarca nicht gibt. Das Ergebnis des *Secretum* ist eine seltsame Schwebe, in der alle Dinge bleiben. Es persistiert, mit Hugo Friedrich zu reden, das nicht versöhnte Bewußtsein, das jedoch mit Petrarca „zum erstenmal in Europa die Sprache und Melodie für das zerrissene Bewußtsein"[160] gefunden hat. Zur nachdrücklichen Illustration mag man dazu nur etwa an die folgenden berühmten Verse aus dem *Canzoniere* denken:

> La vita fugge, e non s'arresta una hora,
> et la morte vien dietro a gran giornate,
> e le cose presenti et le passate
> mi dànno guerra, et le future anchora;
>
> e'l rimembrare et l'aspettar m'accora,
> or quinci or quindi, sì che 'n veritate,
> se non ch'i' ò di me stesso pietate,
> io sarei già di questi penser' fora.
>
> Tornami avanti, s'alcun dolce mai
> Ebbe 'l cor tristo; et poi da l'altra parte
> Veggio al mio navigar turbati i vènti;
>
> veggio fortuna in porto, et stanco omai
> il mio nocchier, et rotte àrbore et sarte,
> et i lumi bei, che mirar soglio, spenti.

In der Übersetzung von Förster/Grote lautet dieses Sonett (Nr. CCLXXII):

> Das Leben flieht und darf der Ruh nicht pflegen,
> Und eilend kommt der Tod ihm nachgegangen,
> Und Gegenwärtges muß, und was vergangen,
> Ja Zukunft selbst mir steten Kampf erregen;

---

[160] Friedrich a.a.O. 184.

Erwartung und Erinnerung bewegen
Mich wechselnd so, daß, hielte nicht ein Bangen,
Ein Mitleid mit mir selber mich gefangen,
Längst hinter mir des Denkens Marken lägen.

Da schwebt mir vor, was Süßes je beschieden
Dem armen Herzen; andrerseits dann schaue
Mein Schifflein ich ringsum bedroht von Stürmen;

Ich seh das Glück im Port und schon ermüden
Den Steuermann, zerbrochen Mast und Taue,
Verlöscht die schönen Lichter, die mich schirmen.

Die sehr wirkmächtige Schrift *De remediis*, die Abhandlung über Glück und Unglück, die durchaus ebenfalls zu dem zitierten Gedicht paßt und die bereits im 16. Jahrhundert ins Deutsche übertragen und in illustrierter Form gedruckt worden ist[161], geht von einem massiven „Miseria"-Gedanken, einem Gedanken vom Elend der *conditio humana* aus: dem Gedanken, daß im äußeren Lauf der Dinge nur der Widerspruch, die Zerrissenheit, in letzter Instanz die irrationale Willkür der „Fortuna" herrscht – eine Weltanschauung, die wir nicht zuletzt auch bei Boccaccio antreffen und die dort den Hintergrund für die mancherlei Abenteuer bildet, von denen das *Dekameron* weiß. Das Buch ist in zwei Teile gegliedert, deren erster 122 Dialoge zwischen den Affekten Freude und Hoffnung auf der einen und der Vernunft auf der anderen Seite zeigt, während das zweite Buch 131 mal die Vernunft im Disput jetzt mit Schmerz und Furcht zeigt. Es sind die unendlichen Wechselfälle des Lebens, es ist die, wie das Vorwort zum zweiten Teil ausführt, „heraklitische" Streitnatur der Dinge selbst, die uns unter ihre Botmäßigkeit bringen wollen und gegen die der Menschengeist sich daher mit Vernunft wappnen muß, um sich nicht selbst in der Dynamik

---

[161] Unter dem Titel *Von der Artzney bayder Glück, des guten und widerwertigen, unnd wess sich ain yeder inn Gelück und Unglück halten soll,* 1532.

der zeitlichen Welt zu verlieren. Im Grunde ist dabei das unverdiente Glück nicht weniger schädlich als Krankheit, Untreue oder Todesfälle es sind, ist der Erfolg und Ruhm nicht weniger eine Herausforderung an die menschliche Tugend als die mannigfaltigen möglichen Widrigkeiten unseres irdischen Lebens. Die menschliche Antwort auf das chaotische Walten der Fortuna ist also nach Petrarca zunächst eine Sammlung der Vernunft zum Zwecke der Lebensbewältigung, der Herstellung von Seelenruhe und Gleichmut, was einen deutlichen Einschlag stoischen Denkens bei unserem Autor bekundet, der mehr als nur über ein direktes Textvorbild bei Seneca (das es auch gibt) vermittelt ist. Man kann in diesem Werk, das, wie gesagt, sehr lange noch eine kaum zu überschätzende Wirkung geübt hat und schon deshalb zu den Gründungstexten des frühneuzeitlich populären Stoizismus gezählt werden muß, das Dokument eines wiederum „unglücklichen Bewußtseins" sehen, das, ganz auf sich selbst gestellt, mit den Mitteln der Vernunft eine äußerlich unbefriedete Lage durch den Rückgang auf sich selbst zu bereinigen sucht. Zu beachten ist dabei jedoch wiederum ein humanistisches Moment: Petrarcas Vernunft verfolgt nämlich nicht einfach nur eine „Rationalisierungsstrategie", wie es dem Stoizismus entspräche. Seine „ratio" ist in allen Teilen des Buches der eloquentere, überhaupt der eigentlich sprachmächtige Teil. Daher tritt die Vernunft auch nahe an die Dichtung heran und gewinnt umgekehrt die Dichtung die Bedeutung, ihrerseits, wenn man so will, eine identitätsstiftende „Rationalisierung" des Lebenschaos' zu sein. Sprachkompetenz und – freilich nicht nur rhetorische – humane Lebensbewältigung hängen aufs engste zusammen, und die sich artikulierende Vernunft ist an sich schon das Heilmittel gegen alles, was nur unmittelbar in den Bann schlägt.

Etwas anders gelagert ist drittens die Schrift über das eigene und fremde Nichtwissen, die eine Petrarcas auch sonst bezeugter Platonvorliebe entsprechende bemerkenswert antiaristotelische Note hervorkehrt. Petrarca wendet sich hier, zunächst vor dem Hintergrund eigener Auseinandersetzungen mit Paduaner Aristotelikern, gegen die scholastische Philosophie überhaupt. Er hatte – das war der äußere Anlaß – von einem Freund mit Namen Donato degli Albanzani erfahren, daß vier seiner vorgeblichen venezianischen Freunde (dabei handelt es sich um die genannten Aristoteliker) nach einem Besuch bei ihm – Petrarca lebte zwischen 1362 und 1367 in Venedig – untereinander zu der Meinung gelangt waren, der gekrönte Dichter sei zwar ein sehr ehrenwerter Mensch, als Gelehrter jedoch nicht ganz für voll zu nehmen: er galt ihnen als „illiteratus" und „ydiota", also als ein „ungebildeter Laie". Petrarca ist über den Schimpf, der ihm hier noch im Alter angetan wird, sichtlich empört, und er reagiert darauf mit einer Art Selbstverteidigung des Humanisten gegen den „Scholastiker", die schon eben wegen dieses Gegensatzes von Bedeutung ist. Zum Schein nimmt Petrarca zunächst das über ihn gesprochene Urteil an. Mit keinem Geringeren als Sokrates weiß er, daß er nichts weiß, und zieht daraus den Schluß, daß das Ideal der Erkenntnis die Kontemplation, die Beschäftigung mit sich selbst, mit dem Menschen und seiner Welt zu sein hat[162]. Dadurch bekommt das Philosophieren aber überhaupt einen „existenziellen" Zug, und es ist plötzlich legitim, vom eigenen Leben und den eigenen Studien zu reden, in denen sich Philosophie zwar nicht als einfacher Weisheitsbesitz, wohl aber als lebendige Suche nach ihr erweist. An Aristoteles wird nicht zuletzt das rhetorische Unvermögen getadelt, durch das er nicht in der Lage sei, seine Leser zur Tugendübung auch wirklich zu bringen: im Hintergrund scheint hier etwas von neuzeitlich-nominalistischem Voluntarismus auf, wenn wir lesen, daß „Erkennen und Wollen zwei paar Stiefel sind" („aliud intelligere atque

---

[162] Nichtwissen wie auch „Laientum" sind hier, wie bei Cusanus, nicht mehr eindeutig negativ besetzt; so, wie Sokrates ursprünglicher ist als Aristoteles, ist auch das Denken des Humanisten möglicherweise ursprünglicher als die Gelehrsamkeit der Schulen.

aliud velle"[163]), wie auch Züge der negativen Theologie präsent sind, die später bei Cusanus wiederkehren[164]. Die übrig bleibenden Autoritäten aus Petrarcas Sicht sind Platon, der ausdrücklich zum „Fürsten der Philosophie" erhoben wird, sowie außerdem vor allem Cicero und Augustin, seine alten Freunde. Es ist deutlich, daß Petrarca und mit ihm der Humanismus auf der Suche nach einer eigenständigen geistigen Alternative zu jener Weltweisheit ist, wie sie ohne „existentiellen" Bezug in den Schulen gelehrt wird. Wenn es nicht allzu mißverständlich klänge, könnte man sagen: Es ist der „Lyriker" im Philosophen, der die „existentielle" Subjektivierung des Denkens, die Bewältigung der als bedrängend erfahrenen „miseria hominis" im Denken selber fordert; der von der Philosophie einen „Ton" verlangt, der über die Autoritätenverwaltung hinausgeht. Die Antwort auf diese Forderung wird nur ein neuer Typus des Philosophierens geben, den der Humanismus erst noch zu schaffen hatte.

Literatur:

Giuseppe Billanovich, *Petrarca e il primo umanesimo*, Padua 1996.
August Buck (ed.), *Petrarca*, Darmstadt 1976.
Hugo Friedrich, *Epochen der italienischen Lyrik*, Frankfurt am Main 1964, 157–277.
Eckhart Keßler, *Petrarca und die Geschichte. Geschichtsschreibung, Rhetorik, Philosophie im Übergang vom Mittelalter zur Neuzeit*, München 1978.
Fritz Schalk (ed.), *Petrarca 1304–1374. Beiträge zu Werk und Wirkung*, Frankfurt am Main 1975.
Karlheinz Stierle, *Francesco Petrarca. Ein Intellektueller im Europa des 14. Jahrhunderts*, Darmstadt 2003.

---

[163] Vgl. Fr. Petrarca, *De sui ipsius et multorum ignorantia*, in: *Opere latine*, ed. Antonietta Bufano, Turin 1975.
[164] Vgl. *Opere latine* II, 1110: „Nam et cognosci ad plenum Deus in hac vita nullo potest modo".

10 Lorenzo Valla (1406/07–1457)

> Itaque et nemo post Pythagoram appellatus est ‚sophus‘,
> et libertas semper philosophis fuit fortiter dicendi que sentirent,
> nec solum contra principes aliarum sectarum, sed etiam contra
> principem sue: quanto magis iis qui nulli secti se addixerunt!
>
> Lorenzo Valla

Eine merklich andere Atmosphäre als die der subjektiv-hochsensiblen, geistig gespannten Welt des Lyrikers finden wir in derjenigen jenes wesentlich erdzugewandteren „Erzhumanisten" des 15. Jahrhunderts, der auch in einer Galerie wie der unseren nicht fehlen darf: in der Welt Lorenzo Vallas, der sich als Philologe, Rhetor, Historiker und auch Moralphilosoph einen klangvollen Namen erwarb und für viele auch lange das Bild des Humanisten bestimmte. Valla, aus der ewigen Stadt gebürtig und wie Petrarca der Sohn eines Juristen, saß schon in früher Jugend, von 1420 an, zu Füßen humanistischer Lehrer, darunter Giovanni Aurispa (1376–1459), bei dem er unter anderem griechische Sprachkenntnisse erwarb, während er sein Latein bei dem bedeutenden Florentiner Humanisten und Staatsmann Leonardo Bruni

Humanisten und neues politisches Denken

(ca. 1370–1444) vervollkommnete, den er seit 1426 kannte. 1429 erhielt der erst wenig mehr als Zwanzigjährige, der bereits einen (heute verlorenen) Vergleich zwischen Quintilian und Cicero vorgelegt hatte, einen Lehrstuhl für Rhetorik in Pavia, ohne deshalb aber für immer die Universitätslaufbahn einzuschlagen. 1438 wechselte Valla ins politische Fach: er wurde Sekretär König Alfonsos V. von Aragon und Sizilien (1396–1458), der im Jahre 1442 Neapel erwerben konnte, allen Besuchern des dortigen Castel Nuovo von dessen einzigartigem Triumphportal her bekannt ist und zu den mächtigsten Herren des damaligen Italien zählte.

Freilich: im Jahre 1444 ereilte Valla in Neapel ein (auch politisch motivierter) Inquisitionsprozeß, in dem einige seiner Thesen, die sich kritisch gegen die scholastische Theologie gewandt hatten, inkriminiert wurden. Die Sache ging glücklicherweise, auch dank des Schutzes Alfonsos, für ihn glimpflich aus; seine Gegner erreichten jedoch, daß Valla während der Regierungszeit Eugens V. nicht nach Rom zurückkehren konnte. Schweren Angriffen sah sich Valla auch noch späterhin, insbesondere von Seiten des Florentiner Humanistenkollegen Poggio Bracciolini (1380–1459), der nicht wenig für die antike Literatur, aber auch in der Beschreibung römischer Bauwerke geleistet hat, ausgesetzt; die Kontroverse wurde erbittert in mehreren geschliffenen Polemiken geführt; in ihr kamen zum Teil auch noch einmal die Heterodoxievorwürfe des Inquisitionsverfahrens zur Sprache. 1447 erfolgte dessen ungeachtet Vallas Berufung nach Rom zum päpstlichen Sekretär, ein Vorgang, an dem Nikolaus von Kues als Kardinal von St. Peter in den Ketten nicht unbeteiligt war und der ohne die humanistenfreundliche Haltung Papst Nikolaus V. (1447–1455) auch nicht ohne weiteres denkbar gewesen wäre[165]. Den Gipfel seiner Laufbahn stellte für Valla zuletzt

---

[165] In einem Brief an Papst Alexander VI. vom 8. September 1492 erwähnt Ermolao Barbaro über Nikolaus V. und seine literarische Aufgeschlossenheit folgendes: „Nicolaus quintus ..., cum ei renunciatum

die Berufung zum Rhetorikprofessor in Rom dar, die 1455 erfolgte. Nur wenig später freilich, am 1. August 1457, ist er in seiner Vaterstadt gestorben.

Mit dem Namen Vallas verbindet die breite historische Erinnerung heute vor allem eine prominente Entlarvungsgeschichte mit antiklerikaler Note. Valla hat mit seiner Schrift *De falso credita et ementita Constantini donatione*[166] von 1440 definitiv die Unechtheit der sogenannten „Konstantinischen Schenkung" erwiesen, was immerhin heißt: die Inauthentizität eines Dokuments, auf welches seit dem 8. Jahrhundert, seiner Entstehungszeit, das Papsttum seine Ansprüche auf eine eigene weltliche Macht mit territorialer Basis im Kirchenstaat wie auch auf seine Oberhoheit über den Kaiser begründet hatte. Bereits Nikolaus von Kues hat auf dem Konzil von Basel, auf dem er zunächst der „Konziliaristenpartei" angehörte und mit dem seine große Karriere als Kirchenmann begann, die *Donatio Constantini* für unecht gehalten; schon insofern kamen die Zweifel an der behaupteten Überlassung Mittelitaliens an die Kirche durch Kaiser Konstantin nicht ganz überraschend. Valla liefert jetzt aber, als Humanist im Umgang mit Texten geschult, die durchschlagenden historisch-philologischen Beweise, Beweise, die übrigens in politischer Hinsicht auch seinem Brotherrn Alfonso in Neapel, immerhin Nachbar des Kirchenstaats, sehr willkommen waren. Im 16. Jahrhundert werden sich in dieser Beziehung dann vor allem die Reformatoren auf Valla berufen und die säkularen Ansprüche

---

esset quosdam Romae, qui bonos versus facerent, negavit bonos esse. ‚Cur enim, inquit, ad me non veniunt, qui poetis etiam malis pateo?' Moleste tulit homo sapiens in urbe sua esse qui litteras scirent et nescirentur" (zitiert nach Ermolao Barbaro, *Epistolae, Orationes et Carmina*, ed. Vittore Branca, Florenz 1943, Bd. 2, 78).

[166] Auf deutsch würde der schon in der Formulierung nicht unpolemische Titel lauten: „Über die fälschlich geglaubte und erlogene Konstantinische Schenkung". – Vgl. übrigens die gut kommentierte Ausgabe von Wolfram Setz in den Monumenta Germaniae Historica, München 1986.

des Papsttums zurückweisen: wobei man nur gleich darauf hinweisen kann, daß dies nicht die einzige Querverbindung zwischen dem Humanismus Vallas und der Reformation sein sollte; wir werden Parallelen bis tief in den Denkansatz hinein sogleich noch kennenlernen.

Aber auch sonst bleibt die Spur von Vallas Erdentagen weithin sichtbar: seine *Elegantiae linguae latinae* von 1444, ein Lehrbuch über den richtigen, stilistisch stimmigen Gebrauch der lateinischen Sprache in sechs Büchern, sollten über Jahrhunderte hin immer wieder aufgelegt werden, und man kann sagen, daß auf diese Weise nicht zuletzt bei Valla das neuere Europa Latein zu reden gelernt hat. Weiterhin hat Valla damit Neuland betreten, daß er, was später Erasmus aufgreifen sollte, auch das Neue Testament, jedenfalls das lateinische, der philologischen Kritik unterwarf: 1444 ist seine *Collatio Novi Testamenti* entstanden, in der er den NT-Text der Vulgata einer kritischen Konfrontation mit dem griechischen Original unterzog, was natürlich auch immer heißen mußte, daß der allenthalben geläufige und verbindliche Bibeltext jedenfalls seine Unantastbarkeit einbüßte[167], zumindest aber im Lichte des Urtexts zu revidieren war. Zwei Generationen später, zu Zeiten Erasmus', Reuchlins und Luthers, ist der Rückgang auf die Ursprachen (und also die ‚humanistische Vermittlung' des autoritativen biblischen Textes) bereits eine Selbstverständlichkeit, die sich gerade die Reformation zu eigen gemacht hatte.

---

[167] Cusanus hat, wie er in einem Schreiben an Valla von 1450 erwähnt, eine Abschrift der *Collatio* für sich erbeten, weil sie ihm „sehr gut gefallen habe" und sie für das Verständnis der Heiligen Schrift nützlich sei: „Sanctissimus dominus noster [sc. Papst Nikolaus V.], remisit mihi hunc librum vestrum, cuius si foret possibile, optarem copiam, quoniam multum mihi placet, et utilis est pro intellectu Sacrae Scripturae" (zitiert nach: Salvatore I. Camporeale, *Lorenzo Valla. Umanesimo e teologia*. Presentazione di Eugenio Garin, Florenz 1972, 360). Ediert wurde die *Collatio* dann von Erasmus.

Freilich: mit seiner philologischen Einstellung auch gegenüber dem normativen Text der Christenheit verband sich bei Valla, wie man, die Schenkungsfrage vor Augen, vielleicht erwarten könnte, nicht ohne weiteres der Anlauf zu einer Bilderstürmerei in der Sache[168], wohl aber zu einer Reinigung der Überlieferung von Einschlägen, die jetzt als ihr wesensfremd, abführend oder verderblich empfunden werden. Ähnlich wie im Selbstverständnis und den Polemiken der Reformatoren wird zumal die scholastische Philosophie und Theologie als entsprechende Verfremdung des authentischen Christentums angesehen, wobei Valla dieses Argument sprach- und geistesgeschichtlich einführt und begründet: das Problem beginnt spätestens mit manchen fragwürdigen Übersetzungen griechischer Begriffe ins Lateinische, und dies immerhin schon zu Zeiten des großen Boethius, also an der Schwelle zwischen Antike und Mittelalter. Die Philosophie, so Valla, ist in der Theologie bisher zu wichtig genommen worden, und das, obwohl aus ihr alle Irrtümer und Häresien entsprungen sind[169]. Ein Beispiel, das Valla hier bietet, ist der theologisch ja durchaus gewichtige, nämlich der Trinitätslehre angehörende Begriff der Person: es ist Boethius selbst gewesen, der den für die Folgezeit immens wichtigen Vorschlag für eine Definition des Personbegriffs gemacht hat, nämlich mit den Worten: „Persona est (rationalis[170]) naturae individua substantia", die

---

[168] In der *Collatio* selbst findet sich beispielsweise folgende, fast an entsprechende Äußerungen Luthers anklingende Formulierung: „Singula enim verba divine scripture sunt tanquam singule gemme lapidesque pretiosi, ex quibus Hierusalem celestis extruitur. Nam aliarum doctrinarum, ut ita loquar, urbes partim e lateribus, ut ius civile, partim e topho, ut medicina, partim e marmore, ut astronomia, et item cetere extructe sunt; evangelica vero nonnisi e gemmis, in qua vel minimum structorem esse praeclarius est quam in ceteris architectum" (zitiert nach der Ausgabe Lorenzo Valla, *Collatio Novi Testamenti. Redazione inedita a cura di Alessandro Perosa*, Florenz 1970, 6).
[169] Vgl. dazu *Laurentii Vallae De libero arbitrio*, hg. von Maria Anfossi, Florenz 1934, prooem., 7f.
[170] Bei Valla: „incommutabilis".

„Person ist die individuelle Substanz eines vernünftigen Wesens". Valla erhebt angesichts dieser wie gesagt enorm wirkmächtigen Definition den Anspruch, zu zeigen, daß „dieser Römer" (nämlich Boethius) der römischen Sprache offenbar nicht wirklich mächtig gewesen sei[171]. „Person" meint vor allem, so Valla, niemals eine Substanz, sondern eine „Qualität", was auch bei Gott nicht anders sei: als Personen unterscheiden wir uns voneinander, ja auch von uns selbst, während wir der Substanz nach eines sind; das ist auch bei Gott nicht anders, der seiner „Qualität" nach dreifaltig ist und der zugleich diese Qualität nicht einbüßen kann, ohne ein anderer zu sein. Der hier verwendete Begriff der Qualität entspricht, wie Valla weiß, der Bedeutung nicht, die Boethius bzw. die aristotelische Tradition ihm gegeben hat – „Qualitäten" sind immer akzidentelle Bestimmungen an etwas; sie können prinzipiell auch weggedacht werden oder zu sein aufhören, ohne daß darum das Etwas oder die Substanz, der sie anhängen, aufhören würde zu sein. Valla findet die entsprechende Logik jedoch „lächerlich" und ist entschlossen, sich im Interesse der Sprachrichtigkeit auch über sie hinwegzusetzen. Worum es Valla hier und in ähnlichen Zusammenhängen geht, ist der Versuch, die Quellen von Frömmigkeit und Theologie aus der Umklammerung durch die philosophisch in bestimmter Weise immer schon präjudizierte und präjudizierende Systematik der mittelalterlichen Scholastik zu befreien – was freilich nur allzu leicht mit der Illusion verbunden ist, daß es „unterhalb" der Sprache der Philosophen eine das Denken nicht präjudizierende Sprache des „gesunden Menschenverstandes" gäbe, die als die normative anzusehen sei: eine für den Rhetor sicher schwer zu umgehende Prämisse, die nur philosophisch nicht eben unproblematisch ist.

---

[171] „huic homini Romano ostendam Romane loqui nescire", heißt es in den *Elegantiae* VI, 34 (hier zitiert nach der Ausgabe *Laurentii Vallae Elegantiarum Latinae linguae libri sex. Eiusdem De reciprocatione Sui, et Suus, libellus*, Lyon 1554, 451).

Aber wie dem auch sei: Es ist der Philologe Valla, der darauf hinweist, daß die Bibel nun einmal ein Text ist, in dem wir nicht etwa Auszüge aus den Systemen der philosophischen oder theologischen Denker finden. Das wird zum Beispiel dann virulent, wenn der philosophisch bestimmte Begriff von Gott besagt, daß man ihn um seiner selbst willen lieben soll, während davon in der Bibel die Rede nicht ist[172]. Mit der Bibel stehen wir vielmehr einer ganz eigenen „oratorischen" Quelle gegenüber, die zunächst auch nach ihren „rhetorischen" Qualitäten zu würdigen ist. Valla fordert insoweit, wie man es etwas zugespitzt sagen kann, die Ersetzung der bisherigen „philosophischen Theologie" durch eine „rhetorische": durch eine Theologie, heißt dies, die nicht nur in Textnähe bleibt, sondern die auch beachtet, daß es nicht um abstrakte Systeme, sondern um eine pragmatische Situation zwischen dem Redner und seinen Hörern geht. Das verweist nicht zuletzt auf den starken antiphilosophischen Affekt Luthers; aber es entspricht an erster Stelle Vallas Grundüberzeugung, daß die Rhetorik die Herrin der Philosophie sei; er nennt die Philosophie an einer bekannten Stelle ausdrücklich einmal eine „Soldatin", die im Kampf für die Wahrheit unter der Feldherrnschaft der Rhetorik in die Schlacht zieht[173]. Bemerkenswerterweise geht Valla soweit, auch die geläufige Übersetzung für griechisch πίστις (Glaube) durch „fides" in Zweifel zu ziehen und dafür vorzuschlagen, lieber „persuasio", d.h. „Überredung" zu sagen: der christliche Glaube sei nämlich nicht, wie es der lateinische Sprachgebrauch für „fides" eigentlich verlange, auf „Hilfsmittel, Argumente und Zeugen" gestützt, sondern auf mehr – die Überredung eben, bei der man sich erst wirklich beruhige und keine weiteren Fragen mehr stel-

---

[172] Vgl. *De vero falsoque bono* III, 13, ed. Maristella de Panizza Lorch, Bari 1970, 114: „Ceterum in libris sacris non reperimus Deum amandum propter se, sed tantummodo amandum. Ex quo apparet qui sic loquuntur magis ex usu philosophorum loqui quam theologorum".

[173] Vgl. a.a.O. I, 10, ed. cit. 14.

le[174]. Auch dieser Gedanke weist erneut Bezüge zu Luther und seinem Glaubensbegriff auf, bei dem es ebenfalls um Fragen der unmittelbaren Gewißheit und Beruhigung statt um solche der argumentativen Vermittlung oder des Fürwahrhaltens geht. „Glaube" wird in humanistischer Sicht als ein Akt deutlich, der sich wesentlich sprachpragmatisch erschließt – worin ein Gegenmodell gegen den Erkenntnisbezug des Glaubens liegt, wie ihn die klassische Theologie vertrat.

Der in Kürze dargestellte Ansatz führt nicht ohne Konsequenz auf Vallas in seinen *Dialecticae disputationes* von 1439 in Angriff genommenen Versuch, die verlorengegangene Dialektik der Alten wiederherzustellen; dabei sollte unter anderem der Rhetor Quintilian zu einer neuen logischen Autorität erhoben werden, und man spricht so denn auch für Vallas Programm von einer neuartigen „rhetorischen Logik" – ein Bemühen, das für den italienischen Humanismus nicht ohne allgemeine Bedeutung ist und dessen Nachwirkung wir noch im 18. Jahrhundert, vor allem bei Giambattista Vico, antreffen werden. Valla zeigt hier auch nominalistische Einschläge, elementar etwa schon darin, daß die „Transzendentalien" der Schule geleugnet werden und nur der Begriff „res" („Ding") als für alles Seiende geltende kategoriale Grundbestimmung beibehalten wird. Valla reibt sich in diesem Zusammenhang erneut an Aristoteles und seiner Schule, der auch die „neueren Theologen" zu ihrem eigenen Schaden angehören: sie haben sich in ihrer aristotelischen Waffenrüstung selber kampfunfähig gemacht und gleichen allenfalls noch einem Ameisenheer, das anzuführen für Valla keine sonderlich attraktive Verheißung sein kann[175]. Aber es geht ihm vor allem darum, das

---

[174] Vgl. dazu *Elegantiae* V, 30, ed. cit. 362: „Fides enim proprie Latine dicitur probatio: ut, Facio fidem per instrumenta, per argumenta, per testes. Religio autem Christiana non probatione nititur, sed persuasione, quae praestantior est quam probativo".

[175] Vgl. dazu das Prooemium zum ersten Buch der *Dialecticae disputationes* in der 3. Aufl.: „aristotelica disciplina armati, tanquam robusti invalidis, armati inermibus, locupletes inopibus, quod sciant metaphysi-

Denken nicht sein Medium, die Sprache, überspringen zu lassen.

Näher wollen wir hier jedoch jetzt nur noch auf zwei Schriften Vallas eingehen, die moralphilosophischen Charakter haben. Die eine davon ist die mehrfach überarbeitete Schrift *De vero falsoque bono*, zuerst 1431 entstanden und in Piacenza publiziert unter dem Titel *De voluptate*, also „Von der Lust"[176]. Diese Schrift ist für die Konstitution einer „humanistischen Gegenwelt" zu der herrschenden Philosophie und Weltanschauung von kaum zu unterschätzender Bedeutung. Das beginnt bereits damit, daß der Begriff „Lust" im Titel der ersten Auflage des Buches tatsächlich das höchste Strebensziel und Gut des Menschen bezeichnet. Die hier eingeleitete Umorientierung steht im Zusammenhang mit einer Neubewertung Epikurs, für die zum einen die Übersetzung seiner Lebensbeschreibung bei Diogenes Laertius durch Ambrogio Traversari (ca. 1386–1439), zum anderen die ausdrückliche Neubewertung des antiken Hedonikers durch den Cremoneser Humanisten Cosma Raimondi († 1436) verant-

---

ca, logica, modos significandi. Ipsi potius digni quibus insultetur atque illudatur, tum quia magistrum Aristotelem tanquam deum habent, tum quia ne aristotelici quidem satis scire, graecarum litterarun imperiti, nec ullam doctrinam plane tenere possint, suae idest latinae linguae parum periti. Quos ut ab errore possem revocem et ad vere theologandum posteriores reducam, Aristotelem atque aristi[?]telicos contutabo. Idque etiam cum in caetera philosophia tum vero in dialectica repetitis necessario altius huius re primordiis" (zit. nach Salvatore I. Camporeale, *Lorenzo Valla. Umanesimo e teologia*. Presentazione di Eugenio Garin, Florenz 1972, 229). Außerdem *Elegantiae* IV, praef.: „Veteres illi theologi videntur mihi velut apes quaedam in in longinqua etiam pascua volitantes, dulcissima mella, cerasque miro artificio condidisse: recentes vero formicis similimi, quae ex proximo sublata furto grana in latibulis suis abscondunt. At ego (quod at me attinet) non modo malim apes, quam formica esse, sed etiam sub rege apium militare, quam formicarum exercitum ducere" (ed. cit. 234f.).

[176] Zur Redaktionsgeschichte des Textes vgl. die Einführung von de Panizza Loch in ihrer Edition.

wortlich zeichnet. Valla, der sich der neuen Ansicht von einem
„edlen Epikur" anschließt, legt eben damit gegen die strenge
stoische Tugendauffassung Einspruch ein, er protestiert gegen
‚Misanthropie' und ‚Weltfremdheit' der Philosophen, wie es
ihm seither viele nachgetan haben; er fordert stattdessen den
Rückgang auf einen praktisch-kollektiven Gemeinsinn als lebendige
Mitte des Lebens der Menschen und vertritt zugleich
die These, daß auch in der Sprache der Heiligen Schrift das
Heil des Menschen nicht anders als unter dem Namen der
„Lust" aufgerufen werde[177]. Auf dem Weg zu dem Seligkeitsziel,
der „beatitudo", gilt es, die „christliche, nicht die philosophische
Wohlanständigkeit" („christiana ... honestas non
philosophorum") zu erwerben[178]. Zu einem solchen eminent
praktischen Ziel gelangt man niemals über das philosophische
System, sondern nur mittels der Rhetorik, und der Redner ist,
etwas abgekürzt gesagt, im Gegensatz zu dem bleichen Bibliotheksgelehrten
ja gerade derjenige, der aus der Fülle dieser
praktischen Wahrheiten schöpft und damit auch die Herzen
der Menschen erreicht. Das dritte Buch von *De vero falsoque bono*
bietet sogleich ein eigenes Musterbeispiel für eine
religiöse Redekunst und ihre Wirkung auf das menschliche
Gemüt: die „Paradiesesrede" des geübten und immer Beifall
findenden Redners Antonius Raudensis[179], die den Zuhörern
den Inhalt der christlichen Verheißungen sinnlich-plastisch
vor Augen malt, fesselt die Hörer mit überaus mächtiger Be-

---

[177] Vgl. dazu *De vero falsoque bono* III, 9, ed. cit. 110: „Quam beatitudinem [sc. die himmlische] quis dubitet aut quis melius possit appellare quam ‚voluptatem', quo nomine etiam appellatam invenio, ut in *Genesi* ‚Paradisus volupatatis' et in *Ezechiele* ‚Poma et arbor voluptatis' et quedam similia, cum de bonis divinis loqueretur. Et in *Psalmis* ‚Ex torrente voluptatis potabis eos.' licet apud grecos sit potius ‚delectationis' sive ‚deliciarum' quam ‚voluptatis'. ... Ex quo debet intelligi non honestatem sed voluptatem propter se ipsam esse expetendam tam ab iis qui in hac vita quam ab iis qui in futura oblectari volunt".
[178] A.a.O. III, 11, 111; vgl. auch III, 9, 110.
[179] Er wird a.a.O. III, 2 nach seinen rhetorischen Qualitäten vorgestellt (vgl. 93f.).

wunderung („ingenti admiratione") und verschafft ihnen den Eindruck, bei dem Geschilderten selbst gegenwärtig gewesen zu sein[180]. Auf der inhaltlichen Ebene wie im Vollzug soll so deutlich werden: Wichtiger als eine abstrakte Theorie, etwa von der Besonnenheit, ist das konkrete Engagement, wichtiger als die abstrakte Idee der Gerechtigkeit das hier und jetzt Weiterführende und Nützliche. Der Gemeinsinn entsteht dabei zuletzt aus der öffentlichen gepflegten Sprache, denn diese ist es, die dem Volk seine eigenen Horizonte ausspricht und es auch mit dem Göttlichen verbindet, sie, in welcher die Wahrheit nicht einfach ein abstraktes Programm, sondern mit Lust erlebt ist. Auch das Christentum ist nach Valla, recht verstanden, kein Stoizismus mit anderen Mitteln, sondern ein sublimierter Epikureismus, ein, wenn man so will, „Hedonismus der Offenbarung".

Fortgesetzt wird diese Vision einer neuen, praktischen, um den Menschen und seine Bedürfnisse kreisenden Philosophie in Vallas Schrift *De libero arbitrio* von 1437. Auch diese Schrift steht in massiver Frontstellung gegen die überlieferte Philosophie und philosophisch aufgeladene Theologie; von den Zeitgenossen wurde sie als „antiaugustinisch" empfunden, da sie von der Lösung des Problems der Willensfreiheit, die Augustinus gegeben hatte und die die allgemein anerkannte war, deutlich abwich[181]. Das Thema selbst, der freie Wille, ist uns auch an anderer Stelle, etwa bei Plethon oder auch Pomponazzi, schon begegnet. Valla behauptet, daß die bisherige Philosophie nicht in der Lage gewesen sei, das Problem auch nur angemessen zu formulieren, geschweige denn es zu lösen. Das macht er erneut an einer Kritik des Boethius deutlich, der im fünften Buch von *De consolatione philosophiae* die Frage der Willensfreiheit behandelt hatte. Denn Boethius stellt das Problem so, als ob das *Vorherwissen* Gottes die *wirkliche*

---

[180] Vgl. a.a.O. III, 26, 136.
[181] Bracciolini hat in der zweiten *Invektive* gegen Valla auch diesen Punkt aufgegriffen.

menschliche *Willensfreiheit* ausschließen könnte. Dies ist, so Valla, jedoch gründlich verfehlt, denn ein Vorherwissen bezüglich der Willensentscheidungen anderer Wesen ist nicht schon die Erzeugung einer Determination, sondern nur eine (mentale) Vergegenwärtigung von Fakten, wie auch immer diese zustande gekommen sein mögen. Es stehen sich also nicht Gottes Vorherwissen und der menschliche Wille, sondern Gottes eigener absoluter Wille und der Wille des Menschen gegenüber, dies aber auf zwei ontologisch grundsätzlich verschiedenen Niveaus. Von daher kann es keine metaphysische Absicherung unserer Willensfreiheit geben, denn dem absoluten Willen Gottes Vorschriften zu machen, ist ersichtlich niemand in der Lage – ein Punkt, der etwa Luther, dem Verfasser von *De servo arbitrio*, an Valla gut gefallen hat[182], während Erasmus mit dieser Position seine Probleme hat[183]. Valla sagt dann, daß es einzig der Glaube an die Güte Gottes ist, der uns veranlassen kann, davon auszugehen, daß uns ein eigener Willens- und Freiheitsspielraum eingeräumt ist. Dieser Spielraum, für den es keine rationale Gewährleistung gibt, ist der Spielraum der Selbstentfaltung der menschlichen Natur im Rahmen der Grenzen, in die sie von Gott eingesetzt ist. Es ist der Spielraum eben der humanen Betätigung, für welche der „Humanismus" steht, eine lateinische „Para-Tradition" neben der noch immer herrschenden Hauptströmung der Philosophie begründend.

Es wurde in der Einführung bereits erwähnt, daß die wesentliche Leistung des Humanismus in philosophischem Be-

---

[182] In Luthers *Tischreden* heißt es z.B. einmal (Nr. 1470/Mai 1532): „Laurentius Ualla ist ein fromer man gewesen, purus, simplex, dexter, candidus. Plus fructus fecit, quam omnes Itali unquam fecerunt. Ille vir omnibus modis voluit consulere iuventuti Italicae et cogitavit propagare literas. De libero arbitrio bene disputavit. Is coniunxit pietatem cum literis" (WA TR 2, 107).
[183] Vgl. Erasmus' zweite Vorrede auf seine *Diatribe de libero arbitrio*, in der er es I b 2 abschätzig heißt: „Was Laurentius Valla sagt …, das gilt unter Theologen nicht viel" (vgl. jedoch auch III a 5).

tracht die Entdeckung der Welt der Sprache wie auch die Entdeckung der Sprache als des Schlüssels zur Welt gewesen ist. In dieser Entdeckung liegt eine Verabschiedung von der im weiteren Sinne „metaphysischen" Sprachauffassung, derzufolge die Sprache nur als ein Instrument, mit dessen Hilfe wir die außersprachliche Wirklichkeit, die Welt der „res", bezeichneten, aufzufassen ist. Die in diesem Sinne im europäischen Denken leitende Unterscheidung von „res" und „signum" geht auf Augustinus zurück, findet sich aber *mutatis mutandis* auch in ansonsten weit von der Metaphysik des Kirchenvaters abgerückten Sprachlehren wieder. Der Humanismus versucht, aus dem „Werkzeugmodell" von Sprache herauszufinden. Man kann dies etwas zugespitzt so formulieren, daß die Sprache, die ein Mensch spricht, auch darüber entscheidet, welche Welt er hat. Die Welt ist keine außersprachliche Konstante, sondern das jeweilen sprachlich Erschlossene. Das betrifft den einzelnen, aber auch ganze Völker und Epochen. Ein Volk ist wesentlich als Sprachgemeinschaft definiert, und Valla behauptet z. B., es sei das Lateinische gewesen, durch das die Römer die Weltherrschaft erlangt hätten – das Lateinische, von dem er sagt, es sei „süßer als aller Nektar, glänzender als alle Seide, kostbarer als alles Gold und edle Steine"; das Lateinische ist ein „magnum sacramentum", ein „magnum numen" und sozusagen ein vom Himmel zu uns gesandter Gott[184]. Es ist die lateinische Sprache gewesen, die von Spanien bis an die Donau, von Deutschland bis nach Dalmatien die Völker zu einem Kulturraum zusammengeschweißt hat, und es ist lächerlich, wenn die Griechen sich des besonderen Reichtums ihrer Sprache rühmen, denn offenbar war die griechische Sprache zu etwas Vergleichbarem nicht in der Lage. Und Valla sagt, daß, wer immer im höchsten Sinne Philosoph, Redner oder Jurist sein wolle, dies nicht erreiche, wenn er nicht gut lateinisch zu reden verstehe. Seiner Zeit empfiehlt er, auf dem Wege der Sprachreinigung, der Wiederherstellung

---

[184] Vgl. *Elegantiae* I, 4.

des verfallenen Lateins, auch die politische Widerherstellung und Befreiung von den Barbaren zu erlangen. Die lateinische Sprache sieht heute so aus wie Rom nach dem Einfall der Gallier, und erst, wenn das lateinische Selbstbewußtsein, ausgedrückt in einer zu ihrer Souveränität zurückgekehrten Sprache, wieder vorhanden ist, werden auch die Barbaren das Feld räumen müssen.

Vallas konkrete Bemühungen um die Sprachpflege, von denen bereits die Rede war, sind deshalb nicht zu verstehen als die Staubwischereien eines Grammatikasters, sondern zielen ebenso wie sein Lob der Rhetorik, seine „Theologie der Lust" auf das wirkliche Leben der Menschen. Die Philologie enthält in diesem Kontext die Bedeutung eines Kampfmittels, aber auch einer philosophischen Propädeutik, wenn nicht selbst die einer neuen „ersten Philosophie" – Valla eröffnet hier eine Perspektive, der sich, wie schon erwähnt, auch der Begründer der neueren Geschichtsphilosophie, Vico, einreihen wird. Wenn sich bei Petrarca das Individuum als auf sprachliche Selbstbehauptung verwiesen zeigte, so sind bei Valla die Fundamente einer neuen Welt und auch Denkfreiheit sprachlich zu legende. Damit zusammenhängend ist Epochenbewußtsein jetzt auch Sprachbewußtsein, und nur in der Sprache erreichen wir, was von ganz anderer Seite her die Florentinischen Denker als das auszeichnend Menschliche, das die Würde des Menschen Begründende aufgestellt hatten: das menschliche Schöpfertum, die ursprüngliche Kreativität und in ihr die Freiheit, die dann nicht so sehr ein Problem der Metaphysik als vielmehr ein solches des Ausdrucks ist.

LITERATUR:

Karl-Otto Apel, *Die Idee der Sprache in der Tradition des Humanismus von Dante bis Vico*, Bonn 1975².

Salvatore I. Camporeale, *Lorenzo Valla. Umanesimo e teologia*. Presentazione di Eugenio Garin, Florenz 1972.

Hanna-Barbara Gerl, *Rhetorik als Philosophie*, München 1974.
Eckhart Keßler, „Die Transformation des aristotelischen Organon durch Lorenzo Valla", in: ders./Charles H. Lohr/Walter Sparn (Hg.), *Aristotelismus und Renaissance*, Wiesbaden 1988, 53–74.
Lorenzo Valla: A Symposium, *Journal of the History of Ideas* 57/1 (1996).

11 Niccolò Machiavelli (1469–1527)

Dio non vuole fare ogni cosa, per non ci tòrre el libero arbitrio.

Niccolò Machiavelli

Über die Frage, ob Machiavelli mit Recht zu den Philosophen im engeren Sinne gezählt werden dürfe, läßt sich auch heute noch trefflich streiten: daß dies *nicht* der Fall sei, hat kein Geringerer als Georg Wilhelm Friedrich Hegel behauptet[185], und auch unabhängig vom Streit der Autoritäten kann man bei einem Studium seiner wesentlich am Historischen wie vor allem am Praktischen orientierten Schriften den Eindruck gewinnen, daß wir es hier zwar mit einem klugen Kopf, aber nicht unbedingt mit einem wirk-

---

[185] Hegel nennt „Machiavell" zusammen mit „Montaigne, Charron" unter den Männern, deren Arbeiten „nicht eigentlich der Philosophie, sondern der allgemeinen Bildung" angehören: „Es finden sich bei ihnen gute, feine, geistreiche Gedanken über sich, über das menschliche Leben, die gesellschaftlichen Verhältnisse, über das Rechte, Gute; es ist eine Art Lebensphilosophie aus dem Kreise der menschlichen Erfahrung, wie es in der Welt, im Herzen, im Geiste des Menschen zugeht", dabei jedoch zugleich dem „bisherigen scholastischen Erkennen gerade entgegengesetzt" (Georg W. F. Hegel, *Vorlesungen über die Geschichte der Philosophie III*, Theorie-Werkausgabe Bd. 20, Frankfurt/Main 1971, 48).

lich aufs Ganze gehenden Denker oder gar Systematiker zu tun haben. Auf der anderen Seite treffen wir bei Machiavelli doch auch den humanistischen Gestus, den wir schon kennen, vor allem das Denken an Hand der Gedanken der Alten, das Studium der exemplarischen Schriften und überhaupt ein Interesse an den Fragen der Sprache, zu denen Machiavelli, der selbst als Dichter hervortrat, sich explizit geäußert hat: auch von ihm besitzen wir mit dem *Discorso o dialogo intorno alla nostra lingua* einen Beitrag zur italienischen Sprachenfrage. An der mit Recht berühmten Stelle eines Briefes, in dem Machiavelli seinen gewöhnlichen Tagesablauf nach seinem Rückzug aus der Politik schildert, lesen wir über sein Verhältnis zu den Alten das folgende: „Wenn der Abend gekommen ist, kehre ich nach Hause zurück und betrete mein Schreibzimmer; und auf der Schwelle lege ich dann mein Alltagskleid ab, das voller Schmutz und Schlamm ist, und lege königliche, höfische Gewänder an; und so, mit gehörigem Anstand gekleidet, betrete ich die alten Hofhaltungen der Alten, wo ich, von ihnen mit Liebe empfangen, mich von jener Speise nähre, welche alleine die meinige ist und für die ich geboren bin; wo ich mich nicht schäme, mich mit ihnen zu unterreden und sie über die Gründe ihrer Handlungen zu befragen; und sie in ihrer Menschenfreundlichkeit antworten mir auch; und für vier Stunden spüre ich keinerlei Überdruß, vergesse allen Kummer, fürchte die Armut nicht, der Tod schreckt mich nicht: ich begebe mich gänzlich zu ihnen"[186]. Wenn man gesagt hat, daß Machiavelli das Gegenteil eines „Utopisten" gewesen sei, so sehen wir doch schon aus dem Zitat, daß auch er seine besseren Welten, das höhere Leben kannte: das Leben der Einkehr bei den vergangenen Geistern, der „Relecture" ihrer Schriften, des Schöpfens aus Quellen, die dem Weisen noch immer sprudeln. Aber darüber hinaus hat Machiavelli

---

[186] Niccolò Machiavelli, *Opere. Vol. II: Lettere, Legazioni e commissarie*, hg. von Corrado Vivanti, Turin 1999, 296 (Brief vom 10. Dezember 1513 an Francesco Vettori).

Niccolò Machiavelli

in seinen eigenen Schriften, wie wir sehen werden, in philosophischer Hinsicht doch auch auf ein *Problem* aufmerksam gemacht, ein Problem zudem, das die Philosophie der Neuzeit auf lange Zeit in der Tat in Atem halten wird: das Problem nämlich, wonach nach einem allfälligen Ende der Metaphysik (in der Theorie oder doch in der Praxis), damit jedoch dann auch einer verbindlichen Ontologie des Rechts, eines einsichtigen Naturrechts politisches Handeln von der elementaren Ebene der Staatengründung an eigentlich normiert werden soll. Wenn wir bei nicht wenigen Denkern der Renaissance und des Humanismus eine Überführung der Metaphysik in die Hermeneutik beobachten können, mag sich schon aus dieser Beobachtung die Frage ergeben, welche Auswirkung diese Verschiebung für die Orientierung im Praktischen, insbesondere im Politisch-Praktischen haben wird. Eine Option, die hier immer naheliegt, ist die, daß sich das Praktische endgültig von jeder philosophischen Einbettung emanzipiert und sich sozusagen auf die eigenen Füße zu stellen versucht. Bei Machiavelli, dessen Name zum Ausdruck eines politischen Prinzips – des „Machiavellismus" – wurde, haben wir es genau mit dieser emanzipierten Praxis zu tun – wie stimmig und überzeugend auch immer.

Niccolò Machiavelli wurde am 3. Mai 1469 als Sohn des Rechtsgelehrten Bernardo Machiavelli und seiner Frau Bartolomea de' Nelli in Florenz geboren; er war nach zwei Schwestern das dritte Kind der Eltern, es folgte ihm noch ein Bruder nach. Unter der Aufsicht des Vaters hat sich der junge Niccolò eine vor allem durch die römischen Klassiker geprägte Bildung angeeignet; erhalten ist uns von seiner eigenen Hand unter anderem eine Abschrift des großen Lehrgedichts *De rerum natura* des römischen Epikureers Lukrez (ca. 97–55 v. Chr.), immerhin eines der bedeutendsten Dokumente des antiken „Materialismus", und man hat entsprechend auch nicht gezögert, von einer Weichenstellung für das Denken unseres Autors schon in diesem Zusammenhang auszugehen. 1498, kurz nach der Hinrichtung Savonarolas, tritt Machiavelli dann in den Florentiner Staatsdienst ein; er wurde zum Sekretär der zweiten Kanzlei der Republik, wenige Wochen später auch zum Sekretär des Rats der Zehn gewählt, der damals die Geschicke der Stadt leitete. Machiavelli, der für auswärtige Angelegenheiten zuständig war, lernte hier die italienische Politik und Diplomatie seiner Zeit aus eigener Anschauung kennen; 1502 hat er Marietta Corsini geheiratet, von der er fünf Kinder hatte. In seinem Beruf, den er bis zur Rückkehr der Medici im Jahre 1512 innehatte, scheint er ganz und gar aufgegangen zu sein; in dem bereits zitierten Brief aus dem Jahre 1513 an Francesco Vettori (1574–1539), den ihm befreundeten Florentiner Staatsmann und späteren Gesandten in Rom und Paris, spricht er jedenfalls davon, daß er die 15 Jahre seiner Bemühungen um die Staatskunst weder verschlafen noch vergeudet habe[187]. Die wichtigsten Etappen des Staatsdienstes waren die folgenden: im Jahre 1500 unternimmt Machiavelli eine Gesandtschaftsreise zu König Ludwig XII. nach Frankreich, im Jahre 1502 ist er im Lager Cesare Borgias (1475–1507), des berüchtigten Sohnes von Papst Alexander VI. (1492–1503), in Senigallia und wohnt der Hinrichtung des Kondottiere Vitellozzo Vitelli bei, Ende 1507 wurde er gemeinsam mit Vettori zu Kaiser Maximilian I. (1459–1519) entsandt, 1510 war er erneut in Frankreich, wo er in Blois und Tours vom König empfangen wurde. Machiavelli fand die Gunst des „Gonfaloniere"[188] Piero Soderni (1452–1522), der 1502 zum Oberhaupt der Republik auf Lebenszeit gewählt worden war und bei den inneren Reformen, etwa der Aufstellung einer Landesmiliz anstelle von fremden Söldnern, auf seine Ratschläge hörte. Nach der Rückkehr der Medici gerät

---

[187] Vgl. a.a.O. 297.
[188] Der Titel „Gonfaloniere" meint wörtlich einen „Standartenträger", ist im 16. Jahrhundert aber ein Magistratsamt (Vasari z.B. wurde 1568 zum Gonfaloniere von Arezzo ernannt). Soderni war als Florentiner Staatsoberhaupt „Gonfaloniere di Giustizia". Ihm gelang 1509 die endgültige Niederringung Pisas – man erinnere sich an die Darstellungen aus dem Pisaner Krieg im Palazzo Vecchio.

NICCOLÒ MACHIAVELLI

Machiavelli, der Beteiligung an einer Verschwörung gegen die Medici verdächtigt, in Gefangenschaft und erleidet auch die Folter; im Zuge der Thronbesteigung von Giovanni de' Medici als Papst Leo X. (sein Pontifikat währte von 1513 bis 1521) fällt er jedoch unter eine Amnestie. Machiavelli zieht sich jetzt auf sein kleines Gut – das „Albergaccio" – in Sant'Andrea in Percussina bei San Casciano südlich von Florenz zurück: für den überwiegenden Rest seines Lebens, denn alle Versuche, in die Politik zurückzukehren, scheitern – trotz einer Annäherung an die Medici im Jahre 1520 und einiger Aktivitäten und auswärtiger Aufenthalte im Dienste Papst Clemens' VII. (1523–1534) in den 20er Jahren. Machiavelli stirbt am 22. Juni 1527 „in Folge der Einnahme eines Medikaments", wie sein Sohn Pietro berichtet.

Sein berühmtestes Werk, das Buch über den *Fürsten* (*Il principe*) – der lateinische Titel des Werks, das in italienischer Sprache, aber mit lateinischen Kapitelüberschriften verfaßt ist, lautet *De principatibus* –, hat Machiavelli gleich im ersten Jahr der unfreiwilligen Abstinenz von der Politik verfaßt; erschienen ist es jedoch erst nach seinem Tode, im Jahre 1532, in Rom. Der Traktat stellt sich als eine Anleitung für einen Fürsten – gewidmet ist er konkret dem Herzog von Urbino, Lorenzo de' Medici (1492–1519), einem Sohn des Lorenzo il Magnifico – zum Machterhalt und zur Machtsteigerung dar. Er steht insofern zumindest formal in der Tradition der „Fürstenspiegel", die wir seit dem frühen Mittelalter kennen und deren wichtigstes Beispiel aus dem Hochmittelalter die Schrift *De regimine principum* („Von der Fürstenherrschaft") Thomas von Aquins, aus Machiavellis eigenen Zeiten die *Institutio principis christiani*, die „Unterweisung eines christlichen Fürsten" aus der Feder des Erasmus' von Rotterdam (1469–1536) ist, letztere eine zu ihrer Zeit sehr geschätzte Schrift. Sobald man allerdings die beiden genannten Beispiele mit Machiavellis *Principe* auch inhaltlich näher vergleicht, müssen sich in schneidender Schärfe die Unterschiede zeigen: bei Thomas die Lozierung der Fürstenherrschaft zwischen der sozialen Natur des „politischen Tieres" Mensch auf der einen Seite, dem Gemeinwohlauftrag (*bonum commune*) in aller Staatlichkeit auf der anderen; bei Erasmus die Orientierung an den Idealen des „vir bonus", der kein Tyrann sein kann und auch ein Wissender sein muß, sowie der christlichen Tugenden mit Einschluß sogar noch einer pazifistischen Tendenz; bei Machiavelli dagegen die kühl erwägende, in diesem Sinne „rationale" Technik der Herrschaft, der Effizienzkalkül einer Macht, die im Zweifel eben keine moralischen Rücksichten nimmt, sondern der es stets um sich selbst zu tun ist – bei Machiavelli ist, wie man es ausgedrückt hat, das politische Handeln vollständig „selbstreferentiell" geworden, es verweist auf keine Begründung und Rechtfertigung mehr[189]. Wie schon gesagt, kann man den globalen Horizont für die neue Rolle und Wertung der politischen Praxis in der Auflösung aller metaphysischen Grundlagen ihrer Rechtfertigung, insbesondere in der des alten Naturrechtsgedankens, sehen; individuell verstärkend mögen als autobiographische Momente zum einen die Erfahrungen mit der Theokratie Savonarolas, zum anderen diejenigen mit dem Herrschertyp Cesare Borgias ihre Rolle gespielt haben. Aber wie dem auch sei: Machiavelli macht schon im Vorwort klar, daß sein Werk in ungeschminkter Weise jene Reflexionen vortragen will, die sich dem Autor sowohl aus dem Studium der Alten wie aus eigenster Kenntnis und Erfahrung „delle cose moderne", der aktuellen Konstellationen, ergeben haben. Er unterscheidet dann zunächst die Formen politischer Herrschaft: die Staaten (Machiavelli ist einer der ersten Autoren, bei dem das Wort „stato" im modernen Sinne erscheint) sind entweder Republiken oder Fürstentümer bzw. Alleinherrschaften (*principati*), die letzteren entweder erblich oder erworben, die letzteren wiederum sei es der persönlichen Tüchtigkeit (*virtù*), sei es dem Glück verdankt. *Der Fürst* handelt dann

---

[189] So Emanuele Cutinelli-Rendina in seiner *Introduzione a Machiavelli*, Rom/Bari 1999, 37.

nicht von den Republiken, sondern von den verschiedenen Herausforderungen der Alleinherrschaft, wobei diese wiederum im Falle der dem Glück verdankten neuen Herrschaften am größten sind. Die Aufgabe ist hier die Stabilisierung von Herrschaft in einer zunächst labilen Ausgangssituation, denn, so Machiavelli, die Natur des Menschen ist in sich wechselhaft und dem Wechsel zugeneigt; am Beispiel Ludwigs XII. etwa und seines Versuchs, sich Mailand anzueignen, wird gezeigt, daß die Menschen zwar geneigt sind, die Herrschaft zu wechseln, aber schnell auch des neuen Herrschers müde werden, und an einer berüchtigten Stelle des zwölften Kapitels heißt es über die Menschen im allgemeinen: „sie sind undankbar, flatterhaft, verlogen und heuchlerisch, feige und geldgierig; und während du ihnen noch etwas Gutes tust und sie dir ganz gehören, rauben sie dir schon das Blut, den Besitz, das Leben, die Kinder"[190]. Aus diesem Grund ist für den Fürsten kaum etwas so wichtig wie die genaue Kenntnis des Militärwesens, denn wer keine Freunde hat, braucht gute Soldaten und muß mit ihnen auch umzugehen verstehen; die Kapitel XII bis XIV sind mit diesem Fragen befaßt. Was den Fürsten sonst auszeichnen muß – klare Maximen für die Stellung zu Lob und Tadel, zu Freigebigkeit oder Sparsamkeit oder auch Grausamkeit und Mitleid – folgt in den nächsten Kapiteln. In dem Kapitel, welches den letztgenannten Punkt erörtert, erinnert Machiavelli daran, daß die Zucht in Hannibals gewaltigem Herr sich der „unmenschlichen Grausamkeit" des Feldherrn verdankte, die ihn, „zusammen mit seinen unendlichen Tugenden, in den Augen seiner Soldaten stets verehrungswürdig und schrecklich machte"[191]. Im nächsten Kapitel wird dann erinnert, daß es zwar sicher sehr lobenswert sei, wenn Fürsten sich an ihr gegebenes Wort hielten, daß man aber gerade der eigenen Zeit die Beispiele dafür verdanke, daß jene Fürsten Großes vollbracht hätten, die

---

[190] Machiavelli, *Il principe* c. XVII, in: *Opere. Vol. I,* Turin 1997, 163.
[191] Vgl. a.a.O. 164.

sich wenig um dergleichen geschert hätten. Der Fürst ist geradezu genötigt, wie ein Zentaur zwei Naturen zu haben, eine menschliche und eine tierische, und sich auf den Einsatz beider je zu verstehen – wir lesen das keine dreißig Jahre nach der Erhebung der Menschennatur über die Engel, die wir bei Pico trafen. Die idealen „tierischen" Naturen für den Fürsten sind die des Löwen, der die Wölfe vertreibt, und des Fuchses, der auch die Fangstricke wittert, die der Löwe nicht bemerkt. Gewalt ist entsprechend ein legitimes Mittel der Politik, und der politische Mord ist davon nicht ausgenommen, wenn es denn kein anderes Mittel mehr gibt; ebenso wenig ist es die List, mit der der Fürst doch nur der Verschlagenheit der Menschen zuvorkommt. Wichtig ist dann auch das XXV. Kapitel, in dem über die Herrschaft des Zufalls oder des Glücks (*fortuna*) in den menschlichen Dingen die Rede ist – ein altes Thema nicht zuletzt auch der italienischen großen Literatur, so etwa in Boccaccios *Dekameron*. Machiavelli äußert sich hier dahin, daß kraft des „freien Willens" (*libero arbitrio*), den er dem Menschen also zugesteht, das Glück nur „über die Hälfte unserer Handlungen entscheide, während es die andere Hälfte uns zu bestimmen überlasse"[192]. Es ist Vorsorge möglich, und es empfiehlt sich zudem, dem Glück nicht zaudernd, sondern energisch entgegenzutreten: Fortuna ist eine Frau und will gezwungen sein[193]. Der *Principe* endet dann mit einem wohl erst 1516 geschriebenen „Aufruf, sich Italiens zu bemächtigen und ihm die Freiheit von den Barbaren wiederzugeben", der auch mit Machiavellis Hoffnungen, sich mit den Medici arrangieren zu können, in Zusammenhang steht; die Adressaten dieses Appells sind nämlich die Medici, die „jetzt auch Herren der Kirche" sind (die Anspielung geht auf den Medici-Papst Leo X.) und von denen Machiavelli nicht weniger als die „Rettung" (*redenzio-*

---

[192] Vgl. a.a.O. 187.
[193] Vgl. a.a.O. 189, wo es noch drastischer heißt: „perché la fortuna è donna ed è necessario, volendola tenere sotto, batterla e urtarla".

ne) Italiens erwartet[194]. Es ist dieses Schlußkapitel gewesen, das im 19. Jahrhundert zu einem Umschwung in der Machiavelli-Deutung geführt hat: der Verfasser des *Principe* galt jetzt nicht länger als der skrupellose „Machiavellist", als den ihn beispielsweise noch Friedrich der Große aufgefaßt hatte[195], sondern als der Wegbereiter der nationalen Einheit – als einer, der die Not seines Landes erkannte und – in der Tradition Petrarcas und Vallas – auf den Neuanfang sann. Neu angefangen hatte indes in jedem Fall schon ein Denkstil der Entmythologisierung des Politischen, das in der Folge von Autoren wie Hobbes, Weber oder Carl Schmitt, aber im Kontext der deutschen Befreiungskriege auch von einem politischen Moralisten wie Fichte in entsprechenden Bahnen einer emanzipierten „Herrschaftstechnik" wahrgenommen werden wird. Die Verschiebung, die dabei stattfindet, ist zum einen, wie schon gesagt, die aus aller Art „metaphysischer" Einbettung des Politischen heraus hin zu einer „Selbstreferentialität" der Politik. Sie ist zum anderen auch eine Verlagerung der Politik aus dem Bereich wahrhaft humaner Praxis hin in den anderen Bereich der Technik und Klugheit. Das Politikerideal des Erasmus – der „vir bonus" – wird vom Ideal des „Machers" verdrängt, der ausdrücklich von einer Pflicht zum „Gutsein" in einem mehr als herrschaftstechnischen Sinne entlastet ist. Machiavelli mag vom Geist der Neuzeit damit mehr antizipiert haben, als gerade auch seine Gegner wahrhaben wollen. Nach Nietzsche hat er einen Standpunkt antizipiert, der „übermenschlich, göttlich, transzendent" ist und „von Menschen nie erreicht, höchstens ge-

---

[194] Vgl. a.a.O. 190.
[195] Nämlich in seinem *Anti-Machiavel* von 1740, den Voltaire für ihn anonym herausgab; allerdings gibt es auch eine Retraktation des Preußenkönigs in dieser Sache, wenn es in seinem politischen Testament von 1752 heißt: „So sehr mich das verdrießt, muß ich doch zugeben, daß Machiavelli recht hat" (vgl. Johann Braun, *Einführung in die Rechtsphilosophie. Der Gedanke des Rechts*, Tübingen 2006, 186f.).

streift" wird[196]. Nach Augustinus freilich bleibt die Frage noch offen, worin sich Staaten eigentlich denn von großen Räuberbanden unterscheiden – eine Frage, auf die es beispielsweise bei Campanella wieder zu einer Antwort kommen wird, während sie hier schon als Frage möglicherweise nicht verständlich ist.

Die zweite bis heute vor allem bekannte Schrift Machiavellis bilden die *Discorsi sopra la prima deca di Tito Livio*, die zwischen 1513 und 1519 entstanden sein dürften und in denen es jetzt um die Erhaltung der Republik, nicht der Fürstenherrschaft, geht. Das Werk, das aus drei Büchern besteht, kommentiert die erste „Dekade" des gewaltigsten römischen Geschichtswerks, der 142 Bücher *Ab urbe condita* des Titus Livius (ca. 59 v. Chr. bis 17 n. Chr.). In diesem Abschitt geht es um den Zeitraum 753 bis 293 v. Chr., also von der Gründung der Stadt Rom bis zum Sieg über die Samniten. Das Interesse Machiavellis ist auch hier ein durchaus praktisches, kein antiquarisches: die Geschichte vom Aufstieg Roms liefert geeignete Fälle, aus denen Handlungsregeln, Normen für ein effizientes politisches Vorgehen gewonnen werden können – nicht zuletzt im Blick auf die eigene Gegenwart und Florenz. In den *Discorsi* geht es jetzt um die Republik und die Bedingungen ihrer Erhaltung; Machiavelli zählt dazu die Tugend der Bürger und ihre Religion, aber auch die ursprünglich gute Ordnung, die Rom von seinem ersten König Romulus her stets in sich trug und dank derer auch die sozialen Konflikte auf ein produktives Ergebnis hinführten, während ähnliche Konflikte das Cinquecento-Florenz nur lähmen. Es ist klar, daß auch die Religion hier unter dem Aspekt der „Zivilreligion" gesehen wird; es war Numa, der zweite römische König, der das Werk seines Vorgängers mit der Einführung einer römischen Religion vollendete, schuf er doch so die Bedingungen dafür, daß sich der Staat des Gehorsams sei-

---

[196] Friedrich Nietzsche, *Der Wille zur Macht*, Nr. 214 (= KGW VIII/2, 268).

ner Bürger umfassend versichern konnte, ja auch zu außergewöhnlichen Unternehmungen in der Lage war; mit einem Volk von Skeptikern ist, wenn man so will, gerade wenn es um Gründungsakte der Kultur geht, nicht viel anzufangen. Machiavelli beklagt sich in diesem Zusammenhang auch über die Religionslosigkeit der eigenen Zeit, für die er nicht zuletzt der römischen Kirche selbst die Schuld gibt; je näher an Rom, desto weniger Religion – das ist der Status quo, der auch für Italien verheerend ist[197]. Die Religionsfrage spielt dann auch im zweiten Buch der *Discorsi* ihre Rolle, das sich nicht zuletzt mit dem Unterschied zwischen „Antike und Moderne", d.h. mit der Frage befaßt, die später im Zentrum der berühmten „Querelle des Anciens et des Modernes", wie sie auf der Höhe des französischen 17. Jahrhunderts Charles Perrault ausgelöst hat, stehen wird[198]. Für Machiavelli zeigt sich, daß diese Differenz betreffend alte und neue Bildung, das heißt vor allem: alte und neue Religion, also Heidentum versus Christentum, von großer Bedeutung sind. Ähnlich wie bei Pomponazzi wird hier die Geschichtlichkeit auch des Christlichen denkbar, so vor allem im fünften Kapitel, das davon spricht, daß „alle fünf- oder sechstausend Jahre die religiösen Sekten (*sètte*) zwei- oder dreimal wechseln" und dabei auch das Christentum als nichts anderes al eine solche „Sekte" behandelt[199]. Der Gesichtspunkt freilich, unter dem hier die Religion stets thematisch wird, ist der politische, der sich immer mehr anschickt, überhaupt der *totale* zu werden. Aus dem dritten Buch erwähnen wir dann noch den Eingangsgedanken, daß, um eine Republik oder auch eine Religion lange am Leben zu halten, es notwendig ist, sie immer wieder auf ihren Anfang zurückzuführen. Dabei sind es sowohl im alten Rom wie auch

---

[197] Vgl. Machiavelli, *Discorsi sopra la prima deca di Tito Livio* I, 12, in: *Opere. Vol. I*, 231–234.
[198] Vgl. hier nur den Artikel „Querelle des Anciens et des Modernes" von Arbogast Schmitt, in: Manfred Landfester (Hg.), *Der Neue Pauly. Enzyklopädie der Antike*, Bd. 15/2, Stuttgart/Weimar 2002, 607–622.
[199] Vgl. *Discorsi* II, 5, a.a.O. 342.

im Christentum stets einzelne gewesen, denen eine solche Rückführung gelang: dort etwa die Volkstribunen, hier ein Franz von Assisi oder auch ein Dominikus. Das Buch enthält dann in diesem Geiste eine ausführliche Analyse markanter Ereignisse aus der Geschichte Roms, so daß man in ihm geradezu „den Anfang der modernen Geschichtsschreibung über Rom" (Arnaldo Momigliano) erkannt hat. Die Entdeckung der eigenen Gestaltungsmöglichkeiten in der Geschichte geht stets mit einer Entdeckung von Geschichte zusammen: sei es der gewesenen Geschichte, sei es der eigenen Geschichtlichkeit als des Horizonts menschlicher Praxis.

Die *Discorsi* sind Machiavellis letztes Werk nicht gewesen. 1518 wurde im Karneval mit großem Erfolg die derbe Komödie *Mandragola* aufgeführt, 1521 erschien die *Kriegskunst*, die *Arte della guerra*; auch andere Arbeiten entstanden, weitere Dichtungen wie solche zur Geschichte von Florenz, die *Istorie fiorentine*, von denen Burckhardt bemerkt hat, hier habe Machiavelli als „der erste unter den Modernen" eine Stadt „vollkommen als ein lebendiges Wesen und ihren Entwicklungsgang als einen individuell naturgemäßen" aufgefaßt[200]. Daß er sich auch mit der Sprachenfrage befaßt hat, haben wir schon erwähnt: Machiavelli plädiert hier für die Ausrichtung des Italienischen am (gesprochenen) Florentinischen, der Schriftsprache ebenfalls an der Sprache der Arnostadt, so wie deren große Zeugen seit Dante sie entwickelt haben. Man wird in diesem Plädoyer mehr als Lokalpatriotismus und vielmehr einen gesunden historischen Sinn erkennen, der instinktsicher auch das historisch Verheißungsvolle vom Ephemeren zu trennen versteht. Mit dem Thema der Sprache indes werden wir uns sogleich erneut zu befassen haben.

---

[200] Jacob Burckhardt, *Die Kultur der Renaissance in Italien*, Herrsching 1981, 111.

LITERATUR:

August Buck, *Machiavelli*, Darmstadt 1985.
Emanuele Cutinelli-Rendina, *Introduzione a Machiavelli*, Rom/Bari 1999.
Wolfgang Kersting, *Niccolò Machiavelli*, München 1988.
Karl Mittermaier, *Machiavelli. Moral und Politik zu Beginn der Neuzeit*, Gernsbach 1990.
Dolf Sternberger, *Machiavellis ‚Principe' und der Begriff des Politischen*, Wiesbaden 1974.

12 Sperone Speroni (1500–1588)

> Ma per certo noi siamo giunti a tempo che pare che il male lungamente da noi sofferto voglia Iddio a qualche modo ricompensarci; peroché in iscambio delle molte possessioni e città della Italia, le quali occupano gli oltramontani, egli ci ha donato l'amore e la cognizione delle lingue in maniera che nessuno non è tenuto filosofo, che non sia greco e latino perfettamente.
>
> Sperone Speroni

Mit dem Humanisten, den wir jetzt noch als für das entwickelte Sprachdenken dieser Richtung exemplarisch heranziehen wollen, mit Sperone Speroni, befinden wir uns nicht nur wieder im 16. Jahrhundert, sondern auch wieder in Padua und dort sogar bei einem Schüler Pomponazzis. Speroni ist am 12. April 1500 zu Padua als Sohn eines Arztes geboren worden und hat dort auch den größten Teil seines Lebens verbracht. Er studierte Medizin und Philosophie, also die bekannte Paduaner Kombination; 1523 erhielt er das Angebot einer außerordentlichen Professur „für Medizin oder Philosophie, je nach dem, was ihm besser gefiele"; er ging aber stattdessen zu Pomponazzi nach Bologna, um die eigene Ausbildung erst einmal wirklich zu vollenden. Erst nach dem Tode Pomponazzis, also 1525, lehrte er dann Philosophie in Padua, zog sich aber 1528, nach dem Tode des Vaters, ins Privatleben zurück, hatte indes von 1532 an auch mehrere politische Ämter inne. 1541/42 war er das Haupt der „Accademia degli Infiammati", einer Paduaner Gelehrtenvereinigung, wie sie zu dieser Zeit in großer Zahl in Italien entstanden; am bekanntesten unter ihnen sind vielleicht die „Accademia dei Lincei" in Rom wie dann die „Accademia della Crusca" in Florenz, die sich vor allem um die italienische Sprachpflege verdient gemacht hat. Daneben aber war Speroni besonders als Philologe und Literaturkritiker, aber auch als Dichter tätig, der sich zunächst um einen möglichst engen Anschluß an die Poetik des Aristoteles bemühte. Er stand im Austausch mit führenden Humanisten der Zeit, hat in den 60er Jahren einen Aufenthalt in Rom im Kreise bedeutender Zeitgenossen erlebt und wurde nach seiner Rückkehr nach Padua 1564 für den Lehrstuhl für Ethik vorgeschlagen. Speroni hat diese Offerte jedoch abgelehnt. 1572 ging er erneut nach Rom, wo er eigentlich bis an sein Ende bleiben wollte, dann aber aus persönlichen Gründen doch nur bis 1578 bleiben konnte. Erwähnenswert ist noch, daß Speroni in seinen letzten Lebensjahren mit dem Dichter Torquato Tasso (1544–1595) freundschaftlich verbunden war und über Fragen der Dichtkunst korrespondierte. Speroni ist auch selbst als Dichter hervorgetreten, so als Verfasser einer Tragödie *Canace*, die 1542 herauskam. Im übrigen hat Speroni in Humanistenart vor allem Dialoge publiziert, darunter auch jenen *Dialogo delle lingue*, um den es uns hier beispielhaft für das Sprachdenken des späteren Humanismus gehen soll. Gestorben ist Speroni am 2. Juni 1588, sehr geachtet in seiner Heimatstadt wie auch unter Anteilnahme der ganzen Universität.

Der 1542 zuerst erschienene *Dialog über die Sprachen* blickt auf eine inzwischen mehrhundertjährige „Sprachenfrage" („questione della lingua") in Italien zurück; zumindest einer der Dialogteilnehmer, der uns von Fracastoro her schon bekannte Humanist Pietro Bembo (1470–1547), gehört dabei zu den Autoren, die sich aktiv an der öffentlichen Diskussion um die verbindliche Sprachform des Italienischen beteiligt hatten[201]. Speronis Text leistet in verschiedener Hinsicht eine Vertiefung der Sprachenfrage, wie sie die Italiener ja seit Dante umtrieb, und er ist auch systematisch von Interesse, weil er nicht nur die „sprachpolitische" Dimension des Streits, sondern grundsätzliche Fragen der Sprachphilosophie berührt – Fragen der ästhetischen, aber auch logischen Sprachrichtigkeit, Fragen des Sprachursprungs und auch eines möglichen Sprachrelativismus, das alles durchaus in Erinnerung einer bis in die Antike zurückreichenden Spur des Sprachthemas, die mit Nennung des platonischen *Kratylos* und mit Anspielung auf die aristotelische *Hermeneutik* hier ausdrücklich ins Bewußtsein gerufen wird. Man muß dabei zugleich festhalten, daß es im Streit der Meinungen nicht immer ganz einfach ist, die eigene Position Speronis auszumachen; Speroni schreibt vielmehr einen echten Dialog[202], in dem die Sache tatsächlich von verschiedener Seite vorgeführt wird, womöglich überall eine *particula veri* steckt und am Ende der Leser selbst zu entscheiden hat, was er denn nun für das Einleuchtendste halten will. Der Dialog ist zweigliedrig und darin kunstvoll gebaut; in der zweiten Hälfte findet eine Rückprojektion des Gesprächs der ersten in ein Gespräch mit dem zum fiktiven Dialogtermin (1530) schon verstorbenen Pomponazzi statt, wodurch die ganze Frage zugleich ihre philosophische Zuspitzung erhält. Wir referieren hier in Kürze den Gesprächsgang.

Das Gespräch beginnt damit, daß Bembo Lazzaro Bonamico (1477/78 –1534), einem Schüler Pomponazzis aus dessen Paduaner Zeiten, zum Antritt des Lektorats für Griechisch und Latein in Padua gratuliert. Gott habe den Italienern, sagt Bembo, zum Ausgleich für ihr politisches Mißgeschick

---

[201] Vgl. Pietro Bembo, *Prose della volgar lingua* (1525): Bembo empfiehlt hier den Gebrauch eines an Petrarca und Boccaccio orientierten Toskanischen.
[202] Daß er über ein entwickeltes theoretisches Konzept der Dialogschriftstellerei verfügt, belegt die *Apologia dei dialoghi*.

die Liebe und Kenntnis der Sprachen gegeben, so daß hier niemand als Philosoph gelten könne, der nicht des Griechischen und Lateinischen mächtig sei. Die Italiener hätten die Möglichkeit, mit Barbaren zusammenzuleben und mit ihnen zu sprechen, ohne doch selbst Barbaren zu werden, und sie verdankten es dem Himmel, daß er ihnen auf dem Wege der Sprachbeherrschung einen Weg zu unsterblichem Ruhm geöffnet habe. Lazzaro stimmt darauf ein Lob des Lateinischen, dieser „lingua divina" an, wie wir es von Valla schon kennen, ein Lob, das er so weit treibt zu sagen, er wolle lieber wie Cicero Latein sprechen als Papst Clemens in Rom sein[203]. Das veranlaßt freilich einen anwesenden römischen Höfling, dagegen zu protestieren; man könne dann gleich sagen, es sei besser, der Koch von Demosthenes oder Cicero als ein Papst oder Kaiser zu sein. Lazzaro korrigiert, daß es nicht um die Sprache des Volks, sondern um die eines Cicero gehe, und diese scheine ihm in der Tat mehr wert zu sein als Caesars Siege und das Reich des Augustus. Begründet wird diese nun echt humanistische Wertschätzung sprachlicher Kompetenz damit, daß allein durch die Sprache der Mensch sich vom Tier unterscheide; in der Sprache teilen wir einander die Gedanken des Herzens mit, was die Tiere nicht können, und derjenige, der es darin zur Perfektion bringe, verhalte sich dann sogar zu den anderen Menschen wie der Mensch zum Tier. Da man diese Perfektion jedoch nur im Griechischen und Lateinischen finden könne, sei es die Beherrschung dieser Sprachen, die uns aus der Barbarei erhebe.

Der Römer wiederum will das nicht auf sich sitzen lassen und meint, daß er auch durch einige Geschichten bei Boccaccio sehr angesprochen worden sei, und zwar durch Geschichten aus dem *Dekameron*, also italienischen, nicht lateinischen Novellen. Aber er wird darauf hingewiesen, daß er wahrscheinlich nur durch den Stoff, das Sujet der Geschichten gekitzelt,

---

[203] Gemeint ist der Medici-Papst Clemens VII., dessen Pontifikat von 1523 bis 1534 währte.

nicht aber durch die Sprachvollkommenheit eigentlich ästhetisch berührt worden sei. Lazzaro versucht darauf nachzuweisen, was die Volkssprache hindert, vollkommen zu sein; dieser „povera lingua" fehle es an Flexionsformen, an bestimmten Morphemen wie dem Partizip, und ihre ganze „Vollkommenheit" bestehe darin, sich vom Lateinischen entfernt zu haben. Der Ursprung des Italienischen, das war das Ende Roms, das war das Werk von Leuten, die den Römern am meisten verhaßt waren, von Franzosen und Provenzalen, ja von Kreaturen, die keinerlei Humanität hatten wie Hunnen, Goten, Vandalen und Langobarden. Die Sprache, welche das Volk spricht, sollte so auch nicht „Italienisch" heißen, denn mit Italien hat sie herzlich wenig zu tun. Nein, es ist ausgeschlossen, daß in der Volkssprache ein Cicero oder Vergil erstehe, und wenn er erstünde, so wäre es nur ein gemalter Cicero oder Vergil, aber niemals das Original. Der Römer versetzt auf diese langen Klagreden, daß Lazzaro, wenn er das alles ernst meine, in eine Literatenrepublik auswandern müsse, denn hier in Bologna würde ihn bei allem Ciceronianismus jedenfalls auf der Straße niemand verstehen. Lazzaro erwidert, daß er nicht bestreite, daß man mit Bauern ihre Sprache reden müsse; nur aber an den Schulen und unter Gelehrten, „wo wir doch Menschen sein können und müssen, da soll auch der Vortrag menschlich und also lateinisch sein"[204].

An dieser Stelle greift nun allerdings Bembo, der Venezianer und italienische Stilpapst, ein. Was wir bisher haben vortragen hören, ist ein rigoros-althumanistischer Standpunkt gewesen, ein anti-italienischer Purismus, gegen den Bembo die Meinung vertritt, daß es durchaus ein normatives italienisches Sprachideal gebe. Die maßgeblichen Autoren

---

[204] „Onde se l'uomo è in piazza, in villa o in casa, col vulgo, co' contadini, co' servi, parli volgare e non altramente; ma nelle scole delle dottrine e tra i dotti, ove possiamo e debbiamo esser uomini, sia uomo, cioè latino, il ragionamento" (Sperone Speroni, *Dialogo delle lingue*, in: Mario Pozzi (ed.), *Trattatisti del Cinquecento*, vol. II, Mailand/Neapel 1996, 598.

sind für ihn, wie erwähnt, Petrarca und Boccaccio, weniger Dante, der sein Lexikon schon zu weit für außertoskanische Einflüsse geöffnet habe. In unserem Dialog nun sagt Bembo, daß Lazzaro wohl ganz Recht habe, daß Italien aus der Barbarei herkomme, aber es seien inzwischen doch auch einige Jahrhunderte ins Land gegangen, so daß Gesittung und Humanität wieder Fuß haben fassen können. In Italien hat sich so auch eine Sprache herausgebildet, die, obwohl in den Ursprüngen chaotisch, jetzt doch die eigene ist. Sollen wir denn am Ende überhaupt nicht mehr reden, nur weil kein neuer Vergil in Sicht ist? Sollen wir in ewige Trauer über die verlorene Vollkommenheit fallen? Nein, und das wäre auch unbegründet: denn so verschieden die Sprachen sind, so sind die Regeln, in ihnen Vollkommenheit zu erreichen, doch grundsätzlich dieselben. Ein Beleg dafür sei, daß man auch bei Petrarca ganz vollkommene von weniger vollkommenen Sonetten unterscheiden könne, was doch nur möglich sei, wenn man in der Volkssprache überhaupt nach Vollkommenheit suchen könne. Lazzaro läßt dies freilich nicht gelten, denn immerhin seien Pauken und Trompeten auch irgendwie Instrumente, und man müsse sie gar nicht beherrschen um zu wissen, daß es ganz schreckliche sind; Venedig habe in Kriegszeiten auch einmal kunstvolles Falschgeld gemacht, aber das sage doch nichts für den Frieden – ja, Falschgeld ist die Volkssprache, und den lateinischen Sprachschatz läßt man ungehoben. Lazzaro sagt sogar, er würde lieber die Freiheit hergeben als die echte Sprache, denn ohne Sprache ist man, wie wir schon wissen, kein Mensch mehr und auch der Macht des Lateinischen, unsterblich zu machen, beraubt. Er erläutert darauf die Vollkommenheiten dieser Sprache näher, aber Bembo kommt auf die Vollkommenheiten auch in anderen Sprachen zurück. Keine geschaffene Sache sei ewig und unwandelbar, so auch die Sprache nicht; auch sie entstehe, blühe und trage Frucht und sterbe darauf – das ergibt dann, wenn man so will, eine historisch-dynamische Sprachansicht, die dem abstrakten Ideal des Althumanisten entgegengesetzt wird. Das gibt dem römischen Hofmann Gelegenheit, Latein eine „tote" Sprache zu nennen, mit der man „uns Idioten", die freilich eine lebendige haben, durchaus in Frieden lassen soll. Das wieder läßt auch Bembo nicht gelten, denn immerhin arbeite das Lateinische in unseren Seelen und Leibern; das aktuelle Sprachideal aber sei eben doch das klassisch Toskanische, und die Italiener hätten sich zu befleißigen, diesem Ideal zu entsprechen.

Soweit der *erste Teil* des Gesprächs, der im Grunde die zu Speronis Zeiten akuten Streitfragen vorgeführt und drei Positionen aufgezeigt hat: es gibt eine sprachliche Vollkommenheit, und die liegt ausschließlich in den alten Sprachen; es gibt sie, und zwar im Toskanischen; ob es sie gibt oder nicht – am besten spricht jeder so, wie ihm der berühmte Schnabel gewachsen ist. Das letztere wäre dabei die freilich etwas zugespitzte Position des Römers, der vor den gelehrten Rednern freilich auch die schwächste Figur gemacht hat. Jetzt meldet sich ein „Scholar", ein Gelehrter zu Wort, der bemerkt, er habe sich mit dieser Frage noch nie selbst beschäftigt, habe aber einmal ein Gespräch seines Lehrers Pomponazzi mit Johannes Laskaris (1445–1534), einem gelehrten Griechen, der in Italien und Frankreich wirkte, mit angehört, bei dem es genau um diese Fragen gegangen sei[205]. Die anderen sind gespannt, das Gespräch zu hören, und der Scholar erzählt, Laskaris habe Pomponazzi einmal gefragt, worüber er an der Universität gerade lese; als dieser geantwortet habe, daß er über die *Meteorologica* des Aristoteles lese und dazu den Alexander von Aphrodisias konsultiere, habe er sich erstaunt geäußert, daß Pomponazzi Griechisch könne – es war nämlich bekannt, daß er es nicht konnte und auch im Lateinischen nicht das humanistisch-ciceronianische Sprachideal verfolg-

---

[205] Gemeint ist Janos Laskaris, der bei Bessarion studiert hatte und in Florenz Professor der griechischen Sprache wie später auch im Dienst Karls VIII. von Frankreich sowie in Rom am griechischen Gymnasium tätig war. Er ist nicht zu verwechseln mit Konstantinos Laskaris (1434–1501), bei dem Bembo seine Griechischkenntnisse erwarb.

te. Pomponazzi sagt dann auch frei, daß er den Alexander auf Latein lese, worauf Laskaris meint: „Davon werdet ihr wenig Frucht haben". „Wieso?", fragt Pomponazzi; die Antwort: „Weil ein griechischer Alexander sich von einem ins Lateinische übersetzten unterscheidet wie ein Lebendiger von einem Toten!" Pomponazzi meint, das könne wohl sein, sei ihm aber dennoch ganz gleich. Laskaris weist ihn jedoch darauf hin, daß sowohl Aristoteles selbst wie auch sein Kommentator ihre Gedanken (*concetti*) nun einmal griechisch gefaßt hätten und daß die Übersetzung notwendig einen Verlust an Leichtigkeit und Eleganz des Ausdrucks mit sich brächte. Diese Stelle dürfte eine der philosophiegeschichtlich ersten sein, in der das Übersetzungsproblem ausdrücklich in der Absicht angesprochen wird, um Zweifel an einem adäquaten Bedeutungstransfer zwischen verschiedenen Sprachen anzumelden. Speroni hat in einer anderen Abhandlung, einem Traktat *Del parlar dell'uomo*, davon gesprochen, daß die Angewiesenheit des Menschen aufs Wort und den sprachlichen Ausdruck ein Zeichen seiner Unvollkommenheit sei; denn vollkommen wäre der Mensch nur, wenn er, den Engeln gleich, sozusagen telepathisch, rein intelligibel und durch bloßen Verstandesakt kommunizieren könnte. So klingt auch hier an, daß die Materialisierung des Gedankens, seine Versprachlichung in gewisser Weise eine Sackgasse ist, und sei es auch nur in der Hinsicht, daß die Übersetzungen unscharf werden.

Verblüffend ist nun aber die Antwort Pomponazzis: ihn interessiere die Grammatik nicht, sondern Logik und Philosophie, und eben deshalb sei es Zeitverschwendung, Griechisch zu lernen. „Mit dieser Maxime", meint Laskaris, „könntet ihr euch damit begnügen, Mantuanisch zu sprechen und auf Mantuanisch zu philosophieren". „Genau", sagt Pomponazzi, und er hoffe doch sehr, daß einmal eine gute und gelehrte Seele alle Werke der Wissenschaft in die Volkssprache übersetzt haben werde. Laskaris kann dies nur als Ironie verstehen, wird aber belehrt, daß es vollkommen ernst gemeint sei. Denn woran liege es, wenn die Heutigen in der Wissenschaft schwächer sind als die Alten? Daran, daß sie ihre besten Jahre auf das Studium von Latein und Griechisch verwendeten, was dann auch dazu führe, daß die neue Philosophie nur ein Abbild (*ritratto*) der alten sei. Für die Zukunft komme es also darauf an, daß alle Welt ihre eigene Sprache sprechen könne. Laskaris ist entsetzt: Aristoteles aus dem Griechischen ins Lombardische bringen, das heiße doch wohl einen Orangenbaum aus einem wohlbestellten Garten in ein Dornengestrüpp verpflanzen. Darauf wird Pomponazzi grundsätzlich, so daß wir ihn wörtlich hören wollen: „Ich halte für gewiß, daß die Sprachen aller Länder, so das Arabische und Indische wie das Römische und Athenische, ein und denselben Wert haben, und daß sie von Menschen für einen Zweck mit Bewußtsein (giudicio) gebildet worden sind, so daß ich euch nicht zulassen kann, daß ihr die Sprachen für etwas von Natur Hervorgebrachtes haltet ... Wir gebrauchen sie vielmehr als Zeugnisse für unseren Geist, indem wir mit ihnen die Verstandesbegriffe einander anzeigen ... Sprachen entstehen nicht wie von selbst wie Bäume und Kräuter ..., sondern aus dem Willen (voler) der Sterblichen; [und die Geschichte vom Turmbau zu Babel zeigt genau dies an, daß der menschliche Wille die Sprachenvielfalt begründet]". Eben deshalb aber kann man auch in allen Sprachen philosophieren, und den Aristoteles übersetzen, heißt nicht, ihn unter die Büsche werfen, sondern ihn aus etwas Entferntem zu etwas Nahem machen. Speroni läßt Pomponazzi hier also eine Arbitraritätsthese mit überdies voluntaristischem Einschlag vertreten; das Ganze besagt dann, daß die Sprache jeweils Mittel zum Zweck, daß sie im Falle der Philosophie Mittel zum Zweck der Erkenntnis und diesem Zweck auch grundsätzlich anschmiegbar sei. Auch Laskaris wird hier freilich grundsätzlich: „Verschiedene Sprachen", so lautet seine Gegenposition, „sind geeignet, verschiedene Begriffe zum Ausdruck zu bringen, die einen gelehrte, die anderen ungelehrte Begriffe. Die griechische [Sprache] aber schickt sich wahrlich so sehr für den Inhalt der Wissenschaft, daß es scheint, die Natur

selbst und nicht eine menschliche Maßnahme habe, um
diesen Inhalt auszudrücken, die [griechische] Sprache gebildet ... Man kann vom Griechischen sagen, daß es sich zu
den Wissenschaften verhalte wie das Licht zu den Farben;
ohne sie sähe der menschliche Intellekt nämlich nichts von
ihnen, sondern schliefe in ewiger Nacht der Unwissenheit".
Das ist, gegen Pomponazzi, jetzt die Gegenthese von der
Nichtarbitrarität der Zeichen, und es ist noch einmal die alte
humanistische Position, daß Sprachen uns Welten erschließen, hier das Griechische die Welt der Wissenschaft und der
Erkenntnis. Wir haben nach dieser Auffassung nicht wirklich
die Wahl, was eine Sprache uns zeigt und sehen läßt, und was
nicht. Sprache ist Lichtung, wie man im Anschluß an das
Bild Laskaris' und zugleich im Anklang an Heidegger sagen
könnte, und was wir sehen, sehen wir immer schon in dem
bestimmten Licht der Sprache, in der wir stehen. Eben deshalb gibt es keinen wahrhaft bedeutungserhaltenden Transfer
von der einen Sprache zur anderen, und wollte jemand sagen, es gebe doch etwas Identisches beim Übersetzen, wäre er
zu fragen, in welcher Sprache er denn dieses Identische sehe
– das sagt Laskaris so zwar nicht, aber man kann hier ohne
weiteres ein Argument aus der späteren Geschichte der Diskussion, die ja nicht abreißen wird, an ihn anschließen. Pomponazzi freilich ist alles andere als überzeugt: Sprache besteht
im Bezeichnen von Gedanken, und dieses Bezeichnen besteht
„nello arbitrio delle persone", in der Willkür von Menschen.
Der Aristoteliker setzt hier, anders als der Humanist, voraus,
daß Gedanken zunächst „sprachfrei" und für sich vorhanden
sind; ihr Ausdruck zum Zwecke der Verständigung ist nur
ein ganz sekundärer Akt. Wenn wir dem Griechischen oder
Lateinischen einen besonderen Anspruch aufs Philosophieren zuschreiben, so nur deshalb, weil wir es nicht anders gewöhnt sind; man tut so, als könne man die Geheimnisse der
Philosophie nur mit der gelehrten Sprache berühren, ähnlich
wie Reliquien von Heiligen nur mit Stöckchen, nicht mit
den Händen berührt werden. Pomponazzi, der, wie man sa-

gen kann, hier die humanistische „Fetischisierung" der alten Sprache im Auge hat, hofft indes, daß der Spuk in „wenigen Jahren" vorbei sein werde. Erst dann wird auch die Wissenschaft wirklich genossen werden, wird sie uns, jenseits aller Entfremdung, wirklich erfreuen. Laskaris antwortet darauf mit einer Vision, die er gehabt haben will, während Pomponazzi noch redete: er sah nämlich, daß es tatsächlich soweit gekommen war, daß Aristoteles ins Lombardische übersetzt worden war und, wie er sagt, jeder Bauer und Schiffer mit den schrecklichsten Lauten und Akzenten, die er je gehört, über ihn sprach; in diesem Durcheinander sei ihm „Mutter Philosophie" selbst erschienen, sehr ärmlich wie eine Landfrau gekleidet, habe sich bitter über Aristoteles beklagt, der sie so in Verachtung gebracht habe und drohte, nicht länger auf Erden mehr bleiben zu wollen; da sei aber auch Aristoteles erschienen, habe sich bei ihr entschuldigt und versichert, er habe sie immer geliebt und in Ehren gehalten, er sei auch als Grieche geboren und gestorben, nicht als jemand aus Brescia oder Bergamo, und wer etwas anderes sage, sei ein Lügner. Aber Pomponazzi versetzt: die Philosophie leide nichts Böses, wenn sie überall, in allen Sprachen und von allen Menschen gepriesen werde. Sie selbst sei ja schon überall gewesen, in Indien, bei den Skythen und den Ägyptern, also bei Leuten, die noch barbarischer sprächen als die von Mantua oder Bologna; sie sei vielmehr erst durch das Studium der alten Sprachen bei uns ausgetrieben worden, denn man habe jetzt Sprachen gelernt und den Verstand schlafen lassen. Die Natur – das ist sein abschließendes Urteil – ist zu allen Zeiten, in allen Provinzen und unter jeder Gewandung ein und dieselbe Sache, und wir verehren den Aristoteles nicht, weil er wohllautend geschrieben hat, sondern weil die Natur ihn an Sohnes statt angenommen habe: nicht, weil er Athener war, sondern weil er gut und mit Verstand von ihr geschrieben hat. Wir lesen, sagt Pomponazzi, den Aristoteles nicht, um Athener, sondern um Philosophen zu werden; nicht, weil im griechischen Alphabet mystische Schätze ruhten, sondern um weise zu sein. Kurzum: die Philosophie ist in den Geist, nicht in die Sprache aufzunehmen[206].

Es überrascht uns nicht, daß nach diesem energischen Vortrag unser Römer aus dem ersten Teil des Dialogs sich mächtig bestätigt und die Frage nach der verbindlichen Sprache als erledigt ansieht. „Ich bin römisch geboren, will römisch leben und schreiben"; Humanistenweisheit sei es dagegen, aus Bruchstücken von bald diesem, bald jenem Autor ein Flikkenkleid zu nähen, das doch fürs Leben nicht tauge. In der Tat könnte man meinen, daß Speronis Pomponazzi das Feld behalten habe; jedoch schränkt am Ende Bembo ein: Pomponazzi habe hier über das Verhältnis von *Philosophie* und Sprache gesprochen; die Frage, wie man *dichten* und *reden* solle, sei damit nicht entschieden. Aber auch in philosophischer Hinsicht ist, trotz eines offenkundigen Übergewichts Pomponazzis, die Sache wohl auch nach Speronis Absicht so ganz geklärt nicht. Die Themen, die der Dialog berührt hat, sind, wie bereits angedeutet, zu gewichtig gewesen, um sogleich wieder zu verschwinden. Daß Sprache zumindest eine mehrdimensionale geistige Realität ist, deren Wirklichkeit mit dem einfachen Werkzeug-Modell nicht schon angemessen erfaßt ist, hat Speroni und in ihm auch der Späthumanismus gewußt. Die europäische Sprachphilosophie bei Vico, Hamann, Humboldt, Nietzsche, Heidegger und anderen hat an dieses Wissen auf ihre Weise anschließen können.

LITERATUR:

Francesco Cammarosano, *La vita e le opere di Sperone Speroni*, Empoli 1920.
Francesco Flora, *Storia della letteratura italiana* II, Mailand 1958.
Mario Pozzi (ed.), *Trattatisti del Cinquecento. Tomo II: Sperone Speroni/ Giovan Batista Gelli*, Mailand/Neapel 1996.

---

[206] Vgl. a.a.O. 629.

Vierte Abteilung:

Neue Annäherungen an die Natur

Mit den Denkern des Humanismus sind wir, wie man es nennen kann, einem „neuen Anspruch der Sprache" begegnet, der sich in der Philosophie der Renaissance sehr deutlich meldet. Es ist zwar keineswegs so, daß es Sprachphilosophie nicht auch im Rahmen der älteren Philosophien gegeben hätte; es sind vielmehr gerade die ganz großen Denker gewesen, die sich seit Platon, Aristoteles oder auch Augustinus zu den Fragen von Sprache, Rede und Wortrichtigkeit geäußert haben. Das neue am Sprachdenken des Renaissancehumanismus ist jedoch, wie wir gesehen haben, daß die Sprache hier mehr wird als die Dienerin des Gedankens (was sie zum Beispiel auch bei Zabarella noch war), daß sie sich in gewisser Weise von der „ratio" emanzipiert und die eigentliche „Matrix" wird, aus der für uns erst eine bestimmte Welt entsteht.

Ein anderer der „neuen Ansprüche", die sich jetzt melden, ist dann derjenige der Natur, die ebenfalls zur „Matrix", zum Grundbegriff einer Neuorientierung in der Welthabe wird. Unter dem Titel der „neuen Naturphilosophie" versteht man entsprechend eine Richtung in der italienischen Philosophie des 16. Jahrhunderts, mit der vor allem die Ablösung von der aristotelischen Physik definitiv einsetzte. Man kann das Programm, um das es hier ging, pauschal bereits in dem Titel des Hauptwerks von Bernardino Telesio, von dem bald die Rede sein wird, finden; dieser Titel lautet *De rerum natura iuxta propria principia*, also: „Über die Natur nach ihren eigenen Prinzipien" – und das heißt: jetzt nicht mehr nach *aristoteli-*

schen Grundsätzen und nach *scholastischer* Methode, sondern in direkter Konfrontation mit der Natur selbst, in unmittelbarem Sich-Einlassen auf sie und das, was sie uns zeigt. Als Schwellenautor zu dieser neuen Philosophie, der wir im Cinquecento begegnen, kann man Fracastoro ansehen; wir erinnern uns hier nur etwa an seine Lehre vom „abditum naturae", dem Unzugänglichen der Natur, das ein fruchtbarer Schoß einer stets neuen Erscheinungswelt ist. Überhaupt hat der relativ freie Geist Paduas offenbar einen guten Humus für die Entstehung des neuen Naturdenkens, des Denkens der „natürlichen", nicht „gelehrten" Natur abgegeben. Jedenfalls ist der erste Autor, mit dem wir uns hier, wenn auch nur kurz, beschäftigen wollen, wie Fracastoro ein Paduaner.

13 Girolamo Cardano (1501–1576)

Neque enim in solis immortalibus necessitas est, sed etiam mortalibus.

Girolamo Cardano

Die Rede ist von Girolamo Cardano, geboren am 24. September 1501 in Pavia, einem Arzt, Mathematiker, Techniker und Philosophen, dessen Name nicht nur noch immer mit einigen, freilich nicht immer auf ihn selbst zurückgehenden Techniken und Erfindungen – den Cardanischen Formeln etwa in der Mathematik für die Auflösung von Gleichungen dritten Grades, dem Kardangelenk in der Mechanik oder der Cardanischen Aufhängung beim Kompaß – verbunden ist, sondern der auch als eine der interessantesten, sich selbst dabei ohne Rücksicht zur Schau stellenden Persönlichkeiten seiner Epoche gelten kann. Sein Vater, Fazio mit Namen, stammte aus Cardano, einem kleinen Ort in der Nähe von Gallarate bei Mailand, war ein universell gebildeter Jurist und hatte sich in Mailand in die Witwe Chiara Micheri verliebt, die bald von ihm ein Kind – Girolamo – erwartete, das bei einem Freund in Pavia zur Welt kommen sollte. Girolamo wuchs in Mailand auf, hat gegen den Willen des Vaters in Pavia ein Studium nicht der Jurisprudenz, sondern der Medizin und Mathematik aufgenommen, das er 1523 in Padua fortsetzte, wo er 1526 in Medizin promoviert wurde. Er war alsbald ein angesehener Arzt, praktizierte nach Widerständen wegen seiner unehelichen Geburt in Gallarate, heiratete 1531 die Kaufmannstochter Lucia Bandareni, von der ihm drei Kinder geboren wurden, unterrichtete Mathematik in Mailand und war von 1543 an Professor für Medizin in Pavia, bis er 1551/52 wiederum als Mediziner nach Schottland ging, um dort den eifrig in der Politik tätigen Erzbischof John Hamilton (1511–1571), den Unterstützer Maria Stuarts, zu kurieren – ihm sei, schreibt Cardano, dafür soviel Geld angeboten worden, daß er nicht sagen dürfe, wieviel; es waren 1700 französische Scudi. Danach, von 1559 an, war er wiederum in Pavia, wo er die Hinrichtung seines ältesten Sohnes wegen Ermordung der Gattin erleben mußte; 1562 ging er nach Bologna, wo er 1570/71 aus nicht näher bekannten Gründen wegen Häresie einsaß; am 20. September 1576 ist er in Rom, wohin er 1571 gezogen war und wo er seit 1573 auch eine päpstliche Pension bezog, gestorben – nicht ohne zuvor 120 eigene Schriften verbrannt zu haben, die ihm inzwischen als allzu konfus vorkamen.

Girolamo Cardano hatte nach den Worten eines Testaments aus dem Jahre 1571 zu diesem Zeitpunkt 103 Druckwerke herausgebracht – Werke, die sich auf eine breite Palette von Gegenständen aus den verschiedensten Wissenschaften bezogen. In den verschiedenen Wissensfeldern hat er, wiederum nach eigenem Bekenntnis, 40 000 größere und 200 000 kleinere Probleme gelöst[207]; allerdings ist er sich, wie seine Autobiographie *De vita propria* von 1576 ebenfalls zeigt, auch selbst ein nicht geringes Problem gewesen. Cardano beginnt seine Lebensbeschreibung vor der Geburt, nämlich mit dem Bericht, seine Mutter habe ihn – wir haben von den näheren Umständen gerade gehört – abtreiben wollen; er jedoch hat

---

[207] Girolamo Cardano, *De vita propria*, c. 44, in: *Opera omnia*, Lyon 1663 (ND Stuttgart-Bad Cannstatt 1966), Bd. I, 40.

die entsprechenden Anläufe überlebt. Als er nach der Geburt eine Amme hatte, bekam diese die Pest, während er selbst überlebte. Sein Vater habe ihn in äußerster Strenge erzogen, aber auch er selbst war in der Erziehung seiner Kinder nicht eben zimperlich; einem Sohn schnitt er wegen Liederlichkeit zum Beispiel die Ohren ab. Hegel hat von ihm gesagt, daß er „in beständigen innerlichen und äußerlichen Stürmen gelebt" habe und eine „ungeheure Zerrüttung seines Innern in ihm" gewesen sei; als Beleg dafür gibt Hegel folgende Selbstschilderung aus Cardanos Autobiographie wider, die in der Tat ein sprechender Beleg für eine Verfassung zwischen unglücklichem Bewußtsein, Rameaus Neffen und Kierkegaardscher Verzweiflung ist: „Ich habe von Natur – schreibt hier Cardano – einen philosophischen und zu den Wissenschaften gebildeten Geist, bin sinnreich, elegant, anständig, wollüstig, aufgeräumt, fromm, treu, Freund der Weisheit, nachdenkend, unternehmend, lernbegierig, dienstfertig, nacheifernd, erfinderisch, durch mich selbst gelehrt, nach Wundern strebend, verschlagen, listig, bitter, in Geheimnissen bewandert, nüchtern, arbeitsam, sorglos, geschwätzig, Verächter der Religion, rachgierig, neidisch, traurig, heimtückisch, verräterisch, Zauberer, Magus, unglücklich, den Meinigen gram, einsiedlerisch, widrig, streng, Wahrsager, eifersüchtig, Zotenreißer, verleumderisch, willfährig, veränderlich; solcher Widerspruch meiner Natur und meiner Sitten ist in mir"[208]. Hegel interessiert sich für diesen Fall, weil er in ihm das Erwachen einer zwar auf den ersten Blick eitlen, aber darin doch im Erkennen ihrer selbst bewußten Subjektivität erkennt: bei Cardano liegt in aller Frage nach der Erkenntnis immer die Frage nach der Selbsterkenntnis, zeigt sich als Wahrheit des Objektbewußtseins das Selbstbewußtsein: ist es der Mensch, der sich auch und gerade in seinem Widerspruch als Knoten- und Angelpunkt allen Erkennens enthüllt. Noch einmal Hegel:

---

[208] Hegel, *Vorlesungen über die Geschichte der Philosophie III,* Theorie-Werkausgabe Bd. 20, Frankfurt/Main 1971, 20f.

"Die Sucht, originell zu sein, war das erste, wie sich die wiedererwachende und treibende Vernunft in ihrem selbsttätigen Tun erfaßt; sie nimmt dies dafür, neu und anders zu sein als andere, – Privateigentum an der Wissenschaft zu haben"[209]. Und es ist dieses sich naiv als neu ergreifende und erreichende Ich, das jetzt einer ebenfalls neuen, wenn man so will ebenso widersprüchlichen, guten und heimtückischen, schönen und unzugänglichen Natur ansichtig wird: einer Natur, die eben nicht einfach totes Objekt, auch nicht ewiger Dinghintergrund, sondern komplexes und kompliziertes Gegenüber ist. Wir können hier nicht über Cardanos zahllose Schriften im einzelnen reden – die im Jahre 1663 in Lyon herausgekommene Gesamtausgabe umfaßt stattliche zehn Folianten, die 1967 nachgedruckt wurden. Statt dessen werfen wir vor allem einen Blick auf sein großes und facettenreiches Hauptwerk zur Naturphilosophie, die 21 Bücher *De subtilitate*, an denen zu arbeiten Cardano 1534 in Mailand begonnen hatte und die 1550 zuerst in Nürnberg erschienen sind.

Wer immer dieses Buch aufschlägt, macht zunächst die Erfahrung, es jedenfalls nicht mehr mit einer wie auch immer „scholastischen" Herangehensweise an das Problem oder die Probleme der Natur zu tun zu haben – sei es in dem Sinne, daß hier verbindliche Texte zum Verständnis der Natur (zumal die Aristotelische *Physik*) zugrunde gelegt würden, sei es in dem anderen, daß ein bestimmtes Beweis- und Methodenideal verfolgt würde, wie es beispielsweise nur wenig später ein Zabarella entfaltet. Für Cardano charakteristisch ist die Tatsache, daß *De subtilitate* in diesem Sinne auch nicht einen streng systematischen Gesamtentwurf, sondern eher ein Thesen- und Theorienbündel aus dem Gesamtbereich der Naturwissenschaft bildet. Der Titel *De subtilitate* bietet dabei ein Stichwort, das für Cardanos gesamte Natursicht von Bedeutung ist: die Natur zeigt sich in der Form des „Subtilen", d. h. des „vertrackten Problems", des schwer zu Lösenden. Die De-

---

[209] A.a.O. 21.

finition der „subtilitas" lautet wörtlich: „Est autem subtilitas ratio quaedam, qua sensibilia a sensibus, intelligibilia ab intellectu, difficile compraehenduntur" – „Die *Subtilität* meint ein Verhältnis, in dem das Sinnliche von den Sinnen, das Intelligible vom Verstande nur schwer erfaßt wird"[210]. Eben deshalb führt es auch zu nichts, mit abstrakten Theorien wie einst Aristoteles an die Natur heranzutreten; sie ist durchaus dunkel oder sozusagen zu „feinmaschig" für unser Denken, und was wir von der Natur allenfalls in Erfahrung bringen, sind Ergebnisse unserer eigenen intelligenten Findigkeit. Das klingt bereits nach einem primär pragmatischen Naturverhältnis, wie es in der Neuzeit ja in der Tat herrschend geworden ist. Gleichwohl ist Cardanos Naturauffassung nicht ohne metaphysischen Einschlag. Er lehrt zum Beispiel (in Erinnerung an schon antike Konzepte, denen wir etwa auch bei Fracastoro begegnet sind), daß in der Natur die Prinzipien Sympathie und Antipathie walten, aus denen sich auch mancherlei Kausalitäten ergäben; die Natur bildet außerdem einen Allzusammenhang, im Prinzip, wenn auch für uns nicht immer leicht zu durchschauen. Wichtig ist für ihn dann *in concreto* etwa das Prinzip Wärme, das seiner Auffassung nach vom Himmel auf die irdisch-elementarischen Prozesse einwirkt und das zugleich das Prinzip der Beseelung, des Organischen ist. Von hier aus ergibt sich so etwas wie ein „Hylozoismus", eine Lehre von der Belebtheit der Materie bei Cardano; es ist die wärmespendende Weltseele, in der alles zusammenhängt und in der die Materie lebt. Die eigentlich göttlichen Dinge sind dem Menschen dabei freilich nicht zugänglich, sie verbergen sich sozusagen hinter der Subtilität der Natur.

An die Aussagekraft der Astrologie, und das heißt immer: an einen Determinismus in einer insgesamt wohlgeordneten Erscheinungswelt, hat Cardano dagegen geglaubt, ja er hat, ganz ähnlich, wie wir es auch bei Pomponazzi oder im Ansatz bei Fracastoro und Machiavelli schon kennengelernt haben,

---

[210] Cardano, *De subtilitate*, in: *Opera omnia* III, 357.

den großen Religionen das Horoskop zu stellen versucht; Lessing hat im Zusammenhang mit diesen Fragen 1752 eine *Rettung des Cardano* geschrieben. Wir lesen zu diesem Punkt bei Cardano: „Die christliche und die jüdische Religion (*leges Christiana et Iudaica*) sind von Gott, aber die Geschicke der streitenden Kirchen werden von den Himmelskörpern gelenkt. Die jüdische Religion von Saturn oder dessen Stern oder vielmehr von beiden, die christliche von Jupiter und Merkur. Die Mohammedaner stehen unter der Herrschaft von Sonne und Mars, deren Einfluß gleich stark ist; daher ist ihre Lex gerecht, aber zugleich lästerlich und grausam. Das Heidentum der Götzendiener wird von Mond und Mars regiert. Jedoch wird jede Religion von ihrem Widersacher geschwächt. Jupiter überwindet Saturn kraft seines höheren Rangs, und Merkur besiegt ihn mit Vernunft. Mars ignoriert Vernunftgründe und wütet blind gegen die Autorität, und so besiegt er Jupiter und Merkur. Saturn und Venus, diese mit Sinnlichkeit, jener mit List, besiegen Mars und Sonne. Sonne und Jupiter schlagen Mars und Mond dank ihres Rangs und ihrer höheren Würde und mit den Waffen der Wahrheit. Deshalb, ihr Christen, hebet eure Häupter auf! Wer es fassen kann, der fasse es"[211]. Es ist, ähnlich wie bei Pomponazzi, der Versuch, noch die Geschichtsverläufe mit den Mitteln der zeitgenössischen Naturwissenschaft, aus den Gesetzmäßigkeiten der Erscheinung zu erklären, zu rationalisieren. Freilich hat Cardano speziell mit seinen astrologischen Schriften auch die Breitenwirkung und die Reputation gesucht, ein Aspekt, auf den Anthony Grafton dann wohl auch wieder zuviel Gewicht gelegt hat. Alles ist hier in jedem Fall, um hier ein weiteres Mal Hegel zu zitieren, „in Gärung" begriffen[212]; erst der

---

[211] Cardano, *De supplemento almanach*, c.22, hier zitiert nach: Anthony Grafton, *Cardanos Kosmos. Die Welten und Werke eines Renaissance-Astrologen*, Berlin 1999, 115.
[212] Hegel spricht a.a.O. 19 von Cardano als einem „weltberühmten Individuum, in welchem die Auflösung und Gärung seiner Zeit in ihrer höchsten Zerrissenheit sich darstellte".

nächste Denker, den wir kennenlernen wollen, wird die neue Naturphilosophie in ruhigere Bahnen lenken

Abschließend erwähnt sei hier noch ein Thema, das mit der Astrologie und dem mit ihr stets mitausgesagten dichten Zusammenhang aller Phänomene durchaus zusammenhängt, auch wenn es hier um einen anderen Phänomenkontext geht. Cardano ist ein Theoretiker der „Divination", der Ahnung, Wahr- und Weissagung als Wissensform wie auch als Praxis. „Ars quaelibet habet suam divinationem", jede Kunst verfügt über ihre Divination[213], heißt es da etwa zunächst, und Cardano nennt als Beispiel dafür den Architekten, der aus der schiefen Wand den Einsturz des Hauses vorauszusagen weiß. Divination ist grundsätzlich die „coniectura" (wir kennen diesen Begriff von Cusanus her) bezüglich des Zukünftigen, und sie ist dabei weniger oder in bestimmter Hinsicht auch mehr Wissenschaft, „scientia"[214]. Sie ist dies jedenfalls genau dann, wenn die Seele des Wahr-Sagenden ein reiner Spiegel ist, der sich gegen die höchste Vernunft (*intellectus supremus*) oder den Lenker der Gestirne richtet und dabei die Bilder der zukünftigen Dinge (*imagines futurorum*) empfängt[215]. Die Aufgabe des „Mantikers" ist es insofern, gleichsam als Medium zu dienen, durch welches die Himmelsordnung auch noch der Schlüssel zu unseren kleineren und konfuseren Bezirken wird[216].

Die Ahnung oder Divination wird dann jedoch auch „technisch" eingesetzt; es geht Cardano durchaus darum, konkre-

---

[213] Cardano, *De rerum varietate* XIV, c. 68 (Marginalie), in: *Opera omnia* Bd. III, 268.

[214] A.a.O. 271: „Et ut generaliter dicam futura divinare licet, estque de illis coniectura, imo quasi scientia. Sed si ad modum cognoscendi conferatur, certissima scientia est".

[215] Ebd.; auch 272: „Ubi enim pura fuerit anima, statim recipit imagines futurorum a suprema mente quasi speculum".

[216] So etwa versucht die sehr berühmt gewordene „Metoposkopie" Cardanos, Stirnfalten mit Gestirnbahnen abzugleichen und auf diese Weise Schlüsse aus der großen auf die kleine Welt zu ziehen. Vgl. auch Lynn Thorndike, *A History of Magic and Experimental Sciences*, New York 1959³, Bd. VI, 504 ff.

te, innerweltliche Zusammenhänge handhabbar zu machen, die „Probleme", die sie uns darbieten, „in den Griff" zu bekommen. In die zahlreichen Anweisungen und Regeln, die in den verschiedenen Texten für die Praxis gegeben oder aus ihr referiert werden, sind immer wieder Beispielerzählungen aus neueren und älteren Zeiten eingestreut, die aber erstaunlicherweise fast schon die einzigen „Belege" für das darstellen, was in den Regeln behauptet oder vorausgesetzt wird. Wenn Cardano etwa sagt, daß große Erdbeben, die natürlich zu den „ostenta terrae" zählen, Krieg, Pest oder eine Tyrannenherrschaft ankündigen[217], so wird in keiner Weise versucht, diese Regel zu plausibilisieren, d.h. irgendwelche erklärenden Mittelglieder einzufügen; der Satz gibt insofern dann allenfalls Anlaß, darüber zu reflektieren, was es zuletzt alles heißt und impliziert, daß Cardanos problematische Natur doch immer noch das alte, menschlich-beredte und semantisch gehaltvolle „Buch der Natur" ist, das Buch einer Natur, die ganz andere Dinge zu vermelden weiß als zweihundert Jahre später ein Erdbeben von Lissabon es noch zu tun vermochte. Aber wir können vielleicht gerade diesen Punkt aufgreifen, um in zweierlei Hinsicht herauszustellen, was die Divinatorik in Cardanos Verständnis jedenfalls *auch* war: sie war zum einen eine großangelegte, offene Heuristik, die, an fragmentarischen Induktionen und Analogien entlang in das Vakuum treten konnte, das die Preisgabe des aristotelischen Systems hinterließ; sie war insofern der Versuch, sich mit der äußeren Welt auf ein über Berechnungen hinausgehendes „Gespräch" einzulassen, dessen prinzipielle Prämisse eben die Sprachfähigkeit der Natur und damit auch ihre entschiedene Teilnahme an der menschlichen Welt war. Wenn sich dieses Gespräch sehr bald, nämlich unter den Prämissen der neuzeitlich (z.B. cartesisch) regulierten Naturwahrnehmung als „leer", als Selbstgespräch ohne wirklichen Adressaten erweisen sollte, so schließt dies nicht aus, daß jene „prämoderne" Haltung, für welche Car-

---

[217] A.a.O. c. 72, 278.

GIROLAMO CARDANO

dano steht, dennoch zugleich mit jener Kategorie zu fassen sein könnte, unter der Hegel die Naturerkundungen der Vernunftgewißheit gesehen hat, unter der Kategorie der „beobachtenden Vernunft": mit einer Gestalt des Bewußtseins, die im Äußeren auf der Suche nach ihrem Inneren oder sich selbst ist und die dabei die Prämisse macht, zumindest „an sich" die Wahrheit der äußeren Wirklichkeit zu sein[218]. Die doppelte *Gefahr* dieses Standpunkts, nämlich die Personalisierung der Natur wie auch die Naturalisierung der Person, für welche gerade die Physiognomik der Zeit, auch Cardanos eigene, manche einschlägige Beispiele liefert, kann erst gebannt sein, wenn sich das Selbstbewußtsein *dezidiert* von seiner Reflexivität, nicht von seinen Dingbeziehungen her begreift – ein Schritt, der auf eine Linie verweist, die bei Ficino bereits begann und für die am Beginn des 17. Jahrhunderts dann insbesondere auf Tommaso Campanella hinzuweisen sein wird.

LITERATUR:

August Buck, „Das Lebensgefühl der Renaissance im Spiegel der Selbstdarstellungen Petrarcas und Cardanos", in: *Formen der Selbstdarstellung. Analekten zu einer Geschichte des literarischen Selbstporträts. Festgabe für F. Neubert*, Berlin 1956, 35–52.

Anthony Grafton, *Cardanos Kosmos. Die Welten und Werke eines Renaissance-Astrologen*, Berlin 1999.

Thomas Sören Hoffmann, „Mantik in der italienischen Renaissance. Asepkte des Divinatorischen im Kontext von Krise und Neubegründung der Philosophie", in: Wolfram Hogrebe (Hg.), *Mantik. Profile prognostischen Wissens in Wissenschaft und Kultur*, Würzburg 2006, 65–80.

Eckhard Keßler (Hg.), *Girolamo Cardano: Philosoph, Naturforscher, Arzt*, Wiesbaden 1994.

---

[218] Vgl. Hegel, *Phänomenologie des Geistes*, in: *Gesammelte Werke* Bd. IX, Hamburg 1980, 137–192, bes. 171 ff., wo Hegel auch die „mantischen" Disziplinen Physiognomie und Phrenologie auf ihre subjektivitätskonstitutive Funktion hin untersucht.

14 Bernardino Telesio (1509–1588)

> ... ut homines non omnium modo scientes,
> sed omnium fere potentes fiant.
>
> Bernardino Telesio

Bei unseren bisherigen Streifzügen durch die philosophischen Landschaften Italiens haben wir vor allem zwei geographische Zonen kennengelernt: zum einen Florenz und die Toskana, zum anderen Padua und Oberitalien. Nur gelegentlich fielen Blicke auch auf den Süden: so mit Valla auf Rom, so auch mit Fazio oder Manetti auf Neapel. Das könnte den Eindruck erwecken, daß der italienische Süden – und mithin immerhin das alte Großgriechenland mit seinen altehrwürdigen Philosophensitzen in Elea, Agrigent oder am Golf von Tarent – in der nachrömischen Zeit geistig generell abgedankt hätte. Dem ist jedoch nicht so. Denn während die naturphilosophischen Impulse Fracastoros und Cardanos noch in direktem Kontakt zu den Aristoteliker-Milieus in Oberitalien entstanden sind, stammen einige der wichtigsten Neuerer für das Naturdenken an der Schwelle zur Neuzeit aus dem Süden Italiens. In diese Reihe zählt nicht zuletzt der Autor, der uns nunmehr beschäftigen soll: Bernardino Telesio, dessen Hauptwerk – *De rerum natura iuxta propria principia* – wir bereits erwähnt haben, an ihm die Abkehr von den aristotelischen wie auch die Hinwendung zu den neuen Prinzipien, die jetzt aus der Natur selbst geschöpft sein sollten, illustrierend. Der geistig so rege und engagierte englische Lordkanzler Francis Bacon (1561–1626), der an der Wende zum 17. Jahrhundert für das Projekt einer jetzt systematisch zu betreibenden „neuen Wissenschaft" auf dem Boden der Erfahrung steht, hat in seiner Schrift *De principiis atque originibus* Telesio als den „novorum hominum primus", den „Ersten unter den Modernen", bezeichnet[219]. Es ist bemerkenswert, daß er in diesem Zusammenhang angibt, Telesio habe die „artes mechanicae, quae materiam vexant" – „die mechanischen Künste, welche die Materie mißhandeln", beiseite gesetzt, um stattdessen wirklich die *Natur* vor Augen zu haben; und in der Tat ist Telesio nicht der findige Techniker wie Cardano, auch nicht der Mann, der sich wie Galilei von den Ingenieuren inspirieren läßt und im übrigen in dem in „mathematischen Zeichen" geschriebenen „Buch" des Universums liest; ihm geht es vielmehr um ein Gesamtbild von der Natur – so, wie sie ist, unabhängig von menschlicher Intervention und jenseits der Perspektive menschlicher Zwecke. Es ist bemerkenswert, daß dabei bereits die Zeitgenossen Analogien zwischen dem telesianischen und dem vorsokratischen Naturdenken gesehen haben; Telesio scheint auch ihnen als jemand erschienen zu sein, der wie die alten Physiologen nicht nur die Natur in den Mittelpunkt seines Denkens stellt und über sie meditiert, sondern der auf ihrer Seite, eben wie die Vorsokratiker, auch das eigentlich Prinzipielle, den Ursprung und die „Substanz" der Dinge erblickt hat. Telesio würde, dieses Verständnis vorausgesetzt, die sokratische Revolution der Denkungsart (nämlich die Konzentration, nämlich die Verlagerung der

---

[219] Vgl. Francis Bacon, *De principiis atque originibus secundum fabulas cupidinis et* coeli, in: The *Works, hg. von J. Spedding u.a.*, London 1857–1874, Bd. III, 114.

Bernardino Telesio

Prinzipienfrage weg von der äußeren Gegenständlichkeit und hin zu dem logischen Wesen, dem Menschen) möglicherweise wieder rückgängig machen. Wir sind gespannt, was davon zu halten ist, beginnen aber, wie stets, mit der Biographie.

Telesio also stammt aus Süditalien, genauer dann aus Kalabrien, nämlich aus Cosenza, wo er im Jahre 1509 geboren wurde. Wir kennen dieses Cosenza, heute die Hauptstadt der Region Kalabrien, vielleicht aus August von Platens Ballade „Das Grab im Busento", die mit den Versen beginnt:

> „Nächtlich am Busento lispeln, bei Cosenza, dumpfe Lieder,
> Aus den Wassern schallt es Antwort, und in Wirbeln klingt es wider!
>
> Und den Fluß hinauf, hinunter, ziehn die Scharen tapfrer Goten,
> Die den Alarich beweinen, ihres Volkes besten Toten.
>
> Allzu früh und fern der Heimat mußten hier sie ihn begraben,
> während noch die Jugendlocken seine Schulter blond umgaben."

Dieses Cosenza oder *Consentia*, wie der lateinische Name der alten Hauptstadt der Bruttier lautete, im Gebiet des alten Großgriechenland gelegen, war bereits in der Antike nicht ohne Bedeutung, hat aber nach allem, was wir wissen, erst im 16. Jahrhundert Philosophiegeschichte gemacht – eben mit unserem Autor, mit Bernardino Telesio. Kristeller hat von ihm gesagt, er eröffne „die lange Reihe von Philosophen, durch die Süditalien sein griechisches Erbe behauptet hat und die ihn mit Bruno und Campanella, mit Vico im 18. Jahrhundert und mit Croce und Gentile" im 20. Jahrhundert „verbindet"[220] (man kann immerhin darauf hinweisen, daß auch Thomas von Aquin ein Süditaliener gewesen ist, wenn er gleich als in der Nähe von Montecassino Geborener auch nicht so tief aus dem Mezzogiorno stammte wie Telesio). Studiert hat unser Mann freilich, nachdem er schon

---

[220] Paul Oskar Kristeller, *Acht Philosophen der italienischen Renaissance*, Weinheim 1986, 84.

im Umkreis eines Onkels, des Humanisten Antonio Telesio (1482–1534), in Mailand, dann (nach 1523) in Rom das Lateinische wie auch das Griechische erlernt und eine gute literarische Bildung erhalten hatte, zunächst im Norden, nämlich von 1527 an in Padua, und zwar Philosophie, Mathematik und Astronomie. Telesio hat dabei den ganzen Aristoteles durchgearbeitet, so daß er auch als späterer Kritiker des Stagiriten sehr genau wußte, wovon er sprach. Daß Telesio in vielen Punkten durch die Paduaner Diskussionen, denen wir vor allem bei Fracastoro begegnet sind, inspiriert worden ist, kann als gesichert gelten. Nach dem Abschluß seiner Studien im Jahre 1535 zog er sich für zehn Jahre in ein Kloster in Kalabrien zurück, wo er jetzt etwas Bemerkenswertes tat: er studierte die Werke der frühen griechischen Naturphilosophen, soweit vorhanden, im Original, worin, wie man wenigstens in der Retrospektive sagen kann, schon die Entscheidung lag, auch dem „modernen" Aristotelismus der Paduaner nicht mehr zu folgen, sondern auf von Aristoteles ganz unabhängige Ansätze zurückzugehen. 1552 hat Telesio geheiratet; mit seiner Frau, Diana Sesale, die er um einiges überlebte, hatte er vier Kinder; 1554 nahm er außerdem ein Bürgermeisteramt in Cosenza wahr. Verschiedentlich hielt er sich in der Folge dann in Neapel und Rom auf, dabei auch in politischen Ämtern. Ein Zentrum seines Wirkens war jedoch immer auch seine Heimatstadt Cosenza, zu deren Erzbischof ihn Papst Pius IV. 1564, drei Jahre nach dem Tod seiner Frau, sogar machen wollte. Telesio hat dies jedoch abgelehnt und seinen Bruder für den Bischofsstuhl vorgeschlagen. Er selbst konzentrierte sich auf die von ihm zwar nicht ins Leben gerufene, aber dann geleitete und geprägte „Accademia Cosentina", die sich jetzt insbesondere der Naturforschung widmete und auch über seinen Tod am 2. Oktober 1588 hinaus fortbestand. Das Hauptwerk *De rerum natura* ist in erster Auflage 1565 erschienen und hat zu Lebzeiten Telesios noch zwei weitere, jeweils vermehrte Ausgaben sowie schon 1573 eine Übersetzung ins Italienische erlebt; es bestand in der ersten Ausgabe aus zwei, in der letzten und endgültigen von 1586 aus neun Büchern. Zwei Jahre nach seinem Tod sind dann in Venedig neun kleine Schriften zur Naturphilosophie herausgekommen, von denen zuvor erst drei im Druck vorgelegen hatten, Schriften, in denen es um die Kometen und die Milchstraße, das Wetter, den Regenbogen, das Meer, die Weltseele, die Atmung, die Farben, den Geschmack und den Schlaf geht. Es versteht sich, daß wir hier nicht allen dergleichen, wiewohl aufschlußreichen Detailfragen nachgehen können, sondern uns auf die Grundlinien seiner Philosophie und also sein Hauptwerk beschränken müssen. Erwähnt sei freilich noch, daß Telesio in Tommaso Campanella (1568–1639), mit dem wir uns noch befassen werden, einen sehr berühmt gewordenen Schüler gehabt hat. Campanella hat sich sehr früh für die Schriften seines Lehrers, die nicht gerade auf das Wohlgefallen der Aristoteliker stießen, eingesetzt.

Telesios Hauptwerk *De rerum natura iuxta propria principia* beginnt mit einer Zurückweisung des naturphilosophischen Aristotelismus, und zwar mit dem Argument, Aristoteles widerspreche den Sinnen, der Heiligen Schrift und sich selbst; Telesio will also nicht ihm, sondern der Sinneserfahrung und der Natur, *wie sie sich wirklich zeigt*, folgen. Darin liegt zunächst ein empiristischer, wenn nicht sensualistischer Zug, den man an Telesio auch immer gerne unterstrichen hat; bereits Campanella hat eine pro-telesianische Schrift von 1591 *Philosophia sensibus demonstrata* genannt. Es ist einer der bedeutendsten italienischen Philosophen des 20. Jahrhunderts, Giovanni Gentile (1875–1944), gewesen, der dagegen betont hat, daß „das Organ", mit dem Telesio wie jeder Philosoph seinen Gegenstand erkennt, natürlich gerade nicht der Sinn, sondern „das reine Denken" ist; denn es ist niemals der Inhalt unserer Sinne, der schon auch der Inhalt eines bestimmten Naturbegriffs ist, sondern immer der Inhalt unseres Denkens, so wie Natur philosophisch nur eine gedachte sein kann. Das hindert natürlich nicht, daß Natur dann sehr wohl als nicht ein Gedanke, sondern als das Sinnliche oder das Materielle *gedacht* ist[221]. Auch Gentile kann darum Telesio in einem bestimmten Sinne für einen „Materialisten" halten, und in der Tat denkt Telesios Ansatz Natur nicht von Formprinzipien, auch nicht etwa von der aristotelischen Form-Materie-Differenz her. Aristoteles hat sich dem Thema Natur, wenn man so will, besonders in der *Physikvorlesung*, weniger hingegen in den kleineren Naturschriften, von einem bestimmten „Begriffskorsett" her genähert, einem Fragenraster, zu dem die Fragen nach den Prinzipien und Ursachen oder auch solche nach Substanz und Akzidens gehören. Insofern enthielt die aristotelische Naturforschung von ihrer Grundlegung her dann auch metaphysische Einschläge, wie sie dann etwa in der Lehre vom Formprimat oder der Zweckursächlichkeit durchschlagen. Telesio will das „Korsett" wie auch die metaphysischen Einschläge hinter sich lassen; er will Natur, wie schon gesagt, als das verstehen, als was sie sich von sich selbst her zeigt. Das bedeutet ganz elementar, daß die eigentlichen Prinzipien der Natur nicht außerhalb der Phänomenalität der Natur selbst liegen können, sondern innerhalb ihrer angetroffen werden müssen. Es gibt nach Telesio drei solcher Prinzipien, von denen zwei noch einmal einen Vorrang besitzen: die beiden „naturae agentes", also tätigen Naturen „calor" und „frigus", Wärme und Kälte. Nach aristotelischer Sicht der Dinge wären „Wärme" und „Kälte" Qualitäten, die nur *an* Substanzen, aber nicht eigentlich selbst, am wenigsten als „Prinzipien" von Seiendem, auftreten können. Auch Telesio sagt, daß die Aktivität von Wärme und Kälte zwar keine Substanz, wohl aber ein Substrat voraussetzt, nämlich die Materie. Materie ist entsprechend das dritte Prinzip, freilich im Unterschied zu den beiden anderen, die jeweils aktiv auf ihre eigene Ausbreitung gehen, ein rein passives Prinzip. Was wir wahrnehmen, ist primär auch nicht die Materie, sondern die Aktivität von Wärme und Kälte. Wir bemerken

---

[221] Giovanni Gentile, *Il pensiero italiano del rinascimento*, Florenz 1940³, 213.

zum Beispiel, daß von der Sonne Wärme ausgeht, von der Erde hingegen Kälte. Wir bemerken ferner, daß die Wärme in Bewegung setzt, daß sie fein und leicht macht, während die Kälte die Dinge erstarren läßt und sie dicht oder zäh und schwer sein läßt. Und wir wissen vom Anblick der Sonne, daß die Wärme das Weiße ist, während die Kälte den Dingen sozusagen das Licht entzieht. Auf der Oberfläche der Erde findet nun ein beständiger Kampf von Wärme und Kälte statt, aus dem die Dinge, wie sie sind, entstehen. Der *calor*, eben die Wärme, ist dabei die sozusagen konstruktive, das *frigus*, die Kälte, die destruktive Macht, und jedenfalls bestehen die Organismen darin, daß sie ihr „Wärmequantum" gegen die Kälte zu erhalten vermögen. Die materiellen Körper werden durch Wärme und Kälte dabei verdickt oder verdünnt (man mag hier an den Milesier Anaximenes aus dem 6. Jahrhundert v. Chr. denken), bzw. es wird die Anordnung ihrer Teile gegeneinander geändert. Telesio weiß indes, daß wir wie die Materieteile, so auch Materie als solche nicht wahrzunehmen vermögen; was wir vielmehr wahrnehmen, ist immer schon eine durch die „naturae agentes" so oder anders bestimmte Außenwelt. Deshalb kann er auch sagen, die Materie sei „fast ein Nichtseiendes", eben ein sich den Sinnen nicht Darbietendes: nur daß durch sie – und dies ist durchaus ein bemerkenswerter Gedanke – unsere Außenwelt *räumlich-körperlich* strukturiert ist, denn Wärme und Kälte an sich sind unkörperlich und könnten zum Beispiel in einem zwei- oder gar eindimensionalen „Raum" als konfligierende Potenzen gedacht werden. Das Prinzip Materie konstituiert insofern durchaus die wirkliche, nämlich die räumliche Natur, und zwar im Sinne der Dimensionierung der „Bühne", auf welcher die beiden Hauptakteure notwendig auftreten. Diese letzteren betreffend ist es übrigens wichtig, daß Telesio die Kälte eben nicht als „Privation", als Mangel an Wärme, sondern in der Tat als eigentätiges, reelles Prinzip versteht. In der aristotelischen Naturphilosophie gehört die στέρησις, die Privation, konstitutiv zum Naturgegenstand wie auch zur

Erklärung seiner Bewegungen hinzu: Bewegung setzt immer einen Mangel, ein Nicht-Selbstsein, voraus. Telesio hingegen verwirft die Privation als „Fiktion" und spricht dagegen, wie es bei einem „sensualistischen" Ansatz nicht anders sein kann, immer von einem reellen Widerstreit reeller Prinzipien, also von einer „Realrepugnanz". Wenn Aristoteles zum Beispiel gesagt hätte, daß ein lahmes Pferd ein Pferd ist, das seiner „natürlichen", d. h. seiner ihm gemäß seiner substantialen Form zukommenden Bewegungsfähigkeit beraubt ist, so würde Telesio sagen, daß in der Natur weder von einer substantialen Form noch von einer Beraubung etwas zu sehen ist, sondern alleine davon, daß hier im Vergleich zu anderen Pferden in Beziehung auf die Beweglichkeit ein anderes die Oberhand behalten hat. Oder wenn jemand sagen würde, daß die Nacht die Abwesenheit des Tages, also etwa des Leuchtens der Sonne ist, dann würde Telesio antworten, daß die Nacht durch eine qualitative Eigenwirklichkeit ist und man, wenn man denn schon in Privationen denken will, ebenso den Tag als die Abwesenheit der Nacht ansehen könnte, was nur für gewöhnlich keiner tut. In seinem Ansatz liegt so ein „Positivismus" des Qualitativen, der auch keine „natürlichen Sollzustände" kennt, so wie ein Aristoteliker sagen würde, daß ein Pferd von Natur aus eben nicht lahm oder blind sein „soll". Telesio sagt, und er greift damit der Kritik der Teleologie, wie sie in der Neuzeit stattfinden wird, entscheidend vor, daß es in der Natur kein solches Sollen gibt. Die Sonne scheint so auch nicht, *damit* auf der Erde das Leben gedeiht, sondern sie scheint, und *deshalb* gedeiht das Leben: es herrscht Kausalität, nicht Zweckbestimmung, und nur durch ein theologisches „Supplement" seiner Theorie, auf das wir noch kurz eingehen werden und das in diesem Zusammenhang etwa besagt, daß Gott die Welt gerade so eingerichtet hat, daß die Wirkungen der Sonne Leben auf der Erde ermöglichen, kommt dann doch eine Teleologie, freilich keine in den Dingen selbst, sondern nur in ihrem Arrangement bzw. im Intellekt Gottes gelegene, ins Spiel.

Wir können bereits an dieser Stelle sagen, daß Telesio durch seine „Emanzipation der Qualitäten" nicht etwa nur auf die Vorsokratik zurückgelenkt hat. Er hat in ihr auch prinzipiell der neueren Naturwissenschaft vorgearbeitet, die sich ja gerade von dem aristotelischen Substanz-Akzidens-Modell befreit hat und das „Reale" eben nicht länger als substantiale Form verstand. Es wäre, um dafür hier nur ein einziges Beispiel anzuführen, auf aristotelischem Boden gänzlich unmöglich, nach Art der modernen Physik in einem absoluten, nämlich von aller Gegenständlichkeit zunächst einmal losgelösten Sinne von „Energie" zu sprechen, während es viel geringere Schwierigkeiten macht, von Telesios *calor* aus zu einem verselbständigten Energiebegriff zu gelangen. Aber Telesio ist in dieser Beziehung, also als Ahnherr der neueren Physik, auch in anderer Hinsicht von Bedeutung. Wir haben davon gesprochen, daß ihmzufolge die Materialität der Materie in der Körperlichkeit der äußeren Dinge wahrnehmbar ist. Telesio geht aber noch einen Schritt weiter: er bildet als mehr oder weniger erster Philosoph der Neuzeit den Begriff des Raumes als eines absoluten „Rezeptors" aller Dinge. Man muß sich klarmachen, was hier eigentlich geschehen ist, und muß dies vor allem vor dem Hintergrund des Aristotelismus als entscheidender Kontrastfolie tun. Es gibt, kurz gesagt, in der aristotelischen Philosophie keinen Begriff „des Raumes" im Singular, wie wir ihn heute im Sinne eines *Singulare tantum* ganz selbstverständlich verwenden und vor allem auch physikalisch ansetzen. Aristoteles kennt zwar die Kategorie τόπος, also den „Ort", aber es handelt sich hier um eine akzidentelle Bestimmung, die die Frage „Wo etwas ist?" beantwortet. Der Ort in diesem Sinne ist nach dem Kapitel IV, 4 der aristotelischen *Physik* so etwas wie der nächste unbewegliche Bezugspunkt oder besser „Bezugsraum" eines bestimmten Gegenstands, so, wie wenn wir auf die Frage: „Wo ist das Schiff?" antworten: „Auf diesem oder jenem Fluß". Die „Örter" sind eigentlich nichts anderes als die nächsten identifizierbaren „Umgebungen" gegebener Gegenstände, und es gibt sie so auch nur – als, wie gesagt, akzidentelle Bestimmungen – nur *an* solchen Gegenständen bzw. von ihnen her; kurz: es gibt nur je eine relative Räumlichkeit von etwas, aber nicht „den" Raum, von dem man nach Aristoteles nur sprechen könnte, wenn man ein absolut existierendes Vakuum, ein physisches Nichts (κενόν) annähme, was er für unsinnig hält[222]. Als Folge dieser Örterphysik hat sich ergeben, daß man, von ganz wenigen Ausnahmen abgesehen, im Mittelalter keinen Begriff, ja noch nicht einmal ein Wort für das, was wir „Raum" nennen, findet. Das Wort „spatium", an das man hier denken könnte und von dem aus sich in der Tat einige neusprachliche Raumbegriffe entwickelt haben, bedeutet ursprünglich nur „Abstand" oder „Strecke", bezeichnet also ein räumliches Intervall, nicht „den Raum" selbst; entsprechend findet sich in Du Canges *Glossarium mediae et infimae Latinitatis* unter „spatium" auch noch kein Eintrag, der diese Bedeutung hätte[223]. Für Telesio, der nicht mehr von den einzelnen „Substanzen" her, sondern sozusagen im Prozeßganzen der Interaktion von Wärme und Kälte denkt, verschieben sich nun aber die Koordinaten. In Buch I, 25 von *De rerum natura* führt er den Begriff eines *spatium* ein, das der „receptor" der seienden wie der nichtseienden Dinge ist. Er nennt es eine „aptitudo ... ad corpora suscipienda", d.h. die allgemeine Fähigkeit, Körper in sich aufzunehmen, und er läßt in diesem Zusammenhang auch die (bei Aristoteles verbotenen) Vacua zu, wie man sie beispielsweise an den Wasseruhren (*clepsydrae*) beobachten kann. Gegenüber Aristoteles ist hier nicht nur eine gewaltige Abstraktion eben von der Vielzahl der Örter hin zu *einer* alles umfassenden „Örtlichkeit" erfolgt; es ist zugleich gesagt, daß die Welt insgesamt auch von einer wenn auch zunächst

---

[222] Auf eine Anknüpfung beim Leeren der Atomisten bei Julius Caeser Scaliger (1484–1558) hat bereits Ernst Cassirer, *Das Erkenntnisproblem in der Philosophie und Wissenschaft der neueren Zeit. Erster Band*, ND Darmstadt 1991, 257 hingewiesen.
[223] Charles Du Cange, *Glossarium mediae et infimae Latinitatis*, hg. von Léopold Favre, Niort 1883–1887, s.v. „Spatium".

formalen Homogeneität her aufzufassen ist: es ist ein und derselbe Raum, in welchen die Welt „unter dem Mond" und die Welt „darüber", bei Aristoteles also der Bereich des Wandelbaren und die Welt der ewigen Gestirne, fällt. Auch diese qualitative Homogeneität des Kosmos ist in dieser Form eine Prämisse der neuzeitlichen Physik, die übrigens ansatzweise bei Cusanus auch schon ausgesprochen war und die besonders auch Bruno mit Nachdruck betonen wird. Der zu einem *ens singulare* gewordene Raum indes wird zunächst von Francesco Patrizi aufgegriffen werden, mit dem wir uns noch befassen werden, und er wird dann, von Seiten der Atomistik, vor allem von Pierre Gassendi (1592–1655), unterstützt, bis hin zu Newton (1643–1727) immer stärker in den Vordergrund treten; Newton wird ihn zum „absoluten Raum" erheben, also als regelrecht substantielle Gegebenheit ansehen, wogegen später Kant erneut Einspruch einlegen wird.

Es überrascht uns dann nicht, daß es bei der Zeit nicht viel anders aussieht. Auch hier hatte Aristoteles von einer akzidentellen Bestimmung „an etwas" gesprochen, mit der die Bewegung in Beziehung auf ein Früher und Später bestimmt wird. Die Zeit ist damit nichts für sich selbst Existierendes, ja sie ist nur dank des die Bewegung zählenden Bewußtseins, hat also, Aristotelisch gedacht, nur eine subjektive Bedeutung. Telesio hat im 29. Kapitel des ersten Buchs von *De rerum natura* auch dagegen Einspruch eingelegt und festgehalten, daß der primäre Sinn von Zeit unabhängig von Bewegung und auch Quantität, also Zahl sei. Die Zeit ist das, *worin* die Bewegung stattfindet und dieser insofern wiederum als Kontinuitätsrahmen vorausgesetzt. Telesio entwickelt, zumindest im Ansatz, einen Begriff von Zeit als reiner, substratfreier *Dauer*, so daß man ihn in der Sekundärliteratur auch gelegentlich mit Henri Bergson (1859–1941), dem Denker einer uns unmittelbar erfahrbaren „durée", verglichen hat. Wichtiger ist aber vielleicht noch etwas anderes, auf das Kristeller hingewiesen hat: Telesio ist der erste Philosoph, der Raum und Zeit in jenem Sinne parallel behandelt, wie wir es, nicht nur, aber doch wohl entscheidend von Kant her inzwischen gewohnt sind. Telesio selbst betreibt keine mathematische Naturforschung, was auch mit seinem „sensualistischen" Grundansatz zusammenhängt, demzufolge die mathematischen Gegenstände ja gerade nichts wirklich Gegebenes, sondern allenfalls „Zeichen" (*signa*) sein können. Aber er hat durch seine Lehre von Raum und Zeit doch zwei der Grundparameter isoliert und aufgestellt, über die die neue Physik die Metrisierung und also auch Mathematisierung der Natur vornehmen wird. Ähnlich wie die Qualitäten emanzipiert sich hier also sozusagen die „Metrik" von der Bindung an die aristotelische Substanz, und es wird eine relationistische Sicht der Natur, ihre Einbettung in umgreifende Koordinatensysteme möglich, die in dieser Weise ganz außerhalb des Gesichtskreises der Alten lag.

Das zweite Buch bietet eine Auseinandersetzung mit Aristoteles in vielen Einzelfragen; ich erwähne hier nur, daß Telesio die aristotelische Definition der Natur – Natur ist das, was das Prinzip seiner Bewegung in sich selbst hat – zurückweist und ihr ebenso die Unbeweglichkeit (*immobilitas*) zuweist[224]. Das ergibt sich ohne weiteres daraus, daß Bewegung bei Telesio eine Folge der Wärme, Nichtbewegung indes eine Folge der Kälte ist und so beide zur Natur gehören. Auch in den folgenden Büchern geht es zunächst um eine Sichtung des von Aristoteles hinterlassenen Problembestandes, etwa um seine Elementenlehre oder um die Frage der Ewigkeit der Welt, die Telesio in Buch IV, 29 gegen Aristoteles entscheidet; es ist, kurz gefaßt, die sinnfällige zweckmäßige Ordnung der Welt, die auf eine überlegene Weisheit in ihrer „constructio" verweist, damit aber auch auf einen göttlichen Willensakt, der die Dinge so einrichten wollte, wie sie sind und von sich aus nicht wären. Von besonderem Interesse sind dann aber noch einmal die Bücher V bis IX, in denen es um Fragen der Biologie wie auch der Psychologie geht. Telesio rückt auf

---

[224] Vgl. Bernardino Telesio, *De rerum natura iuxta propria principia libri IX*, ND Hildesheim/New York 1971, II, 5.

der einen Seite Pflanzen, Tiere und Menschen nahe zusammen, da in ihnen allen ein „spiritus" wirksam sei, welcher aus einem „Samen" entstehe, den die beiden aktiven Prinzipien bilden; beim Menschen komme jedoch noch die Seele hinzu, die dem einzelnen von Gott eingegeben (*infusa*) sei und die auch den spezifischen Unterschied zwischen den Menschen und den anderen Lebewesen erkläre, so etwa, weshalb sich der Mensch nicht mit einem Leben wie die anderen Wesen zufrieden gebe, einen unendlichen Erkenntnisdrang verspüre und über die Welt, wie sie ist, hinausstrebe – wir erinnern uns bei dieser Gelegenheit daran, daß auch Ficino im Sinne seiner Lehre von der Unsterblichkeit der Seele bei diesem Transzendenzdrang des Menschen angeknüpft hatte. Aber zunächst zu dem sozusagen „natürlichen" *spiritus*, dem „Lebensgeist" in den Lebewesen! Telesio stellt ihn als einen eigenen Stoff vor, der im Hirn und den Nerven sitzt und den übrigen Körper sozusagen als Kleid (*tegumentum*) angezogen hat. Darum ist das Lebewesen, wie Telesio sagt, auch eigentlich nicht ein identisches Seiendes, sondern aus vielem Seienden zusammengesetzt („e rebus multis compositum"[225]). Der Spiritus-Stoff selbst ist ganz wesentlich durch die Wärme bestimmt, folglich auch sehr fein und beweglich, er ist feuer- oder auch lichtähnlich; sucht man nach einem historischen Vorbild für das Modell, so stößt man zunächst auf die Lehre der Stoiker vom „Seelenpneuma", das ebenfalls eine besonders feine und alldurchdringende Materie sein sollte. Die erste Funktion des *spiritus* ist die Wahrnehmung, die hier mithin als ein selbst materieller Akt gedacht ist; Telesio kennt überhaupt den Begriff einer wahrnehmenden Materie, so daß sich der Kreis schließt: die Natur ist nicht nur das Wahrgenommene, sondern auch das Wahrnehmende, und die konkrete Wahrnehmung des Einzelwesens ist immer auch seine Selbstpositionierung im Ganzen der Natur. Wahrnehmung besteht darin, daß äußere Veränderungen innere zur Folge haben, auf welche

---

[225] A.a.O. V, 5.

dann das Wärmeprinzip reagiert[226]; äußere Wärme und Kälte etwa führen zu körperlicher Ausdehnung und Kontraktion, die, je nachdem, ob sie der Selbsterhaltung dienen oder ihr abträglich sind, ein Gefühl der Lust oder aber einen Schmerz erzeugen. Das Bestreben jedes beseelten Wesens geht generell – auch hier lassen sich leicht Beziehungen zur Stoa herstellen – auf seine Selbsterhaltung, um derentwillen es unmittelbar auf die äußeren Veränderungen reagiert. Da die Wahrnehmung, wie gesagt, mit äußeren Veränderungen anfängt, die sich über Bewegungen des Materiellen auch dem *spiritus* mitteilen, ist der entscheidende Sinn der haptische, der Tastsinn; Telesio reduziert mit Ausnahme des Gehörs[227] alle Sinneswahrnehmung auf ein Tasten. Indem der Geist sich auf diese Weise, wenn man so will, an der Welt „entlangtastet", stößt er auf Ähnlichkeiten und Unähnlichkeiten, die dies freilich nur (was Telesio so nicht ausdrücklich sagt) in Beziehung auf seinen eigenen konstanten Willen zur Selbsterhaltung sein können. Die Allgemeinbegriffe werden aus den Ähnlichkeiten abgeleitet; aber es werden durch Erinnerung an Bewegungen des *spiritus*, die das Lebewesen bereits erlebt hat, auch Schlüsse auf Dinge, die nicht vollständig oder auch überhaupt nicht gegeben sind möglich. Hier beginnt die Vernunfterkenntnis, von der bei Telesio ausdrücklich auch die Tiere nicht gänzlich ausgeschlossen sind[228] und die, fast schon wie später bei David Hume, nur ein Notbehelf und Substitut für die sinnliche Wahrnehmung ist, dieser also eigentlich nicht gleichkommt. Wir sind in dieser Welt immer auf ein Erkennen angewiesen, das dem organischen Prozeß eingeschrieben oder auf den *spiritus* gestützt ist – bei Fracastoro haben wir wiederum bereits ähnliches gehört. Auch die unsterbliche Seele in uns verhilft uns zumindest in dieser Welt nicht auf einen Königsweg der

---

[226] Beim späten Kant, in der ersten Phase des *Opus postumum*, treffen wir auf ganz analoge Überlegungen.
[227] Vgl. Telesio a.a.O. VII, 34.
[228] Vgl. a.a.O. VIII, 14.

Erkenntnis an den Funktionen des *spiritus* vorbei. Vielmehr ist all unser diesseitiges Erkennen durchaus auch noch an die körperliche Konstitution gebunden, woraus Telesio die Unterschiede in der Erkenntniskapazität zwischen den Individuen erklärt.

Erwähnt sei in jedem Fall noch, daß das neunte Buch dann auch eine „Ethik" enthält, in der unter anderem ausführliche Tugend- und Lasterkataloge entwickelt werden. Das „oberste Gut", das *supremum bonum* des Menschen, ist die *sui ipsius conservatio*, die Selbsterhaltung. Der Geist hat diese im Wechsel der Affekte durchzuhalten, und er tut dies, indem er ihrer Herr zu werden sucht, ihnen also nicht unkontrolliert nachgibt. Auch hier findet noch einmal eine Abgrenzung gegen Aristoteles statt, denn die Tugenden und Laster sollen nicht als „habitus", d.h. als durch Gewöhnung stabilisierte Verhaltensweisen, sondern als „facultates", also als reelle Vermögen, das Ziel der Selbsterhaltung in den verschiedensten Hinsichten zu erreichen oder aber zu verfehlen, gelten. Es ist bemerkenswert, daß diese Ethik, ähnlich wie später diejenige Spinozas, als in der Natur fundiert erscheint, also nicht etwa wie diejenige Kants mit freiheitlicher Selbstbestimmung ansetzt. Aber überhaupt gilt für Telesio, daß der Mensch hier als in die neu entdeckte Natur „Eingelassener" auftritt; man kann nicht über Natur reden, ohne auch schon von unserer Verwicklung mit ihr zu sprechen, und auch insofern ist die Natur hier etwas geworden, das den Menschen ganz unmittelbar angeht und das auch deshalb nicht den Büchergelehrten nach Art der Aristoteliker überlassen sein darf. Auch darin liegt ein Zug, der erneut an die Vorsokratik erinnert, in der generell der Mensch ja ebenfalls nicht so sehr von seiner Distanz gegen die Natur her, sondern als selbst ihr Teil verstanden wurde. Man wird sagen müssen, daß in dieser Position unmittelbar Probleme stecken, die auch bei Telesio vielfach gar nicht gesehen sind; wir erwähnen hier nur, daß ihmzufolge eine Erkenntnis von Ähnlichkeiten und Unähnlichkeiten möglich sein soll, ohne daß überhaupt ein Begriff der Identität eingeführt oder fundiert worden ist, ohne auch, daß es im eigentlichen Sinne so etwas wie ein logisches Gegenstandsbewußtsein gäbe; entsprechend kennt die Ethik Telesios im Grunde auch nur „Klugheitsgesichtspunkte" im Interesse der Selbsterhaltung, aber keine eigentlichen Pflicht- oder andere unbedingten Sollensbegriffe, wie sie doch auch die Stoa schon aufgestellt hatte. Man darf sagen, daß in manchen dieser Aspekte die Florentiner Neoplatoniker weiter waren als die neuen Naturphilosophen – wir denken hier nur noch einmal an die Wahrnehmungslehre Ficinos, die klar die subjektiven Leistungen auch in der Gegenstandskonstitution gesehen hat, oder an den Freiheitsbegriff Picos, bei dem der Mensch nun gerade kein Lebewesen unter anderen, sondern der wirklich Freigelassene der Schöpfung, das unbeschriebene Blatt und von daher auch wirklich geschichtsfähig war. Bei Telesio hören wir stattdessen nicht nur wieder die „naturalistischen" Paduaner Töne, sondern werden zum Teil auch erneut mit dem Blick des Arztes auf die jeweiligen Probleme konfrontiert. Dennoch können wir sagen, daß ganz unabhängig von den erwähnten zukunftsträchtigen Aspekten bei Telesio seine Philosophie eine Aufforderung zu einem konkreten Denken enthält, die nicht überhört werden sollte. Es gibt bei ihm zum Beispiel keinen letzten Gegensatz zwischen Form und Inhalt und von daher auch nicht die Möglichkeit, die Erkenntnis auf einen reflektierten Formalismus zurückzuführen, der in zuletzt unbeteiligter Zuschauerperspektive neben einer inhaltlich vollen Welt steht, von der er nur leider nicht weiß, wie sie in seine Begriffe hinein gelangen soll. Es gibt hier auch keinen wohlfeilen Skeptizismus, der die Hände in der vermeintlichen Unschuld des Nichtwissens wäscht. Das Erkennen hat vielmehr immer schon angefangen, und es kommt darauf an, sich seiner zu vergewissern und sich gerade auch in ihm, gerade auch als wirklich erkennendes Wesen zu erhalten. Das Wort vom ἓν καὶ πᾶν wurde von der Vorsokratik gesprochen; bei Telesio, der ihr, wie gesagt, schon in den Augen der Zeitgenossen nahestand, gewinnt es, wenn auch noch im Zeichen des äußeren Seins, der Natur, erneute Aktualität.

Nur kurz erwähnt seien hier die *Varii de naturalibus rebus libelli*, Telesios „Vermischte Schriften" zu Problemen der Natur, die sein Schüler Antonio Persio (1542–1612) 1590 in Venedig herausgebracht hat[229]. Zum Zeitpunkt der Publikation waren erst drei dieser Schriften im Druck erschienen; Persio hat seine Ausgabe unserem nächsten Autor, Francesco Patrizi, gewidmet. Die einzelnen Schriften, die von den Kometen und der Milchstraße, von „dem, was in der Luft geschieht" (also Gewittern, der Hagelbildung usw.), vom Regenbogen und dem Meer, von der Weltseele und dem Atmen, den Farben, dem Geschmack und dem Schlaf handeln, stellen insgesamt Anwendungen der Grundlehren aus dem Hauptwerk dar, etwa in dem Sinne, daß Erdbeben aus der Erwärmung auch der tieferen und dichteren Erdschichten erklärt werden[230]; aber auch von Ebbe und Flut, die noch kein Aristoteliker erklärt habe, ist im Sinne einer konkreten Erprobung der neuen Prinzipien die Rede. Man kann auch hier generell sagen, daß der Ansatz Telesios in jedem Fall zu einem neuen Blick auf die Natur anzuleiten vermochte – den Blick, den man dann zwar wiederholt etwa als Ausfluß eines (neustoischen) Monismus angesehen hat, an dem aber dennoch zunächst die Aspekte zu würdigen sind, die mit einer Sensibilisierung für die Phänomene verknüpft sind. Damit ist jedoch kein naiver Rückfall auf einen Unmittelbarkeitsstandpunkt verknüpft; Telesio eröffnet vielmehr die Chance, die Phänomenwelt neu zu ordnen. Eben damit aber kommt er noch mit einem Denker, der so relativ weit von ihm entfernt zu sein scheint wie Galilei, überein. Wir werden sehen, wie der Weg von ihm zu dem großen Pisaner aussieht.

---

[229] Bernardini Telesii Consentini, *varii de naturalibus rebus libelli ab Antonio Persio editi. Quorum alii nunquam antea excusi, alii meliores facti prodeunt*, Venedig 1590.

[230] Vgl. a.a.O. in: *De his, quae in aere fiunt*, 20 r-v.

Literatur:

Roberto Bondì, *Introduzione a Telesio,* Rom/Bari 1997.
Martin Mulsow, *Frühneuzeitliche Selbsterhaltung. Telesio und die Naturphilosophie der Renaissance*, Tübingen 1998.
Erminio Troilo, *Bernardino Telesio*, Modena 1910.
Karl Schuhmann, „Telesio's Concept of Matter", in: *Atti del convegno internazionale di studi zu Bernardino Telesio*, Cosenza 1990, 115–134.

15 Francesco Patrizi (1529–1597)

> Optimaque philosophandi ratio ea est, quae studet res ipsas,
> earumque existentias, apparentiasque, qualitatesque ita percipere
> ac cognoscere, uti ipsae sunt, existuntque, atque apparent,
> eosque optimos philosophos ac veros philosophos, vera atque optima
> ratione appellandos qui res ipsas ita studuerunt percipere, atque animo
> componere, ac dividere, ut res ipsae sunt, componuntur ac dividuntur.
> [...] Reliqui vero ab his profecti, qui iam non res ipsas,
> sed horum scripta, ac placita sunt secuti, vel interpretati vel
> eorum diversas ac differentes sententias conciliarunt, non recte philo-
> sophi, sed philosophorum interpretes, expositores,
> sectatores sunt nominandi.
>
> Francesco Patrizi

Der Name von Francesco Patrizi ist schon gefallen; es ist der Name des zwischen Telesio und Bruno zweifelsohne bedeutendsten jener „neuen Naturphilosophen", die im 16. Jahrhundert die Bühne betraten. Mit Telesio, dessen Denken er schätzte, teilt Patrizi den antiaristotelischen Affekt, aber auch die gute Kenntnis des Denkens des Stagiriten. Er selbst jedoch schlägt, anders als der „Vorsokratiker" oder auch „Neustoiker" aus Cosenza, eher eine wiederum platonisierende Richtung ein, ohne daß dies hieße, daß eine Anknüpfung bei den Florentinern erfolgte. Doch betrachten wir zuerst seine äußeren Lebensumstände!

Patrizi wurde am 25. April 1529 auf der Adriainsel Cherso (im Kroatischen Cres genannt) geboren, die zur Republik Venedig gehörte, aber doch auch slawisch besiedelt war; es existiert für ihn so neben der italienischen Namensform bzw. der latinisierten Version Franciscus Patricius auch eine kroatische, nämlich Frane Petrić. Patrizi, der selbst gelegentlich berichtet, seine Vorfahren stammten aus Bosnien, erscheint aus der Perspektive des östlichen Adriaufers so gelegentlich eher in einer Linie mit Rudjer Bošković/Ruggiero Boscovich (1711–1787) und Urban Talija (1859–1943) als in den Reihen der italienischen Renaissancedenker. Allerdings müssen uns Nationalitäten-Kontroversen wie diese hier nicht im Ernst interessieren. Denn wie dem auch sei: zum Studium begab sich Patrizi, den sein Vater zunächst eine Kaufmannslehre hatte absolvieren lassen, 1542 nach Venedig sowie 1544/45 nach Ingolstadt, danach in das uns inzwischen wohlbekannte Padua, wo er 1547–1554 Medizin und Philosophie studierte, daneben aber auch humanistischen Interessen huldigte. Seine Lehrer waren hier unter anderem Marcantonio Passeri genannt „Il Genua" (1491–1563) oder Bernardino Tomitano (1517–1576), bei dem ebenfalls Zabarella hörte. Unter dem Titel *La città felice* erscheint 1553 in Venedig unter anderen Arbeiten ein an Platon orientiertes, utopistisches Werk, dem 1560 die zehn Dialoge *Della historia* folgten. In der Folgezeit lebte er, unter anderem in Sekretärsdiensten, in Venedig, wurde aber von seinen Brotherren zum Beispiel nach Zypern entsandt, das bis 1571 als christlicher Vorposten gegen die Türken („terra Christianorum ultima") venezianisch war, später ebenso auch nach Spanien bzw. Katalonien. Gerade auf Zypern erwarb er sich beste Griechischkenntnisse, denen wir in seinen Werken noch heute begegnen und die es ihm unter anderem gestatteten, sich auch mit Strängen und Dokumenten der Philosophiegeschichte zu befassen, die etwas abseits des für gewöhnlich Bekannten lagen; ebenso sammelte er griechische Handschriften, die er zum Teil auch selber abschrieb oder abschreiben ließ; wir werden ihn, mit dieser Bildung im Gepäck, noch als Aristoteles-Kommentator kennenlernen. Im Jahre 1577 wurde Patrizi dann auf einem immerhin eigens für ihn errichteten Lehrstuhl Professor für platonische Philosophie in Ferrara, 1592 folgte ein Ruf an die Sapienza, die berühmte Universität in Rom, mit gleichlautendem Lehrauftrag. In der ewigen Stadt ist Patrizi, leider nach einem Zusammenstoß mit der Inquisition wegen seines Hauptwerks, der *Nova de universis philosophia* von 1591, dann auch am 7. Februar 1597 gestorben; beigesetzt wurde er übrigens im Grab Torquato Tassos (1544–1595), des berühmten Verfassers der *Gerusalemme liberata*, in Sant'Onofrio in Rom. Sein römischer Lehrstuhl wurde nicht wieder besetzt; die Inquisition hatte begonnen, den Platonismus als solchen kritisch zu betrachten.

Indirekt dieses Verbot wie auch direkt Patrizis beide Rufe zeigen, wo schon nach dem Urteil der Zeitgenossen seine eigentlichen Kompetenzen lagen, nämlich bei der aktualisierenden Aneignung Platons, und auch wir wollen uns hier vor allem mit dem „platonisierenden" Naturphilosophen etwas näher befassen. Am Rande wurde indes bereits deutlich, daß Patrizi auch auf anderen Gebieten als denen der Naturphilosophie und auch unter anderen Auspizien als gerade den platonischen gearbeitet hat. Die Interessen, die er verfolgte, waren besonders in der frühen Zeit durchgehend humanistische, und auch später noch finden wir ihn in Kontroversen etwa mit Tasso verwickelt, die auf das Feld der Poetik gehören. Patrizi hat sich in der Tat immer wieder mit Fragen der Rhetorik, der Poetik wie auch der Geschichte befaßt, und zwar in sehr grundlegender Weise: die zehn Dialoge *Della historia* von 1560, die man als ersten Versuch der Begründung einer wissenschaftlichen Geschichtsschreibung ansehen kann, haben wir gerade genannt; man hat Patrizi in diesem Kontext den wohl Ersten genannt, „der nach einer genuinen Wahrheit der Geschichte, nach einer ‚verità storica' fragt"²³¹. Patrizi stellt hier, in der Entwicklung eines insbesondere dem Humanismus am Herzen liegenden Themas, fest, daß der Gegenstand der Geschichte nicht etwa bloße Fakten sind, die nachzuerzählen wären, sondern menschliche Handlungen, die ihrer inneren Möglichkeit und Wahrheit nach darzustellen sind. Da die Handlung zuletzt einen metaphysischen Grund hat, enthält sie an sich ein logisches Schema, das von uns eingesehen werden kann; der Stoff der Geschichte ist Geist von unserem Geist und soll sich so diesem auch zur Darstellung bringen; wir werden eine Fortsetzung dieser Gedanken sehr bald bei Vico antreffen. Auf dem Gebiet der Poetik, hier vor allem mit der Schrift *Della poetica* von 1586²³², verabschiedet sich Patrizi, radikaler noch als Fracastoro im *Naugerius*, vom Begriff der Nachahmung (μίμησις) bei den Alten: Dichtung qua Werk der Phantasie ist jetzt „facitura di cosa che prima non era", also Erschaffung von etwas wesentlich Neuem, der Künstler ist entsprechend „facitore del mirabile", ein Schöpfer des Wunderbaren, der, auf der Grenze zwischen dem Glaubwürdigen und dem Unglaublichem stehend, ein Neues und Unerhörtes zum Vorschein bringt, das die Seele des Betrachters auf eine ihr sonst nicht eigene Stufe erhebt – Goethe spricht in *Dichtung und Wahrheit* gelegentlich von der „Anmaßung ..., womit der Dichter selbst das Unwahrscheinlichste gebieterisch ausspricht, und von einem jeden fordert, er solle dasjenige für wirklich erkennen, was ihm, dem Erfinder, auf irgend eine Weise als wahr erscheinen konnte"²³³. Genannt

---

[231] Thomas Leinkauf, „Francesco Patrizi", in: Paul Richard Blum (Hg.), *Philosophen der Renaissance*, Darmstadt 1999, 174.

[232] Schon 1553 war von Patrizi ein *Discorso della diversità de' furori poetici* erschienen, der eine Verteidigung der Poesie in Richtung auf eine frei schöpferische Phantasie enthielt. Patrizi gehört damit zu den Autoren, die die Ästhetik und Poetik des Manierismus und des Barock zu fundieren halfen.

[233] Goethe, *Dichtung und Wahrheit. Erster Teil, zweites Buch*, in: Sophien-Ausgabe I/26, 77.

seien dann jedoch noch Patrizis *Discussiones peripateticae*, die zuerst 1571, stark revidiert und auf vier Bücher erweitert dann 1581 herauskamen und eine großangelegte, kenntnisreiche Aristoteleskritik, gleichzeitig aber auch so etwas wie ein Handbuch zum Aristotelismus darstellten. Bemerkenswert an diesem immensen Werk ist nicht zuletzt die Tatsache, daß Patrizi sich an seine Aufgabe mit einem eindeutig kritischen, aber auch historischen Bewußtsein begibt. Er betrachtet zum einen die Aristotelesschule selbst historisch, fragt zum anderen auch nach der historischen Einbettung des Denkens des Schulgründers selbst – nicht in dem Sinne, daß damit seine Position „historisiert" und von vornherein relativiert werden sollte, wohl aber so, daß der Blick eben auch auf die Voraussetzungen und Anknüpfungspunkte des betrachteten Denkers geht und dieser so nicht als eine unmittelbare Autorität erscheint. Zugleich wird ein Verfahren angewendet, das man als „Methode" einer „*Autohermeneutik* des Aristoteles" bezeichnet hat[234]: und in der Tat spricht Patrizi von einer „methodus", die darin bestehe, „ut Aristotelis dogmata, ex ipsiusmet verbis atque sententiis colligamus", daß wir also die Lehrmeinungen des Aristoteles aus seinen eigenen Worten und Sätzen zusammentragen und uns nicht auf die lange Reihe der Interpreten von Andronikus über Alexander oder Porphyrius bis zu Averroes oder wem sonst einlassen[235]. Das Verfahren zeigt humanistischen Zuschnitt, korrespondiert aber etwa auch dem Prinzip der Schriftauslegung durch die Schrift, wie es die reformatorische Theologie formuliert hatte („sacra scriptura sui ipsius interpres"). Für das Verfahren ist größte Vollständigkeit wünschenswert – daher kommt bei Patrizi das gesamte *Corpus aristotelicum* in den Blick, und auch die problematischen oder unvollständigen Überliefe-

---

[234] Vgl. Zvonko Pandžić in der „Einleitung" zum Nachdruck der *Discussiones Peripateticae*, Köln/Weimar/Wien 1999, XXIV.
[235] Vgl. Patrizi, *Discussiones Peripateticae* I, 13 (in der zitierten Ausgabe von Pandžić S. 173, Z. 10).

rungen haben ihr Mitspracherecht. Patrizi hat sich mit seiner neuen Sicht auf Aristoteles, inhaltlich etwa dessen *Physik* betreffend, bei den Aristotelikern nicht nur Freunde gemacht; aber auch Bruno hat Patrizi wegen dieses dickleibigen und gelehrten Buches „einen Unflat von Pedantentum" genannt, „der so viel schönes Papier mit seinen *Discussiones peripaticae* besudelt" habe[236].

Interessanterweise hat sich Patrizi darüber hinaus – ganz wie die älteren Autoren, von denen bereits die Rede war, und auch ganz wie der gerade erwähnte Bruno – noch einmal mit der hermetischen Tradition, dem „Zoroastrismus" der Chaldäischen Orakel und ähnlichen Quellen befaßt, die er zum Teil auch selbst übersetzte. Zoroaster (wir sind ihm zuerst bei Plethon begegnet) und Abraham waren nicht nur beide Chaldäer, sondern auch Zeitgenossen, die über vieles und großes Wissen verfügten. Von Zoroaster führt dann eine Linie über Pythagoras und Platon bis zu Ammonios Sakkas (ca. 175–242 n. Chr.), dem Lehrer Plotins: was bedeutet, daß wir es mit zwei parallelen Überlieferungen, der biblischen und der zoroastrisch-platonisch-philosophischen, zu tun haben, deren Nähe nicht ohne Grund bereits Augustinus festgestellt habe. Patrizi streicht etwa heraus, daß wir bei Zoroaster nicht nur bereits „eine offenbare Erkenntnis von Gottvater, Sohn und Geist, sondern auch deren großmächtiges Lob" antreffen[237]. In dieser Schicht des Denkens Patrizis finden sich

---

[236] Giordano Bruno, *De la causa, principio et uno* III, in: ders., *Dialoghi filosofici italiani*, hg. Michele Ciliberto, Mailand 2000, 231. Im Kontext wird Patrizi dem Lager der „Ramisten", also der Schule des französischen Logikers Petrus Ramus (1515–1572) angenähert, während als erfreuliches Gegenbild „il giudiciosissimo Telesio" erscheint.

[237] „Est in his Zoroastri oraculis Dei Patris, et Filii et Spiritus non solum aperta cognitio, sed magnificae laudes (crediderim hoc dogma de Trinitate personarum eum habuisse ab Abramo vel ab aliis Deo charis …)" (Patrizi, *Magia Philosophica*, Hamburg 1593, 5 r coll. II). Den Hinweis auf diese Stelle verdanke ich Claudio Moreschini, *La fortuna degli* Oracula Chaldaica *nel Rinascimento italiano, da Steuco a Patrizi* (Ms. 2006).

dann auch Motive, die bis in das Hauptwerk hinein ausstrahlen, also die Verbindung zwischen der Anknüpfung bei der uralten Theosophie und dem neuen Naturbegriff herstellen – ein Punkt, der bei vielen Fortschrittsoptimisten immer für Verwunderung sorgen wird, der aber gerade für das geistige Leben Italiens, das sich niemals von einem „Nullpunkt" und absoluten Neuanfang her verstehen konnte, von exemplarischer Bedeutung ist. Und hingewiesen sei abschließend noch darauf, daß Patrizi auch das alte, ficinische Thema der Liebe im Sinne eines kosmologischen Realprinzips wieder aufgenommen hat; 1560 erschien von ihm in dem Gedichtband eines Freundes, Luca Contile (1505–1574), ein *Discorso* über das Thema, auch er wie die Liebesdialoge des Florentiner Platonikers dem *Symposion* nachgebildet: es tritt hier mit Patrizi selbst ein neuer Sokrates, mit einer gewissen Tarquinia eine neue Diotima auf, die uns darüber belehren, daß das Prinzip aller Dinge, von Gott, dem „amore assoluto", angefangen bis hinunter in die Natur, die „philautia", die Selbstliebe sei, die nur freilich immer eine Bewegung des Ausgangs von sich und der Rückkehr zu sich, also ein neuplatonisches Rückkehr-Schema darstellt und realisiert. Hier werden, wie eine nähere Untersuchung zu zeigen hätte, Grundlagen des Begriffs des Selbsts gelegt, der neuzeitlich dann vor allem auf die Weise des Selbstbewußtseins ausgelegt werden wird. Es ist das gleiche, aktuale Selbstverhältnis, das alle Dinge in ihrem Sein erst konstituiert, das aber auch der große gemeinsame Nenner aller Dinge, Öffnung und Schließung ineins ist. Nimmt man all dies zusammen, so zeigt sich, daß in Patrizis Person und Werk in gewisser Weise nachgerade die verschiedenen Strömungen der Renaissancephilosophie – Neoplatonismus, Aristotelismus, Humanismus und neue Naturphilosophie – geradezu zusammenlaufen, wie auch verschiedene Züge des Quattrocento wieder erscheinen.

Unser Interesse soll aber, wie gesagt, primär dem Naturphilosophen Patrizi gehören. Den hier nur möglichen kurzen Einblick stützen wir auf das große Hauptwerk Patrizis, auf die *Nova de universis philosophia*, ein Opus bestehend aus 50 Büchern in vier Teilen, das zuerst 1591 herauskam und, wie erwähnt, trotz einer Widmung an Papst Gregor XIV. (1590–1591) die Gunst der Zensoren nicht so schnell fand. Dieses Werk enthält, ganz grob gesprochen, in vielerlei Hinsicht eine massive Wiederaufnahme neuplatonischen Denkens, das, um die von Patrizi ein weiteres Mal erschlossenen hermetischen Quellen erweitert, hier insgesamt den großen Alternativentwurf zum aristotelischen System bieten soll. In diesem Sinne knüpft Patrizi sogar an die alte Platon-Aristoteles-Kontroverse wieder an und versucht, Platon und seine Gefolgschaft auch als den christlicheren Autor zu empfehlen; längerfristig gelungen ist ihm dies nicht, und Patrizi hat bei Vertretern der Gegenreformation wie Kardinal Bellarmin (1542–1621) gerade so eher Verdacht gegen seine Person als ein erneuertes Interesse an Platon hervorgerufen.

Die wie gesagt viergliedrige *Nova philosophia* beginnt mit einem grundlegenden Teil unter dem Titel „Panaugia", was wir mit „All-Licht" übersetzen können (von griech. αὐγή, „Licht", „Glanz"). Tatsächlich ist die Basis der Naturphilosophie (und der Philosophie überhaupt) bei Patrizi nicht etwa die Bewegung oder die Materie, nicht, wie bei Descartes, „das Ausgedehnte" oder auch wie bei Telesio die Wärme und Kälte, sondern *das Licht*. Patrizi ist, auch wenn das noch nicht alles über ihn sagt und auch *cum grano salis* genommen werden muß, in gewisser Weise ein „Lichtmetaphysiker" und steht damit in einer nicht eben unbedeutenden Tradition; für das Mittelalter zu erwähnen wäre hier vor allem Robert Grosseteste (ca. 1170–1253) mit seinem Werk *De luce seu de inchoatione formarum*, das die These enthielt, das Licht sei die erste körperliche Form, die „forma prima corporalis". Auf die Frage, wovon wir reden, wenn wir von Natur reden, lautet Patrizis Antwort also an erster Stelle: vom Licht. Diese vielleicht auch nach der Relativitätstheorie noch verblüffende Antwort, die in Platons Sonnengleichnis freilich einen gewichtigen philosophischen Bezugspunkt hat, ist philosophisch überaus bedeutsam und enthält jedenfalls ein beachtliches, fruchtbares spekulatives Potential. Denn das Licht ist zum einen ja ein sinnlicher „Gegenstand", eine Naturwirklichkeit; es ist darüber hinaus aber auch Natur*prinzip*, also übergegenständlich, ja es ist, als Licht der Vernunft verstanden – und so kann man es durchaus in einem nichtmetaphorischen Sinne verstehen –, unsinnlich und ewig. Wenn wir sagen, der Stoff, aus dem die Natur gemacht ist, sei das Licht, sagen wir jetzt auch, daß die Natur durchaus manifest, daß sie in sich offenbar und sozusagen aus „existierender Offenbarkeit" gewebt ist. Ein „absolutes", unauflösbares Naturerkenntnisproblem stellt sich dann eben nicht mehr; die Natur ist nicht die uns undurchdringliche, fremde und dunkle Materie, sondern das an und in sich schon Klare, dessen Klarheit nicht erst von uns gesetzt und produziert werden muß. Patrizi unterscheidet dann, auch dies durchaus in prinzipieller Übereinstimmung mit Grosseteste, ein ewiges, ungeschaffenes Licht (*lux*), das Licht in seiner Quelle, das heißt in Gott, von dem geschaffenen, physischen Licht (*lumen*), dem Licht in seiner Ausbreitung und Gestaltwerdung für uns; mit diesem körperlichen Licht und seinen mannigfachen Modifikationen haben wir es dann in der Natur wesentlich zu tun.

Der zweite Teil der *Nova philosophia* heißt „Panarchia", wörtlich also etwa „All-Herrschaft", wobei es hier um die Hierarchie der obersten Prinzipien geht. Was Patrizi hier vorträgt, ist eine erweiterte neuplatonische Prinzipien- oder Hypostasenabfolge in absteigender Linie. Sie beginnt bei dem absolut Einen, bei Gott, der auch „unomnia" genannt, was wörtlich ‚alles in eins' heißt, von Patrizi aber in christlichem Sinne durchaus trinitarisch verstanden wird. Auf das Absolute folgt dann als erste Hypostase die Einheit, dann das Wesen, dann das Leben, darauf die Intelligenz, dann die Seele, dann die Natur, die Qualität, die Form und auf letzter Stufe der Körper. Patrizi hat in dieser Stufenordnung eine Reihe traditioneller Motive aufgenommen, auch solche, die Ficino entwickelt hat, so die eigene Nennung der Qualität als Prinzip.

Aber er übernimmt auch ein cusanisches Motiv, nämlich den Gedanken, daß die untergeordneten Prinzipien nicht einfach aus Gott herausfallen, sondern in ihm in gewisser Weise schon aufgehoben sind. Gerade die Dreieinigkeit Gottes besagt, daß Gott ein der Vielheit fähiges Eines ist, oder daß, wie Cusanus gesagt hätte, Gott die Einfaltung aller Dinge, ja, mehr noch, daß Gott in allem ist: „Gott", sagt Cusanus, „ist in allem, und alles wirklich Existierende ist unmittelbar in Gott" (*quodlibet actu existens immediate in deo*)[238]. Auch bei Patrizi gilt dies, und insofern ist die Frage der Neuplatoniker nach der möglichen Rückkehr zu Gott an sich schon beantwortet; Gott ist durch die Prinzipienvielfalt hindurch mittelbar sozusagen überall, wie ja auch das Licht in Wahrheit überall ist.

Der dritte Teil der „Neuen Philosophie" heißt dann „Pampsychia", es geht in ihm um die Lehre von der „All-Seele" oder auch von allem, was die Seele betrifft. Im Sinne auch der uns schon bekannten, vor allem bei den Neuplatonikern wie Ficino und Pico anzutreffenden Auffassung tritt die Seele wiederum in der Mittelstellung zwischen geistiger und körperlicher Welt auf. Die Rede ist dabei zunächst von der Weltseele, die das Universum belebt, dann, analog dazu, auch von der Einzelseele, die den individuellen Körper belebt, aber nicht etwa im Sinne der Averroisten nur ein Teil der Weltseele ist und in dieser aufgeht. Die Seele vermittelt jedem Wesen Einheit und Selbstheit, stellt es aber zugleich in die Reihe aller beseelten Einheiten, in die Kette des lebendig Seienden ein.

Der vierte Teil schließlich heißt „Pancosmia" und enthält die eigentliche Kosmologie oder konkrete Physik Patrizis. Die physische Welt besteht aus vier Grundprinzipien: dem Raum, dem Licht, der Wärme und der Feuchtigkeit. Ähnlich wie Telesio gehört Patrizi, was das erste Prinzip betrifft, zu den wichtigen „Neuentdeckern" des Raumes. Der Raum, mit dem sich Patrizi als mathematischem wie auch als physischem bereits 1587 ausführlich befaßt hat, ist für ihn eindeutig ein

---

[238] Cusanus, *De docta ignorantia* II, 5, n. 118.

„Etwas", in gewisser Weise eine Substanz, obwohl er den natürlichen Substanzen vorausgeht und auch unabhängig von ihnen ist; ginge die Welt zugrunde, sagt Patrizi, so bliebe der Raum gleichwohl bestehen, und zwar als ein *infinitum actu*, ein aktual, nicht nur potentiell Unendliches. Wir erkennen darin wieder, wie bei Telesio, die Emanzipation der vormaligen Akzidenzien, so hier des Raumes, zu eigenen, ja den aristotelischen Substanzen vorgeordneten Wesenheiten. Auch wenn Gott eine neue Welt erschüfe, würde doch der Raum wieder vorausgehen müssen. Was ist der Raum? Ein Abstand zum Beispiel, eine *extensio*, ein Fassungsvermögen; oder genauer: er ist eine „extensio ... hypostatica per se substans, nulli inhaerens"[239]. Er ist auf diese substantielle und doch allen Substanzen vorangehende Weise „corpus incorporeum", ein „unkörperlicher Körper", weil er einerseits, wie ein Körper, die drei Dimensionen hat, andererseits aber, anders als ein Körper, keinen Widerstand (ἀντιτυπία) leistet[240]. Es ist dann in den Raum hinein, daß das Licht sozusagen ausfluten kann, sich in ihm erst gegenständlich brechend; und es ist auch wiederum das Licht (*lumen*), welches die Wärme erzeugt, unterhalb derer das neue „Materialprinzip" Patrizis, die Feuchtigkeit, zu stehen kommt. Anders als bei Telesio werden hier übrigens Raum und Zeit *nicht* gleichrangig oder als „Paar" behandelt, denn die Zeit hängt für Patrizi wiederum erst an den Bewegungen der Körper, denen als ganzen ja der Raum notwendig vorausgeht. Das Zusammenspiel der unteren Prinzipien ergibt die Erschaffung der endlichen Welt, wobei nach Patrizi die Erde im Mittelpunkt eines nach außen hin unendlichen Universums steht. Aber dieses Universum ist dank des es durchstrukturierenden Raumes jetzt ein großes, homogenes Ganzes, ist ein „Einheitsraum", so wie es die neuere Physik ja konsequent auffassen wird. Patrizi ist im ausgehenden 16. und

---

[239] Patrizi, *De rerum natura. Libri II. Priores. Alter de Spacio physico, alter de Spacio Matematico*, Ferrara 1587, I, 9, 15 a.
[240] A.a.O. 16 a.

17. Jahrhundert von zahlreichen Naturphilosophen rezipiert worden, im 20. Jahrhundert wurde dann seine Bedeutung für die Konstituierung des auch uns noch geläufigen Raumbegriffs entdeckt. Er ist aber darüber hinaus wie Telesio ein Denker, der in Richtung auf eine neue Thematisierung der Totalität, einer Totalität aus einem Guß, Kurs hält. Er hat dies bei aller sonstigen Differenz auch mit jenem auf den ersten Blick ganz anders gearteten Denker gemein, der uns als nächster beschäftigen soll: mit Giordano Bruno.

LITERATUR:

Franz Lamprecht, *Zur Theorie der humanistischen Geschichtsschreibung: Mensch und Geschichte bei Francesco Patrizi*, Zürich 1950.

Benjamin Brickman, *An Introduction to Francesco Patrizzis ‚Nova de universis philosophia'*, New York 1941.

John Henry, *Francesco Patrizi da Cherso's concept of space and its later influence*, in: *Annals of Science* XXXVI (1975), 549–575.

Thomas Leinkauf, „Freiheit und Geschichte. Francesco Patrizi und die Selbstverortung der menschlichen Greiheit in der Geschichte", in: *Die Renaissance als erste Aufklärung*, Bd. I, hg. von Enno Rudolph, Tübingen 1998, 79–94.

ders., „Geometrisches Paradigma und geozentrisches Interesse", in: *Berichte zur Wissenschaftsgeschichte* 14 (1991), 217–229.

Zvonko Pandžić (ed.), *Franciscus Patricius, Discussiones Peripateticae, Neudruck der Ausgabe Basel* 1581, Köln/Weimar/Wien 1999.

Cesare Vasoli, *Francesco Patrizi da Cherso*, Rom 1989.

16 Giordano Bruno (1548–1600)

> Cossì gli cani, pensieri de cose divine, vorrano questo Atteone, facendolo morto al volgo, alla moltitudine, sciolto dalli nodi de perturbati sensi, libero dal carnal carcere della materia; onde non più vegga come per forami e per finestre la sua Diana, ma avendo gittate le muraglia a terra, è sotto occhio a l'aspetto de tutto l'orizonte.
>
> Giordano Bruno

Von allen italienischen Philosophen, denen wir bislang begegnet sind, zählt Bruno wenigstens dem Namen nach gewiß zu den bekanntesten: nicht zwar, weil seine Werke so gerne und viel gelesen würden, wohl aber wegen seines so bedrückenden Endes. Wir sind wiederholt – bei Pico, bei Pomponazzi, bei Cardano oder auch eben noch bei Patrizi – auf den Fall gestoßen, daß zwischen Denkern und der politischen oder geistlichen Obrigkeit nicht das beste Einvernehmen bestand; einen gewaltsamen Tod aber wie weiland Sokrates oder wie nur wenig später dann ein Giulio Cesare Vanini (1585–1619) – wie Bruno ein Süditaliener, der 1619 in Toulouse wegen Atheismus verbrannt wurde – hat von den uns bereits bekannten Namen dennoch nur Bruno erlitten. Bruno wurde am 17. Februar 1600 in Rom auf dem schönen

Campo dei Fiori vor vielen Schaulustigen verbrannt. Wir wissen, daß nur gut dreißig Jahre später in Rom der Prozeß gegen Galilei stattgefunden hat, der zwar vergleichsweise glimpflich endete, aber als immerhin doch sehr fühlbarer Übergriff der geistlichen Autoritäten auf ein Feld, auf dem sie in der Sache keine Autorität haben konnten, zu einer Art Traumatisierung der frühneuzeitlichen Naturforschung führten. Brunos Nachruhm gründet sich darauf, daß sein Tod, mit dem Prozeß gegen Galilei in einem Atem genannt, als Märtyrertum eines Heros der Wissenschaft aufgefaßt wurde. Francesco de Sanctis, einer der Wortführer des italienischen Risorgimento, hat Bruno unter die „primi santi del mondo moderno" gerechnet und mit Francis Bacon verglichen[241], und ein ähnliches Brunobild hat sich vom 19. Jahrhundert nicht nur in Italien, das ihm 1889 an der Stelle seines Endes ein Denkmal errichtete, festgesetzt. Als einer der frühen Bruno-Editoren in Deutschland, Paul de Lagarde (1827–1891) in Rom die Vorbereitungen für die Errichtung dieses Denkmals miterlebt, macht er die für ihn erstaunliche Entdeckung, daß bei allem Eifer, mit dem für dieses Denkmal Geld gesammelt und Propaganda gemacht wird, kaum einer der Eifrigen, die er darauf anspricht, auch nur eine ungefähre Vorstellung davon haben, was der Inhalt der Philosophie Brunos eigentlich ist[242]. Man hält ihn kurzweg für einen Fortschrittlichen, damit für „einen von uns", dem eben deshalb das Leben nicht nur schwer gemacht, sondern genommen worden sei – und ahnt nicht, daß Bruno nicht nicht wegen seiner naturphilosophischen Vorstellungen, sondern wegen der Bestreitung einiger Zentralpunkte des christlichen Dogmas hingericht wurde, sondern daß er darüber hinaus auch *keineswegs* mit Bacon, Galilei oder Descartes in einem Atem genannt werden kann, ja sich dies wohl

---

[241] Francesco de Sanctis, *Storia della Letteratura italiana*, Neapel 1870, Bd. 2, 272.
[242] Paul de Lagarde (Hg.), *Le opere italiane di Giordano Bruno*, 2 Bde., Göttingen 1888, 783.

ausdrücklich auch verbeten hätte. Bruno ist, heißt dies, auch in dem Moment, als er zum Helden erhoben wurde, so unverstanden geblieben wie zu den eigenen Lebzeiten, wie bei den Zeitgenossen und ihren Nachkommen auch. Oder auch: noch der Tod Brunos ist, wenn man so will, zur Maske geworden, hinter der sich der Mann aus Nola nur verbarg; denn wenn man sagen muß, daß der Tod des Sokrates in gewisser Weise das Wesen dieses Anfängers der Philosophie definitiv offenbarte und allen Schein, der ihm noch anhaften mochte, zerstörte, dann offenbart der Tod Brunos nichts als sinnlose Gewalt, und er verbirgt den, der sie erlitt, mehr als daß er uns eine Wesensnotwendigkeit zeigte. Noch Nietzsche, der sich auf Masken verstand, hat diese letzte Maske des letzten Denkers der Renaissance offenbar gründlich mißverstanden, wenn er in ihm eine „Rachsucht" und eine gespielte „Aufopferung für die Wahrheit", darin aber das Auftreten des „Agitators" und „Schauspielers" zugleich erblickte[243]. Man könnte viel eher sagen, daß Brunos Tod, den übrigens die römischen Zuschauer, grotesk genug, als gerechtes Urteil über einen Lutheraner verstanden, der Versuch der gewalttätigen Lösung *eines Rätsels* war, für das viel weniger der alten als vielmehr der neuen Zeit die Begriffe fehlten; denn dieser Tod markiert zumindest *auch* eine Grenze, die Bruno selbst nicht mehr übersprang noch überspringen wollte. Wenn wir, was wir damit meinen, auf eine kurze Formel bringen sollen, so wäre vielleicht zu sagen: Bruno steht für ein offenes, der logischen Bindung und Schließung ermangelndes Denken, für ein Philosophieren nicht aus einem Zentrum, sondern im Aufschwung, nicht im Interesse der Übersicht, sondern des Übersties, der prinzipiell von jedem Punkt aus genommen werden kann und der nicht im sicheren Besitz bestimmter Wahrheit, sondern in der Begegnung mit der Unendlichkeit enden soll. Alles, was uns in dieser Welt begegnet, kann die Leiter für diesen Aufstieg sein, aber nichts ist so, wie es da ist, mehr als ein Schat-

---

[243] Vgl. Friedrich Nietzsche, *Jenseits von Gut und Böse*, Nr. 25.

ten oder in sich selbst ein Zweck und Ziel. Bruno gehört in gewissem Sinne zu den Philosophen, die nicht etwa aus Lust und Laune oder auch um der Publikumswirksamkeit, sondern aus Prinzip „unorthodox" gewesen sind, und zwar ganz einfach deshalb, weil der Begriff einer „orthodoxia" für ihn nur ein Widerspruch, nur eine Verleugnung des Unendlichen sein konnte. Die Zeit, von der ihn sein Tod ausschließt, ist zumindest auch und jedenfalls nicht nur am Rande eine Zeit der Orthodoxien gewesen, was für die theologischen, später naturwissenschaftlichen, später ideologischen Systeme so bis für das 20. Jahrhundert gelten kann und auch heute nicht einfach vom Tisch ist. Bruno, der unter anderem bei dem Kusaner in die Schule gegangen ist, hatte durchaus Zweifel anzumelden, ob nicht schon die Frage nach der ὀρθὴ δόξα in die falsche Richtung zielt und am Ende immer bei Formeln statt bei Inhalten ankommen muß. Wir sagen bereits an dieser Stelle, daß Bruno dies nicht etwa im Sinne des heute sehr gängig gewordenen „antidogmatischen" Skeptizismus, sagen wir des „Debolismus" neuerer italienischer Provenienz, meint, insofern dieser eine Verzweiflung an der Wahrheit überhaupt enthält und dann nur noch eine matte Reflexionskultur der Endlichkeit zuläßt. Bruno ist durchaus der Meinung, daß die Frage nach der Wahrheit nicht sinnlos ist, daß sie vielmehr die heroische, der Philosophie wesentlich auch dann aufgegebene Frage ist, wenn sie eben nicht in „Orthodoxien" und orthodoxen Formeln beantwortet werden kann, sondern die Anspannung auf die Totalität selbst hin, ja das Überwundenwerden durch diese meint. Auch, wenn der Philosoph nach Bruno gerade keine besondere gelehrte Sprache sprechen soll, was nach ihm nur die philosophischen Esel tun, spricht der Philosoph doch eine besondere Sprache, nämlich eine „anagogische", hinaufführende, uns zum unendlichen Einen befreiende Sprache. Die „Offenheit" der Philosophie besteht darin, daß die Ausgangspunkte sozusagen beliebig sind und zugleich das Ziel und der Endpunkt nicht eigentlich fixierbar sind, sondern nur in dem Sog auf sie hin erfahren werden kann. Wir erkennen hierin rasch ein platonisches Motiv, das Motiv des Eros bzw. der erotischen Spannung auf die Fülle hin, die ja auch nach Platon das Philosophieren eigentlich in Bewegung hält. Und so kann man Bruno in der Tat zu den Platonikern unter den Renaissance-Philosophen schlagen, muß allerdings sogleich dabei sagen, daß er dies nicht etwa in einem engen und schulmäßigen Sinne ist und daß er auch keineswegs nur dies und nicht vielmehr auch noch anderes ist. Das Andere, das wir bei ihm antreffen, ist zum einen der wieder einmal bewußte Anschluß bei der Hermetik – ein Aspekt, der besonders durch Frances A. Yates[244] herausgestellt worden ist –, zum anderen der ebenso bewußte Rückgang auf die voraristotelischen Schichten auch der europäischen Philosophie, schließlich aber die produktive Aneignung der neueren kosmologischen Fragen, die, wie wir uns erinnern, auf spekulative Weise Cusanus schon aufgegriffen hatte und die inzwischen durch Kopernikus auch im astronomisch-naturwissenschaftlichen Sinne vorangekommen war. Wir werden hier einen gewissen Akzent auf die brunonische Naturlehre legen, allerdings einige allgemeine Aspekte auch seines sonstigen Philosophierens ansprechen. Zunächst jedoch, wie üblich, auch einige Hinweise zur Vita!

Bruno wurde 1548 in oder bei dem kleinen Städtchen Nola in der Nähe von Neapel geboren; er hat sich deshalb auch „Nolanus" genannt und ist auch uns noch als „der Nolaner" geläufig. Er hat vom vierzehnten Lebensjahr an in Neapel eine Ausbildung in der schönen Literatur, der Logik und der Dialektik erhalten und ist mit siebzehn, ebenfalls in Neapel, in den Dominikanerorden eingetreten; den Taufnamen Filippo vertauscht er jetzt gegen den Ordensnamen „Giordano". Bruno erwirbt rasch eine stupende Kenntnis der scholastischen Philosophie und Theologie sowie ihrer aristotelischen Grundlagen; auch, wenn Aristoteles, der „Erzpedant", wie er

---

[244] Frances A. Yates, *Giordano Bruno and the Hermetic Tradition*, London 1964.

sagen wird, später sein Hauptgegner sein wird, hat Bruno seine Schriften doch sehr gut gekannt und war für mancherlei Disputationen mit den Aristotelikern gut gewappnet. Noch in die Neapler Zeit fällt die erste Berührung mit den Werken Giambattista della Portas (ca. 1535–1615), der 1558 seine *Magia naturalis* herausgebracht hatte, wie auch Telesios, dessen *De rerum natura* ja seit 1565 in erster Auflage vorlag. 1576, schon jetzt der Ketzerei verdächtigt, flieht Bruno aus Rom, wohin er wegen seiner Verteidigung bei einem Ordensoberen gereist war; nach unsteter Wanderschaft und Stundengeben in Italien will er 1578 den Grundriß seines definitiv nicht mehr aristotelischen Systems erkannt haben; 1529 begibt er sich ins calvinistische Genf, wo er sich als Mitglied der italienischen evangelischen Gemeinde einige Liberalität erhofft, auch als Theologieprofessor wirkt, aber nach wenigen Monaten wegen philosophischer Polemiken – er hatte in den Vorlesungen eines Kollegen von der philosophischen Fakultät 20 Irrtümer gefunden und diese drucken lassen – erstmals im Gefängnis sitzt. Es folgen einige trotz mehrerer Skandale besonders in Oxford literarisch fruchtbare Jahre im Westen Europas; sein erstes Buch, *De umbris idearum*, von 1582, hat Bruno Heinrich III. gewidmet; in Paris verfaßt er aber auch eine Komödie, *Il candelaio*, der Kerzenmacher, die mit ihren verschiedenen Rollentäuschen und Verwechselungen zugleich eine Allegorie auf seine inzwischen entwickelte Philosophie des in mannigfacher Differenz immer gleichen Einen sein soll. 1583 geht Bruno nach London, wo er im Hause des französischen Botschafters wohnt, dann nach Oxford, wo er Vorlesungen hält. In England entstehen wiederum einige wichtige Werke, so die beiden Hauptdialoge *De la causa, principio et uno* und *De l'infinito, universo e mondi*. Bei der Rückkehr nach Frankreich gab es wegen einer Schrift gegen die Peripatetiker jetzt Tumulte, Bruno wich nach Deutschland aus, zuerst nach Marburg, wo er sogleich in Konflikt mit dem Rektor geriet, dann nach Wittenberg, wo er von 1586 bis 1588 an der Universität lehrte. Von Wittenberg ist er mit einer Abschiedsrede geschieden, in der er nicht nur dankbar der ihm gewährten „philosophischen Freiheit" und „humanen" Aufnahme gedenkt, sondern auch Wittenbergs Genius, nämlich Luther, ein Denkmal setzt – einem Luther freilich, der hier keineswegs als der Theologe der „Rechtfertigung allein aus Glauben", sondern als ein „Herkules" erscheint, der dem römischen „Cerberus", dem Papst, den Kampf angesagt hat und der überhaupt zu denen gehört, die „das Licht gesehen" haben und daher für eine neue Morgenröte des verschütteten Ursprungswissens einstehen[245]. Über Prag, wo Bruno im Chiaroscuro der Umgebung Rudolfs II. vergeblich sein Glück sucht, gelangt er noch 1588 nach Helmstedt, wo er zunächst freundliche Aufnahme findet, später aber nach einem privaten Streithandel mit einem protestantischen Geistlichen exkommuniziert wird. Er weicht 1590 nach Frankfurt aus, wo er 1591 nicht nur drei wichtige lateinische Werke herausbringt, sondern auch den verhängnisvollen Entschluß faßt, einer Einladung nach Venedig Folge zu leisten; dabei dürfte die Hoffnung auf eine Professur in Padua eine Rolle gespielt haben, wie Bruno denn auch in der Tat in Padua einige Vorlesungen gehalten hat. Sein Gastgeber, der venezianische Nobile Giovanni Mocenigo, der Bruno vor allem als Gedächtniskünstler, als Mnemotechniker zu sich ins Haus genommen hatte, zeigt ihn, offenbar aus Verdruß über mangelnde Lernerfolge in dieser von Bruno selbst mit großem Pomp gepriesenen Kunst und unter Verwendung einiger freimütiger Äußerungen des Nolaners, bei der Inquisitionsbehörde an. Bruno wird im Mai 1592 verhaftet, 1593 erfolgt seine Überstellung nach Rom und seine Festsetzung in der Engelsburg; der Prozeß gegen ihn, der um Fragen des christlichen Dogmas, aber keineswegs, wie sich spätestens seit Blumenbergs Darstellung auch beim größeren

---

[245] Giordano Bruno, *Oratio valedictoria (1588)*, in: *Opera latina*, hg. Von Fr. Fiorentino u.a., Florenz 1891, ND Stuttgart-Bad Cannstatt 1962, I/1, 3–25.

Publikum herumgesprochen hat, um Brunos Kopernikanismus kreiste[246], zog sich sieben Jahre lang hin. Bruno erhielt mehrmals die Möglichkeit, sich von den inkriminierten Thesen, etwa von seiner Leugnung der Dreieinigkeit oder der Inkarnation des Gottessohnes, zu distanzieren; bisweilen schien er auf diese Angebote eingehen zu wollen, blieb aber zuletzt trotz Anwendung der Folter bei seiner Überzeugung. Seinen Richtern hat er auf die Urteilsverkündung, wie es in der Quelle dazu heißt: „drohend" geantwortet, sie sprächen das Urteil gegen ihn wohl mit größerer Furcht als er es empfange[247]. Bruno erhielt noch einmal acht Tage Zeit zum Widerruf und wurde, als dieser ausblieb, den weltlichen Behörden zur Vollstreckung des Urteils ausgeliefert. Bruno hat auf dem Scheiterhaufen von sich gesagt, er sterbe „martire e volentieri", als Märtyrer und gerne, und seine Seele steige „mit diesem Rauch zum Paradiese auf"[248]. Seine Werke und Manuskripte wurden auf dem Petersplatz verbrannt.

Von diesen Werken und Schriften Brunos sind uns insgesamt 62 erhalten, und wir wissen zudem von 27 weiteren Schriften, die heute nicht mehr erreichbar sind. Eine grobe Einteilung dieser Werke läßt uns zwischen den Schriften zu ethischen Fragen, den Schriften zur Gedächtniskunst und zuletzt denen zur Naturphilosophie mit Einschluß der Mathematik, wie Bruno sie verstand, unterscheiden. Aus den *ethischen* Schriften nennen wir hier nur die wichtigste, nämlich *De gl'heroici furori*, das Dialogwerk *Von den heroischen Leidenschaften* von 1585. Mit dem Ausdruck „furor" oder „Leidenschaft" übersetzt Bruno wie die italienische Renaissancephilosophie allgemein das griechische ἐνθουσιασμός und damit einen der zentralen Be-

---

[246] Vgl. H. Blumenberg, *Die Legitimität der Neuzeit. Erneuerte Ausgabe*, Frankfurt/Main 1996, 639 ff.

[247] „... nihil ille respondit aliud, nisi minabundus: *Maiori forsan cum timore sententiam in me fertis quam ego accipiam*" (V. Spampanato, *Documenti della vita di Giordano Bruno*, Florenz 1933, 202).

[248] „... e diceva che moriva martire e volentieri, e che se ne sarebbe la sua anima ascesa con quel fumo in paradiso" (a.a.O. 207).

griffe der platonischen Eroslehre; es geht um jene Macht, die, wie bereits erwähnt, uns über uns selbst hinaushebt und, mit Platon zu reden, Gott ähnlich werden läßt. In den *Heroischen Leidenschaften* spricht Bruno davon, daß sich der wahrhafte Enthusiastiker „durch die Wahrnehmung des Anblicks der göttlichen Schönheit und Güte mit den Flügeln des Verstandes und des verständigen Willens zur Gottheit erhebt", und dies so, daß er „die Form des Subjekts (la forma de suggetto) unten läßt"[249], also sein eigenes Ich- und Einer-Sein übersteigt; der Enthusiastiker übersteigt sich selbst auf die Gottheit und das eine Wahre hin, er läßt dabei alle Beschränktheit, alle Endlichkeit, aber eben auch alle Subjektivität zurück, er riskiert sozusagen die Selbsterhaltung. Auch für die Philosophie kommt nach Bruno entsprechend alles darauf an, daß in ihr der Ausgriff aufs Eine-Ganze unternommen wird. Vor dem Hintergrund dieses ethisch-enthusiastischen Philosophiebegriffs verstehen sich dann auch die bereits angesprochenen ständigen Attacken gegen alle, die, wie Bruno sagt, aus der „Philosophie" eine „Grammatik", d.i. Wortkram machen und die, wie seiner Meinung nach vor allem die Anhänger des Aristoteles, „Knechte gewisser und bestimmter Ausdrücke und Wörter"[250] sind und bleiben wollen. Der Philosoph dagegen spricht in „Figuren, Gleichnissen und anderen Argumenten (raggioni)", er ist

---

[249] „... inalzandosi per la conceputa specie della divina beltà e bontade, con l'ali de l'intelletto e voluntade intellettiva s'inalza [sc. il *furioso eroico*] alla divinitade, lasciando la forma de suggetto più basso" (*De gl'heroici furori*, in: *Dialoghi italiani*, ed. G. Aquilecchia, Florenz 1958, 1003f. [= Dial. ital.]). Vgl. zum Zusammenhang auch I. P. Couliano, *Éros et magie à la Renaissance*. 1484, Paris 1984, 105: „Au centre de la doctrine morale de Bruno il y a le motif ficinien de la dépossession du sujet, de la perte et du transfert de sa sujétité dans l'objet".

[250] Vgl. *Lo Spaccio de la bestia trionfante*, Dial. ital. 553. – Zur diesbezüglichen Kritik Brunos an der Schulphilosophie sowie zu seiner Gegenpositon im Sinne einer ursprünglichen „molteplicità delle vie della filosofia e dei linguaggi" (XIV) vgl. die Belege, die M. Ciliberto in der *Introduzione* seines *Lessico di Giordano Bruno* (2 Bde., Rom 1979), bes. X-XVIII, zusammengestellt hat.

ein „speculator de fantasmi"[251], also jemand, der nach den Bildern und Gleichnissen für das sonst von niemandem Gesagte Ausschau hält. Darin steckt auch, wie man immer gesehen hat, manche Reminiszenz an den Neuplatonismus seit Plotin, an die negative Theologie seit dem Areopagiten und nicht zuletzt auch an Brunos Gewährsmann Nikolaus von Kues, der für die Sphäre des Göttlichen eine eigene, übervernünftige, aber so gerade dem übergegenständlichen Gegenstand angemessene Sprache gefordert hat[252]. Die Pedanten übersehen nach Bruno gerade die Unendlichkeit des philosophischen Themas, und sie übersehen ebenso, daß es von dieser Unendlichkeit her nicht nur nicht möglich ist, eine normative Sprache der Philosophie aufzustellen, sondern daß dies auch keineswegs erstrebenswert ist, ja daß es umgekehrt in gewissem Sinne gerade gleichgültig ist, *wie* und mit welchen Sprachmitteln der Philosoph redet – während es nicht gleichgültig ist, ob er beim Thema der Philosophie ist oder nicht.

Die zweite Werkgruppe, auf die hier leider nicht im einzelnen eingegangen werden kann, umfaßt 24 *Werke zur Gedächtniskunst,* darunter auch im engeren Sinne „lullische" Abhandlungen. Diese Werke sind auch deshalb bedeutsam, weil sie von anderer Seite her noch einmal auf sprachphilosophische Problemstellungen führen. Gemeint sind hier Schriften, die durch die *Ars generalis,* eine Art kombinatorischer Wissenschaftslehre des mallorquiner Philosophen und Theologen Raimundus Lullus (1232/33–1316), inspiriert sind, Schriften, die eine eigene Tradition und Kommentarliteratur begründet hatten und außer der Methodik in den Wissenschaften etwa auch der „Kryptologie", d.h. der Verschlüsselung von Texten dienen sollten. Die philosophische Relevanz der brunonischen Gedächtnislehre kann man vielleicht am leichtesten dadurch erläutern, daß wir uns daran erinnern,

---

[251] A.a.O. 1159.
[252] Vgl. das cusanische „Divinalsprachenkonzept" in *De coniecturis* I, 6, n. 24 sowie oben S. 45.

daß wir über das Gedächtnis an einem Wissen partizipieren, das seinem Umfang nach unermeßlich viel größer ist als das je und je bewußt Gewußte; wir wissen, wenn man so will, mehr, als wir wissen, und es kommt alles darauf an, durch gezielte Anamnesen das schattenhaft Mitgegenwärtige zur Sprache zu bringen, auf diese Weise aber neue Stufen der Fülle und des Leuchtens der Gegenstände zu erreichen; so unendlich nach Bruno die Welt, ja die Welten sind, so unendlich viel ist über sie auch zu sagen, und man versteht von hieraus dann leicht, weshalb Bruno jede Art der Beschränkung der Wissenschaften durch ein formalistisches Korsett oder auf ein kanonisch sein sollendes Wissen ablehnt; alles andere wäre willkürliche Beschneidung der wissenserzeugenden Produktivität der *memoria*. Hinzu tritt aber noch ein anderer Aspekt. In einem seiner mnemotechnischen Hauptwerke, dem bereits erwähnten *De umbris idearum* von 1582, stellt Bruno ein merkwürdiges Hilfsmittel, nämlich eine Apparatur aus fünf ineinander liegenden, gegeneinander beweglichen Kreisen vor, die jeweils 150 Buchstabenpaare enthalten[253]. Durch das Drehen der Räder gegeneinander erhält man dann Silbenkombinationen, die im Prinzip Wörter aus beliebigen Sprachen wiedergeben können. Das System dient dazu, sich diese Wörter zu merken, was dadurch geschieht, daß jedem Buchstabenpaar auf jedem Kreis oder Rad ein bestimmtes Bild zugeordnet ist, so daß insgesamt 750 Bilder zu unabsehbar vielen individuellen Szenarien oder Gesamtbildern koordiniert werden können, die dann das betreffende Wort repräsentieren. Man kann sicher trefflich darüber streiten, ob dieser Mechanismus einer ikonischen „Codierung" von Wörtern tatsächlich dazu angetan sein kann, der Erinnerung aufzuhelfen und Wörter oder Wortfolgen einprägsamer zu machen; aber darum muß es hier

---

[253] Zu Brunos Erstling und zu seinem Verständnis vgl. die historisch-kritische Ausgabe von Rita Sturlese (G. Bruno, *Le opere latine. Edizione storico-critica*, vol. I: *De umbris idearum*, Florenz 1991); speziell zum mnemotechnischen System der Schrift LIV-LXXIII.

auch gar nicht gehen. Wichtig ist vielmehr, daß Bruno hier wie auch sonst einem Denken am Leitfaden von Bildern, einem sozusagen ikonisierten Begriff das Wort redet, d.h. davon ausgeht, daß jeder Gedanke einer korrelativen Anschauung nicht nur fähig ist, sondern insofern auch bedarf, als er anders nicht als konkretes Ganzes, als Totalität vorstellig gemacht und festgehalten werden kann. Die Bilder, in denen wir Wörter und Begriffe sozusagen auf einen Schlag anschauen, sind dabei natürlich zunächst Allegorien, nicht einfachhin Abbilder der Sachen und Sachverhalte, für die sie stehen. Aber sie sind doch immer „Schatten der Ideen", entfernte Sprößlinge des einen unendlichen Seinsgedankens, der die Welt oder die Welten im Innersten zusammenhält; ihre vordergründige Arbitrarität und Zufälligkeit ist dabei dadurch aufgehoben, daß der eine Urgedanke unendlich ist und entsprechend auch in seinen unendlich vielen einzelnen Instanzen unendlicher Repräsentation fähig sein muß, die je und je unter diesem oder jenem Bild erfolgt. Es erhellt aus diesem Zusammenhang übrigens auch, weshalb Bruno ein sich rein abstraktiv verstehendes mathematisches Denken entschieden abgelehnt hat; seine leise Kritik an Kopernikus, daß dieser sich am Ende doch „mehr mit der Mathematik als mit der Natur"[254] befaßt habe, oder sein Satz: „dove naturalmente possiamo parlare, non è mestiero di far ricorso alle matematiche fantasie" – „wo wir naturgemäß sprechen können, bedarf es keines Rückgriffs auf die Phantasien der Mathematik"[255] ist genau besehen nur die Kehrseite des nicht zuletzt aus Brunos eigenen mathematischen Schriften erhellenden Sachverhalts, daß es für ihn eigentlich keine mathematischen Symbolismen ohne Realgehalt oder Realbezüge, keine Formalität ohne implizite Weltlichkeit geben kann, und der Irrtum ist nach Bruno immer da anzutreffen, wo man die Abstraktion isoliert von der Konkretion, die Form ohne Materie haben will. Wir haben

---

[254] *La cena de le ceneri*, Dial. ital. 28.
[255] *De l'infinito, universo e mondi*, a.a.O. 442.

davon gesprochen, daß wir bei Bruno einer „offenen" Form des Philosophierens an Stelle der logischen Gebundenheit oder Durchhomogeneisierung des Begriffs begegnen. Sein Konzept eines bildgebundenen, ikonographischen Denkens entspricht diesem Ansatz in weitem Umfang, wobei man vor allem in Erinnerung behalten muß, daß Formen und Bilder bei ihm eben niemals leer sind, sondern immer eine Spur auf den an sich identischen Inhalt hin enthalten. Auch die Dinge sind Bilder, wie wir denn nach Bruno „ja nicht wahrhaft die Wirkungen der Dinge und ihre wahre Gestalt oder die Substanz der Ideen, sondern die Schatten, Spuren und Abbilder jener sehen"[256]. Wir bleiben insofern im Reich der „Schatten der Ideen", die wir selber auffinden und erfinden, die aber, wie gesagt, dennoch nicht leer, sondern realitätshaltig, nämlich Repräsentationen des Unendlichen sind. Die philosophische Kunst ist es, uns dieses Unendlichen aus den Bruchstücken, die wir alleine in Händen halten, zu erinnern, uns seiner zu vergewissern.

Eben dieses Unendliche und Eine ist nun aber auch das Thema von Brunos Naturphilosophie, der unser abschließendes Interesse gehören soll. Mit der Kosmologie und Naturphilosophie Brunos verbinden sich gewöhnlich einige Schlagwörter, die, wie bei Schlagwörtern üblich, oft genug daneben treffen. Man spricht so etwa von Brunos „Materialismus". Daran ist soviel richtig, daß Bruno in der Tat nicht nur von der vorsokratischen Physiologie, sondern auch etwa von Lukrez und auch mittelalterlichen Quellen schon recht früh auf eine Art Hylozoismus, jedenfalls auf eine Preisgabe des Materie-Form-Dualismus getrieben worden ist und er statt dessen von einer die Form aus sich selbst produzierenden Materie, eben nicht von einer toten, sondern einer lebendigen Materie ausgeht. Hegel hat geradezu „die Hauptidee" des Ansatzes des

---

[256] „... perché veggiamo non gli effetti veramente e le vere specie de le cose, o la sustanza de le idee, ma le ombre, vestigii e simulacri de quelle" (*De gl'heroici furori*, Dial. a.a.O. 1159).

Nolaners darin gesehen, die „Einheit von Form und Materie in allem zu erkennen"[257], eine Einheit, in der die Gegensätze von Einem und Vielem, Möglichkeit und Wirklichkeit, Innerem und Äußerem zusammenfallen. Bruno hat nach Hegel gezeigt, daß „die Materie", aufgefaßt als „das Unbestimmte", so selbst nur in einer *Formbestimmung* ausgesprochen ist: „Indem man also die Materie der Form entreißen wollte, hat man sie zugleich in *einer* Bestimmung der Form gesetzt; damit ist aber auch sogleich das andere gesetzt. ... Diese Materie ist ... nichts ohne die Wirksamkeit; die Form ist das Vermögen und das innere Leben der Materie"[258]. Brunos „Materialismus" meint dann allerdings eine Gleichursprünglichkeit, eine Simultaneität von Materie und Form, oder er bedeutet, daß beide die zwei Seiten ein und derselben Sache, ein und desselben unendlichen Einen sind. Dieses unendliche Eine ist Brunos Gott, und man kann auch hier ein Schlagwort verwendet, dasjenige von einem „Pantheismus" des Nolaners, der damit etwa einem Spinoza vorgriffe. Auch daran ist etwas Richtiges, aber es ist auch übersehen, daß wir, wie wir bereits wissen, in einer Welt der Bilder und Schatten, also der Verborgenheit des Einen leben und uns zu diesem mittels der Philosophie immer erst auf den Weg machen müssen. Richtig ist freilich, daß für Bruno das Sein Gottes oder des Einen und unserer Welt ein und dasselbe unendliche Sein ist, nur daß wir, vereinfacht gesprochen, diesem göttlichen Sein nur in einer spezifischen Brechung begegnen. Unsere Welt ist erwirktes, Gottes Sein ursprüngliches Sein; gleichzeitig aber gilt, daß Gott nicht anders kann als sich als Welt zu erwirken und sich also sozusagen ewig in die Wirkung bricht. Es gibt hier eine absolute Kausalität, in welcher das unendliche Eine ein unendlich Vieles wird, und zwar indem es zunächst das Universum als materieller Raum und in diesem Raum unend-

---

[257] Hegel, *Vorlesungen über die Geschichte der Philosophie* III, Theorie-Werkausgabe, 20, 30.
[258] A.a.O. 29.

lich viele Welten wird. Bruno spricht davon, daß ein unendlicher Gott mit also unendlicher Schaffenskraft auch nur eine unendliche Welt schaffen könne, das heißt aber, daß er ein unendliches Universum und in diesem unendlich viele Welten sprich Sonnensysteme schaffe. Man kann davon sprechen, daß es zweimal dasselbe Eine, das eine Mal unter dem Exponenten unendlicher Einheit, das andere Mal unter dem unendlicher Vielheit, ist, wenn wir von der göttlichen absoluten Kausalität sprechen. Das Ergebnis ist jedenfalls ein absolut entschränktes Weltbild, eine Kosmologie, für die es in dieser Form vor Bruno praktisch kein Vorbild gibt und die auch uns an die Grenzen unserer Vorstellungskapazität führt: das Universum ist aktual unendlich, und es ist diese Unendlichkeit, in der auch sein Sein liegt; unsere Welt, unser Sonnensystem, ist nur eines von unendlich vielen anderen, die übrigens alle ebenso bewohnt sind wie die unsere. Die Totalität ist so kein abstrakter Gedanke von Schreibtischtätern, sondern das, worin wir wirklich leben, ja was selbst das Leben ist. Es ist für das nähere Verständnis Brunos wichtig, daß er schon den Raum als immer materialisiert denkt; im Grunde liegt dieser Gedanke gar nicht fern, wenn der Raum die Vielheit überhaupt, Vielheit aber die Auswirkung des Einen ins Materielle, die Realisierung der unendlichen Kraft ist. Es gibt keinen nichtmateriellen Raum außer in der Phantasie der Mathematiker, die immer in Gefahr steht, eine abstrakte Trennung von Form und Materie vorzunehmen und damit beiden nicht gerecht zu werden. Um jedoch noch einmal auf das Schlagwort vom Pantheismus zurückzukommen: die Einwohner des Raumes sind allesamt nicht Gott, sondern seine Wirkung, wenn man in gewissem Sinne auch ihr Leben als ein göttliches Leben bezeichnen kann; nur im Tod verläßt ihre Seele die Materie und kehrt in ihren Ursprung zurück, freilich nur, um wieder eine materielle Existenz anzunehmen und am unendlichen Kreislauf der absoluten Kausalität teilzuhaben. Bruno denkt so insgesamt ein in sich differenziertes Unendliches, das beständig seine Differenzen setzt und auch wieder kassiert, während wir uns im Bereich der Differenzen selbst bewegen und es uns nicht immer wirklich gelingen will, den Blick über diese, die als Nur-Differentes ja nur Bilder und Schatten sind, zu erheben und den großen, erhabenen Zusammenhang aller Dinge zu sehen, ja in ihn einzutauchen und als Subjekte, die etwas für sich sein wollen, wie wir schon gehört haben, zu verlöschen. Es ist klar, daß der dieser Kosmologie entsprechende Verzicht auf eine Schöpfungslehre – Bruno spricht von der Ewigkeit des Universums –, aber auch die ihr entsprechende Einheitslehre (Henologie) oder Theologie wie auch Psychologie (wegen der Reinkarnation) mit dem christlichen Lehrsystem kollidieren mußte; Bruno selbst hat in verschiedenen, teilweise auch polemischen Zusammenhängen, so in *Lo spaccio de la bestia trionfante* von 1584, seine Distanz gegenüber dem Christentum deutlich zum Ausdruck gebracht, wobei die Verhaftetheit der herrschenden christlichen Theologie an den Aristotelismus in Brunos Augen natürlich erschwerend hinzukommen mußte. In der Konfrontation mit der Inquisition ist Bruno dann trotz eines vieljährigen zermürbenden Prozesses bei seiner Position geblieben – einer Position, von der man nur schwer sagen kann, ob sie nun eher neu oder alt, ihrer Zeit voraus oder völlig unzeitgemäß gewesen ist und die viel eher – im Sinne des offenen Philosophierens – auf eine Grundalternative noch zu dem Denken in neu und alt zeigt.

In gewisser Weise bestätigt wird diese Sicht der Dinge auch dadurch, daß Bruno von jener Generation, die von Galilei an die neue Wissenschaft begründet hat, fast vollständig ignoriert oder mit Achselzucken übergangen worden ist. Auch Leibniz, der philosophisch immer ein sehr weites Herz hatte und der „philosophia perennis", wie er sie verstand, auch Randsiedler einzuleiben wußte, hatte von Bruno, von dem er sagte, er sei „weder ein großer Astronom noch ein großer Philosoph", keine allzu hohe Meinung. Die Wirkungsgeschichte, die sonst eher in den clandestinen Milieus der Aufklärung spielte, nahm erst mit Friedrich Heinrich Jacobis (1743–1819) Übersetzung eines Teils von *De la causa, principio et uno* eine positive Wendung; auf diesem Wege haben Schelling und Hegel Bruno kennengelernt, wobei bei Schelling die Faszination soweit ging, daß er einen eigenen natur- bzw. identitätsphilosophischen Dialog aus dem Jahre 1802 nach dem Nolaner benannte. Goethe übrigens hat brunonische Anregungen in die folgenden Verse aus „Gott und Welt" gelegt[259]:

> Was wär' ein Gott, der nur von außen stieße,
> Im Kreis das All am Finger laufen ließe!
> Ihm ziemt's, die Welt im Innern zu bewegen,
> Natur in Sich, Sich in Natur zu hegen,
> So daß, was in ihm lebt und webt und ist,
> Nie seine Kraft, nie seinen Geist vermißt.

Das Rätsel Bruno ist in dem allen bis heute gewiß nicht einfach gelöst. Dennoch mag deutlich geworden sein, daß unser Autor nicht nur Impulse für ein lebendiges Philosophieren, sondern manchen philosophisch auch an sich und inhaltlich zentralen Impuls bereithält. Es kann daher keine Frage sein, daß nähere Erkundungen auf dem von ihm abgemessenen Terrain jedenfalls auch heute am Platze sind – heute, wo uns zumindest etwas von der Verve, dem Eifer, den großen Hoffnungen, um nicht zu sagen dem Heroismus, der ihn antrieb und bewegte, nicht schaden, sondern nur zuträglich sein könnte.

LITERATUR:

Paul Richard Blum, *Aristoteles bei Giordano Bruno*, München 1980.
Michele Ciliberto, *Introduzione a Giordano Bruno*, Rom/Bari 1992.
Jochen Kirchhoff, *Giordano Bruno*, Reinbek 1980.
Hélène Védrine, *La conception de la nature chez Giordano Bruno*, Paris 1967.
Frances A. Yates, *Giordano Bruno and the Hermetic Tradition*, London 1964.

---

[259] Goethe, *Gott und Welt. Prooemion*, Sophien-Ausgabe I/3, 73.

17 Galileo Galilei (1564–1642)

> Solo queste due parole vi replico, che noi siamo tra
> gl'infiniti e gl'indivisibili.
>
> Galileo Galilei

Der Wissenschaftshistoriker Thomas S. Kuhn (1922–1996) hat in einem berühmten Werk über die „Struktur wissenschaftlicher Revolutionen"[260] die Weltbildänderung im Zusammenhang mit der kopernikanischen Wende als Beispiel für die zum Teil tiefgreifenden Umschichtungen herangezogen, die bei echten Revolutionen in der Wissenschaft immer in Anschlag zu bringen sind. Philosophisch gesehen führt das ganze zuletzt auf ein Problem in der Kontinuität des Wissens, für das die Folgeprobleme – etwa die Kontinuitäten in den Wissenschaftsapparaten betreffend – nur Symptome sind. Man kann nun aber die kopernikanische Revolution auch unter dem Aspekt betrachten, daß hier die Aufgabenbestimmung von Wissenschaft, ihre Standards und mit beidem zusammenhängend ihre Methodolo-

---

[260] Thomas S. Kuhn, *The Structure of Scientific Revolutions*, Chicago 1962 (deutsch 1969).

gie einschneidend verändert wurde. Kein Geringerer als Kant hatte genau auf diesen Punkt bereits hingewiesen, wenn er davon sprach, daß nach der kopernikanischen „Revolutionierung der Denkart" der Forscher begriff, daß nicht mehr er sich nach der Natur zu richten hatte, sondern ihr vielmehr als ihr Richter Fragen vorzulegen hatte, auf welche er Antworten heischte. Francis Bacon hat von der „gefesselten" Natur gesprochen, und es gibt am Beginn der Neuzeit bei verschiedenen Autoren durchaus das Bewußtsein dafür, daß gerade die experimentell verfahrende Naturwissenschaft darin besteht, die Natur auf die Folter zu spannen, um ihr Auskünfte abzupressen, die sie freiwillig nicht offenbart. Wir betrachten in einem kurzen Überblick zum einen das Verhältnis Galileis zur neuen Methodologie, zum anderen die Ausdifferenzierung im Wissenschaftsbegriff, die jetzt ebenso stattfindet: denn während der alte aristotelische Ansatz im Prinzip für alle Art Wissenschaft gelten sollte, zeichnete sich am Beginn der Neuzeit rasch ab, daß die neue Wissenschaft galileischen Typs ein Modell eben nur noch für die Naturwissenschaften abgeben konnte. Giambattista Vico, der das hier entstehende Dilemma deutlich erkannt hat, wird sich dann zu Beginn des 18. Jahrhunderts um ein alternatives Wissenschaftskonzept für den Bereich der Geschichte, der Künste, der menschlichen Welt bemühen, und insofern hat die Spaltung in die Wissenschaften von der Natur und der Kultur oder in Natur- und Geisteswissenschaften historisch gesehen in Italien einen ihrer wichtigsten Ursprungsorte. Der Dualismus zwischen beiden Arten von Wissenschaft ist bis heute bestehen geblieben. Wieder aber beginnen wir zunächst mit einem kurzen Blick auf die Biographie unseres Helden!

Galilei ist als erstes von sechs Kindern des zu seiner Zeit sehr berühmten Musikers und Musiktheoretikers Vincenzio Galileo im Jahre 1564 in Pisa geboren worden. 1581 schreibt er sich als Student der Medizin an der Universität Pisa ein, wo er bei berühmten Aristotelikern wie Francesco Buonamici und Girolamo Borro (1512–1592) hört. Er verläßt die Universität 1585 ohne einen akademischen Abschluß, begibt sich nach Florenz, wo er mathematische Studien betreibt, aber auch eine Waage zur Feststellung des spezifischen Gewichts entwickelt, unternimmt 1587 eine erste Romreise, die ihn mit dem renommierten Mathematiker und Astronomen Cristoforo Clavio (1537/38–1612) bekannt macht, und bewirbt sich in den folgenden Jahren um verschiedene Lehrstühle für Mathematik: 1589 erhält er dann einen Ruf nach Pisa, wo er im November die Vorlesungstätigkeit aufnimmt. In den nächsten Jahren unternimmt Galilei in Pisa die Experimente zum Fallgesetz, die ihn berühmt machen sollten; 1592 wechselt er nach Padua, womit er in den Dienst der Republik Venedig tritt. Galilei korrespondiert jetzt mit Johannes Kepler (1571–1630), aber er geht auch eine Verbindung mit Marina Gamba ein, die ihm 1600 die erste Tochter Virginia gebiert, auf die schon im nächsten Jahr eine Livia, 1606 ein Sohn Vincenzio folgt. 1610 entdeckt Galilei, der inzwischen das Fernrohr entwickelt hat, die Jupitermonde, im gleichen Jahr wird er unter Cosimo II. (1590–1621) „Erster Mathematiker und Philosoph des Großherzogs von Toscana", wofür er seinen Paduaner Lehrstuhl aufgibt. 1611 reist Galilei erneut nach Rom, wo er Mitglied der angesehenen Accademia dei Lincei wird. Inzwischen beginnt sich kirchlicher Widerstand gegen seine Auffassungen, insbesondere gegen seine Zustimmung zum System des Kopernikus, zu regen, ein Widerstand, der bald auch die Inquisition und die römischen Instanzen beschäftigt. Am 26. Februar 1616 belehrt Kardinal Bellarmin Galilei offiziell über die Unrichtigkeit seiner heliozentrischen Lehren, und Galilei erklärt sich bereit, der Weisung, nichts anderes mehr zu verbreiten, Folge zu leisten. Die Lehre des Kopernikus wird jetzt ganz offiziell verboten, sein Werk *De revolutionibus orbium coelestium* von 1543 auf den Index gesetzt. 1621 wird Galilei zum Konsul der Florentiner Akademie gewählt, 1630 erhält er von Papst Urban VIII. eine Pension. Allerdings entzündet sich bald um die Schrift *Dialogo dei Massimi Sistemi*, einem Dialog über das ptolemäische und das kopernikanische System, der 1632 in Florenz erscheint, ein neuer, jetzt gefährlicherer Streit. Galilei wird in Rom wiederholt verhört und am 16. Juni 1633 auch mit der Folter bedroht. Am 22. Juni 1633 schwört Galilei als ein Mann von 70 Jahren der Lehre, „daß die Sonne Mittelpunkt der Welt sei und still stehe und daß die Erde nicht Mittelpunkt sei und sich bewege" wie auch „jedwedem anderen Irrtum, jeder Ketzerei und Sektiererei" ab. Ebenso übernimmt er die ihm auferlegte Buße, was praktisch einen Hausarrest in Siena bzw. (ab Ende des Jahres) in seiner Villa in Arcetri bei Florenz bedeutete. Die Legende erzählt, Galilei habe nach der Abschwörung noch ein „E pur si muove!" – „Und sie bewegt sich doch!" gemurmelt, was jedoch kaum den Tatsachen entsprechen dürfte. Galilei hat den Rest seines Lebens bei steigendem Ruhm im Ausland als gebrochener und zunehmend auch erblindender Mann verbracht. Am 8. Januar 1642 ist er in Arcetri gestorben. Sein Garb befindet sich heute, schwer übersehbar, in Santa Croce in Florenz.

Was nun ist die Bedeutung dieses von einer eigentümlichen Tragik umgebenen Mannes? Es unterliegt keinem Zweifel, daß Galilei zu den Männern gehört, ohne welche die Welt, in der auch wir noch leben, in einem sehr handfesten Sinne anders aussähe als tatsächlich der Fall. Ähnlich, ja mehr noch als im Falle des Universalgenies Leonardo da Vinci (1452–1519), der in die Annalen der Menschheit eben nicht nur als Maler und Bildhauer, sondern auch als Techniker, Ingenieur und Wissenschaftler eingegangen ist, zählt Galilei zu den Protagonisten einer neuen Form von Rationalität und einer dieser entsprechenden Welt. Man hat für diese neue Rationalität und auch Welt von einer Synthese zwischen der „Tradition der *Schulen*" und der „Tradition der *Werkstätten*" gesprochen[261]. Erst von die-

---

[261] Vgl. Jürgen Mittelstraß, *Leonardo-Welt. Über Wissenschaft, Forschung und Verantwortung*, Frankfurt/Main 1992, 15. Vgl. auch Edgar Zilsel, *Die sozialen Ursprünge der neuzeitlichen Wissenschaft*, hg. von Wolfgang Krohn, Frankfurt/Main 1985², der „in der Epoche von 1300–1600 näher „drei Schichten intellektueller Betätigung" unterscheidet: „die Universitäten, den Humanismus und die Handwerkstätigkeit" (53); die eigent-

ser Synthese her wird systematisch aufgebaut, was schließlich auch zur neuen Lebenswelt einer globalen Zivilisation werden sollte. Das ist durchaus noch immer nicht selbstverständlich. Immerhin galt in der Regel bis zur Schwelle des 17. Jahrhunderts das „Können" der Handwerker nicht als wirkliches, auch des freien Menschen würdiges Wissen, es entbehrte des exklusiven Adels *zweckfreier* Wissenschaft im Sinne der Humaniora; „Mechanik" galt allenfalls als kluge „Überlistung" der Natur, aber nicht als ihre Erkenntnis; Architektur, Waffentechnik oder auch optische Experimentierkunst waren den Künsten, gelegentlich gar (wie der erste Gebrauch der Fernrohre) den Scharlatanen anheimgestellt, beschäftigten aber nicht die Philosophie – auch nicht oder doch nur am Rande die Naturphilosophie. Im Fluchtpunkt der neuen Entwicklung lag indes ein Begriff der Natur, der diese selbst – wie die Welt, in die sie sich fügte – als *technisch vermittelte*, jedenfalls aber als vom faktischen menschlichen Können her bestimmte auftreten ließ.

Eines der markantesten Zeugnisse der „Vermählung" von Gelehrsamkeit und Handwerkertum in der wissenschaftlichen Literatur dürfte in den Eröffnungssätzen der *Discorsi e dimostrazioni matematiche, intorno a due nuove scienze, attenenti alla meccanica ed i movimenti locali* (1638) Galileis anzutreffen sein. „Die unerschöpfliche Tätigkeit eures berühmten Arsenals, ihr meine Herren Venezianer", so beginnt der Hauptunterredner und Repräsentant Galileis, Salviati, das Gespräch des ersten Tages, „scheint mir den Denkern ein weites Feld der Spekulation darzubieten, besonders im Gebiete der Mechanik: da fortwährend Maschinen und Apparate von zahlreichen Künstlern ausgeführt werden, unter welch letzteren sich Männer von umfassender Kenntnis und von bedeutendem Scharfsinn befinden"[262]. Die Antwort Sagredos, des lernbe-

---

liche „Geburt" der „Experimentalwissenschaft" setzt Zilsel um 1600 an (161).
[262] Vgl. Galilei, *Discorsi e dimostrazioni matematiche, intorno a due nuove scienze, attenenti alla meccanica ed i movimenti locali*, hier zitiert nach der dt. Ausgabe von Arthur von Oettingen, ND Darmstadt 1985, 3.

gierigen Laien, ergänzt, daß „die Erfahrung derer, die wir wegen ihrer hervorragenden Meisterschaft ‚die Ersten' (*i proti*) nennen", ihm „oft den Kausalzusammenhang wunderbarer Erscheinungen eröffnet" habe[263]. Die Wirkursache (*causa efficiens*), die hier, wenn auch sehr allgemein, ins Zentrum der Aufmerksamkeit gerückt wird, scheint sich von der *Effizienz* der *Werkstätten* her zu erschließen. Nicht zufällig wird Galilei in definitionslogischer Hinsicht zum Protagonisten der „genetischen Methode", des „metodo risolutivo", von dem schon die Rede war, und in dem die einzig menschenmögliche Realdefinition, die aus irreduziblen Elementen konstruktiv verfahrende, liegt – wir haben bei Zabarella davon gehört (und erinnern uns auch der dort erwähnten Randall-These): von Definieren über das *Erzeugen* der Sachbestimmtheit, wie es in der „Wissenschaftstheorie" Zabarellas zuerst entwickelt worden war und u. a. in Descartes' *Regulae* wiederkehren wird. Daß die genetische Methode notwendig zugleich in den Bereich der Mathematik verweist – das Zählen ist die einfachste Form „produktiver" Gegenstandserzeugung, der Erzeugung der Quanta, wobei die Gegenstände durch das *Verfahren* immer zugleich inhaltlich abschließend definiert und notwendig *verständlich* sind –, wird für Galileis methodologisch reflektierten Standpunkt insgesamt von größter Bedeutung sein. In unserem Zusammenhang wird der mathematische Zugang zu den Phänomenen insofern sofort in Rechnung gestellt, als Galilei erklärt, „alle Begründung der Mechanik basier(e) auf Geometrie", damit auf den „Sätze(n) von der Proportion aller Körper"[264] – womit sich programmatisch ein gewichtiger Gedanke meldet: der noch bei Hegel fortlebende Gedanke einer *„philosophischen Mathematik* ...*,* welche dasjenige aus Begriffen erkännte, was die gewöhnliche mathematische Wissenschaft aus vorausgesetzten Bestimmungen nach der Methode

---

[263] Ebd.
[264] Galilei, *Discorsi* a.a.O. 4.

des Verstandes ableitet"²⁶⁵. Galileis mathematische Physik ist wesentlich Proportionalitätenlehre und von daher an ebenso idealen wie realitätskonstitutiven Strukturen orientiert: so jedoch, daß das Wissen um die Proportionen, wie es sich uns in den jetzt mathematisch formulierten Naturgesetzen darstellt, zugleich der Schlüssel zu unserer wirksamen Handhabung der äußeren Gegenständlichkeit ist. Wie man jedoch überhaupt vorsichtig sein muß mit der scheinbar naheliegenden These, Galilei sei so etwas wie der erste planmäßige Vollstrecker des baconischen Ideals eines im Dienste der Herrschaft des Menschen, des „regnum hominis" stehenden naturwissenschaftlichen „Herrschaftswissens" gewesen[266], so ist auch hier zu beachten, daß der Weg in die Werkstätten zwar ein *Mittel* des Erkenntnisgewinns ist, darum aber noch nicht auch die Form oder das *Ziel* der Erkenntnis beschreibt; er ist ein unbestreitbarer Stimulus der „natürlichen Vernunft" (*natural discorso*), aber nicht schon der Horizont, in dem diese aufgeht.

Das, was bei den Mechanikern an „spekulativem" Stoff angetroffen werden kann, hat zunächst mit der Tatsache zu tun, daß „Objekte der Natur" an „eine notwendige Grenze" stoßen, daran konstitutiv gebunden sind, aber sich über diese Grenzmanifestation auch erst in ihrer Bestimmtheit zeigen[267]. Beispiele für die entsprechenden Maßbestimmungen, die Galilei hier vor Augen hat, ergeben sich vor allem aus der Beobachtung, daß es bei mechanischen Objekten keine lineare Progression der Größenveränderung bei gleichzeitiger Wahrung der inneren oder funktionalen Identität des Objekts – etwa in Beziehung auf seine Kohärenzeigenschaften – gibt.

---

[265] Hegel, *Enzyklopädie der philosophischen Wissenschaften* (1830), § 259 Anm.; vgl. *Wissenschaft der Logik II, Gesammelte Werke* Bd. XI, Hamburg 1978, 200f.
[266] Vgl. dazu Klaus Fischer, „Das Naturverständnis bei Galilei", in: Lothar Schäfer/Elisabeth Ströker (Hgg.), *Naturauffassungen in Philosophie, Wissenschaft, Technik. Bd. II: Renaissance und frühe Neuzeit*, Freiburg/München 1994, bes. 160f.
[267] A.a.O. 5.

Eine Eiche kann nicht in voller Proportion zu der natürlichen Eiche eine Größe von 200 Ellen annehmen, weil sie dann ihre eigenen Äste nicht mehr tragen könnte; ein Pferd kann nicht um das zwanzigfache vergrößert gedacht werden, weil dafür aus statischen Gründen seine Knochen „weit über das Maß einer proportionalen Größe verstärkt werden müßten"[268]; die Bruchfestigkeitsgrenzen großer und kleiner Obelisken oder Säulen stehen zueinander nicht in direkter Analogie. Diese Beispiele entstammen nicht der bloßen Theorie der natürlichen Gegenstände; sie sind aber ebenso wenig einfach der „Erfahrung" im Sinne einer schlichten empirischen Rezeption des „Gegebenen" entnommen. Das Wissen, das sich in ihnen niederschlägt, ist vielmehr gerade das Proportionenwissen der Werkstätten: es ist *praktisch* vermitteltes Wissen, auch wenn sein Inhalt, von dieser Vermittlung abstrahiert, für sich eine „reine", theoretische Bedeutung hat. Und wiederum gilt, daß die Kausalzusammenhänge, die dieses Wissen erschließt, solche sind, die, wenigstens ihrem Erkenntnisgrund nach, durch primäre praktische Zwecksetzungen vermittelt sind. Galilei wird von dieser *ratio cognoscendi* freilich auch wieder abstrahieren. Die neueren Konstruktivisten jedoch werden später davon sprechen, daß „die experimentelle Suche nach technischem Verfügungswissen ... selbst der Prototyp eines Ursache-Wirkungs-Verhältnisses" ist[269].

Daß Galilei den letzten Angelpunkt seiner Überlegungen und damit seinen Standpunkt dann doch „höher" sucht, geht aus der Formel, unter welche die Untersuchungen der *Discorsi* insgesamt gestellt sind, hervor. Sie lautet: „Wir forschen nach *Unendlichem* und *Unteilbarem*"[270]. Mit beidem ist nicht nur ein

---

[268] A.a.O. 6; vgl. auch 108f., wo Galilei noch einmal auf das Beispiel „immenser Schiffe, Paläste oder Tempel" oder auf das der Knochen von Riesen zu sprechen kommt.

[269] Vgl. Peter Janich, *Konstruktivismus und Naturerkenntnis. Auf dem Wege zum Kulturalismus*, Frankfurt/Main 1996, 49.

[270] Vgl. Galilei a.a.O. 47. Mutatis mutandis könnte diese Formel übrigens auch für Bruno in Anspruch genommen werden.

an sich „Überempirisches" bezeichnet. Es sind zugleich die Realprinzipien des in der Form der Proportion mathematisch erschließbaren Kosmos benannt, d. h. Prinzipien von physischer Bedeutung, deren Sinn zugleich metaphysisch, deren Anwendungsform indes mathematischer Art ist. Galileis Standpunkt, von dem aus er die Einheit und zugleich interne Bestimmtheit der Welt physischer Objekte denkt, wird insgesamt von dem Dreiklang des rationalen (metaphysischen) Ausgangspunktes, des mathematischen Ausgriffs und der Neudefinition des Physischen von ihm her bestimmt bleiben. Das Unteilbare (*indivisibile*) bezeichnet in unserem Zusammenhang näher die qualitativ-quantitative Einheit, auf die als auf seinen letzten Bezugspunkt das Denken sich stützt, der Begriff des Unendlichen (*infinito*) das Prinzip von dessen Vermittlung, wie sie zumal im Proportionenwissen zum Ausdruck gelangt. Beide Seiten hängen zugleich bereits auf der mathematischen Ebene innigst zusammen. Nach Galilei ist die einzige „Zahl", der das „Attribut der Unendlichkeit" beigelegt werden kann, ist „die einzige unendliche Zahl" „die Einheit"[271]. Begründet wird dies mathematisch damit, daß die unendliche Teilung einer gegebenen endlichen Größe gerade nicht zum Unendlichen, sondern nur dazu führt, daß man sich immer weiter von ihm entfernt: denn in der unendlichen Zahl muß es „ebenso viel Quadrate oder Kuben" geben, „als es Zahlen gibt, weil die Zahlen jener gleich der Zahl der Wurzeln sein müsse(n), und Wurzeln alle Zahlen selbst sind"; die unendliche Teilung gelangt dagegen nur zu immer größeren Zahlen, d. h. zu Zahlen, die, je größer sie sind, „um so weniger Quadrate" unter sich befassen, so daß eine immer größere Verungleichung gegen das Unendliche stattfindet[272]. Nur die unteilbare Einheit selbst genügt der Anforderung an die unendliche Zahl: sie ist „ein Quadrat, sie ist ein Kubus, sie ist ein Biquadrat und so fort"[273]. Galilei

---

[271] A.a.O. 35.
[272] Vgl. ebd.
[273] Ebd.

greift im Fortgang auf Beispiele zurück, die, wie die Überführung des Unendlichecks in den Kreis, von Cusanus her bekannt sind. Er notiert, daß bei der Überführung des endlichen in den unendlichen Kreis der Kreis als solcher sein „Wesen" vollständig einbüßt[274]. Das heißt aber, daß der Kreis als Kreis eine endliche Bestimmtheit ist und es insofern einen „unendlich großen Kreis" auch nicht geben kann. Das Unendliche des Kreises ist vielmehr der Punkt, der gegen alle bestimmten Figuren kontinuierlich ist und gleichsam ihre „Flüssigkeit" darstellt – und der zugleich wiederum das Unteilbare ist. Die (immer endliche) physische Sachbestimmtheit basiert auf mathematischer Kontinuität und zugleich Atomität[275]; sie ist ihre Ausfaltung im sichtbar Qualitativen. Man wird zwar fragen müssen, ob Galilei nicht ein Schlußfehler unterläuft, wenn er seinen Ansatz von der phänomenalen Ebene her zu bestätigen sucht: so etwa, wenn ihm die Teilbarkeits- und Transparenzeigenschaften des Wassers im Vergleich z. B. zu denen zerpulverten Metalls als Beweis dafür dienen, daß die kleinsten Teile des Wassers echte Indivisibilien darstellen, der Metallstaub hingegen aus Divisibilien bestehen muß. Im Falle des Wassers wird von der fundamentalen mathematischen auf die physische Atomität kurzgeschlossen, um von daher dann die Phänomenalität selbst zu erklären; das *Explicans* erscheint selbst auf der Ebene des explicatum – vergleichbar jenen „Beweisen" oder „Widerlegungen" der kantischen Kausalitätskategorie, die aus dem Vorliegen oder Nichtvorliegen von Kausalitäten in der Empirie gezogen werden sollen. Grundsätzlich betrifft dieses Bedenken jedoch nur einen untergeordneten Punkt. Das Entscheidende ist, daß Galilei in einer von der Mathematik des Unendlichen her vermittelten Fundierungsbemühung einen „archimedischen Punkt" gewinnt, an den die proportio-

---

[274] A.a.O. 37.
[275] Daß der Atomismus der *Discorsi* nicht vom Typ des demokritischen oder epikureischen Atomismus, sondern „rein mathematischer Natur" ist und „keine endlichen, unteilbaren letzten Bestandteile der Materie" unterstellt, unterstreicht Klaus Fischer a.a.O. 155.

nalitätstheoretische Erkenntnis äußerer Gegebenheit geknüpft werden kann, ohne daß – wie durch manche eher karikierende Referate des galileischen Ansatzes immer wieder suggeriert wird – die Pointe der „neuen Wissenschaft" einfachhin in (äußerer) Anwendung der Quantität auf (doch immer auch qualitative) Phänomenalität bestünde. Galilei hat auf seine Weise das Problem der Perspikuität der Natur zu beantworten versucht: und zwar dadurch, daß er sowohl im Begriff des mit der Indivisibilität koinzidierenden Unendlichen wie in dem real-idealen Mittelbegriff der Proportionalität als dem Schlüssel zu endlicher Sachbestimmtheit nicht sowohl äußere „Formen" kategorialer Vermittlung als vielmehr formal den sich selbst differenzierenden Begriff vor Augen hat. Dieser Begriff ist das eigentliche „efficiens" auch in jenen Kausalverhältnissen, die in den Blick der Zwecksetzungen der Handwerker treten. Ihr Interesse gehört gerade nicht theoretischen Tatsachen als solchen, sondern der „Dynamik" von Verhältnissen, in deren logischer Form bereits das Viele als auf Einheit hin vermittelt (also zweckmäßig) angesehen und diese Vermittlung wiederum als genetisch-praktische Konvenienz begriffen werden kann. Der mathematische Ausdruck dieses Begriffs oder Verhältnisses aber ist die Proportion, die in sich eben so eine „indivisible" Struktur wie „unendlich instanziierbar" (anwendbar) ist. Die Proportion erscheint bei Galilei als ein gleichsam „objektiver Analogieschluß" und darin als ein Begriff vom Gesetzesallgemeinen, das nicht eigentlich vom Gedanken einfachen, unmittelbaren Gleichseins her, sondern als aktive, wesentliche Formgleichung konzipiert ist.

In diesem Zusammenhang ist noch kurz auf die vielerörterte Frage von Galileis „Platonismus" einzugehen. Galileis Zeitgenossen, aber auch Galilei selbst haben seinen neuen methodischen Ansatz, speziell auch in Beziehung auf die Rolle, die er der quantitativen Bestimmung beimaß, als Sieg Platons über Aristoteles verstanden[276]. Darin reflektiert sich am Ende mehr

---

[276] Vgl. Friedrich Hund, *Geschichte der physikalischen Begriffe. Teil I: Die Entstehung des mechanischen Naturbildes*, Mannheim/Wien/Zü-

als eine in der Tat gegebene zeitgenössische Neigung zur Festlegung von Denkern im Sinne des immer noch geläufigsten Schulschemas. Der Wissenschaftshistoriker Alexandre Koyré, der übrigens wenig geneigt ist, der „Tradition der Werkstätten" einen allzu großen Einfluß auf die Galileische Theoriebildung zuzugestehen und eher davon ausgeht, daß Galilei die Ingenieure des Arsenals lehrte, was ihr Geschäft war, als daß er von jenen Belehrung empfangen hätte[277] – Koyré also hat die These von Galileis Platonismus bis dahin getrieben, daß noch die Dialogform, der sich der Pisaner bedient, ein platonisches Erbstück sei. Tatsächlich wird man sagen können, daß Galilei mit dem Rückgriff auf die Proportionen zum Beispiel eine besondere Nähe zur Formursache zeigt, die ideengeschichtlich aus dem platonischen Denken stammt. Galileis „Platonismus" liegt jedoch nicht schon darin, daß er überhaupt quantifiziert. Er besteht vielmehr darin, daß die Natur als ganze im Sinne einer Partizipation des Vielen und des Einen am Allgemeinen der Proportion aufgefaßt ist. Galilei sprengt das aristotelische Verbot, in der Natur auf Erkenntnis im strikten Sinne zu hoffen. Freilich geben seine Themen nur einen beschränkten Ausschnitt aus dem Gesamtbereich des vormals zur „zweiten Wissenschaft", derjenigen von der Natur, Gehörigen: Galilei behandelt zwar die Astronomie, die Mechanik und Teilgebiete der Optik, keineswegs aber schon jenes Terrain, das später unter die Titel Chemie und Biologie fallen wird, also weder das qualitativ Individuelle noch das Lebendige. Noch Kant wird z. B. die Chemie nicht als Wissenschaft im eigentlichen

---

rich, 1978², 105. Für die zeitgenössische Konfrontation von „Platonismus" und „Aristotelismus" vgl. die Zitate von Galileis Lehrer Francesco Buonamici und seinem Pisaner Kollegen Jacopo Mazzoni, die A. Koyré, „Galileo and Plato", in: *Journal of the History of Ideas IV* (1943), 420f. als Beispiele anführt. Galileis Selbstverständnis als „Platoniker" ist z. B. durch die Stelle im *Dialogo sopra i due Massimi Sistemi del Mondo*, in: *Le Opere di Galileo Galilei. Edizione Nazionale*, Florenz 1890–1909, VII, 35 belegt.

[277] Vgl. Koyré a.a.O. 401.

Sinne anerkennen, weil sie als allenfalls „systematische Kunst, oder Experimentallehre" anderer als solcher „Prinzipien" entbehrt, die „bloß empirisch sind und keine Darstellung a priori in der Anschauung erlauben", d. h. die „der Anwendung der Mathematik unfähig sind"[278]. Dennoch hat Galilei an Hand seiner Fragestellung einen Schritt getan, der insgesamt auch dieses noch unbestimmte Terrain nicht unberührt lassen kann. Dadurch, daß die Naturlehre überhaupt unter das Kriterium des notwendig Erkennbaren gestellt wird, erscheint Natur als grundsätzlich dem Begriff, mindestens aber jenem Begriff, auf den sich Galileis Standpunkt beruft, affin – und das Thema aller „dimostrazioni" Galileis ist kein anderes, als diese Affinität nachzuweisen, ja sie als „Grund" von Natur erscheinen zu lassen. Die Spannung, in der fortan „rationaler" und „empirischer" Aspekt der Naturbestimmtheit erscheinen, erklärt sich aus nichts anderem als aus der Sollvorgabe, Natur methodisch auf Notwendigkeit hin zu modalisieren – mit der Kehrseite, daß das Unverrechenbare an ihr, daß das an ihm selbst Ungleiche der Natur unter die Bestimmung des nur Zufälligen tritt. Das „Ungleiche", das Kontingente erscheint als Privation des Notwendigen und In-sich-Gleichen bzw. sich proportional Gleichenden, und die Aufgabe der empirischen Wissenschaft wird es, die Demarkationslinie gegen das als kontingent Gewußte immer weiter hinauszuschieben. Die Wissenschaft, die diese Linie je neu zu ziehen hilft, ist die Geometrie. Sie ist die Wissenschaft von der Verzeichnung der Natur im Einheitshorizont unserer Objektivität. In gewisser Weise hat Galilei Natur in die logische Welt des Menschen gesetzt und in ihr aufgehoben gesehen.

Es ist nicht unangebracht, unser Kapitel zu Galilei mit einem Hinweis darauf zu schließen, wie sich für ihn selbst das Verhältnis von Wissen und Glauben dargestellt hat. Wir zitieren dazu den hier zu Recht oft herangezogenen Brief an Bene-

---

[278] Vgl. Kant, *Metaphysische Anfangsgründe der Naturwissenschaft*, AA IV, 471.

detto Castelli vom 21. Dezember 1613, also aus dem Kontext der ersten römischen Komplikationen. Hier heißt es: „Da ... die Schrift es an vielen Stellen nicht nur zuläßt, sondern geradezu notwendig macht, eine von der scheinbaren Bedeutung der Worte abweichende Auslegung zu geben, halte ich dafür, daß ihr in den Disputen über die Natur der letzte Platz vorbehalten sein sollte: dann da die Heilige Schrift und die Natur in gleicher Weise aus dem Göttlichen Wort hervorgegangen sind, jene als Einflößung des Heiligen Geistes, diese als gehorsame Vollstreckerin der göttlichen Befehle; und da ferner in den Schriften Übereinkunft besteht, viele Dinge dem Anschein und der Bedeutung der Worte nach anders zu sagen, als es die absolute Wahrheit wäre, um sich dem Verständnis der Menge anzubequemen; hingegen die Natur unerbittlich und unwandelbar und unbekümmert darum ist, ob ihre verborgenen Gründe und Wirkungsweisen dem Fassungsvermögen der Menschen erklärlich sind oder nicht, denn sie überschreitet niemals die Grenzen der ihr auferlegten Gesetze, scheint es, daß die natürlichen Wirkungen, die uns durch die Erfahrung der Sinne vor Augen geführt werden, oder die wir durch zwingende Beweise erkennen, keinesfalls in Zweifel gezogen werden dürfen durch Stellen der Schrift. ... Und [so] wäre man vielleicht sehr wohlberaten, den Artikeln, welche das Heil und die Befestigung des Glaubens betreffen und bei denen nicht die Gefahr besteht, daß ihre Unerschütterlichkeit jemals von einer starken und wirksamen Lehrmeinung angefochten werden könnte, keine weiteren ohne Notwendigkeit hinzuzufügen"[279]. Galilei rekurriert hier zum einen auf die überlieferte Lehre von der zweifachen Mitteilung Gottes, einer in seiner direkten Offenbarung, einer anderen in der Natur. Aber er verficht auch die These, daß es für jede Seite je einer eigenen Hermeneutik bedarf. Damit steht Galilei auch an der

---

[279] Galilei, *Brief an D. Benedetto Castelli (21. Dezember 1613)*, zitiert nach der Übersetzung in: Galileo Galilei, *Schriften, Briefe, Dokumente*, hg. von Anna Mudry, Wiesbaden 2005, 169f. 172.

Wegscheide jener beiden Kulturen, die in der Neuzeit oft genug nicht mehr wirklich zusammenfanden: einer Kultur des Verstehens humaner und umfassender Sinnzusammenhänge hier, einer anderen der Erklärung äußerer Gegenständlichkeit dort. Was für Platon noch wesentlich zusammengehört hatte, bricht auseinander. Daß darin für die Philosophie als einer Wissenschaft von der Totalität ein Problem besteht, werden wir zur Kenntnis zu nehmen haben.

LITERATUR:

Paul Feyerabend, *Wider den Methodenzwang*, Frankfurt/Main, 1983 (passim).

Klaus Fischer, „Das Naturverständnis bei Galilei", in: Lothar Schäfer/ Elisabeth Ströker (Hgg.), *Naturauffassungen in Philosophie, Wissenschaft, Technik. Bd. II: Renaissance und frühe Neuzeit*, Freiburg/München 1994, 149–183.

Galileo Galilei, *Schriften, Briefe, Dokumente*, hg. von Anna Mudry, Wiesbaden 2005.

Johannes Hemleben, *Galileo Galilei*, Reinbek 1969.

Rivka Feldhay, *Galileo and the Church: Political Inquisition or Critical Dialogue?*, Cambridge 1995.

Ernst Zinner, *Entstehung und Ausbreitung der copernikanischen Lehre*, hg. von Heribert M. Nobis und Felix Schmeidler, München 1988².

18 Tommaso Campanella (1568–1639)

> Il mondo è il libro dove il Senno Eterno
> scrisse i proprii concetti, e vivo tempio
> dove, pingendo i gesti e'l proprio esempio,
> di statue vive ornò l'imo e l'superno.
>
> Tommaso Campanella

Mit unserem nächsten Denker kehren wir in gewissem Sinne noch einmal hinter die Schwelle, aber auch hinter die Spaltung der „Kulturen" zurück, die Galilei für die neuzeitliche Wissenschaftsgeschichte bedeutet. Wir werfen jetzt einen Blick auf den oben bereits erwähnten wichtigsten Schüler Telesios, auf Tommaso Campanella, in dem wir einen originellen Denker der Alleinheit, einer die Empirie und das Leben der Menschen in sich befassenden Metaphysik antreffen. Wenn Galileis „formursächlicher" Blick auf die Welt, die sie tragenden Proportionen und Gesetze, stets auch ein Blick ins Jenseits der Wahrnehmung, in den Hintergrund der erscheinenden Dinge war, so lenkt der Telesio-Schüler den Blick auf die sinnliche Welt zurück: so aber, daß diese

Welt nicht einfach das Äußere und Äußerliche, sondern die Erscheinung des Ganzen, des großen Sinnes wird. Sehen wir etwas genauer zu!

Tommaso Campanella war ein Landsmann seines Lehrers und aus Stilo in Kalabriens Süden gebürtig; er kam dort am 5. September 1568 zur Welt. Der später in ganz Europa bekannte Denker stammte aus einfachsten Verhältnissen (sein Vater lebte von der Schuhflickerei), hat die Mutter bald nach seiner Geburt verloren, trat in der Jugend, genauer gesagt 1582, als man ihn zu einem Verwandten zum Jurastudium nach Neapel bringen wollte, von Thomas von Aquin begeistert, dem Dominikanerorden bei, hat aber bei aller Neigung zu den Studien, die er als Mönch befriedigen konnte, doch recht bald unter der Strenge des Ordenslebens gelitten. 1588 kam er im Rahmen des Ordensstudiums der Theologie nach Cosenza, wo er mit unglaublicher Schnelligkeit die Werke der Klassiker wie der Kirchenväter sich anzueignen verstand, aber auch mit der Philosophie Telesios in Berührung kam, die er mit innerster Anteilnahme ergriff; 1591 erschien seine Schrift *Philosophia sensibus demonstrata*, in der er den naturphilosophischen Ansatz Telesios zu verteidigen suchte. Anfang der 90er Jahre hielt sich Campanella im übrigen in Neapel auf, wo er in Verbindung zu dem Kreis um Giambattista della Porta (ca. 1535–1615), den führenden Autor der Zeit zur *magia naturalis*, trat. Von 1592 an wurde Campanella mit einer Reihe von Häresie- und Disziplinarprozessen überzogen, denen er sich unter anderem in Padua, wo er mit Galilei in Verbindung getreten war, wie auch in Rom zu stellen hatte. Die Prozesse endeten mit verschiedenen Auflagen, unter anderem mit dem Verbot seiner Bücher und der Anweisung, nach Kalabrien zurückzukehren und dort Ruhe zu halten. Campanella war dazu der Mann freilich nicht, und bereits 1599 finden wir ihn in einen Aufstand gegen die spanische Herrschaft verwickelt, was freilich einen ausgesprochen ungünstigen Ausgang für ihn nahm: die nächsten 26 Jahre verbrachte er unter teilweise extremen Bedingungen im Kerker – vier Jahre etwa lag Campanella, an Händen und

Füßen gefesselt, in einem feuchten Verließ ohne Licht in Castel Sant'Elmo in Neapel –, was ihn am Ende nicht an einer ausgreifenden literarischen Produktion hinderte; zu den Personen, die sich in dieser Zeit für Campanella verwandt haben, zählte unter anderem Erzherzog Ferdinand, der spätere Kaiser Ferdinand II. 1626 wurde Campanella von den Spaniern freigelassen, aber auf Anweisung des römischen Nuntius bald schon wieder festgesetzt und nach Rom verbracht; hier saß er bis 1629 erneut ein und erlangte erst danach für einige Jahre gemächlichere Zeiten, in denen er sogar als astrologischer und politischer Ratgeber von Papst Urban VIII. fungierte. Als 1634 in Neapel ein Schüler Campanellas verhaftet wurde, der in eine antispanische Verschwörung verwickelt war und die Spanier seine eigene Auslieferung forderten, verließ er den ihm zu ungünstigen italienischen Boden und floh im Wagen des französischen Botschafters François de Noailles nach Paris. In den wenigen Jahren bis zu seinem Tod, der ihn am 21. Mai 1639 erreichte, erlebte Campanella hier die äußerlich glücklichste Phase seines Lebens; er wurde von Ludwig XIII. empfangen, wurde von Richelieu konsultiert, genoß das Ansehen der Sorbonne und pflegte mit ausgesuchten Geistern wie dem Descartes-Freund Marin Mersenne Umgang und Austausch. Sein letztes Gedicht ist eine Ekloge auf den künftigen Sonnenkönig Ludwig XIV. (1638–1715), dem er eine ganz außergewöhnliche Zukunft weissagte. Sein Grab im Dominikanerkloster St. Jakob zu Paris hat die Wirren der Französischen Revolution nicht überstanden.

Von den überaus zahlreichen und auch voluminösen Werken, die Campanella verfaßt hat, ist sein *Sonnenstaat*, im Original: *Citta del Sole* bzw. *Civitas solis Idea republicae philosophicae* von 1602, mit Sicherheit das noch immer am meisten bekannte. Campanella entfaltet hier eine rationale politische Utopie, die in der Form an Platons *Politeia* oder Morus' *Utopia* anknüpft. Der Autor läßt einen genuesischen Seefahrer den Sonnenstaat beschreiben, den er in Taprobana am Äquator erblickt haben will. Es handelt sich um eine Idealstadt, in sieben konzentrischen Kreisen angelegt, die nicht nur den sieben Planeten, sondern auch den sieben Wissenschaften und Künsten gewidmet sind; schon dadurch wird deutlich, daß es hier um eine Lebensform geht, in welcher Natur und Kultur sich ineinander spiegeln, wobei der Wissenschaft, aber auch einer Art Naturreligion eine entscheidende Bedeutung zukommt. Beherrscht wird die Stadt von einem „Philosophenpapst", dem Metaphysiker Sol (wir denken natürlich erneut an Platons Sonnengleichnis), der drei Minister hat, nämlich Pon, Sin und Mor – die Namen stehen für die drei Grundprinzipien oder „Primalitäten", die Campanella auch sonst in seiner Philosophie lehrt, nämlich Macht (*potentia*), Weisheit (*sapientia*) und Liebe (*amor*). Die Macht dient der Selbsterhaltung des Gemeinwesens, die Weisheit dazu, es in Übereinstimmung mit der Natur leben zu lassen, die Liebe schließlich dazu, den inneren Frieden zu garantieren. Auch im einzelnen wird manches aus Platon übernommen, so die Frauen- und Kindergemeinschaft, die komplette Verstaatlichung des Lebens der einzelnen; neuzeitlich-aufklärerisch ist dagegen der Gedanke einer universellen Pädagogik, die dazu gereichen soll, allen die Geheimnisse der Natur zu erschließen und so den harmonischen Gleichklang von natürlichem und gesellschaftlichem Leben zu gewährleisten. Bemerkenswert ist in jedem Fall, daß der Zentralherrscher bei Campanella trotz der gehabten üblen Erfahrungen mit der römischen Kirche eine Art Papst ist. In der Tat hat Campanella immer daran festgehalten, daß ein Gemeinwesen sich zentral über die Gottesverehrung oder die Religion definieren muß, was er mit dem Hinweis verbindet, daß im anderen Falle eben dieses Gemeinwesen, das jetzt nur noch sich selbst suchen wird, zur Tyrannis ausschlägt. Und noch ein anderer Aspekt spielt hier eine Rolle: Campanella, der ein dezidierter Anti-Machiavellist ist, favorisiert ein ethisches Gemeinwesen, das zugleich Einheitsstaat, nach Möglichkeit Universalstaat sein soll, so wie die Kirche es ja zu sein versucht. Der Gedanke des Einheitsstaates ist bei Campanella dann aber im Gedanken der Einheitsmetaphysik verwurzelt, und er entspringt dem gleichen Impuls auf eine Immanentsetzung des Einen oder der Totalität, dem wir in unserem Durchgang durch die Philosophie Italiens von Plethon an bis hin zu Bruno in verschiedener Rücksicht immer wieder begegnet sind. Bezüglich der konkreteren Ausgestaltung seines Idealstaats ist zu erwähnen, daß Campanella die Arbeit, der sich bei Leibesstrafe keiner zu entziehen vermag, als Gemeinschaftsaufgabe versteht, wie überhaupt der perfekt verwaltete und „durchrationalisierte" Staat als ein großer Organismus, in dem kein Glied ohne Nutzen fürs Ganze ist, vorgestellt wird. Freilich ist dieser Staat auch gesinnungsmäßig durchaus homogen; denn „der höchste Priester ist der Sol selbst; aber auch alle Beamten, besonders die höheren, sind Priester. Ihre Aufgabe ist es, die Gewissen zu reinigen. Daher beichten alle Bürger im geheimen ... ihre Sünden den Vorgesetzten, die so zu gleicher Zeit die Seelen reinigen und erfahren, welche Vergehen im Volke besonders vorkommen"[280]. Es ist klar, daß Campanella hier nach Maßstäben strenger Rechtsstaatlichkeit den totalen Staat denkt, für den entsprechend auch die „Menschenzüchtung", d.h. die Kontrolle der Fortpflanzung durch die staatlich dazu beauftragten Ärzte, kein Problem ist. Allerdings muß man sehen, worauf Campanella zu antworten versucht: auf die Erfahrung eines Verlustes des einigenden Bandes zwischen den Bürgern, das schon Platon als die Grundlage aller wirklichen Staatlichkeit angesehen hat und das hier auf die Weise einer Vernunftprojektion wiederhergestellt werden soll. Das entspricht im größeren Kontext dem Versuch, die universale Einheit des Seienden erneut und auf allen Ebenen zur Geltung zu bringen. Es wundert uns nicht, daß Campanella auch als erklärter „Antimachiavellist" aufgetreten ist[281], ist doch die Grundlage des Machiavellischen Ansatzes durchaus in das eine

---

[280] Tommaso Campanella, *Civitas solis Idea republicae philosophiae*, hier zitiert in der Übersetzung von Klaus J. Heinisch (ed.), *Der utopische Staat*, Reinbek 1971, 153.
[281] Dafür ist insbesondere seine Schrift *Atheismus triumphatus* – „Der besiegte Atheismus" – von 1631 heranzuziehen, die schon 1606 konzi-

Wort von der nichtreduzierbaren Fremdheit der Menschen gegeneinander zu fassen.

Wir erwähnen hier nur noch einige der auch sonst zentralen Prinzipien des Denkens unseres Philosophen, die auch unabhängig von seiner politischen Philosophie von Bedeutung sind. Da ist zum einen, an Telesio anknüpfend, ein universeller Sensualismus, der bei ihm schon in der frühen Schrift *De sensitiva rerum facultate* von 1590 begegnet und den Campanella auf die gesamte Natur ausdehnt; zu nennen sind hier vor allem die vier Bücher *De sensu rerum et magia*, erschienen in Frankfurt 1620. Alle Dinge nehmen nicht nur wahr, sie wissen sich vielmehr als reflexive Strukturen innerhalb ihrer Grenzen auch zweckmäßig zu verhalten. Im Sinne der Spiritus-Lehre Telesios wird jetzt etwa die Luft zu der Grundlage eines gemeinsamen Fühlens der Lebewesen, aber es werden auch magische Erfahrungen deutbar, die sonst ohne Erklärung blieben. Neben diesen universellen Sensualismus tritt freilich auch, in Anlehnung an Augustinus wie in Fortschreibung einer Linie, der wir schon bei Ficino begegnet sind, eine neue Theorie des Selbstbewußtseins als eines Grundprinzips, die von größter Wichtigkeit ist, denn im Selbstbewußtsein findet die Versöhnung von Erkennendem und Erkanntem, von Sujekt und Objekt statt, in ihm ist der Grund der Totalität offenbar, auf die hin Campanella denkt und von der er sich das Ende aller Entfremdung erhofft. Deshalb hat man davon gesprochen, daß Campanella „die neue Philosophie des Subjekts voraussahnen" lasse, nämlich „nicht mehr die des empirischen Subjekts allein (wie im Humanismus), sondern die des absoluten Subjekts, das die Objektivität in sich einschließt. Wir haben da Vorwegnahmen nicht nur cartesianischer, sondern auch kantischer Gedanken"[282]. Noch vor Descartes beispielsweise hat Campanella

---

piert worden war und sich vor allem gegen Lutheraner und Machiavellisten wendet.
[282] Guido de Ruggiero, *Italienische Philosophie*, Breslau 1925, 75.

dabei einen universellen methodischen Zweifel entwickelt und als Antwort auf ihn die Selbstgewißheit des Selbstbewußtseins aufgestellt, die in keinem Zweifelsakt untergehen kann. Diese Selbstgewißheit ist auch Seinsgewißheit, einmal in Beziehung auf das eigene Sein, dann aber auch als Bedingung der Möglichkeit der Offenbarkeit von Objekten. Die Begründung dafür ist freilich noch eher platonisch, wenn sie nämlich lautet, daß die Seele des Menschen an den Gründen, den *rationes* der Dinge in Gott teilhat, so wie sie überhaupt grundsätzlich an Gott Anteil hat. Die göttliche Substanz besteht in den drei schon erwähnten „Primalitäten" (*primalità*) Macht, Weisheit und Liebe, die im Prinzip für den Menschen die gleichen sind: nur daß bei ihm als Geschöpf, als Wesen, das aus Sein und Nichtsein gemischt ist, die Primalitäten sich immer auch in Fremdbeziehungen entfalten und nicht reine Selbstverhältnisse sind wie im Falle Gottes. Der Mensch ist nach Campanella ein „kleiner Gott" oder, vermittelt über Christus, auch ein „Gottmensch". Er besteht aus dem Körper, dem Lebensgeist und der *Mens*, d.h. dem unkörperlichen, unsterblichen Geist in ihm, dessen Funktion wesentlich das Streben nach Gott und die Gottesverehrung und dessen auszeichnendes Merkmal die Freiheit ist – auch hier klingen wieder Motive an, die uns seit längerem vertraut sind. Zu erwähnen ist noch, daß die Kosmologie Campanellas als erstes Substrat aller Dinge den Raum ansetzt, in dem sich dann die Materie befindet, auf welche die beiden telesianischen Aktivkräfte Wärme und Kälte einwirken und woraus es zur Bildung der Formen der Objekte kommt. Da das Universum in allen seinen Teilen selbstwahrnehmend ist, ist die zweckmäßige Ordnung der Dinge erklärbar. Die Philosophie jedenfalls, so lehrt Campanella, sollte sich hüten, die Natur nur unter dem mathematischen Schematismus zu betrachten, so als ob sie „blödsinnig immer das gleiche täte" und darüber zu übersehen, daß der Schöpfer kontinuierlich die Gesetze ändert, an denen die Dinge laufen – wozu er als Schöpfer und Weltvollender ja ohne weiteres die Macht hat.

Wir nennen hier noch einige Titel von wichtigen Werken aus der kaum überblickbaren philosophischen und auch theologischen Produktion Campanellas – als da wären: die *Universalis philosophiae seu Metaphysicarum rerum, iuxta propria dogmata, partes tres, libri 18* von 1619, ein schon vom Umfang her stupendes Werk, in welchem wir zum Beispiel den schon erwähnten methodischen Zweifel treffen; dann die *Realis philosophiae epilogisticae partes quatuor* von 1623, die von der Naturphilosophie bis zur Ethik führen; schließlich die *Articuli prophetales*, in denen Campanella von dem Gedanken her, daß Gott sich immer auch denen zugewandt habe, die ihn gesucht hätten, die Astrologie zu legitimieren versucht. Zu erwähnen ist noch, daß Campanella 1622 auch eine Verteidigung Galileis, die *Apologia pro Galileo* geschrieben hat, aus der freilich, neben der Bejahung des kopernikanischen Standpunkts durch Campanella, auch erhellt, daß er nun gerade kein „echter" Galileianer, sondern eben ein spekulativer Naturphilosoph war, der den „florentinischen Mathematiker" zwar unbedingt gewähren lassen will, aber sein der Totalität ermangelndes System noch keineswegs als zureichend in sich gegründet ansieht. Wir schließen mit einem Selbstporträt Campanellas, das dieser uns in Gedichtform hinterlassen hat und in dem wir durchaus auch Inhalte seiner Philosophie wiederfinden:

> Io, che nacqui dal Senno e di Sofia,
> sagace amante del ben, vero e bello,
> il mondo vaneggiante a sé ribello
> richiamo al latte della madre mia.
>
> Essa mi nutre, al suo marito pia;
> e mi trasfonde seco, agile e snello,
> degno ogni tutto, ed antico e novello,
> perché conoscitor e fabbro io sia.
>
> Se tutto il mondo è come casa nostra,
> fuggite, amici, le seconde scuole,
> ch'un dito, un grano ed un detal vel mostra.

Se avanzano le cose le parole,
doglia, superbia e l'ignoranza vostra
stemprate al fuoco ch'io rubbai dal sole.

Das Sonett lautet in sicher nicht eben allzu vollkommener Wiedergabe:

Ich, geboren von Weisheit und Sinn,
liebend das Gute, Wahre und Schöne,
rufe die Welt, daß sie sich versöhne,
zur Milch der Mutter, von der ich bin.

Diese ja nährt mich, dem Gatten ergeben,
führt mich auch mit sich, ein rasches Spiel,
ins Alte und Neue, weiset das Ziel
meinem Erkennen und Schaffen zu leben.

Ist diese Welt aber doch unser Haus,
so meidet, oh Freunde, schlechtere Lehren,
lernet den Finger, das Korn und das Maß erst aus.

Können die Worte dann den Dingen nicht wehren,
muß euer Hochmut, Irren, Leiden und Graus
sich im Feuer, das ich der Sonne geraubt, verzehren.

LITERATUR:

Gisela Bock, *Tommaso Campanella. Politisches Interesse und philosophische Spekulation*, Tübingen 1974.
Armando Brissoni, *Galileo e Campanella*, Este 1994.
Tommaso Campanella, *Philosophische Gedichte. Mit einleitendem Essay und Kommentar von Kurt Flasch*, Frankfurt/Main 1996.
Germana Ernst, *Religione, ragione e natura. Ricerche zu Tommaso Campanella e il tardo Rinascimento*, Mailand 1991.
Ruth Hagengruber, *Tommaso Campanella. Eine Philosophie der Ähnlichkeit*, Sankt Augustin 1994.

Fünfte Abteilung:

Von der Geschichte zum Sein

19 GIAMBATTISTA VICO (1668–1744)

> Hinc coniicere datur, antiquos Italiae sapientes in haec de vero
> placita concessisse: verum esse ipsum factum; ac proinde in
> Deo esse primum verum, quia Deus primus Factor.
>
> GIAMBATTISTA VICO

Der Schritt zu Giambattista Vico, dem großen, auch heute noch oft unterschätzten Neapolitaner, schließt einen Sprung über ein ganzes Jahrhundert hin ein. Wir befinden uns mit ihm auch definitiv nicht mehr im Ambiente der Renaissance, nicht mehr in jener Gärung der verschiedensten Ansichten über die Welt und das Selbst, die, vor einer Etablierung der neuen „Normalwissenschaft", im 16. Jahrhundert noch miteinander im Streit lagen. Kenntlich ist diese neue Lage schon daran, daß Vico seine Philosophie als erst zu etablierende Alternative zu einem der Gründerväter des neuzeitlichen Denkens, zu Descartes, begreift und er seine Mission unter anderem darin sieht, die Mängel des cartesischen Rationalismus auszugleichen oder diesem zumindest ein Konzept an die Seite zu stellen, das uns lehrt, wie wir denkend dem großen Bereich desjenigen beizukommen vermögen, das eben von dem neueren Rationalismus, in den Vico übrigens auch die führenden neuen Naturrechtsdenker wie Hugo Grotius (1583–1645) oder Samuel Pufendorf (1632–1694) einbezieht, methodisch ausgeblendet ist. Das heißt freilich nicht, daß wir in Vico einfach nur einem „Unzeitgemäßen", gar einer hilflosen „Reaktion" auf die Rationalisierung der Welt begegnen. Vico ist ohne Zweifel die Gestalt, in der am eindringlichsten und greifbarsten fortlebt, was wir als das Erbe jenes Humanismus bezeichnen können, der eben gerade in Italien zur Blüte gelangt ist und auf dessen Grund immer das Wissen liegt, daß wir niemals die „Ersten", sondern die „Zweiten", daß wir zumindest zunächst nicht Autoren, sondern nur Leser, daß wir zuerst Vernehmende, dann erst Vernünftige sind. Um es noch einmal zu sagen: mehr als in anderen Ländern Europas ist in Italien im Raum einer beispiellosen kulturellen Kontinuität von mehr als zweieinhalbtausend Jahren dieses Wissen vorhanden gewesen, eine entsprechende Rezeptionskultur entstanden und der so gar nicht „tote" Buchstabe gepflegt und immer wieder erweckt worden, während gegen das „Stunde-Null-Bewußtsein" der neuen Anfänger eine gesunde Skepsis bestand. Wir erinnern uns, was die „studia humanitatis" im Sinne der Renaissance, die klassischen humanistischen Tätigkeitsfelder, gewesen sind: es waren die Grammatik, die Rhetorik, die Poetik, die Historie und die Moralphilosophie, Felder, auf denen es in einem weitesten Sinne um die Sprache und sprachliche Kunstfertigkeit, um Geschichte und auch die Handlungen der Menschen ging, und das alles aus einem Blickwinkel heraus, der nur bedingt dem Blick der hohen Schulen oder auch der scholastischen Philosophie entsprach. Bei Vico finden wir den gleichen Blick wieder, der, an den sprachlichen Hinterlassenschaften des menschlichen Geistes, von der *Ilias* anfangend, geschult, den Menschen als sprachliches und geschichtliches Wesen thematisiert und dabei beide, Sprache und Geschichte, zueinander ins Verhältnis setzt: so nämlich, daß die Sprache in einem ausgezeichneten Sinne unser Schlüssel zur geschichtlichen Existenz des Menschen wird, wie auch so, daß konkrete Geschichte auch eine bestimmte sprachliche Praxis des Menschen bedingt und also das Wort gelten kann: ‚zeige mir die sprachliche Praxis auf, in der du lebst, und ich sage dir, was deine historische Situation ist'.

Dies hier ganz im allgemeinen vorausgesetzt, können wir dann noch einen Schritt weitergehen und sagen, daß Vico, der späte Erbe und Sachwalter des Humanistenblicks auf die Welt, in gewissem Sinne der Gründervater dessen geworden ist, was wir heute die „Geisteswissenschaften" nennen. Daß es hier einen Zusammenhang geben muß, wird uns vielleicht schon dann deutlich, wenn wir uns erinnern, was das englische Wort für „Geisteswissenschaften" ist – nämlich „humanities", was eben auf die „humaniora" oder „studia humanitatis" verweist. Johann Gottfried Herder (1744–1803), der Vico in manchem geistesverwandte deutsche Begründer einer „Kulturphilosophie", hat den Italiener den Begründer der „Schule menschlicher Wissenschaft" genannt und damit nachgerade die „humaniora" ins Deutsche zu bringen gesucht. Aber, was hier das Wichtigste ist: Vico hat die Geisteswissenschaften nicht nur einfach begründet, indem er in einem vielleicht exemplarischen Sinne „geisteswissenschaftlich" forschte. Vico hat vielmehr die Bedingung der Möglichkeit von Geisteswissenschaften methodologisch reflektiert und insofern auch ihre Theorie geliefert. Da diese Theorie dezidiert aus dem Gegensatz zu dem neueren Rationalismus, der sich insbesondere in der Naturforschung längst Bahn gebrochen hatte, formuliert war, der Gegensatz von Natur- und Geisteswissenschaften aber von Galilei an, wo er uns zuerst begegnet ist, bis zum heutigen Tage von unübersehbarer Bedeutung ist, haben wir mit Vico einen wichtigen Zeugen des epochalen Zuschnitts auch noch unserer Tage zum Thema. Oder, noch einmal anders: wenn am einen Ende der philosophischen Bewegung, die wir heute als „Renaissancephilosophie" bezeichnen, der Triumph des Galileischen Typs der Naturwissenschaft stand – eine Naturwissenschaft also, für die das „Buch der Natur" nach eigenem Bekenntnis in Zahlen geschrieben war, die daher auch die Gesetze der Natur in mathematischen Proportionen ausgedrückt fand, in quantifizierbaren logischen Verhältnissen, auf die uns alle unsere Messungen am Ende immer hinleiten –, dann steht am anderen Ende dieser Bewegung eben Vico als Begründer einer Wissenschaft nicht zwar von der natürlichen, wohl aber von der menschlichen Welt, die in „Büchern" verzeichnet ist, geschrieben in sprachlichen Zeichen und nach den Gesetzen einer imaginativen Logik, die wir niemals irgendwelchen Dingen abgelauscht haben, sondern rein aus uns selber schöpfen müssen. Es ist sicher verkürzend geredet, wenn wir sagen, daß der Hauptertrag des italienischen Denkens des 17. und 18. Jahrhunderts am Ende unter die beiden Namen Galilei und Vico befaßt werden kann. Dennoch gestatten wir uns für den Moment diese Rede, und zwar auch deshalb, weil sie uns sogleich auch auf die Brisanz des Denkens Vicos verweist, das in seiner Frontstellung gegen die Rationalisierung der Welt zu liegen scheint. Doch wer nun war dieser merkwürdige Vater der Geisteswissenschaften, den doch so viele seiner Kinder und Enkel bis heute kaum zur Kenntnis zu nehmen scheinen?

Giambattista Vico wurde am 23. Juni 1668 in Neapel geboren, wo er am 23. Januar 1744 auch verstorben ist. Er war der Sohn eines mittellosen Buchhändlers, und materieller Mangel, gepaart mit gesundheitlicher Labilität, zieht sich auch sonst durch das äußerlich eher unscheinbare, jedenfalls von den Zeitgenossen kaum beachtete Leben. Vico hat in seiner Vaterstadt, die zu seinen Lebzeiten unter wechselnden Herrschaften, erst der Spanier, dann der Österreicher, zuletzt der Bourbonen, stand, die Philosophie und die Rechte studiert und sich vor allem eine gründliche Kenntnis der Alten erworben. Er versuchte zunächst, sich als Advokat zu verdingen, konnte aber dann für neun Jahre eine Hauslehrerstelle bei dem Marchese Rocca in Valtolla (bei Salerno gelegen) antreten, die ihm umfangreiche Studien in aller Ruhe und Abgeschiedenheit gestatteten. Als Vico Mitte der 90er Jahre nach Neapel zurückkehrte, hatte die cartesische Philosophie die Stadt erobert, womit die Konstellation für Vicos Lebenswerk gegeben war. Vico fand sich als „Fremder in der eigenen Vaterstadt", und er berichtet in eindringlichen Worten davon, wie inzwischen nicht nur die aristotelische Physik „zur Fabel geworden", sondern auch die Metaphysik in die Klosterkreuzgänge ausgewandert war: er nennt hier ausdrücklich als die Vergessenen und Verdrängten Ficino und Pico, Nifo und Steuco und einige andere, durch welche zu ihrer Zeit „ganz Griechenland in Italien wieder auferstanden zu sein schien"[283]. Vico erlangte 1699 nach einigen Anläufen einen Lehrstuhl für Rhetorik an der Universität Neapel, den er, obwohl er sich nach Kräften um eine juristische Professur bewarb, zeitlebens behalten sollte. Da der rhetorische Lehrstuhl nicht eben der angesehenste und bestausgestattete war, hielt die finanzielle Bedrängnis an, und nur erst die späte Ernennung zum Hofhistoriographen durch Karl von Bourbon 1734 hat Vico eine gewisse finanzielle Erleichterung verschafft. Aus gesundheitlichen Gründen mußte Vico seine Vorlesungstätigkeit schon einige Jahre vor dem Tode aufgeben; sein Sohn mit dem neapolitanischen Namen Gennaro wurde sein Nachfolger.

Vicos Hauptwerk ist die *Scienza nuova*, die „Neue Wissenschaft bezüglich der Natur der Völker, mit deren Hilfe die Prinzipien eines neuen Systems des Naturrechts der Völker wiedergefunden werden", wie der Titel ausführlich lautet; das Buch hat seine Zeit gebraucht, bis es seine Leser gefunden hat. Gegen Ende des 18. Jahrhunderts, als Goethe Neapel besuchte, fand der Dichter in diesem Buch „sibyllinische Vorahnungen des Guten und Rechten, das einst kommen soll oder sollte, gegründet auf ernste Betrachtungen des Überlieferten und des Lebens"; das Buch war ihm in Neapel „als ein Heiligtum" vorgezeigt worden, was immerhin einen inzwischen eingetretenen Mentalitätswandel der Landsleute belegt[284].

---

[283] *Vita di Giambattista Vico scritta da se medesimo*, in: Giambattista Vico, *Opere filosofiche*, hg. von Paolo Cristofolini, Florenz 1971, 16.

[284] Goethe, *Italienische Reise*, Eintrag vom 5. März 1787, Sophien-Ausgabe I/31, 27f.

Vico, das ebenso tiefe wie menschenfreundliche Orakel, der Späthumanist mit dem hermetischen Reiz – zumindest das blieb fortan eine Erinnerung und hat immer wieder anzulocken vermocht. Worum nun geht es in der *Scienza nuova*? Es geht, summarisch gesprochen, um die Entdeckung und Kartographie des „mondo civile", der menschlichen Welt, die nach Vico eine immer sprachlich-geschichtlich verfaßte ist. Gegen die Cartesianer heißt dies zum einen, daß die menschliche Welt nicht das Produkt des Reißbretts oder der rationalen Planung ist, nach dem Modell also, wie Descartes Naturerkenntnis als rationale Durchstrukturierung des Feldes des Äußeren der Sinne versteht. Zum anderen aber geht es darum, den blinden Fleck des Cartesianismus aufzuzeigen, der eben darin besteht, die menschlichen Welten nicht durchdringen zu können. Das heißt pauschal: auf der Basis des cartesischen Wissenschaftskonzepts gibt es keine historische Erkenntnis. Daß es eine solche indes geben *kann* und wie sie zu begründen wäre, zeigt Vico in der *Neuen Wissenschaft*. Daß es sie gibt, meint natürlich auch, daß Geschichtswissenschaft mehr sein kann als bloße Chronologie, als „Erzählung" dessen, was einmal gewesen ist, mehr als der Positivismus der Fakteneruierung und -kompilation, auf den sich manchmal noch immer die Historiker beschränken. Das Projekt, eine solche Wissenschaft zu begründen, läuft dann freilich auf ein ganz neues Konzept verstehender oder reflexiver Wissenschaft hinaus – so daß wir, wenn man denn das Begriffspaar aus den Debatten des 19. und 20. Jahrhunderts hier anwenden will, bei Vico schon ein klares Plädoyer für Verstehen im Gegensatz zu Erklären findet.

Wir schauen uns diese Zusammenhänge in der gebotenen Kürze etwas näher an. Die Historie beansprucht als Wissenschaft immer, im einzelnen Material einen *allgemeinen* Zusammenhang, große Linien und zumindest im Ansatz so etwas wie Verlaufsgesetzmäßigkeiten zu finden. Das beginnt schon damit, daß der Historiker bestimmte Ereignisse, Tatsachen oder mentale Gegebenheiten vor anderen auszeichnet, als „wesentlich", als „repräsentativ" oder gar als „allgemeinmenschlich" bedeutsam ansieht; mit dem letzteren meldet sich sogar ein „normatives" Moment, und die „Erzählung" von menschlicher Geschichte ist entsprechend auch kaum je freizuhalten von wertenden Gesichtspunkten, von dem Versuch, zu einem „fabula docet" zu gelangen und die Geschichte als Lehrmeisterin für die menschlichen Dinge zu behandeln. Dem Interesse freilich an einer „wissenschaftlichen" Aufbereitung des historischen Materials scheint unmittelbar die Tatsache zu widersprechen, daß der Stoff, aus dem Geschichte ist, sich der *menschlichen Freiheit* verdankt (wir haben bei Patrizi davon gesprochen) und Geschichte schon von daher keinem „naturgesetzlichen" Verlaufsschema folgen kann – dem „historischen Materialismus" etwa als dem letzten Versuch, ein solches Schema aufzustellen und durchzuhalten, zum Trotz. Wir erinnern uns in diesem Zusammenhang zudem der Bedenken des Aristoteles gegen die Möglichkeit einer „Wissenschaft vom Vergänglichen", die zugleich eine Wissenschaft nur vom Einzelnen und Zufälligen sein müßte. Was also ist das, was Geschichte „wissenschaftsfähig" macht?

Vico löst die sich hier stellenden Probleme in zweierlei Hinsicht: er erklärt zum einen, daß Geschichte eben darum für uns prinzipiell erkennbar ist, weil es *der gleiche* menschliche Geist ist, der sie erzeugt hat und der sie nun auch zu verstehen versucht. Es ist zwar einerseits richtig, daß der Geist einer fremden Zeit, sagen wir der des alten Ägyptens oder auch der des Mittelalters, heute nicht einfach *unser* Geist ist, wie denn die zeitliche Versetzung des Beobachtungsstandpunkts und des Standpunkts des Beobachteten in der Tat eines der Grundprobleme der Historie ist und bleibt; es ist keineswegs eine Selbstverständlichkeit, daß wir Heutigen uns in den Horizont, aus dem heraus im alten Ägypten oder im Mittelalter die Menschen gelebt, gedacht und gehandelt haben, hineinversetzen können; eher wird es fast unweigerlich zu einer perspektivischen Verzerrung kommen, die teils die ferne Epoche, wie „sie wirklich gewesen" ist, erheblich (und dabei unmerklich) desorganisiert, oder die teils uns in der fremden Epoche doch nur das eigene Bild erblicken läßt. Dennoch sind uns fremde historische Welten, eben weil sie Schöpfungen („facta") des menschlichen Geistes sind, nicht ganz und gar fremd, ihre „Wahrheit" ist uns erreichbar. Es gilt hier das für Vico ganz elementare und auch noch immer mit seinem Namen verbundene Prinzip des „verum factum convertuntur", der Gedanke also, daß das, was von Menschen hervorgebracht worden ist, für sie auch erkennbar sein muß – und sei es in der Gestalt, daß der Geist einer fernen Epoche eigene Möglichkeiten, eigene Dimensionen, mitunter auch die eigene Fremdheit gegen sich entdecken muß[285]. Nach Vico enthält alle Beschäftigung mit Geschichte so die große Chance zu einer Anamnese dessen, was in uns selber liegt; Geschichte ist der Vorstoß in verschüttete Regionen unseres eigenen Bewußtseins, eine Archäologie im Rücken unserer Selbstverständlichkeiten, ein Sich-wieder-Finden im Anderen, ein Springen über den eigenen Schatten, das doch zugleich ein Eintauchen in die abgeschatteten Bereiche unserer eigenen jeweiligen Welt, in unsere Vorwelt ist. Zugespitzt kann man im Blick auf Vicos wichtigsten Antipoden sagen: Wenn Descartes die methodische Rationalität im Sinne eines analytischen Rückgangs auf die „klaren und distinkten Begriffe" als den einzig legitimen Boden neuzeitlicher Wissenschaft gefordert hat, wendet sich Vico mit dem Thema der geschichtlichen Welten gerade den abgedunkelten Bereichen unseres Selbstbewußtseins und seiner wesentlich indirekten Sprache zu; oder auch: während Descartes die Eroberungszüge des Bewußtseins in Beziehung auf die nichtbewußte Welt neu zu organisieren versucht, bereitet Vico die Selbstentdeckung des menschlichen Selbstbewußtseins als eines immer historischen, immer in Regionen des Vor-Gedachten involvierten

---

[285] Vico hat dieses Prinzip bereits in seinem *Liber metaphysicus*, dem ersten Teil des Werks *De antiquissima Italorum sapientia* von 1710, eingeführt; vgl. *Opere filosofiche*, a.a.O. 63f.

vor. Wir bemerken am Rande, daß aus diesem Grunde Vico zur Leitfigur von James Joyce werden konnte, dessen überaus kryptischer Roman *Finnegans Wake* ihm in vielem verpflichtet ist, so eben schon im Konzept der Aufdeckung der gleichsam nicht-öffentlichen Schichten unseres Bewußtseins am Leitfaden der Sprache.

Das „Halbdunkel", in das wir uns nach Vico mit der Geschichtsforschung begeben, hindert nun freilich nicht, daß es hier (gemäß der „Verum-factum-These") nicht nur überhaupt etwas zu erkennen gibt, sondern daß hier auch bestimmte Gesetzmäßigkeiten der historischen Prozesse aufgefunden werden können. Solche kann es freilich nur geben, wenn, wie schon eingangs gefordert, Geschichte nicht nur aus beziehungslosen Einzelheiten besteht, sondern auf ein „historisches Allgemeines" führt; Geschichte will ja Einheit in der Vielheit erkennen, und eben dazu bedarf sie eines Universalen, das selbst auf historischem Boden angesiedelt sein muß. Nach Vico ist dieses Allgemeine die jeweilige Welt, die Menschen gemeinschaftlich bauen und als historische Lebenswelt erfahren. Sie partizipieren an dieser Welt, sie sind in sie eingebettet und empfangen die Strukturen ihres Denkens und Handelns von ihr. Das Allgemeine, in dem wir historisch jeweils eingebettet sind, ist dabei kein Allgemeinbegriff im Sinne eines streng logischen Universale. Es ist auch weder eine überzeitliche, ewiggültige noch eine nominalistisch-irreale Gegebenheit: das erstere nicht, eben weil sie eine geschichtliche Wahrheit ist, das zweite nicht, eben weil sie tatsächlich und auf überindividuelle Weise das Leben der Menschen bestimmt. Vico nennt dieses Allgemeine ein „universale fantastico", ein Produkt der menschlichen Einbildungskraft, die sich in imaginativem Bezug darauf sozusagen den jeweiligen Hintergrund ihrer Welt zubereitet; wir stehen hier vor einer Fortschreibung des aristotelischen Phantasie-Begriffs, der wir bei Fracastoro, aber dann auch bei Patrizi auf früherer Stufe bereits begegnet sind. Es handelt sich um eine letzte Gründe und Wahrheiten artikulierende Phantasie: Für die Griechen waren ihre Götter keine fiktiven Gestalten, sondern sie benannten unter den Imaginationen der Götter die ihr Leben wirklich bestimmenden Mächte. Im Mittelalter waren die Begriffe beispielsweise der Ehre oder der Treue mit allem, was für die Lebensführung daran hing, keineswegs äußere Regeln, das Leben zu gestalten, sondern der Ausdruck einer „heroischen" Weltsicht, die den einzelnen als den Kämpfer für das Allgemeine, die allgemeinen Güter verstand. In der Neuzeit dagegen ist der Lebenshorizont der Menschheit vor allem im Zeichen der rationalen Wissenschaft neu aufgespannt worden, und der Glaube etwa, der früher den Göttern oder den Helden galt, überträgt sich jetzt auf die Institutionen der Wissenschaft, an die durchaus auch neue Mythen geknüpft werden können, in denen die Menschheit jetzt den Sinnhorizont ihrer Existenz imaginiert. Die Geschichtswissenschaft hat so als erstes die Aufgabe, dieses „phantastische Allgemeine", die, wie wir sagen können, kollektive Sinnimagination, die zu einer bestimmten Zeit herrschend ist, zu benennen, zu erkennen und in ihrer für das Leben der Menschen reell wirksamen und bestimmenden Kraft zu erhellen. Sie wird so zu einer Theorie des konkreten Gemeingeistes (*sensus communis*), welcher das eigentliche „Medium" ist, in dem sich die Angehörigen einer historischen Epoche untereinander, und zwar weitestgehend „begrifflos", verstehen. Vico macht insoweit darauf aufmerksam, daß das, was Epochen und ihre Bewohner tatsächlich verbindet, nicht so sehr der wissenschaftliche Begriff, nicht die methodisch verfahrende Rationalität, sondern eine „soziale" Kompetenz ist, die wesentlich darin besteht, sozusagen die „Zeichen der Zeit" zu verstehen und sich an ihnen zu orientieren. Der Historiker wiederum hat die Aufgabe, diese „Zeichen der Zeit" auch aus der Entfernung zu identifizieren, zu lesen und verständlich zu halten – wie gesagt in einem Sinne, der stets auch kenntlich macht, daß wir unsererseits stets geborene Leser solcher Zeichen sind.

Wir haben bereits erwähnt, daß man die historischen Wissenschaften wie übrigens auch die anderen Wissenschaften vom Menschen seiner geistigen Natur nach im Sinne der Systematik späterer Zeiten als „verstehende" Wissenschaften bezeichnen kann. Wir unterscheiden hier beide Arten von Wissenschaft ganz schlicht nur so, daß wir sagen: die „erklärenden" Wissenschaften (für deren Typus die Naturwissenschaften paradigmatisch sind) bestehen in der Reduktion als erklärungsbedürftig empfundener Tatbestände auf allgemeine, einsichtige Regeln, aus denen die Einzeltatbestände überzeugend dargestellt werden können. Die „verstehenden" Wissenschaften dagegen bestehen in einer perspektivischen (wenn auch deshalb nicht willkürlichen) Aufbereitung der in ihr thematisierten Tatbestände, durch welche Identifikationsmöglichkeiten mit den Thematatbeständen auch über historische, kulturelle und andere Schranken hinweg eröffnet werden. Wir geben dazu ein Beispiel: Eine naturwissenschaftliche Erklärung der Vorgänge an unserem Himmel besteht z.B. darin, die Bewegung der Planeten gegen den Fixsternhimmel auf ein Modell zu reduzieren, daß die vorgefundenen Phänomene aus allgemeinen und – derzeit – plausiblen Regeln ableitbar macht (worin z.B. auch Prognosen, etwa von Kometenerscheinungen, Sonnenfinsternissen usw. enthalten sind). Eine wissenschaftliche Erklärung gilt als um so vollkommener, je mehr auftretende Phänomene sie auf ein einziges Modell zu reduzieren erlaubt, innerhalb dessen alle zu erklärenden Tatsachen möglichst in ein logisches Kontinuum gesetzt werden können. Der Kulturhistoriker dagegen, der z.B. „verstehen" möchte, was es für die alten Griechen hieß, daß sie die Planeten für Götter hielten, warum sie dies tun konnten und welche Tatsachen in ihrer Lebenswelt damit zusammenhingen, muß zunächst einen Gesichtspunkt finden und angeben, aus dem eine solche mythische Kosmologie nachvollziehbar wird. Er muß uns *selbst* auf einen Standpunkt stellen, auf dem eine Annahme wie die der alten Griechen sinnvoll wird. Die Hermeneutik spricht hier seit Friedrich Schleiermacher (1768–1834) von „Divination", von Einfühlung in fremde Horizonte, die durchaus ihre eigene Logik haben und die man eigentlich auch erst dann verstanden haben wird, wenn man sie in ihrer eigenen Logik fortschreiben kann. Der „verstehende" Wissenschaftler macht insofern ein „Experiment" mit unserem eigenen Selbstbewußtsein, das sich in fremde Zustände hineinversetzen, in ihnen leben und an ihnen teilhaben soll, das dabei aber auch sich selbst neu kennenzulernen und zu erfahren vermag. Sein Prinzip ist die Erkundung *reflexiver* Möglichkeiten des menschlichen Selbstbewußtseins, ist die „Horizonterweiterung" nicht im Sinne der Errichtung einer „objektiven" logischen Kontinuität, die die Dinge von einem scheinbar neutralen Standpunkt aus betrachtet, sondern im Sinne des Schon-verwickelt-Seins in die menschlichen Dinge, aus denen wir uns niemals wirklich herauswickeln können. Für den „erklärenden" Wissenschaftler sind Sätze wie der: „Helios erscheint mit seinem prächtigen Gespann am Himmel" sinnlos, weil in seinem Modell der Himmelsmechanik nicht ableitbar; der Satz enthält schlicht keine „Erklärung" für irgend etwas und wäre auch als „Bild" für den Sonnenaufgang genommen semantisch völlig überfrachtet. Für den verstehenden Wissenschaftler dagegen enthält womöglich gerade dieser das eigene Weltbild befremdende Satz die Provokation, über Optionen der Selbstpositionierung des Menschen auf dieser Erde, gegenüber der Natur und dem Göttlichen erneut nachzudenken. In aller verstehenden Wissenschaft geht es zuletzt um das „de te fabula narratur", um den Aspekt des Einbezogenseins in ein Sinnkontinuum, das weit älter ist als wir selbst und in dem wir unsererseits mit den fernen Generationen kommunizieren. Während die erklärende Wissenschaft der Konstitution eines möglichst universellen Regelzusammenhangs dient, versucht die verstehende Wissenschaft einen jeweils plausiblen Reflexionszusammenhang aufzubauen, in dem es immer auch um Sinn und Zweck des menschlichen Daseins, um Erfahrungen von Totalität und Freiheit in ihr geht.

Vico also hat mit seiner *Neuen Wissenschaft* – prototypisch – „verstehende Wissenschaft" betrieben. Wir haben bereits gesagt, daß Vico davon ausgeht, daß das „Allgemeine" des Historikers ein Produkt der „Einbildungskraft", freilich nicht einer beliebigen und nur subjektiven Imagination, sondern einer „kollektiven Phantasie" ist. Der geistige Zuschnitt ferner Zeiten zeigt sich immer als in kollektiven Phantasien chiffriert, in „Welt-Bildern", auf welche sich die Bewohner einer Zeit je zu ihrer Zeit ohne logische Erklärung verstehen und die wir aus der Distanz erst verstehen müssen, freilich auch verstehen *können*, da eben auch unser Geist jener Menschengeist ist, dem die Chiffren und Symbole der fernen Zeit entstammen. Die eigentlich konstitutiven „Zeichen der Zeit", wie wir es hier genannt haben, sind für uns dabei vor allem in zwei Bereichen greifbar: in dem Bereich des Rechts und in dem der Dichtung – womit wir zu Vicos entscheidendem „Handwerkszeug" im Historischen kommen. Die Chiffren, in denen sich der Geist einer Zeit zusammenfaßt, sind die Zeichen, die durch die Richter und die Dichter gesetzt werden. Warum gerade diese beiden Gruppen?

Was die *Richter* betrifft, so hatte Vico, der, wie wir gehört haben, ausgebildeter Jurist war, hier gewiß einen besonderen, auch persönlichen Zugang. Und er hat sich dabei gerade deshalb gegen manche der frühneuzeitlichen Versuche gewandt, ein allgemeingültiges, rein ideales Naturrecht zu konstruieren, das nur aus der Vernunftnatur des Menschen fließen sollte, weil er als Rechtsphilosoph und Rechtshermeneutiker um die historische „Flüssigkeit" der Rechtssphäre weiß. Vico weiß um die historische Wandelbarkeit des Rechts, die in sich in besonderer Weise jeweils die Zustände des gerade herrschenden Gemeingeistes aufnimmt. Damit ist wiederum nicht gesagt, daß es nicht Rechtsprinzipien und Rechtsinstitutionen gäbe, die alles andere als einfach willkürliche Setzungen sind. Es ist für das Recht vielmehr elementar, niemals als Willkürprodukt zu erscheinen. Aber der oberste Gerichtsherr einer jeden Zeit ist dennoch immer der in ihr herrschende Gemeingeist, und die Rechtsprinzipien und -institutionen drücken auch durchaus zuerst *ihn* aus. Vico entdeckt dabei die Tatsache, daß sich geschichtsfähige Formationen von menschlicher Gemeinschaft immer als rechtsförmig organisierte Formationen zeigen. Eine nicht rechtsförmig organisierte Form menschlicher Gemeinschaft wäre, sofern es sie denn überhaupt gäbe, entweder der Zustand eines reinen Naturlebens oder der Zustand einer rein moralisch organisierten Gemeinschaft, die nur jenseits aller wirklichen Geschichte vorgestellt werden kann. Recht ist, wie später Hegel gesehen hat, sozusagen die Primärinstanz des konkreten Gemeingeistes zu einer bestimmten Zeit; Recht ist der erste Ausdruck des „objektiven Geistes", wie Hegel hier sagt. Geschichte kann entsprechend in großen Zügen als Evolution und Interaktion von Rechtssystemen verstanden werden; für Vico gehören dabei in den Bereich des Rechts auch die großen Institutionen wie die Ehe, die Familie und der Staat, die alle erst im Zeichen der geschichtlichen Individualisierungen des Rechts Wirklichkeit gewinnen.

Wie aber steht es mit den *Dichtern*? Nach Vico finden wir bei ihnen sozusagen den Ton, auf den eine Epoche jeweils gestimmt ist, vernehmen wir hier die sprechenden Symbole dessen, was wirklich das Leben bestimmt hat. Homer z.B. ist nach Vico zur Erkenntnis der Lebenswirklichkeit der alten Griechen unendlich viel wichtiger als ihre Philosophen es sind, die nur innerhalb dieser Lebenswirklichkeit auftreten konnten. Vico fordert deshalb – so schon in der Inauguralrede *De nostri temporis studiorum ratione* von 1709 – einen ganz neuen Zugang zu den historischen Wirklichkeiten, für den die Topik und dann die Philologie ausdrücklich die Schlüsselwissenschaften sein sollen. Die Philologie hat am ehesten die Chance, die historische Ungleichzeitigkeit, die zwischen uns und unserem Gegenstand besteht, gleichzeitig anzuerkennen und durch sie hindurch etwas zu erkennen. Auch das ist übrigens ein Einwand gegen das cartesische Methodenideal, das sich immer an mathematischer Exaktheit orientiert hat. In der Philologie gibt es keine mathematische Strenge, aber die mathematische Strenge ist auch nicht die Art und Weise des Verstehens, die geboten ist, wenn Menschen Menschen begegnen – und immerhin geht es in der Historie darum. Die Philologie erreicht immer nur eine relative Präzision, aber diese ist hier auch das eigentlich Angemessene. Der Historiker soll nach Vico weise, nicht nur wissend sein; er operiert so auch nicht mit dem apodiktisch Klaren, sondern mit dem Wahrscheinlichen. Er zieht entsprechend nicht eigentlich logisch „saubere" Schlüsse, so als ob die Probleme, vor die uns die Geschichte stellt, am Ende mathematische Rechenaufgaben und durch entsprechende Operationen zu lösen seien. Nein, der Historiker gibt „topische" Gesichtspunkt an, unter denen sich das uns Fremde aufschließen läßt. Er wird dabei nicht versuchen, das Fremde restlos aufzulösen, so wie der gute Philologe weiß, daß es bisweilen geboten ist, einen unverstandenen Buchstaben stehen zu lassen und vielleicht auf bessere Tage zu warten, an denen er sich erschließen wird. Ein solcher Historiker weiß auch, daß er selbst ein Kind seiner Zeit ist und sein eigenes „universale fantastico" hat, dem er folgt, wenn er etwas versteht, daß er aber auch nicht einfach ersatzlos streichen kann, eben weil er sonst *überhaupt nichts mehr verstünde*. Die menschliche Welt ist nicht die Projektionsfläche der „res cogitans", vielmehr ist das denkende oder gerade immer auch sprechende Ich selbst jeweils immer auch einer historischen Welt integriert und so gleichsam „deren" Projektion. Historische Wissenschaft ist insoweit, um es noch einmal zu unterstreichen, ein Unternehmen der menschlichen Selbsterkenntnis, der Selbsterkenntnis aber gerade aus den gegebenen Differenzen heraus.

Übrigens hat das alles Vico in seinem Hauptwerk nicht gehindert, doch auch recht konstruktiv zu verfahren und so etwas wie eine „Idealgeschichte" der Völker zu entwerfen. Diese geht zunächst von einer Parallelisierung mit der Entwicklung des Individuums aus, wie es auch späterhin in der sogenannten „Kulturmorphologie" üblich geblieben ist. Der vichianische Grundrhythmus ist dabei der schon angedeutete Dreischritt eines Zeitalters der Götter, der Helden und dann der „humanen" Menschen. Unabhängig davon, ob man diesem Dreischritt im einzelnen folgen will oder nicht, steht doch soviel fest, daß Vico damit in die Lage kommt, verschiedenen Zeiten nicht nur Gerechtigkeit widerfahren zu lassen, sondern auch unentdeckte Züge in ihnen mit neuer Aufmerksamkeit zu bedenken. Was erkennbar wird, ist, daß Geschichte als *verstehende* Wissenschaft, als „Hermeneutik" des menschlichen Selbsts zu entfalten ist. Sie ist dies bei Vico, obwohl er durchaus mit dem Walten einer göttlichen Vorsehung, mit einer teleologischen Einheit in der Geschichte rechnet. Die Frage, wie es mit der Teleologie in der Geschichte zuletzt steht, wird in der Folgezeit drängender werden. Hegel z.B. wird sie an dem normativen Moment der Entwicklung des Bewußtseins der Freiheit festmachen, Geschichte also von der Selbstreflexion der Freiheit auf ihr Wirklichgewordensein her begreifen. Das bedeutet dann auch, daß Geschichte wie alle verstehende Wissenschaft nicht oder zumindest nicht nur als theoretische Disziplin betrieben werden kann, sondern in den Bereich der praktischen Philosophie hinüberspielt. Vico hat um diese Fundierung von Geschichte in Praxis und damit letztinstanzlich in der Freiheit gewußt. Auch darin hat er ein Motiv aufgenommen, daß bis auf die Ursprungsimpulse des Renaissancedenkens, wie wir sie bei Ficino und Pico kennengelernt haben, zurückreicht. Der Gedanke vom „reflexiven Chamäleon" Mensch, den wir hier angetroffen haben, hat Vico in bestimmtem Sinne weitergedacht und jetzt die Geschichte oder auch die Geschichten, in denen Menschen stehen, als die Realisationsräume der Grundmöglichkeiten des Menschseins entfaltet. Schon dies ist ein Grund, sich mit Vico auch wieder neu zu befassen.

LITERATUR:

Karl-Otto Apel, *Die Idee der Sprache in der Tradition des Humanismus von Dante bis heute*, Bonn 1975².

Erich Auerbach, *Gesammelte Aufsätze zur romanischen Philologie*, Bern/München 1967.

Giuseppe Cacciatore, *Metaphysik, Poesie und Geschichte. Über die Philosophie von Giambattista Vico*, Berlin 2002.

Benedetto Croce, *La filosofia di Giambattista Vico*, Rom/Bari 1973.

Jürgen Trabant, *Neue Wissenschaft von alten Zeichen: Vicos Sematologie*, Frankfurt 1994.

Giambattista Vico, *Die neue Wissenschaft über die gemeinschaftliche Natur der Völker*, hg. und eingeleitet von Erich Auerbach, Berlin/New York 2000².

20 Emanuele Severino (*1929)

> Noi crediamo di essere i mortali, ma in verità noi siamo
> la luce dell'intramontabile, l'intramontabile ed eterno apparire
> del destino della verità.
>
> Emanuele Severino

Viele, vielleicht allzu viele Namen von Gewicht sind es, die wir hier übergehen, wenn wir als letzten Repräsentanten des italienischen Denkens jetzt noch zu einem Zeitgenossen kommen, der freilich in besonderer Weise unsere Aufmerksamkeit beanspruchen darf. Daß nach den übersprungenen Namen – manche von ihnen wurden zumindest gestreift – nun ausgerechnet von Severino und nicht Umberto Eco (*1932), Gianni Vattimo (*1936) oder Giorgio Agamben (*1942) die Rede ist, mag manchen, wenigstens manchen Nichtitaliener, zusätzlich überraschen. Aber nicht immer sind die Namen in aller Munde auch die gewichtigsten, nicht notwendig auch drückt sich mit ihnen stets jener tatsächlich exemplarische Rang für die Denkgeschichte Italiens aus, an dem wir uns orientieren und der, spätestens nach genauerem Zusehen, für Severino weniger als für manch einen anderen in Frage stehen kann. Schon die Tatsache, daß Severino nicht einfach eine der vielen Spielarten des modernen oder auch postmodernen Reflektierens repräsentiert, sondern aus einem eher „unzeitgemäßen", dafür an Jahrtausenden geschulten Bewußtsein heraus philosophiert, hebt ihn aus dem Kreis der Fachkollegen heraus. Und dennoch begegnen wir mit ihm nicht einfach einem lebenden Anachronismus. Wir werden vielmehr ins Zentrum großer philosophischer Fragen geführt, die ihre „Aktualität", ja ihre Zukunftsträchtigkeit durch sich selbst erweisen. Severino hat seine Philosophie auch als eine, wenn nicht die „Philosophie der Zukunft" begriffen. Wir werden sehen, was genauer es damit auf sich hat.

Emanuele Severino wurde am 26. Februar 1929 in Brescia geboren und hat in Pavia bei einem der wichtigsten Vertreter der italienischen Neuscholastik der Nachkriegszeit, bei Gustavo Bontadini (1903–1990), studiert. Bei Bontadini, der sich seinerseits schon mit zentralen ontologischen Fragen, etwa der Abgeleitetheit des Werdens oder dem „Kreationsprinzip" als dem Grund der Wahrheit befaßt hat, begegnet Severino bereits der Figur eines Rückgangs für die zentralen Fragen bis auf Parmenides (ca. 540–480 v. Chr.)[286]; er selbst wird sich in weit radikalerem Sinne als sein Lehrer zu einem Neuanfang mit dem Eleatismus entschließen, ja zu einem „Neoparmenideer" entwicklen. Nachdem schon der Neunzehnjährige 1948 mit einem Buch zur Problematik des Bewußtseins hervorgetreten war[287], wurde Severino 1950 in Pavia mit einer Arbeit über *Heidegger und die Metaphysik* promoviert; die erste Professur erhielt er dann 1954 an der Università Cattolica in Mailand, vier Jahre später erschien seine grundlegende Studie *La struttura originaria*, deren Position er in dem Aufsatz *Ritornare a*

---

[286] Eine kurzgefaßte Darstellung zur Philosophie Bontadinis in deutscher Sprache findet sich in Emerich Coreth SJ/Walter M. Neidl/Georg Pfligersdorffer (Hg.), *Christliche Philosopie im katholischen Denken des 19. und 20. Jahrhunderts. Bd. 2: Rückgriff auf scholastisches Erbe*, Graz/Wien/Köln 1988, 712–721.

[287] Emanuele Severino, *La coscienza. Pensieri per un'antifilosofia*, Brescia 1948.

Parmenide – also „Zurück zu Parmenides!" – aus dem Jahre 1964 verschärfte. In der Folge kam es zu Auseinandersetzungen mit der Kirche, denn Severinos Position, die sich in einer Leugnung der Wahrheit des Werdens zuspitzt, schließt die Wahrheit christlicher Glaubenssätze wie der von der Schöpfung oder auch der Rettung und Erlösung des Menschen aus. Die römische Glaubenskongregation hat im Jahre 1970 eine entsprechende Erklärung über die Unvereinbarkeit des Standpunkts Severinos mit der christlichen Lehre abgegeben, und Severino mußte den Lehrstuhl in Mailand räumen[288]. Er wechselte jetzt nach Venedig, wo er von 1970 bis zum Jahre 2001 an der Università Ca'Foscari lehrte; nach seiner Emeritierung hat Severino einen neuen Lehrauftrag in Mailand übernommen (an der Università Vita-Salute San Raffaele). Severino ist ein mit den verschiedensten Orden und Preisen hochdekorierter italienischer Intellektueller, ist zudem Mitglied der Accademia dei Lincei, aber auch durch regelmäßige, immer wieder auch überraschende Zeitungsbeiträge viel im Gespräch. Sehr lang ist zudem die Liste seiner Buchpublikationen, der bislang leider keine wirkliche deutsche Rezeption entspricht[289]. Wir werden sehen, daß dies angesichts eines der wenigen lebenden ganz und gar ursprünglichen Philosophen durchaus ein Mangel ist.

Beginnen wir mit der Grundthese, wie Severino sie in *La struttura originaria* entfaltet; sein Grundgedanke ist, bei kleineren Modifikationen, im Laufe der Jahre im ganzen derselbe geblieben. In der titelgebenden „Urstruktur" geht es – etwas vereinfacht gesprochen – um jene unhintergehbare Verschränkung von Sein und Denken, die wir im Begriff der Wahrheit in Anspruch nehmen; denn „die Wahrheit" sagen, heißt etwas denken und *sagen*, was zugleich *ist*, oder es heißt das Sein als

---

[288] Severino hat die Vorgänge auf sehr vornehme Weise in dem Buch *Il mio scontro con la chiesa*, Mailand 2001, inzwischen selbst dokumentiert.

[289] Nur ein einziges Buch liegt bislang in deutscher Übersetzung vor: Emanuele Severino, *Vom Wesen des Nihilismus*, Stuttgart 1983.

Begriff in Anspruch zu nehmen. Die Urstruktur ist nun einerseits ein „Prinzip" des Denkens oder sein letzter Grund, andererseits selbst eine Unmittelbarkeit, eine Seinsgegenwart. Die Definition der Urstruktur heißt: „Die Urstruktur ist das Wesen des Grundes (*essenza del fondamento*). In diesem Sinne ist sie die anapodiktische [also keines weiteren Beweises bedürftige noch auch fähige] *Struktur* des Wissens – ἀρχὴ τῆς γνώσεως –, das heißt das *Sichstrukturieren* des Prinzipienhaften *oder* der Unmittelbarkeit"[290]. Das Entscheidende ist hier, daß das Erkennen in das Sein verwoben erscheint: der letzte *Grund* des Erkennens ist das *Sein* des Erkennens. Wir treten als Erkennende und nach der Wahrheit Fragende nicht „von außen" an ein Fremdes heran: wir stehen selbst im Kreis des Seins, das sich als Erkennen nur selbst „strukturiert". Was auch heißt: wir *sind* selbst erkennend, sind erkennend das Selbsterkennen des Seins, und zwar ganz in dem Sinne, wie der alte Parmenides schon von der Identität von Sein und Denken gesprochen hat[291]. Die Unmittelbarkeit der Wahrheit und ihres Sichvermittelns, mit der uns die Urstruktur konfrontiert, meint dann freilich, daß wir den Ausgang nicht von einem simplen Identitätsbegriff nehmen, sondern von einem in sich idealiter Mannigfaltigen, einer Einheit von darin aufgehobener Einheit und Mannigfaltigkeit. Die Urstruktur als das *Wesen* des Grundes ist die ideelle Differenz vor allem der Bestimmtheit, des Subjekts und des Prädikats, die jedoch logisch (und ontologisch) identisch sind. Der Satz, daß die „Rose rot ist", stellt nicht ein anderes Seiendes neben die Rose, sondern denkt die Rose als aus der Differenz nur in sich reflektiert. Parmenides hat zu Recht gefordert, das Sein in der Form der Widerspruchsfreiheit zu denken; er hat damit gefordert, es als notwendiges Selbstsein zu fassen. Nur die Meinung, daß *das Sein nicht erscheint* (eine Meinung, die von Platon bis Heidegger im europäischen Denken ihr Unwesen hatte), die im

---

[290] Emanuele Severino, *La struttura originaria*, Mailand 1981², 107.
[291] Vgl. Parmenides, Frg. 3: τὸ γὰρ αὐτὸ νοεῖν ἐστίν τε καὶ εἶναι.

Grunde stets nihilistische Bestreitung der unweigerlichen Selbstidentifikation des Seins in seinem Erscheinen beharrt dann allerdings darauf, daß es einen Kreis des Erscheinens gäbe, der ein anderer als der Kreis des Seins, nämlich der Kreis des Werdens wäre. „Phänomenologisch" soll jetzt die Röte „etwas anderes" sein als das Sein, was etwa so vorgestellt wird, daß die Rose rot nur *wird*, aber nicht ist, als was sie erscheint. Sie wird eine Wesenheit, ein Identisches „jenseits" der Erscheinung, ist damit aber schon aus der Urstruktur hinaus gesetzt, derzufolge alles Seiende stets nur *selbst* der Horizont wie auch der *Inhalt* seines Bekanntseins, seiner Erscheinung ist. Wir haben uns angewöhnt, gegen die Wahrheit des Seins zu denken, daß die Erscheinung dem Sein widerspräche. Wir haben dies vielleicht auch deshalb getan, weil wir die Erscheinungen so auch stets als *etwas anderes* ansehen können, als sie in Wahrheit sind: was wir tun müssen, wenn wir uns selbst als Herren des Seins verstehen wollen. „Herren des Seins" freilich können wir notwendig nur um den Preis des Nihilismus, den Preis des Verlustes des Grundes des Seins und der Wahrheit sein. Europa, so Severino, hat sich für diesen Weg der Herrschaft entschieden. Sein Betonen der „Praxis", seine technische Zivilisation sind nur der Ausdruck dieses Willens zur Herrschaft, der auf die europäische Lüge gegründet ist, das *Sein* könne *auch nichtsein*[292]. Europa behauptet den Widerspruch, *das Werden sei* und erscheine so auch. Das hat mit Platon, mit Aristoteles begonnen, von denen der letzte das Prinzip vom zu vermeidenden Widerspruch dahin umschreibt, daß es nun heißt: das Sein könne *nur nicht zugleich* etwas sein *und auch nicht*; Parmenides hatte dagegen streng formuliert: das Sein *ist*, nur das Nichtsein *ist nicht*[293]. In der aristotelischen Umdeutung liegt dann zugleich der Hinweis auf die Strategie, de-

---

[292] Vgl. in diesem Sinne vor allem die beiden Bücher *Studi di filosofia della prassi*, Mailand 1984², sowie *Téchne*, Mailand 1979.
[293] Vgl. zu diesem Themenkreis bereits das frühe Buch *Il principio di non contradizione*, Brescia 1959.

rer die Nihilisten sich bedienen: sie erfinden „die Zeit" als die Macht oder den Horizont des Seins, ja sie machen sich selbst zu „Bewohnern der Zeit" statt des Kreises des Seins[294]. Die Zeit, die nur ein Name für das seinsbezüglich gesetzte Nichts ist, ist der eigentliche Götze der vermeinten Herren des Seins, ist der Ort ihrer Macht, aber unmittelbar doch auch ihr Gefängnis. In Wahrheit umgreift nicht die Zeit das Sein, sondern es reflektiert sich in ihr die Differenz des Erscheinens, so daß es zu der Illusion kommen kann, es erschiene das Nichts mit seinen „Optionen". Aber der Widerspruch ist eben keine Option des Seins, auch wenn die Philosophie seit langem eben die „Vermischung" von Sein und Nichts, also den Widerspruch, auch mit Gewalt zu denken versucht – sie hat es in der platonischen Dialektik getan, die sich des Vergehens an Parmenides immerhin noch bewußt war, und sie tut es auch heute noch, wenn auch nochmals naiver.

Severino hat seinen Ansatz in einer außerordentlich fruchtbaren Weise freilich auch aus der ontologischen Höhenlage herausnehmen und in den verschiedensten Anwendungen ausführen können. Wir finden in seinen Arbeiten nicht nur philosophiegeschichtliche Studien, die seine Grundthese erhärten sollen und die von den alten Griechen über die Idealisten bis zu Nietzsche und Heidegger reichen, sondern auch entsprechende Werke zur Dichtung, sagen wir Aischylos[295] oder auch Leopardi[296]. Wir finden darüber hinaus Auseinandersetzungen mit dem Christentum[297], aber auch dem Islam[298], mit dem Kapitalismus[299] und vielen anderen auch politischen Fragen. Da

---

[294] Vgl. dazu das Buch *Gli abitatori del tempo. Cristianesimo, marxismo, tecnica*, Mailand 1978.
[295] Vgl. dazu *Il gioco. Alle radici della ragione: Eschilo*, Mailand 1989.
[296] Vgl. *Il nulla e la poesia. Alla fine dell'età della tecnica: Leopardi*, Mailand 1990.
[297] Statt mancher anderer Titel vgl. hier nur *Pensieri sul cristianesimo*, Mailand 1995.
[298] *Dall'Islam a Prometeo*, Mailand 2003.
[299] *Declino del capitalismo*, Mailand 1993.

wir uns auch hier beschränken müssen, vergegenwärtigen wir uns in Kürze jene Zeitdiagnose, die Severino in seinem Buch *La filosofia futura* gegeben hat[300]. Das Buch stellt schon insofern eine sympathische Provokation dar, als es als Abschluß einer Reihe von philosophiehistorischen Werken zur Antike, zur Neuzeit und zum zeitgenössischen Denken als „Philosophie der Zukunft" nun die eigene vorträgt, dies jedoch eingebettet in eine ebenfalls rücksichtslose Analyse der Gegenwart. Europa befindet sich, wie wir schon wissen, im Grunde seit der Antike auf dem Irrweg, hält es doch widersinnig das Werden für wahr. Der erste Preis, den Europa dafür gezahlt hat, ist, daß es den Menschen nicht mehr als seienden, sondern als sterblichen auffassen mußte. Der Mensch schien im Werden verloren: was so bereits die griechischen Tragiker wußten, bei denen nur auch schon das Heilmittel dagegen auftaucht – die Verheißung des „wahren Wissens", der „Wissenschaft" (ἐπιστήμη). Europas Wissenschaftskultur ist eine Kultur der Sicherstellung zumindest eines „Restbestandes" von Sein gegen das Werden, es ist ein Unternehmen der Konservierung, so wie wir heute die Kunstwerke konservieren in der Meinung, uns so ihres Seins zu vergewissern. Diese Situation hat sich durch die Potenzierung des Ungedankens eines seienden Werdens im Begriff der „Geschichte" nur noch verschärft. Auch Geschichte soll heute, etwa in der Fortschreibung des Marxismus, „gemacht" oder „in die Hand genommen" (mani-puliert) werden; ja der Mensch macht sich „technisch" erst heute wirklich selbst, wenn er mit dem „Genom" den Schlüssel zu neuen Interventionen auf die eigene Physis in der Hand hält. Die Sache ist dabei die, daß es sich hier nicht um Teilaspekte der europäischen Zivilisation, sondern um einen Ausdruck ihrer letzten „Entscheidung", ihrer Grundtendenz handelt. Entsprechend leben wir heute auch in einem Ambiente von mentalen und materiellen ökonomischen, politischen, bürokratischen, pädagogischen und noch manch anderen Elementen, die zusammen das bilden,

---

[300] *La filosofia futura*, Mailand 1989 (u.ö.).

was Severino den „Apparat" nennt[301]. Der Apparat (*l'apparato*) in Severinos Sinne ist eine totale, funktionalistisch konzipierte Struktur, deren Basis die Elimination jedweden nicht „verflüssigten" Seins, aller Art von Konstanten ist. Die Bewohner eines vom Apparat beherrschten Planeten Erde werden entsprechend keine wie auch immer gearteten festen Überzeugungen haben, sondern totale Funktionen der Umstände sein; sie lösen sich zu bloßen Akzidenzien des Systems auf, das zugleich ihr „Sein" (oder besser: ihr Werden und Funktionieren) immer weiter verwaltet. Das Leitziel des Apparats besteht in nichts anderem als anonymer Machtsteigerung, liegt in der Selbstpotenzierung der eigenen Möglichkeiten, etwa in der unendlichen „Produktion" und dem „Wachstum", denen als Triebkräften offen die Angst vor dem Nichts im Nacken sitzt. Noch die zeitgenössische Philosophie bietet hier keine Alternative, sie arbeitet, sagen wir als „pensiero debole", als sich selbst für nicht-erkennend erklärendes Denken, sagen wir als „Pragmatismus", der keine Wahrheitsfrage mehr kennt, dem Apparat vielmehr ungeschützt zu. Im verheißenen „Paradies des Apparats" wird es im Gegenzug dann zu einer umfassenden „Bedürfnisbefriedigung", zu einer möglichst instantanen Wunscherfüllung für jeden in Beziehung auf alles kommen. Man darf hier ohne weiteres an die medialen Scheinwelten denken, die an die Stelle der Aufklärung getreten sind; man muß jedoch auch die unter dem Namen der „Globalisierung" immer weiter gehende Homogeneisierung der planetarischen Lebenswelt im Blick haben, deren innerer Antrieb wieder nur die Selbststeigerung der Verfügungsmaschine ist. Severino hat in den achtziger Jahren das Verschwinden des Ost-West-Gegensatzes vorhergesagt, da dieser Gegensatz eine unsinnige Fraktionierung der Mittel und Möglichkeiten des Apparates bedeute; auf beiden Seiten mußten jetzt nur die noch vorhandenen „ideologischen Bremsen" fallen, um eine weitere Machtsteigerung des Apparats einzuleiten. Allerdings – und

---

[301] Vgl bes. *La filosofia futura*, 67–127.

darin liegt die Dialektik des Nihilismus als dem Grund des modernen Lebens – meldet sich aus dem Inneren dieses vom Nichts in Atem gehaltenen Lebens auch eine neue Art Angst: die Angst nämlich, daß gerade alle unsere Unternehmungen zur „Rettung des Seins vor dem Werden" selbst vergänglich sein könnten, daß der Apparat seinerseits „auch nichtsein" könnte. Mit dem mit den Mitteln des Werdens dem Nichts abgerungenen Paradies ist die Angst vollendet, daß das Werden am Ende nur gänzlich das Paradies verschlingt. In dieser Angst, die dem europäischen „Wahn" (*follia*) entstammt, es könne das Nichts das Sein bezwingen oder dieses zu nichts zerfallen, kulminiert ein dem Sein entfremdetes Denken, das in demselben Maße der Willkür verfallen ist, wie es der Seinsnotwendigkeit sich zu entziehen versuchte. Die europäische Angst ist der Preis einer Absage an das Sein, die im Namen der Freiheit vom Sein erfolgte und ins Verhängnis des Nihilismus umschlug. Nur die Klärung der letzten Begriffe kann den Knoten unserer Verstrickung jetzt noch zerhauen, daher gehört ihr die Zukunft. Was jedoch erwartet uns dort?

Die „Philosophie der Zukunft" gibt uns zunächst die Vergangenheit wieder, die uns der Nihilismus des Werdens ebenfalls nahm; denn es ist er, durch den das je und je nicht erscheinende Sein als dem Nichts verfallen erscheint. In Wahrheit verfällt kein Sein dem Nichts, so wenig die Sonne, die wir nicht sehen, darum zu existieren aufgehört hat. In der Erinnerung liegt keine Trauer, sondern Andenken und darin Vorschein des Seins, auch des vergangenen Seins. „Unsere ganze Vergangenheit", schreibt Severino, „ist eine brennende Lampe – eine ewige brennende Lampe – die auch dann noch erscheint, wenn die Lampe erloschen erscheint – als jenes Ewige, welches die erloschene Lampe ist. Die erloschene Lampe, welche jetzt gegenwärtig ist, erscheint dabei im Lichte des ewigen Kreises des Erscheinens, in dem inzwischen andere Lichter erschienen sind. Unsere Vergangenheit ist noch immer da, verhüllt in den Formen und Farben, die sie besitzt, seit sie erschienen ist. Die Angst, sie verloren zu haben, stammt aus dem Wahn des Willens zur Macht, der sich dem Vergangenen gegenüber nunmehr ohnmächtig fühlt. Die Ohnmacht des Willens zur Macht ist das Nichterscheinen der Wiederkehr (*ripetizione*) des Willens zur Macht. Im Kreis des Erscheinens erscheint die Wiederkehr des Willens nicht, der geglaubt hatte, das beherrschen zu können, was wir ‚die Vergangenheit' nennen"[302]. Auch Vergangensein ist ein Modus von *Sein* und nicht aus der Wahrheit gefallen. Wenn wir in diesem Buch wiederholt Denkern begegnet sind, die nach dem uralten Ersten gefragt oder aus der Präsenz des Vergangenen heraus gedacht haben, mag dies ein Fingerzeig sein, in welche Richtung wir Severinos These verstehen können.

Die „Philosophie der Zukunft" ist zum anderen – das ist nach dem Gesagten ohne weiteres klar – die Überwindung des Widerspruchs des Nihilismus, also des Denkens des Nichts und des Werdens. Aber sie ist dies nicht nur als Ankündigung und Antizipation eines Wissens, das irgendwann einmal stattfinden könnte. Die Zukunft, um die es hier geht, „ist schon da". Nicht *wir* warten auf eine Wahrheit, die noch erst kommen müßte und sich einstweilen entzieht, die Wahrheit, die schon *ist*, wartet auf uns, deren Bestimmung es ist, sie zu denken. Philosophie ist schon jetzt das Bezeugen der Wahrheit, „testimonianza della verità", dabei ein Zeugnis, das sich selbst auf den Grund des Seins hin öffnet, der bei Severino „Freude", „Gioia", heißt[303]. „Gioia", die „Freude", ist kein Affekt, der uns wie die „Affektionen" von außen erreicht. „Gioia", die „Freude", spricht von dem Heilsein der Dinge, die wir „gelassen" in ihrem Sein lassen, in und aus dem sie „ewig" erscheinen. Es ist die Freude der sich selber bejahenden Wahrheit, das aber heißt: die untilgbare Freude des Erkennens. Auch dieser sind wir in diesem Buch immer wieder begegnet. Daß sie das eigentlich Unzerstörbare ist, mag ein Schlußwort auch im Blick auf das Ganze unserer Darstellung sein.

---

[302] *La filosofia futura*, a.a.O. 339.
[303] Vgl. dazu *Destino della necessità*, Mailand 1980, bes. 588 ff.

LITERATUR:

Carl-Friedrich Geyer, „Der Nihilismus, Europa und eine neue Ontologie. Emanuele Severinos Analysen über das ‚Wesen des Nihilismus'", in: *Franziskanische Studien* 67 (1985), 209–216.

Thomas Sören Hoffmann, „‚Alles ist voll von Sein'. Emanuele Severinos Rückgriff auf Parmenides und die Überwindung des Nihilismus", in: *Wiener Jahrbuch für Philosophie* XXV (1993), 163–186.

Carlo Scilironi, *Atto, destino e storia. Studi su Emanuele Severino*, Padua 1988.

Emanuele Severino, *Vom Wesen des Nihilismus*, Stuttgart 1983 [mit einem Nachwort von Franco Volpi und Wolfgang Welsch, „Wir Nihilisten. Severinos neoparmenideische Mahnung", 347–364].

ÜBERSETZUNG UND NACHWEISE DER DEN KAPITELN VORANGESTELLTEN MOTTOS:

ERMOLAO BARBARO (S. 15):
„Denn wenn nichts, wie Du weißt, im Leben so nötig ist wie die Literatur, so hat in der Literatur nichts vor der Philosophie den Vorrang".

Ermolao Barbaro, *Epistolae, Orationes et Carmina*, ed. Vittore Branca, Florenz 1943, Bd. 1, 45.

NIKOLAUS VON KUES (S. 39):
„Es macht sich daher der Mensch seine Gedanken [...], und das Wissen von den Dingen macht er aus Zeichen und Wörtern, so wie Gott die Welt aus den Dingen".

Nikolaus von Kues, *Compendium* c. 9, n. 26.

GEORGIOS GEMISTOS PLETHON (S. 51):
„Unserer Verwandtschaft mit den Göttern entsprechend, ist als das uns zukommende Lebensziel das Schöne-Gute anzusehen".

Georgios Gemistos Plethon, Ζωροαστρείων τε καὶ Πλατωνικῶν δογμάτων συγκεφαλαίωσις, in: Pléthon, *Traité des lois*, ed. Charles Alexandre, Paris 1858, ND Amsterdam 1966, 266f.

BASILEIOS BESSARION (S. 79):
„Viele göttliche Männer hat Griechenland hervorgebracht/ sich durch Weisheit auszeichnend oder auch andere Tugend".

Basileios Bessarion, *Grabinschrift für Plethon*, in: Pléthon, *Traité des lois*, ed. C. Alexandre, ND Amsterdam 1966, 406.

Übersetzung der Mottos

Marsilio Ficino (S. 87):
„Die wahre Liebe ist nämlich nichts anderes als ein Aufwärtsstreben, der göttlichen Schönheit entgegen".

Marsilio Ficino, *De amore sive In convivium Platonis*, VII, 15, ed. Karl P. Hasse, Hamburg 1994³, 360.

Giovanni Pico della Mirandola (S. 107):
„Die Philosophie selbst hat mich gelehrt, lieber vom eigenen Gewissen als von fremden Urteilen abhängig zu sein".

Giovanni Pico della Mirandola, *Oratio de hominis dignitate*, ed. Gerd von der Gönna, Stuttgart 2001, 40.

Pietro Pomponazzi (S. 143):
„Prometheus aber ist der Philosoph, der, indem er die Geheimnisse Gottes erkennen will, von andauernden Sorgen und Gedanken verzehrt wird, ihn dürstet und hungert nicht, er schläft und ißt nicht, er speit nicht aus, er wird von allen verlacht, und wie er für einen Toren und Frevler gehalten wird, wird er auch von den Inquisitoren verfolgt und für die Masse zum Schauspiel. Das also ist es, was die Philosophen gewinnen, das ist ihr Lohn".

Pietro Pomponazzi, *Libri quinque de fato, de libero arbitrio et de praedestinatione* III, 7, ed. Richard Lemay, Lugano 1957, 262.

Girolamo Fracastoro (S. 163):
„Von Natur also Philosophen sind diejenigen, die auf die rechte Weise Universalien zu bilden und wahrzunehmen vermögen, nicht jedoch nur die gebräuchlichen, sondern auch die verborgenen, und die sich an ihnen aufs höchste erfreuen".

Girolamo Fracastoro, *Turrius sive de intellectione dialogus*, in: *Opera omnia*, Venedig 1574², 147 D – 148 A.

ÜBERSETZUNG DER MOTTOS

JACOPO ZABARELLA (S. 185):
„Der theoretische Philosoph will von allem, was der Erkenntnis wert ist, Kenntnis erlangen: daher sind alle Dinge seiner Betrachtung unterworfen, will sagen nicht allein sind es alle Dinge, sondern sie sind es auch auf alle Weisen, auf die sie erkannt werden können".

Jacopo Zabarella, *De natura Logicae libri duo* I, 19, in: *Opera logica*, hg. von Wilhelm Risse, ND Hildesheim 1966, 48.

FRANCESCO PETRARCA (S. 205):
„Oh wahrhaft philosophische Stimme, die du aufs höchste der Verehrung aller Erkenntnisbeflissenen würdig bist, wie sehr gefielst du mir!"

Francesco Petrarca, *Rerum memorandarum libri* I, 37, ed. Giuseppe Billanovich, Florenz 1943, 40f.

LORENZO VALLA (S. 217):
„Daher wurde auch niemand nach Pythagoras mehr ‚weise' genannt, und die Philosophen besaßen immer die Freiheit, nur tapfer das zu sagen, was sie dachten, und zwar nicht allein gegen die Häupter der anderen Schulen, sondern auch gegen das Haupt der eigenen: um wieviel mehr mußte das für jene gelten, die sich gar keiner Schule verschrieben hatten!"

Lorenzo Valla, *Repastinatio dialectice et philosophie*, ed. Gianni Zippel, Padua 1982, 2.

NICCOLÒ MACHIAVELLI (S. 233):
„Gott will nicht alles machen, um uns den freien Willen nicht zu nehmen".

Niccolò Machiavelli, *Il Principe*, c. 26, in: *Opere*, ed. Corrado Vivanti, Turin 1997, Bd. 1, 190.

ÜBERSETZUNG DER MOTTOS

SPERONE SPERONI (S. 247):

„Aber gewiß haben wir jetzt eine Zeit erreicht, in der uns Gott, wie es scheint, für das Übel, das wir lange erlitten haben, auf gewisse Weise eine Wiedergutmachung gewähren will; denn im Tausch für die vielen Besitzungen und Städte Italiens, welche die Ausländer besetzt halten, hat er uns die Liebe und Kenntnis der Sprachen auf eine Weise gegeben, daß niemand für einen Philosophen gehalten wird, der nicht des Griechischen und des Lateinischen vollkommen mächtig ist".

Sperone Speroni, *Dialogo delle lingue*, in: Mario Pozzi (ed.), *Trattatisti del Cinquecento. Tomo II: Sperone Speroni / Giovan Batista Gelli*, Mailand / Neapel 1996, 587.

GIROLAMO CARDANO (S. 265):

„Und nicht allein bei den Unsterblichen herrscht die Notwendigkeit, sondern auch bei den Sterblichen".

Girolamo Cardano, *De rerum varietate* XIV, c. 68, in: *Opera omnia*, ND Stuttgart-Bad Cannstatt 1966, Bd. III, 268.

BERNARDINO TELESIO (S. 275):

„... damit die Menschen nicht allein wissend, sondern auch mächtig über geradezu alles werden".

Bernardino Telesio, *De rerum natura iuxta propria principia* I, 17.

FRANCESCO PATRIZI (S. 293):

„Und die beste Verfahrensweise der Philosophie ist die, welche die Dinge selbst, ihre Existenzformen, Erscheinungen, Qualitäten so wahrzunehmen und zu erkennen strebt, wie sie selbst sind, existieren und erscheinen; und dies sind dann auch die besten und wahren Philosophen, die mit wahrem und bestem Grund so genannt werden, welche die Dinge selbst so wahrzunehmen und im Geiste zusammenzusetzen und einzuteilen versucht haben, wie die Dinge selbst sind, zusammengesetzt und unterteilt werden.

ÜBERSETZUNG DER MOTTOS

... Die übrigen aber, die von diesen ausgegangen, die jedoch nicht die Dinge selbst, sondern den Schriften und Meinungen dieser gefolgt sind oder sie interpretiert haben oder aber ihre verschieden und von einander abweichenden Meinungen harmonisiert haben, heißen nicht mit Recht Philosophen, sondern müssen Ausleger, Erklärer oder Anhänger der Philosophen genannt werden".

Francesco Patrizi, *Discussiones Peripateticae* I, 13, in: Zvonko Pandžić (ed.), *Franciscus Patricius, Discussiones Peripateticae, Neudruck der Ausgabe Basel 1581*, Köln/Weimar/Wien 1999, 168.

GIORDANO BRUNO (S. 305):

„So verschlingen die Hunde, die Gedanken an göttliche Dinge, diesen Aktaion, der nun für das Volk, die Menge tot ist, gelöst aus den Verstrickungen der verwirrten Sinne, frei vom fleischlichen Kerker der Materie; weshalb er seine Diana nun nicht mehr wie durch Ritzen und durch Fenster schaut: sondern, nachdem er die Mauer niedergerissen hat, ist er ganz Auge mit dem ganzen Horizont im Blick".

Giordano Bruno, *De gl'heroici furori* II, in: *Dialoghi italiani*, ed. G. Aquilecchia, Florenz 1958, 1125.

GALILEO GALILEI (S. 323):

„Ich antworte euch nur diese zwei Worte, daß wir uns mit dem Unendlichen und dem Unteilbaren befassen".

Galileo Galilei, *Discorsi e dimostrazioni matematiche, intorno a due nuove scienze, attenenti alla meccanica e i movimenti locali* I, in: *Le Opere. Nuova ristampa della Edizione Nazionale. Bd. 8*, Florenz 1968, 96.

Übersetzung der Mottos

Tommaso Campanella (S. 339):

„Die Welt ist das Buch, in welches der ewige Sinn / die eigenen Begriffe schrieb, der lebendige Tempel, / den er, die Taten und das eigene Vorbild malend, / oben und unten mit lebendigen Statuen zierte".

Tommaso Campanella, *Sonett „Modo di filosofare"*, in: Campanella, *Philosophische Gedichte. Mit einleitendem Essay und Kommentar von Kurt Flasch*, Frankfurt/Main 1996, 106.

Giambattista Vico (S. 351):

„Daher kann man annehmen, daß die alten Weisen Italiens den folgenden Meinungen über das Wahre beigepflichtet haben: Das Wahre ist das Gemachte selbst; und daher ist das erste Wahre in Gott, denn Gott ist der erste Schöpfer".

Giambattista Vico, *De antiquissima Italorum sapientia* I, 1, in: *Opere filosofiche*, hg. von Paolo Cristofolini, Florenz 1971, 63.

Emanuele Severino (S. 369):

„Wir glauben, die Sterblichen zu sein, aber in Wahrheit sind wir das Licht, das keinen Untergang kennt, das untergangslose und ewige Erscheinen des Schicksals der Wahrheit".

Emanuele Severino, *La filosofia futura*, Mailand 1989, 343.

Personenregister

Abano, Pietro d' 140
Abraham 298
Achillini, Alessandro 26, 114 f., 168
Agamben, Giorgio 369
Aglaophemus 91 f.
Agricola, Rudolf 82
Aischylos 374
Albanzani, Donato degli 214
Albert der Grosse 54, 73, 113, 117
Alberti, Leon Battista 26, 57, 90
Alexander VI. 112, 164, 218, 236
Alexander von Aphrodisias 113, 144 ff., 159, 253 f., 297
Alexandre, Charles 60
Alfons V. 121 f., 218 f.
Alighieri, Dante 73, 205, 244, 249, 252
Anaximenes 281
Andronikus 297
Antonius 138, 207
Apel, Karl-Otto 230, 367
Areopagita, Pseudo-Dionysios 52, 84, 92, 314
Aristoteles 40, 48 f., 54, 56, 58 f., 63, 66 f., 70, 72 f., 82 f., 85, 89, 110, 113, 115, 117 f., 128, 130, 140, 142, 147 f., 150–155, 159, 168, 175, 178, 187, 192, 202, 214, 224 f., 248, 253 ff., 257, 263, 269, 278 ff., 282–286, 289, 293, 295, 297 f., 300, 309, 313, 333, 357, 373
Atti, Isotta degli 57
Auerbach, Erich 367
Augustinus 64, 91, 154, 206, 208, 210, 215, 227, 229, 242, 263, 298, 344
Augustus 250
Aurispa, Giovanni 217

Averroes 63, 68, 101, 113, 140, 144, 148 f., 193, 297
Avicenna 113
Bacon, Francis 17, 23 f., 275, 306, 324
Bandareni, Lucia 266
Barbarini, Emilio 184
Barbaro, Ermolao 15, 30, 218
Bayle, Pierre 27
Beierwaltes, Werner 105
Bellarmin, Robert 300, 325
Belon, Pierre 27
Bembo, Pietro 165, 248 f., 251 f., 258
Benivieni, Girolamo 129
Bergson, Henri 285
Bessarion, Basileios 26, 76, **79–86**, 115, 142, 154, 253
Bibbiena (Dovizi, Bernardo) 153
Billanovich, Giuseppe 208, 215
Bisticci, Vespasiano da 122
Blasius von Parma (Pelacani, Biagio) 141
Blemmydes, Nikephoros 54, 66
Blum, Paul Richard 32, 321
Blumenberg, Hans 311
Boccaccio, Giovanni 205, 212, 240, 249 f., 252
Bock, Gisela 347
Boethius, Anicius Manlius Torquatus Severinus 16, 55, 205, 221 f., 227
Bonamico, Lazzaro 249–252
Bonaventura 16
Bondì, Roberto 292
Bontadini, Gustavo 370
Borgia, Cesare 236, 238
Borro, Girolamo 324
Boscovich, Ruggiero 294
Bracciolini, Poggio 218, 227
Bramante, Donato 26
Braun, Johann 241
Brickmann, Benjamin 304

Brissoni, Armando 347
Brunelleschi, Filippo 26
Bruni, Leonardo 55, 73, 217
Bruno, Giordano 9, 17 f., 23, 28, 30, 50, 59, 66, 85, 131, 277, 285, 293, 298, 304, **305–322**, 330, 343
Buck, August 27, 123, 244, 273
Buonamici, Francesco 324, 334
Buonarotti, Michelangelo 28, 40
Burckhardt, Jacob 25, 27, 110, 123, 244
Cacciatore, Giuseppe 367
Caesar, Gaius Julius 250
Cajetan, Thomas (Jacopo de Vio) 139
Cammarosano, Francesco 258
Campanella, Tommaso 17, 24, 242, 273, 277 f., **339–347**
Camporeale, Salvatore I. 230
Cardano, Fazio 265
Cardano, Girolamo **265–274**, 275 f., 305
Cassiodor 16
Cassirer, Ernst 32, 150, 184, 191, 284
Castelli, Benedetto 335
Cellarius, Christoph 21 f.
Cesarini, Giuliano 80
Charron, Pierre 233
Chrysokokkes, Georgios 81
Chrysoloras, Manuel 55, 73, 108
Cicero, Marcus Tullius 18, 54, 89, 91, 122, 205 f., 215, 218, 250 f.
Ciliberto, Michele 313, 321
Cimabue 51
Clavio, Cristoforo 325
Clemens VII. 250
Contile, Luca 298
Corsi, Giovanni 89
Corsini, Marietta 236
Cosimo II. 325
Couliano, Ioan P. 313

CREMONINI, CESARE 71, 142, 173, 186
CROCE, BENEDETTO 17, 277, 367
CUTINELLI-RENDINA, EMANUELE 238, 244
DEMESTHENES 250
DESCARTES, RENÉ 17, 23, 29, 43, 52, 92, 183, 196, 300, 305, 328, 344, 351, 356, 358
DIOTIMA 299
DOMINIKUS 243
DONATELLO 26
DOSITHEOS 80
DU CANGE, CHARLES 284
DUCCIO DI BUONINSEGNA 51
DUNS SCOTUS, JOHANNES 56, 113, 115, 147
DÜRER, ALBRECHT 30
EBREO, LEONE 90
ECO, UMBERTO 369
ELISÄUS 56, 58
EMPEDOKLES 16, 18
EPIKUR 61, 69, 225 f.
ERASMUS 220, 228, 237 f.
ERGENS, LEOPOLD 32
ERIUGENA, JOHANNES SCOTUS 96
ERNST, GERMANA 347
EUDOXOS VON KNIDOS 168
EUGEN IV. 41, 79
EUGEN V. 218
EUKLID 189
FAZIO, BARTOLOMEO 121 f., 275
FELDHAY, RIFKA 337
FERDINAND II. 341
FEYERABEND, PAUL 138, 337
FICHTE, JOHANN GOTTLIEB 126, 241
FICINO, MARSILIO 18, 23, 26, 31, 53, 59, 64, 81, **87–105**, 108–113, 117 f., 122, 129, 148, 151, 273, 287, 290, 300, 302, 344, 355, 366
FIDANZA, GIOVANNI DI 16

FIGLINE, DIOTIFECI D' AGNOLO DI 89
FILELFO, FRANCESCO 81, 203
FIORENTINO, FRANCESCO 160
FISCHER, KLAUS 327, 332, 337
FLASCH, KURT 50, 347
FLORA, FRANCESCO 258
FRACASTORO, GIROLAMO 158, **163–184**, 186, 193, 248, 264, 269, 275, 278, 288, 296, 359
FRANZ VON ASSISI 243
FRIEDRICH DER GROSSE 241
FRIEDRICH, HUGO 208 ff., 215
GAETANO DA THIENE 141
GALEN 145
GALILEI, GALILEO 17, 23, 50, 52, 71, 142, 157, 185 f., 190, 193 ff., 276, 291, 306, 320, **323–337**, 339 f. 346, 354
GALUPPI, PASQUALE 17
GAMBA, MARINA 325
GARIN, EUGENIO 32, 133
GASSENDI, PIERRE 285
GENTILE, GIOVANNI 32, 277, 279 f.
GERL-FALKOVITZ, HANNA-BARBARA 32, 204, 208, 230
GEYER, CARL-FRIEDRICH 379
GIBERTI, GIAN MATTEO 164
GILBERT, NEAL WARD 197
GOETHE, JOHANN WOLFGANG VON 140, 296, 321, 355
GORGIAS 16
GRAFTON, ANTHONY 133, 270, 273
GRAIN, EUGENIO 133
GREGOR XIV. 300
GROSSETESTE, ROBERT 300 f.
GROTIUS, HUGO 352
HAGENGRUBER, RUTH 347
HAMANN, JOHANN GEORG 258
HAMILTON, JOHN 266
HANNIBAL 239

Personenregister

Hegel, Georg Wilhelm Friedrich 19, 24, 29, 126, 158, 192, 233, 267, 270, 273, 317 f., 321, 328, 364, 366
Heidegger, Martin 9, 99, 256, 258, 372, 374
Heinrich III. 310
Heinrich von Gent 113
Heinrich von Kampen 48
Hemleben, Johannes 337
Henry, John 304
Herder, Johann Gottfried 353
Hermes Trismegistos 91 f., 113
Hippokrates 82
Hobbes, Thomas 24, 241
Hoffmann, Thomas Sören 46, 76, 184, 273, 379
Holzhey, Helmut 32
Homer 128, 364
Hönigswald, Richard 32, 146
Horaz 209
Humboldt, Wilhelm von 19, 258
Hume, David 288
Hund, Friedrich 333
Ibn Rushd s. Averroes
Ierodiakonou, Katerina 76
Immanuel Abraham di San Miniato, 122
Innozenz VIII. 112
Italos, Johannes 54
Jacobi, Friedrich Heinrich 320
Jamblich 92
Janich, Peter 330
Jaspers, Karl 50
Jedin, Hubert 164
Jesus Christus 130, 345
Johannes VIII. Palaiologos 80
Johannes von Damaskus 52
Joyce, James 359
Kant, Immanuel 29, 31, 53 f., 83, 92, 100, 105, 126, 146, 183, 190, 196 f., 285 f., 288 f., 324, 334 f.

Karl VIII. 253
Karl von Bourbon 355
Kepler, Johannes 325
Kersting, Wolfgang 245
Kessler, Eckhart 197, 215, 231, 273
Kirchhoff, Jochen 321
Kolumbus, Christoph 58, 165
Konstantin der Grosse 219
Kopernikus, Nikolaus 46, 108, 142, 168, 309, 316, 325
Koyré, Alexandre 334
Kranz, Walter 16
Kristeller, Paul Oskar 32, 76, 99, 101, 105, 139, 144, 161, 201, 277, 285
Kuhn, Thomas S. 323
Labowsky, Lotte 85
Laertius, Diogenes 225
Laetus, Pomponius 81
Lagarde, Paul de 306
Laktanz (Lucius Caecilius Firmianus) 91, 121 f.
Lamprecht, Franz 304
Landino, Cristoforo 89 f.
Laskaris, Johannes (Janos) 253–257
Laskaris, Konstantinos 253
Leibniz, Gottfried Wilhelm 17, 31, 45, 100, 194, 320
Leinkauf, Thomas 296, 304
Leo der Grosse 121
Leo X. 142, 153, 237, 240
Leonardo da Vinci 26, 50, 326
Leopardi, Giacomo 19, 374
Lessing, Gottfried Ephraim 270
Livius, Titus 207, 242
Lucilius 126
Ludwig XII. 236, 239
Ludwig XIII. 341
Ludwig XIV. 341
Lukrez 18, 166, 235, 317

Lullus, Raimundus 314
Luther, Martin 27, 64, 139, 220 f., 223 f., 228, 311
Lykurg 59
Machiavelli, Bernardo 235
Machiavelli, Niccolò 9, **233–245**, 269, 342 f.
Machiavelli, Pietro 237
Malatesta, Sigismondo 57
Manetti, Giannozzo 122 ff., 203, 275
Manuel II. 55
Manutius, Aldo 30
Maximilian I. 236
Maximos Planudes 55
Maximus Confessor 52
Mazzoni, Jacopo 334
Medici, Cosimo de' 89
Medici, Giuliano Mariotto de' 109
Medici, Lorenzo de' 237
Medici, Lorenzo de' (il Magnifico) 90, 94, 109
Medici, Margherita de' 109
Medigo, Elia del 108 f., 113
Melanchthon, Philipp 27, 64
Mersenne, Marin 196, 341
Micheri, Chiara 265
Mittelstrass, Jürgen 326
Mittermaier, Karl 245
Mocenigo, Giovanni 311
Mohler, Ludwig 86
Momigliano, Arnaldo 244
Mommsen, Theodor E. 206
Mönch, Walter 85
Monnerjahn, Engelbert 133
Montaigne, Michel de 233
Moraux, Paul 145
Moreschini, Claudio 298
Morus, Thomas 341
Moses 91, 125

Mulsow, Martin 292
Nardi, Bruno 161
Navagero, Andrea 166
Nelli, Bartolomea de' 235
Neritone, Francesco da 143
Newton, Isaac 52, 285
Niethammer, Friedrich Immanuel 201
Nietzsche, Friedrich 9, 19, 25 f., 126, 183, 241, 258, 307, 374
Nifo, Agostino 141 f., 355
Nikolaus II. 53
Nikolaus V. 41, 203, 218, 220
Nikolaus von Kues 27, 31, **39–50**, 52, 57, 79–81, 104, 111, 114, 117, 119, 130 f., 138, 214 f., 218 ff., 271, 285, 302, 308 f., 314, 331
Noailles, François de 341
Numa 242
Oehler, Klaus 76
Origenes 112
Orpheus 91 f.
Otto, Stephan 32, 203
Pachymeres, Georgios 54
Palmieri, Matteo 27
Pandžić, Zvonko 297, 304
Panofsky, Erwin 29
Paracelsus, Theophrastus 108
Parmenides 16 f., 370–374
Passeri, Marcantonio 294
Pasteur, Louis 166
Patrizi, Francesco 26, 85, 109, 285, 291, **293–304**, 305, 357, 359
Paul III. 164
Paulus 90
Pellegrini, Francesco 166, 184
Perrault, Charles 243
Persio, Antonio 291

Peruzzi, Enrico 169, 173, 184
Petrarca, Francesco 23, 55, 203, **205–216**, 230, 241, 249, 252
Petrić, Frane s. Patrizi, Francesco
Philolaos 91 f.
Philoponos, Johannes 52
Photios 53, 58
Piccolomini, Enea Silvio s. Pius II.
Pico della Mirandola, Gian Francesco 110, 124
Pico della Mirandola, Giovanni 26, 49, 54, 90, **107–133**, 137, 139, 141, 144, 148, 157, 240, 290, 302, 305, 355, 366
Piero della Francesca 26
Pine, Martin L. 161
Pius II. 40, 57
Pius IV. 278
Platen, August von 277
Platina, Bartolomeo 81
Platon 16, 40, 48, 54 f., 58 ff., 62, 65 ff., 71, 74, 83 ff., 89, 91–95, 115, 117, 125, 128, 130, 137, 142, 144, 152 f., 159, 179 f., 206, 215, 263, 294 f., 298, 300, 309, 313, 333, 337, 341 ff., 372 f.
Plethon, Georgios Gemistos 26, **51–76**, 79, 82, 84, 90, 99, 113, 128, 148, 154, 159, 227, 298, 343
Plotin 16 ff., 40, 74, 88, 92, 95, 113
Pluta, Olaf 161
Poliziano, Angelo 90, 108, 110, 130
Pomponazzi, Pietro 19, 70, 108, 141 f., **143–161**, 163 f., 187, 227, 243, 247 f., 249, 253 ff., 258, 269 f., 305
Porphyrios 40, 297
Porta, Giambattista della 310, 340
Prenninger, Martin 88 f.
Proklos 40, 91 f., 98, 113
Psellos, Michael 53 f., 66, 91
Pufendorf, Samuel 352
Pythagoras 16, 75, 91 f., 217, 298
Quintilian 218, 224

Raffaello 26
Raimondi, Cosma 225
Ramus, Petrus 298
Randall jr., John Herman 185 f., 193
Raudensis, Antonius 226
Regiomontan 81
Reinhardt, Heinrich 117, 133
Renan, Ernest 139
Reuchlin, Johannes 220
Richelieu, Armand Jean du Plessis 341
Richter, Gerhard 53
Risse, Wilhelm 188, 190, 197
Rocobonella, Pietro 143
Romanus, Ägidius 16
Romulus 242
Rosmini-Serbati, Antonio 17
Rosselli, Cosimo 90
Rossi, Pietro 32
Rudolf II. 311
Ruggiero, Guido de 32, 344
Saitta, Giuseppe 33, 110, 132, 172
Sakkas, Ammonias 298
Salutati, Coluccio 55, 203
San Sepolcro, Francesco Dionigi da Borgo 208
Sanctis, Francesco de 306
Sasale, Diana 278
Savonarola, Girolamo 93, 110, 235, 238
Scaliger, Julius Caesar 284
Schelling, Friedrich Wilhelm Joseph 29, 74, 321
Schleiermacher, Friedrich Daniel Ernst 361
Schmidt-Biggemann, Wilhelm 112
Schmitt, Arbogast 243
Schmitt, Carl 241
Schmitt, Charles 33
Scholarios, Gennadios 56, 76, 82
Schuhmann, Karl 292

SCHULZ, PETER 86
SCIACCA, MICHELE FEDERICO 33
SCILIRONI, CARLO 379
SENECA 213
SETZ, WOLFRAM 219
SEVERINO, EMANUELE 18, **369–379**
SIMPLIKIOS 113
SODERNI, PIERO 236
SOKRATES 43, 59, 156, 179 f., 214, 299, 305, 307
SPAMPANATO, VINCENZO 312
SPAVENTA, BERTRANDO 19
SPAVENTA, SILVIO 19
SPERONI, SPERONE **247–260**
SPINOZA, BARUCH DE 289, 318
STERNBERGER, DOLF 245
STEUCO, AGOSTINO 112, 355
STIERLE, KARLHEINZ 208 f., 215
STILLERS, RAINER 172
STRABO 58
STUART, MARIA 266
STURLESE, RITA 315
TALIJA, URBAN 294
TARQUINIA 299
TASSO, TORQUATO 248, 295
TATAKIS, BASILE 77
TELESIO, ANTONIO 278
TELESIO, BERNARDINO 26, 182, 263, **275–292**, 293, 300, 302 f., 310, 339 f., 344
TENNEMANN, WILHELM GOTTLIEB 24, 39 f.
THEMISTIOS 113
THEODERICH DER GROSSE 16
THEODOR VON GAZA 82 f.
THEOPHILOS VON ANTIOCHIEN 121
THEOPHRAST 82, 113
THOMAS VON AQUIN 16 ff., 48, 54 f., 56, 73, 113, 115, 117, 119, 147, 149 f., 173, 237, 277, 340

THORNDIKE, LYNN 271
THURNER, MARTIN 50
TIMAIOS 125
TIZIANO VECELLI 26
TOGNOSI, NICCOLÒ 89
TOMITANO, BERNARDINO 294
TORRES, GIOVANNI BATTISTA DELLA 172
TOSCANELLI, PAOLO 41
TRABANT, JÜRGEN 367
TRAPEZUNTIOS, GEORGIOS 84 f.
TRAVERSARI, AMBROGIO 122, 225
TROILO, ERMINIO 292
URBAN VIII. 325, 341
VALLA, LORENZO 19, 46, 81, 202 f., **217–231**, 241, 250, 275
VANINI, GIULIO CESARE 305
VASARI, GIORGIO 26 f., 236
VASOLI, CESARE 105, 304
VATTIMO, GIANNI 369
VÉDRINE, HÉLÈNE 321
VENETO, PAOLO 141, 187
VERA, AUGUSTO 19
VERGIL 143, 251 f.
VERNIA, NICOLETTO 15, 108, 141, 143
VERONESE, GUARINO GUARINI 108
VETTORI, FRANCESCO 234, 236
VIANO, CARLO A. 32
VICO, GENNARO 355
VICO, GIAMBATTISTA 10, 17, 19, 158, 172, 193, 195, 224, 230, 258, 277, 296, 324, **351–367**
VINCENZIO, GALILEO 324
VITELLI, VITELLOZZO 236
VOLPI, FRANCO 379
VOLTAIRE 241
WALLACE, WILLIAM A. 197
WEBER, MAX 241
WELSCH, WOLFGANG 379

Personenregister

Wenzel, Siegfried 210
Werner, Karl 33
Whitehead, Alfred N. 170
Woodhouse, Christopher M. 77
Xenophanes 60
Yates, Francis A. 309, 321
Zabarella, Jacopo 26, 141, **185–197**, 263, 268, 294, 328
Zarathustra (Zoroaster) 58 f., 75, 91, 298
Zilsel, Edgar 326
Zinner, Ernst 337